KB215375

기후변화의 정치학
The Politics of Climate Change

The Politics of Climate Change

기후변화의 정치학

초판 1쇄 발행일 2009년 11월 30일   초판 2쇄 발행일 2014년 9월 15일

지은이 앤서니 기든스 | 옮긴이 홍욱희
펴낸이 박재환 | 편집 유은재 이정아 | 관리 조영란
펴낸곳 에코리브르 | 주소 서울시 마포구 동교로 15길 34 3층(121-842) | 전화 702-2530 | 팩스 702-2532
이메일 ecolivres@hanmail.net | 블로그 http://blog.naver.com/ecolivres
출판등록 2001년 5월 7일 제10-2147호
종이 세종페이퍼 | 인쇄·제본 상지사 P&B

ISBN 978-89-6263-024-4 03330

책값은 뒤표지에 있습니다.   잘못된 책은 바꿔드립니다.

기후변화의 정치학

앤서니 기든스

홍욱희 옮김

2050

2009

에코리브르

감사의 글

이 책은 내가 싱크탱크인 정책네트워크^{Policy Network}와 런던정경대학 글로벌 거버넌스 연구센터^{Ceter for the Study of Global Governance}의 지원을 받아 진행된 한 프로젝트에 참가하여 나온 결과물이다. 이 책을 쓰는 과정에서 두 기관의 동료들이 베풀어준 도움과 조언에 감사를 드린다. 특히 정치네트워크의 로저 리들^{Roger Liddle}, 올래프 크램^{Olaf Cramme}, 사이먼 래섬^{Simon Latham}, 제이드 그로브스^{Jade Groves}, 글로벌거버넌스 연구센터의 데이비드 헬드^{David Held}에게 감사를 표한다. 앤 드 세이라^{Anne de Sayrah}도 이 프로젝트를 위해 많은 도움을 주었다. 캐런 버드샐^{Karen Birdsal}은 주를 검토하고 참고문헌을 잘 정리해주었다. 조 라이브시^{Joe Livesey}는 책에 실린 도표들을 꼼꼼하게 검토해주었다. 올래프 코리^{Olaf Corry}는 이 책의 초고를 읽고 몇 가지 중요한 의견을 건네주었다. 역시 원고 상태로 읽고 세심하게 지적해준 휴 컴스턴^{Hugh Compston}에게도 큰 도움을 받았다. 그 뒤를 이어 같은 도움을 준 조해너 주셀리어스^{Johanna Juselius}에게도 고마움을 전한다. 빅터 다데일^{Victor Dahdale}은 전체 프로젝트에 선선히 자금을 대주었는데, 그에게 각별히 감사를 드린다.

출판사 폴리티 프레스^{Polity Press}에 근무하는 모든 직원에게도 감사드리며, 특히 존 톰슨^{John Thompson}, (언제나처럼) 길 모틀리^{Gill Motley}, 사라 램버트^{Sarah}

Lambert, 그리고 엠마 허친슨^{Emma Hutchinson}에게 깊은 감사를 표하고 싶다. 이 중에서도 엠마가 이 프로젝트에 기울인 세심한 관심과 엄청난 수고에 감사를 전한다. 사라 댄시^{Sarah Dancy}는 출력물을 깔끔하게 교정해주었다. 대단히 감사하다. 그녀와 함께 일하는 것은 언제나 큰 즐거움이다. 마지막으로 항상 그렇듯이 앨레나^{Alena}에게 고마운 마음을 전한다. 그녀는 변함없이 나를 돕고 격려해주었으며, 프로젝트가 어려움을 겪을 때마다 긍정적인 마음을 잃지 않았다. 나는 이 책을 우리 뒤에서 이 세상을 살아갈 인디^{Indie}와 마틸다^{Matilda}에게 바치고자 한다. 아이들이 더 편안하게 자랄 수 있는 세상을 만드는 데 이 책이 조금이라도 도움이 되었으면 하는 바람이다.

차례

서문

이 책은 악몽과 대재난, 그리고 희망에 대해 이야기한다. 또한 우리 생활의 지속성이자 실체라고 할 수 있는 나날의 일상에 대한 책이기도 하다. 이 책은 흔히 SUV로 알려진 사륜구동 스포츠 유틸리티 차량에 대해서도 다룬다. 이 책은 하나의 질문, 왜 누군가는 그가 어떤 사람이든 상관없이 하루가 멀다 하고 계속 SUV를 몰고 다니는가에 대한 긴 탐구이다. SUV 운전자들이 지구 기후의 대위기에 한몫하고 있다는 것을 반드시 알아야만 하기 때문이다. 그들 자신이 인류 문명의 근간을 훼손하고 있는지도 모른다는 사실보다 더 곤혹스러운 일이 어디에 있겠는가?

이런 이야기가 달갑지 않게 여겨진다면, 나는 SUV를 타는 일이 사실은 하나의 은유에 불과하다는 점을 서둘러 덧붙여야겠다. 그렇게 본다면 우리 모두가 SUV 운전자라고 해도 좋다. 왜냐하면 우리에게 당면한 거대한 위협에 대해 충분히 마음의 준비를 하고 있는 사람은 거의 없기 때문이다. 대부분의 보통 사람들에게는 매일매일 생활에서의 익숙한 관심사들과, 설령 대종말을 예고하는 것일지언정 기후 대변동이라는 다가올 미래 사이에 커다란 간격이 놓여 있게 마련이다. 전 세계 거의 모든 사람들은 틀림없이 '기후변화'라는 말을 들어보았을 테고, 그것이 무엇을 의미하는지 적어도 얼마간은 알고 있다. 기후변화는 현대 산업사회에서의 온실가스 배출로 지구의 기온이 상승하고 있으며, 그로 인해서 미래에는 잠재적으로 엄청난 결과가 초래될 수 있다는 사실에 근거한다. 그런데 대다수 사람들은 자신들의 생활방식이 코앞에 닥친 거대한 위험의 원인인데도 그런 잘못된 습관을 바꾸는 데 대단히 인색하다.

기후변화가 사람들이 모르는 사이에 조금씩 진행되고 있어서 그런 것은 물론 아니다. 오히려 기후변화와 그것이 초래할 수 있는 결과에 대해서는 이미 수많은 책이 나와 있다. 범지구적 기온 상승에 대한 우려는 이미 사반세기 전부터 계속 제기되었는데도, 그 영향력은 미미한 수준이었다. 지난 몇 년 동안만 해도 기후변화는 그저 몇몇 나라에서만이 아니라 전 세계적으로 수많은 토론과 논쟁의 중심 주제였다. 그런데도 전체 인류의 관점에서 본다면, 우리와 우리 후손들이 직면하고 있는 그 거대한 위협에 대응하기 위해서 우리는 이제 막 첫걸음을 떼었을 뿐이다. 지구온난화 문제는 그 엄청난 규모 면에서나 그 영향이 주로 미래의 우리 후손들에게 미친다는 점에서 이제까지 인류가 다루었던 그 어떤 문제들과도 닮지 않았다. 우리가 이 문제에 대처하기 위해서는 전쟁 수행에 버금갈 정도로 모든 역량을 다 동원해야 한다고 많은 사람이 말한다. 하지만 기후문제에서는 맞서 싸울 분명한 적군이 존재하지 않는다. 우리는 그것이 제아무리 엄청난 파괴 잠재력을 가졌다고 해도 지극히 추상적이고 모호한 위험과 싸우고 있는 셈이다.

우리가 그 위험에 대해서 아무리 많이 듣고 있다 해도 그에 대해 적극적인 방어 자세를 취하기란 쉽지 않다. 왜냐하면 그 위험의 실체가 어쩐지 비현실적으로 느껴지고, 또한 그 와중에도 우리 자신은 갖은 희로애락에 둘러싸여 살아가기 때문이다. 기후변화의 정치학이란 내가 주장하는 이른바 '기든스의 역설Giddens's paradox'에 빠져 있다고 해도 좋다. 그 역설이란, 지구온난화의 위험은 직접 손으로 만져지는 것이 아니고 우리 일상생활에서 거의 감지할 수 없기에, 아무리 무시무시한 위험이 다가온다 한들 우리 대부분은 그저 가만히 앉아서 기다릴 뿐이라는 것이다. 그렇게 기다리다가 중요한 대응조치를 취하기도 전에 위기가 눈앞에 닥친다면 이미 때는 늦은 것이다.

기든스의 역설은 오늘날 기후변화에 대한 사람들의 대응 양상 전반에 퍼져 있다. 대부분의 사람들에게 기후변화 문제가 가장 중요한 관심사가 되지 못하고 뒷전으로 밀리는 것도 바로 그 때문이다. 일반 대중의 성향 조사 결과, 대부분의 사람들은 지구온난화 문제를 범지구적인 중요한 위협으로 간주하면서도 그 때문에 자신의 생활태도를 획기적으로 바꾸고 싶어 하지는 않는 것으로 나타난다. 심지어 사회 지도층 사이에서도 기후변화란 그저 정치적인 수사에 불과하고, 그래서 제아무리 그럴듯해 보이는 계획이라도 사실은 속 빈 강정일 따름이라는 의식이 팽배하다.

사회심리학자들이 말하는 '미래 디스카운트future discount'는 기든스의 역설을 더욱 강화시킨다. 엄밀하게 말해서 전자는 후자의 하위범주라고 할 수 있다. 사람들이 미래에 닥칠 어떤 사안을 현재의 일처럼 실감하기는 어려운 일이다. 따라서 사람들은 보통 미래에 얻을 수 있는 더 큰 보상보다는 적더라도 지금 당장 얻을 수 있는 보상을 더 선호한다. 마찬가지의 원리가 위기 관리에서도 그대로 적용된다. 왜 그토록 많은 젊은이들이 담뱃갑에 선명히 쓰인 "흡연은 건강을 해칩니다smoking kills"는 경고 문구를 읽고 그 위험성을 잘 알면서도 금연을 실행하지 않는 것일까? 적어도 그 부분적인 이유는, 10대 청소년의 입장에서는 흡연의 위험이 실제로 눈앞에 닥쳐 생명을 위협하는 40대라는 연령을 도저히 생각하지 못한다는 데 있다.

기든스의 역설은 사람들의 행동을 마비시키거나 억제하도록 영향을 미치는 데에도 중심 역할을 할 수 있다. 다시 SUV 문제에 돌아가보자. 미국에서는 SUV를 모는 사람들이 특히 많다. 그 이유는 부분적으로 조지 부시 George W. Bush 대통령 시절, 연료 소모가 심한 차량에 대해서 선진국 여러 나라들에서와는 달리 아무런 세금 제재도 가하지 않았다는 데 있다. 사정이 그러했기에 미국뿐만 아니라 다른 여러 나라의 대형 자동차 회사들도 미국에서 SUV를 마구잡이로 판매하는 데 급급했다. 물론 그런 판매고 증가에는 나름의 정당한 이유도 있다. SUV는 거친 도로에서 탁월한 기능을 발휘한다. 도시에서 SUV를 모는 사람들 역시 거칠게 차를 모는 성향이 있는데, 이는 그런 운전 방식을 즐기기 때문이기도 하고 또 소형차보다는 SUV가 더 안전하기 때문이기도 하다. 그렇다고 SUV를 모는 운전자가 모두 거친 남자들은 아니다. 때로 여성들도 SUV를 모는데, 이는 차의 안정성 때문으로 봐야 한다.

사람들이 SUV를 계속 모는 데에는 또 다른 이유도 있다. 과학자들 사이에서는 기후변화가 실제적인 위험이며, 또한 인간 활동으로 인해 발생한다는 데 상당한 수준의 공감대가 형성되어 있다. 그런데 일부 과학자들—이른바 '기후변화 회의론자'들—은 이런 주장을 반박하고 있고, 언론에서는 이런 과학자들이 큰 주목을 받는다. 그 결과 SUV 운전자들은 누군가가 자신들의 방만한 생활습관을 고쳐야 한다고 지적할 때 보통 이렇게 대답한다. "그것은 아직 증명되지 않았어요, 그렇죠?" 어떤 운전자들은 "다른 사람들이 바꾸지 않으면 나도 바꾸지 않을 것"이라고 대답하기도 하고, 또 어떤 이들은 벤틀리나 페라리처럼 SUV보다 더 많이 연료를 소모하는 고급 승용차들을 지목하기도 한다. 한편 또 다른 반응도 있다. "나 한 사람이 어떤 일을 한다고 해서 뭐가 달라지겠어?" 아니면 "나도 언젠가는 그렇게 할 거야"라고 말하기도 하는데, 이는 필시 습관의 힘이 얼마나 무서운지를 잘 알기 때문에 나온 말일 것이다. 나는 아무리 철저하고 확신에 찬 환경주의자—자동차 한 대도 갖고 있지 않은—라도 미래에 닥칠 대환란의 그림자가 드리운 가운데 현재의 고단한 일상생활을 영위하는 데는 적지 않은 갈등이 뒤따른다는 점을 말하고 싶다.

SUV 문제도 다른 세상만사와 마찬가지다. 아무리 설득력 있게 이야기한들 그것이 실제 행동으로 옮겨지기까지는 가야 할 길이 멀다. 마침내 정치인들이 문제의 규모와 심각성을 알아차려서 최근에는 여러 나라에서 야심찬 기후변화 대응 정책들을 도입했다. 지난 몇 년 동안 마침내 겨우 문턱을 넘은 셈이었다. 대다수 정치 지도자가 이제는 기후변화의 위험성과 거기에 대처할 필요성을 인식하고 있다. 그렇지만 이는 그야말로 초기 대응으로서, 기후변화 문제가 비로소 정치적 어젠다(의제)에 포함되었다는 의미다. 두 번째 대응은 우리의 사회제도와 일상적인 생활습관 속에서 새로운 변화를 불러일으켜야 한다는 것이다. 이 부분은 앞서 이야기한 이유들 때문에 아직 해야 할 일이 산적해 있다. 물론 국제사회도 이 문제에 동참하고 있다. 적어도 원칙적으로는 그렇다. 지구온난화 억제를 위한 국제협상이 유엔UN 주최로 열렸다. 1992년 리우 회의를 시작으로, 1997년에는 교토에서, 그리고 2007년에는 발리에서 잇달아 회의가 열렸으며, 그 목적은 온실가스 배출을 범지구적 차원에서 제한한다는 데 있었다. 이런 회의들은 지금도 계속되고 있지만, 아직까지 어떤 분명한 결과도 얻지 못했다.

이 책의 대부분은 선진산업국들의 기후변화 정책을 집중해서 다룬다. 대기권에 최초로 막대한 양의 온실가스를 배출했던 이들 국가는 앞으로 가까운 장래에 온실가스 감축에도 일차적인 책임을 져야 한다. 이들은 온실가스 감축, 그리고 저탄소 경제를 구축하고 그런 변화들이 정착될 수 있는 사회적 개혁을 추구하는 데에도 선도적인 역할을 해야 한다. 만약 그들이 나서지 않는다면 누가 그렇게 하겠는가.

나는 여기서 조금 놀라운 선언을 하고자 한다. 현재 우리는 '기후변화에 대한 어떤 정책도 가지고 있지 못하다'는 사실이다. 달리 말해서, 우리는 지구온난화를 억제하고자 하는 우리의 간절한 열망을 현실화하기 위해서 반드시 이루어내야만 하는 정치적 혁신을 제대로 추진하지 못하고 있다. 이는 참으로 이상한 일이자 변명의 여지도 없는 일이며, 나는 바로 이런 점을 바로잡기 위해 이 책을 썼다. 이 책의 접근방식은 현실론에 근거한다. 기후변화 문제는 전통적인 정치의 범주 안에서 다루기에는 대단히 어려운 문제라고 말하는 사람들이 많다. 나도 일정 부분 동의하는데, 기존의 정치적 사고틀에 그야말로 근본적인 변화가 필요하기 때문이다. 하지만 우리는 이미 존재하는 조직과 기구를 무시해서는 안 되며, 또한 의회 민주주의의 전통을 존중해야만 하는 것도 사실이다.

국가는 대단히 많은 권한을 갖고 있기에, 국내 정책과 국제 정책을 막론하고 가장 중요한 행위자가 된다. 각 국가들에게 국제조약에 서명하도록 강제할 수는 없으며, 설령 그렇게 할 수 있다고 해도 조약에서 주어진 임무를 제대로 이행할 것인가의 여부는 전적으로 각 국가에 달려 있다. 온실가스 배출권 교환시장emissions trading market은 탄소 가격에 제한이 있어야만 작동할 수 있으며, 그것도 온실가스 감축을 유도할 수 있는 수준에서 정치적인 결단과 이행이 뒤따라야만 가능하다. 온실가스 배출을 획기적으로 줄이는 데는 기술적 발전도 더없이 요긴하다. 하지만 그런 기술적 진전이 있기 위해서는 국가의 지원이 반드시 필요하다. 국가 수준을 초월하는 유일한 실체로 유럽연합EU이 존재하기는 하지만, EU도 개별 회원국들이 스스로 내리는 결정에 크게 의존하고 있다. 각 회원국에 대한 EU의 통제력은 크게 제한되어 있는 것이 사실이다.

시장은 단순히 온실가스 배출권 교환의 영역을 넘어서서 기후변화 완화에 훨씬 큰 역할을 할 수 있다. 여러 많은 분야에서 시장의 힘은 그 어떤 정부기구나 조약보다 더 큰 영향력을 발휘한다. 원칙적으로, 다른 가치를 손상시키지 않고 환경재environmental good에 가격을 매길 수 있다면 그렇게 해야 한다. 그렇게 함으로써 환경재가 교환될 때마다 경쟁이 효율 증대의 효과를 가져오기 때문이다. 그렇지만 이 부분에서 정부의 능동적인 관여가 다시 한번 요청된다. 경제활동에 뒤따르는 환경비용은 종종 경제학자들이 말하는 '외부비용externality'을 이루는데, 이 비용은 그것을 발생시킨 당사자들이 지불하지 않는 경우가 다반사다. 공공정책의 목표는 그런 비용을 가급적 내재화하는 데 두어야 한다. 즉, 시장 안으로 끌고 들어와야 한다는 것이다.

여기서 국가state란, 중앙정부와 지방정부 등 다양한 수준의 공권력을 의미한다. 세계화 시대에는 정치학자들이 '다층적 거버넌스multilayered governance'라는 다양한 영역에서 국가가 움직이는데, 위로는 국제무대에서부터 아래로는 지방과 도시까지 아우른다. 기후변화 정책에서 국가의 역할을 강조한다고 해서 하향식 통치로 회귀하자고 주장하는 것은 결코 아니다. 오히려 가장 획기적인 제안은 선견지명을 지닌 개인들이나 시민사회의 에너지에서 솟구쳐 나오는 경우가 많다. 그럴 경우 국가는 그런 제안을 실행에 옮길 수 있도록 여러 다양한 기구 및 기관과 협력하고, 마찬가지로 각 국가 및 국제기구와 공조해 나가야 한다.

우리는 녹색운동을 빼놓고 기후변화 정책을 논의할 수 없다. 녹색운동은 오랫동안 환경정책에 지대한 영향을 미쳤다. 녹색운동은 기후변화 문제를 정치적 의제로 올려놓는 데도 중차대한 역할을 했다. '녹색으로^{Going green}'라는 구호는 기후변화의 억제를 위한 노력과 동의어나 다름없다. 그런데 거기에서 큰 문제가 발생한다. 녹색운동은 과거 산업화 시대 초기에 산업화에 반대하던 환경보전주의자들의 적대감에 뿌리를 두고 있다. 특히 1970~1980년대에 독일에서 일었던 녹색운동을 계기로, 운동가들은 스스로 기성 정치에 대한 반대세력으로 자리매김했다. 환경 문제를 기존의 정치체제에 통합하려는 과제를 앞에 두고, 정치에 대해 지나치게 적대적이거나 우호적인 태도는 모두 바람직하지 않다. 이제는 녹색 정치철학의 관점에서 무엇을 수용하고 무엇을 버려야 할지 선택할 시점이다.

'자연으로 돌아가자'는 식의 접근방식은 바람직하지 않다. 적어도 나는 그렇게 생각한다. 자연보전주의는 충분히 옹호할 만한 가치는 있다. 하지만 지구온난화와 싸우는 데 기여하는 바는 전혀 없다. 실제로 자연보전주의는 기후변화에 대응하는 우리의 노력에 오히려 방해가 된다. 과학과 기술의 발달로 우리 인류는 이미 오래전에 우리 자신과 자연 세계를 가르는 경계를 무너뜨렸다. 우리가 진정으로 기후변화에 대응하고자 한다면 그때보다 더 많은 노력이 필요하다. 이런 이유에서 나는 녹색운동의 핵심 주장 가운데 하나인 사전예방 원칙, 즉 '자연에 관여하지 말라'는 구호를 거부한다. 더 나아가 기후변화를 막아보고자 하는 과정에서 제아무리 많은 사람들이 그렇게 부르짖더라도 우리는 결코 '지구를 구하'려고 애쓰는 것이 아니다. 지구는 우리가 어찌하든 간에 살아남을 것이기 때문이다. 문제의 핵심은 지구에서 인류가 질 높은 삶을 유지하는 일, 그리고 가능하다면 삶의 질을 더욱 높이는 일이다.

'녹색'이란 단어는 이제 너무나 널리 퍼져 있어서 더는 그 말을 쓰지 말자고 해도 아무 소용이 없을 것이다. 그렇지만 이제 '녹색'이란 말은 기후변화를 억제하는 정책을 개발할 때 도움이 되기보다는 오히려 문제가 되고 있다. 그래서 이 책에서는 그 말을 쓰지 않으려고 한다.

기후변화와 관련해서는 온갖 다양한 질문이 쏟아져야 하고 또 거기에 답할 수 있어야 한다. 나는 여기에서 그중 몇 가지 사항들만 간략히 다루고자 한다. 뒤에서는 그 모든 질문들에 답할 것이다. 물론 얼마나 성공적인 답이 될지는 사안에 따라 많이 다를 것이다.

기후온난화에 대처하려면 정치권이 더 장기적인 관점을 가져야 한다. 그러려면 어느 정도 앞서가는 '계획'이 필요하다. '계획'이라는 단어는 특별히 좋은 어감을 가진 말은 아닌데, 한편으로는 권위주의, 다른 한편으로는 무능함의 이미지가 겹쳐 있기 때문이다. 국가 계획이라는 말도 호감을 갖기 어려운데, 어느 정도 강제성을 띠기 때문이기도 하고 제대로 일을 실행하기도 어렵기 때문이다. 설령 그런 일을 수행하는 데 어떤 보상이 따른다고 해도 과연 어떤 식의 국가 계획이 가능할 수 있겠는가?

그런가 하면 리스크risk와 불확실성uncertainty를 다루는 일도 또 다른 쟁점이다. 기후변화의 정치학은 곧 그 리스크에 대한 것이며, 리스크를 어떻게 관리할 것인가에 초점이 맞춰진다. 이런 관점은 이 책의 거의 모든 부분에서 나타난다. 우리는 미래에 대해 알 수가 없다. 철학자 칼 포퍼Karl Popper는 우리가 알 수 있는 미래라면 더 이상 미래가 아니라고 말했다. 기후변화에 맞서 장기적인 구상을 할 때 우리는 불확실성이라는 배경막을 충분히 고려하고 대응책을 강구해야 한다. 때로는 미래에 벌어질 일들에 대해서 그 가능성을 따져볼 필요도 있다. 물론 그런 사건들에 대해서 지금 알려진 정보가 빈약하고 상당 부분 불확실성으로 채워져 있다고 해도 말이다. 이런 다양한 범주의 문제들을 다룰 때 과연 어떤 정치적 전략이 필요할까?

기후변화를 완화하는 데는 일반 대중의 참여도 대단히 요긴하다. 그럼에도 현재로선 그런 참여가 거의 없다. 어떻게 해야 기든스의 역설을 풀수 있을까? 기후변화에 대해 사람들이 지금보다 더 겁을 먹어야만 할까? 그렇다. 하지만 두려움이 사람들을 행동으로 이끄는 최상의 동기유발 장치는 아니다. 더욱이 우리는 기후변화 말고도 전염병, 국제 테러리즘, 핵무기의 확산 같은 다른 위험 요인들에도 함께 대처해 나가야 한다.

민주주의 국가들에서는 정권이 자주 바뀌기 마련이다. 게다가 실제 인생사에서도 신경 써야 할 갖가지 문제들이 늘 불거지게 마련이고, 그때마다 당장 해결책을 찾아야 할 정도로 중요하게 여겨지는 문제들 아니던가. 그런 여건에서 과연 어떻게 기후변화 대책처럼 길게 지속성을 갖고 풀어야 할 사안이 관심을 끌 수 있겠는가? 감히 주장하건대, 기후변화 문제는 좌파와 우파를 따질 문제가 아니다. 그런가 하면 '녹색은 새로운 적색'이라는 식의 주장도 더는 없어야 한다. 기후변화에 적절히 대응할 장기적인 정치 풍토를 발전시키려면 당파를 초월한 새로운 틀이 만들어져야만 한다. 하지만 어떻게? 기후변화에 대처하려면 물론 돈이 든다. 그 돈은 과연 어디서 구할까? 현재 선진국들이 그러하듯이, 기후변화 정책 수립에 선도적인 국가들은 경쟁력 문제에 직면해 있다. 이들 나라의 산업은 환경세나 기타 환경 규제가 아예 없는 개발도상국들에서 값싸게 생산된 상품들과 경쟁하느라 어려움을 겪고 있다. 이것은 과연 얼마나 큰 문제가 될까? 분명히 말하건대, 많은 기업체와 사용자 단체들은 기후변화에 대한 대응책 마련에 있어서 이런 점을 빌미삼아 늑장을 부려왔다.

마지막으로, 기술 개발을 둘러싸고 많은 어려운 문제들이 존재한다. 재생에너지 자원에 대한 투자 촉진은 기후변화에 대한 대응에서 대단히 요긴하다. 그런데 그런 자원은 자동적으로 개발되는 것이 아니며, 단지 시장의 힘만으로 되는 것도 결코 아니다. 반드시 국가가 적극적인 지원에 나서야만 하는데, 그래야만 화석연료와 경쟁할 수 있고 또한 오르락내리락 하는 석유와 천연가스 가격에도 불구하고 지속적인 투자를 보장받을 수 있다. 기술적 진보는 제한된 수준에서만 예측이 가능하다. 그렇다면 국가는 어떤 기술에 지원할지를 어떻게 결정해야 할까? 인터넷과 같은 가장 획기적인 기술 혁신들은 아무도 예상하지 못한 경우가 많다는 사실을 감안한다면 결코 쉬운 문제가 아니다.

기후변화와 관련하여 정치적 해결책을 마련하는 데는 새로운 개념이 요구된다. 나는 이 책에서 그런 문제를 폭넓게 다루려 한다. 그런 아이디어의 하나가 바로 '책임국가^ensuring state'다. 기후변화 문제에 관한 한 국가는 일을 촉진하는 자^facilitator이자 가능성을 열어주는 자^enabler로서 활동해야만 한다. 기후변화 정책을 선도하는 사회의 여러 다양한 집단들이 충분한 역량을 발휘하도록 격려하고 자극할 수 있어야 한다는 말이다. 하지만 국가의 역할이 거기에 그쳐서도 안 된다. 분명한 성과도 이끌어내야 하기 때문이다. 이때 가장 중요한 성과는 탄소 배출의 점진적 감축이다. 책임국가란 분명한 성과를 이루어내서 국민들뿐만 아니라 다른 나라의 지도자들에게도 충분한 신뢰를 받는 그런 국가를 의미한다.

또 다른 기본 개념 두 가지는 '정치적, 경제적 통합^political and economic convergence'이다. 정치적 통합은 기후변화 정책이 다른 가치나 정치적 목표들과 긍정적인 방향에서 얼마나 융화되느냐의 문제다. 이런 정치적 통합은 기후변화 정책이 얼마나 혁신적이고 역동적일 수 있는지, 그리고 일반 대중의 광범위한 지지를 받을 수 있는지에 대단히 중요하게 작용한다. 예를 들어, (모든 종류의) 승용차에 대한 의존도를 줄이고 대중교통 수단을 개선하며, 인공 환경의 질을 높이는 일은 모두 탄소 배출량 감소라는 목표에 통합될 수 있다. 물론 그보다 훨씬 더 깊은 차원의 통합도 있다. 선진국에서는 더 이상 경제성장을 진보와 동일시할 수 없다. 일정 수준의 부를 획득한 이후에는 성장이 더 이상 다양한 복지지표들과 깊은 상관성을 가지기 어렵다. 그런 복지 개념을 최우선 관심사로 두는 일은 기후변화 정책의 목표와 매우 긴밀하게 맞물려 있다. 경제성장은 보통 탄소 배출을 증대시킨다. 그런데 많은 부분에서 경제성장이 복지를 증진시키기보다 오히려 감소시키는 쪽으로 작용한다면, 우리가 성장에 그토록 목을 맬 이유가 있을까? 앞으로 살펴보겠지만, 우리는 기후변화 문제를 적극적으로 다룸으로써 여러 가지 다양한 정치적 목적을 달성할 기회도 얻게 된다. 동시에 그런 목적들의 달성이 기후변화 정책의 실천을 앞당기는 계기를 만들 수도 있다.

경제적 통합은 지구온난화에 대응하여 발전한 경제적, 기술적 혁신들이 기존의 기술들에 비해서 얼마나 경쟁우위를 가지느냐의 문제다. 온실가스 감축이라는 목표가 기업의 경쟁력을 갉아먹을 수 있다는 점은 앞에서 이미 지적한 바 있는데, 그런 관계가 조만간 역전될 가능성은 얼마나 될까? 우리는 어쩌면 환경 목표를 경시하는 기업들이 실제로 경쟁력을 잃고 있거나, 아니면 머지않은 장래에 그렇게 될 상황으로 이미 옮겨가고 있는지도 모른다. 경제적 통합의 수준이 높으면 높을수록 기후변화 억제에 성공할 가능성도 그만큼 높아진다. 이미 많은 이들이 그렇게 하고 있듯이, 정치인이나 경제계 리더들에게는 주어진 기회를 확실하게 부여잡고 그 기회를 더욱 넓히려는 노력이 필수적이다. 뒤에서 자세히 설명하겠지만, 현재 정치적, 경제적 통합에서 가장 중요한 영역은 기후변화와 에너지 안보가 서로 맞물려 있다는 점이다. 여기서 에너지 안보 문제를 잘 다루어야 기후변화 문제 역시 더 잘 다룰 수 있다는 것은 분명하다.

이런 개념들에 더하여 나는 '개발 절박성development imperative'이란 개념을 소개하고자 한다. 가난한 나라들은 사실상 지구온난화에 기여하는 바가 미미하다. 그런 나라들은 설령 온실가스 배출이 늘어난다고 해도 앞으로 일정 기간 동안은 개발에 매진하는 것이 당연하다. 그런 개발 절박성은 단지 도덕적인 이유 때문만은 아니다. 기후변화의 결과는 전 세계에 영향을 미치면서 이미 심각한 (경제적) 불평등 문제를 앓고 있는 세계에 더 큰 압력으로 작용할 것이다. 개발도상국들은 기술이전 등 여러 가지 도움을 받아 과거 선진국들이 거쳐왔던 길을 그대로 되풀이하지 않도록 해야 한다. 하지만 그러려면 지구상에서 이미 발전을 이룩한 지역과 저개발 지역 사이에 일종의 거래가 이루어져야 한다.

기후변화 문제와 마찬가지로, 에너지 문제도 많은 국가들에서, 그리고 전 세계적인 차원에서 갑자기 중요한 의제로 등장했다. 그렇게 된 근본 이유는 기후변화의 경우와 비슷하다. 그동안 선진산업국들은 막대한 에너지를 소비하면서 온실가스의 대부분을 배출했으며, 그 결과로 지구온난화 문제가 생겼다. 그런데 개발도상국들, 특히 엄청난 인구를 가진 중국의 급속한 경제성장은 대기 중의 온실가스 농도를 증가시키고 있을 뿐만 아니라, 가용 에너지원의 확보에도 심각한 압박으로 작용하고 있다. 기후변화에 대응하는 일은 에너지 안보 문제와 직결되어 있다는 말이다. 요즘에는 이런 이야기가 당연시되고 있지만, 그런데도 실제로는 대부분의 글들이 이 관계를 아주 느슨하게 다루고 있다는 점에서 나는 적지 않은 충격을 받았다.

현대 문명이 절대적으로 의존하는 에너지원인 석유와 가스는 도대체 언제쯤이면 바닥을 드러내기 시작할까? 석유와 가스 공급이 과연 언제쯤 피크에 도달할지, 다시 말해서 그런 자원의 절반 이상이 소모되는 시점이 언제인지를 놓고 격렬한 논쟁들이 있었다. 석유와 가스 공급이 피크에 도달하는 시기가 사실상 그리 머지않았다고 한다면 문제는 정말로 심각해진다. 여기서 다시 우리의 SUV 운전자들이 문제의 중심에 놓이게 된다. 2008년부터 SUV 승용차 판매는 곤두박질쳤다. 왜 그럴까? 기후변화 때문은 아니었다. 바로 유가 문제 때문이었다. 석유 공급 부족의 우려 때문에 급격한 가격 상승이 있었던 것이다. 현대 사회는 에너지원으로서의 석유에 크게 의존하고 있을 뿐만 아니라, 현대인의 생활에 쓰이는 수많은 제품의 원료로서도 석유에 대한 의존도가 대단히 높다. 상점에서 파는 상품의 90퍼센트는 이런저런 경로로 석유가 쓰인 제품이다.

현대 문명은 우리 자신이 미래의 위기를 자초하고 있다는 점에서 지속 가능해 보이지 않는다. 따라서 지난 몇 년 동안 대재난의 도래를 중심으로 하는 인류 멸망 시나리오가 범람했다고 해서 그리 놀랄 일은 아니다. 이제까지 과거 문명들 역시 다 나타났다가 사라졌다. 어째서 우리 문명만 그러지 않기를 바라겠는가?

그렇지만 위기는 역시 위기다. 위기의 다른 한 측면은 언제나 기회였다. 위기의 순간에 잘못된 정책적 결정이 내려지는 일은 그동안 다반사였다. 기후변화에 대처하기 위한 이제까지의 처방들은 대체로 소극적이었다. 절약과 삭감, 과거로의 회귀, 축소 등의 용어로 점철되었다. 물론 대부분은 중요한 처방들이다. 예를 들어, 더 경제적인 차를 몰고 항공기 여행을 줄이며, 가정의 에너지 사용을 줄이고 더 많이 걸으며, 목욕하는 횟수를 줄이는 등은 모두 작은 실천이지만, 그것들이 한데 모이면 온실가스 감축에 큰 도움이 된다.

하지만 무언가를 하지 못하게 하는 데 초점을 둔 이런 방안들은, 기든스의 역설 때문에 제대로 효과를 발휘하기 어렵다. 우리는 탄소 배출을 적게 하는 더 적극적인 미래 사회의 모델을 생각해내야 하는데, 동시에 우리가 현재 누리는 일상생활과도 밀접하게 이어져야 한다. 아직은 그런 모델이 나와 있지 않기 때문에, 우리는 서서히 그런 모델을 찾아 나서야 한다. 그런 모델이 반드시 녹색 비전으로 치장될 필요는 없지만, 정치적, 사회적, 경제적 고려는 반드시 필요하다. 그런 미래 사회가 유토피아일 수는 없지만, 우리가 추구할 이상을 제시한다는 점에서 유토피아적인 요소는 들어 있다. 이상과 현실의 결합이 필요하다. 예를 들어, 온실가스를 줄이는 방향으로 생활습관을 바꾼다면 이는 곧바로 경제적인 의미를 띠게 된다. 그런 생활습관의 변화가 더 좋은 일자리를 더 많이 만들어낸다면, 그 변화는 즉각적이고 실질적인 효과를 나타내는 셈이다.

그런 목표를 추구하는 데는 산업계와 비정부기구NGO, 일반 시민을 이끌 열정적인 리더십이 필요하다. 또한 새로운 형태의 상호 공조와 협력도 요긴한데, 이는 현대의 커뮤니케이션 네트워크 시스템을 충분히 활용할 수 있다. 그런 목표의 설정과 함께 각국 정부는 더 야심적인 단기 목표에도 주의를 기울여야 한다. 예를 들어, 새로운 아이디어와 기술의 개발을 진작시켜야 하는데, 그런 일에 획기적인 기여를 한 사람들에게는 공적인 인정과 보상이 뒤따라야 한다.

나는 맹목적인 낙천주의자처럼 보이기를 원치 않는다. 오히려 그와는 정반대다. 이런 관점에서 일부 정책들은 모난 구석도 있어야 한다. 많은 정책들은 일반 대중에게 인기가 없고 심지어 강한 반발을 살 수 있다. 개혁의 도상에는 종종 강력한 이해집단이 등장하는 법이지만 거기에 굴하지 말아야 한다. 이 부분에서 내가 제안하는 바는 이렇다. 제아무리 강력한 압박에 직면한다 해도 이를 잘 다루기만 한다면 언제나 그렇듯 새로운 기회로 삼을 수 있다는 점이다. 우리는 기후변화와 에너지 안보에 대응하는 새로운 기술 혁신을 충분히 예견하고, 또 그렇게 될 수 있도록 최선을 다해야 한다. 그런 기술 혁신이 없다면 환경오염 발생의 주원인인 석유, 가스, 석탄에 대한 의존도를 깨기란 불가능하다. 화석연료 대신 재생에너지로 전환하는 일은 필연적이며 또 전면적으로 이루어져야 한다. 하지만 기술적 변화가 실제로 사회와 경제 전체에 확산되기까지 오랜 시간이 필요하다는 점은 그동안의 연구가 잘 보여준다. 우리가 직면한 문제들을 단번에 해결해줄 처방이란 있을 수 없다. 설령 우리가 필요로 하는 기술 혁신이 앞당겨진다고 해도 그것이 제 역할을 다하기까지는 오랜 시간이 필요하다는 점을 우리는 분명히 인식해야 한다.

만약 그런 해결책을 마련할 수 있다면 그 보상은 대단하리라. 우리 앞에는 전혀 새로운 세계가 기다리고 있다. 그런 미래 세계에서 기후변화는 어느 정도 잠복하게 될 뿐만 아니라, 석유가 전 세계 정치를 주무르는 일도 더 이상 벌어지지 않는다.

이 책에서 내가 논의할 핵심 주제들을 요약하면서, 내가 정치 지도자들에게 전달하고자 하는 메시지는 다음과 같다.

1. 가능한 영역 모두에서 정치적, 경제적 통합을 적극적으로 추진하라. 예를 들어, 새로운 환경정책 하에서 경제적 이익을 극대화할 수 있는 기업인들을 선별하여 전위대로 육성하는 것이 중요하다. 이른바 '기후변화의 긍정성climate change positives'을 잘 활용하자. 마틴 루서 킹Martin Luther King이 "나에게는 두려움이 있다!"고 외쳐서 사람들의 행동을 이끌어냈던 것은 아니다. 공포와 근심이 항상 좋은 동기로 작용하지는 않는다. 특히 어떤 사안에서 예견되는 리스크가 지극히 추상적이거나 먼 훗날에나 가시화되는 경우라면 더욱 그렇다. 기후변화에 따르는 리스크는 일반 대중의 경험에서는 여러 걱정거리 가운데 하나일 뿐이다.

2. 사람들의 일상생활 속에서 기후변화에 대한 관심을 끌어내는 데 초점을 맞춰라. 그렇게 해서 일상 속에 내재된 굉장한 문제점들을 인식시키는 것이다. 때로는 간접적인 접근방법이 최상의 대안일 수 있다. 예를 들어, 일반 대중은 기후변화의 위험성에 대한 경고보다는 에너지 효율을 높이는 승용차 운전에 대해서 더 잘 반응한다. 지나치게 목표 달성에 급급하여 일을 어렵게 만들어서도 안 된다. 현재 시점에서 정말로 중요한 일은 기후변화 정책을 어떻게 짜느냐 하는 점이다. 우선 계획을 수립하되, 단기 대책이 장기 대책으로 가는 핵심 요소임을 명심하라. 목표 설정은 아무런 행동도 취하지 않은 데 대한 변명인 경우가 많다. 탄소시장carbon market에 대해 지나친 믿음을 가질 필요도 없다. 여기서 핵심은 그 시장의 성공 가능성을 현재로서는 평가하기 어려울 뿐더러, 손쉽게 정치적 면죄부로 작용할 수 있다는 점이다. 탄소시장이 그냥 듣기에는 쉬운 듯하지만, 실은 전혀 그렇지 않다. 탄소세carbon tax가 제대로 된 방안이기는 하다. 하지만 이를 조금씩 도입해 나가서는 좋은 성과를 기대하기 어렵다. 국가 재정 시스템에 대한 전면적인 감사도 필요하다.

3. 지구온난화 문제를 통해 정치적 이득을 취하겠다는 생각을 버려라. 그러고 싶은 유혹이야 상당히 클 수 있다. 특히 정부나 집권 여당이 어려움을 겪고 있는 경우에는 더욱 그렇다. 가능하다면 기후변화 정책의 연속성을 확보하기 위해서 주요 야당들과 협약을 맺어도 좋다. 모든 정부 부서로 하여금 기후변화에 관심을 기울이게끔 하고, 각기 다른 정치 영역에서도 일관성 있는 정책이 만들어질 수 있도록 노력하라. 어느 정부 부처에서 진보적인 환경정책을 도입했다가도 나중에 다른 부처의 결정 때문에 뒤집히는 일은 결코 바람직하지 못하다. 사

회정의의 문제도 소홀히 해서는 안 된다. 기후변화의 영향으로부터 사회 빈곤층을 보호할 특별한 대책들이 만들어지지 않는다면 그들은 기후변화의 가장 큰 희생자가 될 것이다.

4. 기후변화 정책은 그 속성이 대단히 복잡하다는 점을 감안하여, 단기적인 관점에서는 물론 장기적으로 미칠 수 있는 영향까지를 고려한 정밀한 리스크 평가$^{risk\ assessment}$를 시행하라. 우리는 재생에너지가 전체 에너지 수요의 대부분을 감당하는 미래를 만들어야 한다. 그것은 사회적, 경제적으로 엄청난 파급효과를 미치는 원대한 전환이다. 또한 이런 변화가 전 세계로 확산되도록 다른 나라, 다른 지역, 다른 도시들과 긴밀하고 지속적인 협력관계를 유지하자. 이런 정책에는 약간의 이상적인 생각이 가미되기 마련이다. 왜 그럴까? 앞으로 일이 어떻게 전개되든 우리는 결국 현재 살고 있는 세계와는 전혀 다른 형태의 사회를 만들어 나가야 하기 때문이다. 미래는 우리의 노력에 달려 있다.

이 책의 마지막 세 장에서 나는 대체로 국제적인 관점에서 문제를 논의하려 한다. 우리는 이미 엄청난 양의 온실가스를 대기 중에 배출했으므로, 지금 이 순간부터 우리가 그 어떤 성공을 거둔다고 해도 결국에 기후변화의 영향을 피할 수 없고, 따라서 거기에 최대한 적응할 수 있어야 한다. '적응^{adaptation}'은 어느 날 발생한 변화에 그럭저럭 대처한다는 정도의 의미가 아니다. 우리는 최대한 빨리 준비를 마쳐야 한다. 앞을 내다보고 미리 철저한 준비를 해두는 일이 곧 적응이다. 기후변화를 완화하는 데 들이는 자원과 노력만큼 이런 사전 준비에도 똑같이 공을 들여야 한다. 이제 우리는 선로 저 끝에 놓인 위험에 맞설(하지만 또한 기회를 잡을) 준비를 해야 한다. 어느 나라도 기후변화의 영향을 피해갈 수 없다. 하지만 가난한 나라들이 선진국들보다 더욱 고통을 받을 것이다. 부자 나라들에겐 가난한 나라들을 도울 의무가 있다.

에너지 안보를 다루는 문헌과 기후변화를 다루는 문헌 사이에는 명백한 불균형이 존재한다. 에너지 안보에 대한 분석들은 보통 국제정치의 속성을 그대로 보여주는 긴장관계, 이해관계, 분열상 등에 집중하며, 또한 그래야만 한다. 반면에 기후변화에 대한 논의에서는 온실가스 감축을 위한 협상이 진행될 때마다 지정학geopolitics이 단순히 배경으로서만 등장한다. 그런 균형 문제는 이제 개선할 필요가 있다. 우리가 기후변화에 대해서 아직 제대로 된 정책을 가지고 있지 못한 것처럼, 그에 대한 지정학적 검토 또한 미흡하다. 실제 세계에서 기후변화 목표를 이행하는 데는 과연 어떤 기구와 메커니즘, 또는 국제관계를 활용해야 가장 바람직할까? 국제협력을 통해서 탄소 배출 감축을 도모해보자는 시도는 지정학적 고려가 크게 영향을 미치지만, 이 문제 역시 공개적으로 다루어진 적이 거의 없었다. 이제까지 대부분의 논의는 세부항목의 협상에 집중되었거나 기후변화로 인해 빚어질 수 있는 지정학적 분열 가능성을 다루었다. 지금 우리에게 부족한 것은 정치 지도자들의 결정에 영향을 미칠 지정학적 요소들에 대한 분석이다.

기후변화 대응에 있어서 각국의 국가 정책이 지대한 중요성을 가지는 만큼 그에 대한 효과적인 대처 역시 다변적이어야 한다. 서로 이해관계가 엇갈리는 경우가 있더라도 국가들 사이의 공조는 꼭 필요하다. EU는 태생적으로 그런 다변적인 기구이며, 그동안 기후변화 대응책 개발에 있어서 지도자적 역할을 해왔다. 나는 확고한 유럽통합 지지자이기에 EU의 그런 노력이 앞으로 성공을 거두기를 바란다. 하지만 그러기는 어려울 것이다. EU의 정책 계획은 각 회원국들이 내가 이 책에서 분석하고자 하는 구조적 변화를 이행하려고 애쓸 때에만 효과를 발휘할 수 있다. 이제까지 설명했던 여러 이유들 때문에 나는 발리 회의 이후의 국제적 논의들이 구체적인 결과를 이끌어낼 것으로는 별로 믿지 않는다. 차라리 이런 내 판단이 틀렸으면 좋겠다.

이런 논의를 보완하는 다른 형태의 협력방안도 강구해야 한다. 그런 한 예로서, 선진국들은 직접적인 쌍무적 협력관계를 발전시켜서, 공동 정책을 개발하고 기술발전의 성과를 함께 나눌 수 있다. 권력 관계의 관점에서 본다면 앞으로의 기후변화 진척도는 거의 전적으로 두 나라, 즉 미국과 중국의 손에 달려 있다고 해도 좋다. 이 두 나라에서 전 세계 온실가스의 상당 부분을 배출하기 때문이다. 또 두 나라 모두 자국의 경제를 살리기 위해 에너지 공급선을 찾아 전 세계를 헤매고 있기도 하다. 앞으로 두 나라는 더 많은 자원을 차지하려고 서로 경쟁할 것인가, 아니면 협력하는 법을 배울 것인가? 이에 대한 대답에 대단히 많은 것이 달려 있다. 기후변화에 대한 미국 정부의 태도에 있어서는 과감한 전환이 필요하며, 오바마 대통령은 그런 변화를 약속했다.

미국의 변혁을 강조하면서 오바마 대통령은 "예스, 위 캔!Yes, we can!"을 외쳤다. 여기서 우리는 그의 전임자 역시 상당히 비슷한 주장을 했다는 점을 잊지 말아야 하겠다. 비록 말하는 방식은 많이 달랐지만 말이다. 전임 부시 대통령은 설령 전 세계 국가들이 모두 자신과 뜻을 달리한다고 해도 그들을 깔아뭉갤 수 있을 만큼 미국이 강력하다고 과신했다. 그런 그의 대답은 "노, 유 캔트!No, you can't!"였다. 이는 정말로 무례한 인식이었다. 미국은 다른 국가들과의 협력을 통해서만 그들을 이끌 수 있으며, 그런 협력은 자신의 힘의 한계를 인식함으로써 비로소 가능하다는 점을 알았어야 했다. 이제 미국은 과거 부시 대통령이 말로만 이야기하고 행동으로 보여준 적 없는 겸손을 밑바탕에 두고 국제사회에서 자신의 역할을 수행해야 하며, 다자주의 입장으로 돌아가야 한다.

물론 최근의 전 세계적 경제 위기가 이 모든 일에 심각한 영향을 미친다는 점도 감안해야 한다. 2008년에 금융시장에서 위기가 불거지면서 국가는 과거로의 회귀를 어느 정도 이루었다. 제어장치가 없는 탈규제 시대는 이제 끝났다. 하지만 국가로의 복귀가 반드시 과거로의 회귀를 의미하지는 않는다. 우리는 결코 그런 방식의 해결을 원하지 않는다. 그와 반대로, 우리는 정부와 기존 시장 중심 메커니즘에 대해 각각 새로운 역할을 찾아주어야 한다.

이 책을 집필하는 동안 금융시장은 검은 구름에 뒤덮여 있었다. 하지만 적절한 법적 장치가 마련된다면 금융시장 역시 지구온난화 방지를 위한 노력에서 아주 중요한 역할을 담당할 것이다. 기후변화 정책의 다른 모든 분야가 마찬가지겠지만, 법은 금지하기보다 '밀어주는' 역할을 해야 하며, 정부와 시장이 새로운 파트너십을 이루도록 도와야 한다. 복잡하기 그지없던 금융 수단들은 이제 시장의 붕괴와 함께 사라지고 있다. 그렇지만 우리는 그런 수단을 여전히 필요로 하는데, 적절히 규제만 한다면 그런 수단들은 때때로 장기적인 투자 활성화에 요긴하기 때문이다. 금융 수단이 그런 투자를 억제하는 장애가 되어서는 결코 안 된다. 그런 예로서, 단순히 현재까지의 지구온난화 추세만을 감안한다고 해도 극단적인 기상 상황 발생에서 예상되는 피해를 보험으로 미리 대비할 수 있도록 하는 데는 많은 지혜가 필요하다. 이 부분에 있어서는 민간 보험회사들이 필요한 자금의 대부분을 책임지게 하고, 다른 중요한 역할들을 맡아야 하는 국가는 최후의 보루로 남아 있어야 한다.

탈규제 시대의 종말은 정부가 경기불황에 따르는 경제 재건 계획을 주도하게 된다는 뜻이다. 이때야말로 저탄소 사회로 나아가는 데 필요한 새로운 사업과 기술에 대규모 투자를 할 절호의 기회가 될 것이다. 이때 중요한 것은 향후 20년 또는 그 이후까지를 대비하는 최적의 경제구조를 구축하는 일이다.

재생에너지 등에 대한 대규모 투자와 경제 위기로부터의 탈출을 함께 모색하자는 '기후변화 뉴딜 정책Climate Change New Deal'의 실행 가능성에 대해서는 이미 많은 글이 발표된 바 있다. 나도 그런 아이디어에 공감한다. 다만 오래 지속되는 처방이 되게끔 하는 데 주의 깊은 관심이 필요하다고 본다. 그와 동시에 우리의 앞길에는 난관이 적지 않을 것이다. 최근에 나타났듯이 급격한 유가 하락에다 실업률 증가가 겹치거나 하면 어떤 거부하기 어려운 유혹이 뒤따를 것은 뻔한 일이다. 그래서 소비자들이 물가하락의 혜택을 고스란히 누리게 된다면 경기 회복에는 도움이 되겠지만, 소비자들의 나쁜 습관은 되살아난다. SUV 운전자들은 차를 처분할 필요를 못 느끼고 다시 운전대를 잡을 것이다. 하지만 전 세계가 경기침체에서 벗어났다는 신호가 보이자마자 분명 유가는 다시 가파른 상승세를 타게 된다. 이때 예상되는 최악의 결과는 우리가 기후변화 문제를 경기회복이 이루어질 때까지 뒤로 미루어놓을 수 있다는 점이다. 우리는 이런 일이 현실에서 일어나지 않도록 최선을 다해야 한다.

이 책은 단지 기후변화가 아니라 기후변화의 정치학을 다루는 책이다. 1장에서 나는 기후변화를 둘러싼 논쟁을 최소한으로만 다룰 것이다. 이에 대한 자세한 내용은 다른 책들에서 얼마든지 찾아볼 수 있다.[1] 사실 나는 에너지 안보에 대해 비교적 많이 다루려 하는데, 이는 기후변화와 에너지 안보 문제를 함께 논하는 경우가 이제까지 드물었기 때문이다.

기후변화의 위험성

현재 지구온난화의 원인인 온실효과에 대한 우리의 이해는 19세기 초반에 활약했던 프랑스 과학자 장 밥티스트 조제프 푸리에(Jean-Baptiste Joseph Fourier)의 연구에 뿌리를 둔다. 에너지는 햇빛의 형태로 태양에서 지구로 전달된다. 지구에 흡수된 에너지는 적외선의 형태로 다시 외부로 방출된다. 지구로 유입되는 에너지와 적외선 복사로 외계로 방출되는 에너지의 차이를 계산한 결과, 푸리에는 적어도 이론상으로는 지구가 빙점 이하의 상태에 있어야 한다는 사실을 알아냈다. 그래서 그는 지구 대기권이 마치 덮개처럼 작용해서 열에너지를 잡아두고 있으며, 그 덕분에 인류와 온갖 동식물의 생존이 가능했다고 결론지었다. 푸리에는 공기 중의 이산화탄소가 담요처럼 열을 대기권에 붙잡아두어 지표면의 온도를 그처럼 끌어올렸다고 추정했다.

　이후 런던 왕립연구소에서 근무했던 존 틴들(John Tyndall)을 비롯한 일단의 과학자들은 대기권의 어떤 기체들이 적외선 발산을 억제하는지 찾아 나섰다. 지구 대기권의 대부분을 구성하는 가장 중요한 기체인 질소와 산소는 열 손실을 전혀 막지 않았다. 나중에야 비로소 온실효과로 알려지게 된 이 현상을 유발하는 기체는 수증기, 이산화탄소, 메탄가스 등으로, 이들은 대기 중에 아주 적은 양으로 존재한다. 과학자들은 대기 중의 온실가스를 측정하는 단위로 '100만 분의 1'을 의미하는 ppm을 선호하는데, 이는 그만큼 온실가스의 양이 미미하기 때문이다. 1ppm은 0.0001퍼센트에 해당한다. 하지만 그런 적은 양으로도 엄청난 효과를 낼 수 있기에, 인류의 산업화로 발생한 온실가스가 기후에 심대한 영향을 미치는 것이다.(이산화탄소는 공기 성분의 0.04퍼센트에도 미치지 못하며, 다른 온실가스의 양은 그보다도 훨씬 적다.) 이산화탄소는 양적으로 볼 때 가장 중요한 온실가스이기 때문에 보통 온실가스 배출량을 평가할 때 표준기체로 삼았고, 여기서 '이산화탄소 환산$^{CO_2\ equivalent}$'이라는 단위가 나왔다. 이산화탄소 환산량이란 다른 모든 온실가스를 합쳐서 나타나는 온실효과의 정도를 이산화탄소 하나에 의해서 나타난다고 가정해서 추정한 이산화탄소량이다. 이 수치는 흔히 'CO_2e'로 표시한다.

지난 150여 년 동안 대기 중의 이산화탄소 농도는 산업 생산의 증가와 함께 점진적으로 상승했다. 1901년 이후 전 세계 연평균 기온은 0.74°C 정도 상승했다. 우리는 지질학적 연구를 통해 과거에도 전 세계 기온이 오르락내리락했고, 그런 변화가 대기 중의 이산화탄소 농도와 관련이 있다는 사실을 알고 있다. 그런데 이제까지의 증거들은 과거 65만 년 동안 대기권의 이산화탄소 농도가 지금처럼 높았던 시절은 단 한 번도 없었음을 보여준다. 그 농도는 언제나 290ppm 이하로 유지되었다. 그런데 2008년 초에는 이산화탄소 농도가 387ppm에 이르렀으며, 현재 매년 약 2ppm씩 증가하고 있다.

하와이 마우나로아 관측소의 과학자들이 측정한 2007년의 증가율은

2.14ppm이었다. 그해는 지난 6년 동안 연간 2ppm 이상 농도가 증가했던 네 번째 해였다. 이런 수치는 그 관측소 과학자들의 예상치보다 매우 높았다. 이 결과는 대기 중의 잉여 이산화탄소를 흡수하는 자연 저장고natural sink가 그 기능을 상실하고 있다는 의미일 수 있다. 대부분의 기후변화 예측모델은 대기 중으로 배출되는 온실가스의 절반 정도가 삼림과 대양에 흡수된다고 보는데, 이런 예상은 지나치게 낙관적인 것일 수 있다. 이산화탄소를 비롯한 대부분의 온실가스는 일단 배출되면 대기 중에 오랜 기간 잔존하며, 그로 인해 기온이 상승하기까지는 상당한 기간이 걸린다. 그렇기 때문에 설령 지금 당장 온실가스 배출이 중지된다고 해도 지표면의 평균 기온이 지금보다 최소한 2℃, 또는 그 이상 상승하는 것은 피할 수 없을지 모른다. 물론 그런 온실가스 배출 중단은 결코 일어날 수 없는 일이다.

지구온난화는 대양에서보다 육지에서 더 높게 나타나며 지구의 여타 지역들보다 특히 북반구 고위도 지역에서 높게 나타난다. 아주 최근의 연구에 의하면 대양에서의 기온 상승 역시 불과 몇 년 전에 예상했던 것보다 몇 배나 더 빠른 속도로 진행되고 있다고 한다. 대양의 기온 상승은 수온 상승을 동반하는데, 이는 바닷물의 산성도를 높여서 해양생물들에 심각한 영향을 미친다. 수온 상승은 물속의 이산화탄소를 더 많이 배출시켜서 지구온난화를 가속화하는 효과를 나타낸다. 1982년부터 2006년까지의 측정 결과에 의하면 바닷물의 온도는 발트해(1.35℃), 북해(1.3℃), 남중국해(1.22℃)의 순서로 가장 높은 수온 상승을 보였다.

1978년부터 자료가 수집된 인공위성 측정 결과들은 북극해의 연평균 빙하 표면적이 매 10년마다 거의 3퍼센트씩 감소하고 있음을 보여주었다. 여름철 표면적 감소는 그보다 훨씬 더 커서 7퍼센트에 이르렀다. 북극

그림 1.1 기온 상승의 추세

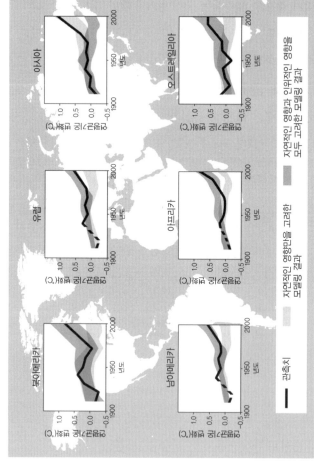

인간이 거주하는 모든 대륙에서 연평균 기온이 상승하고 있다. 컴퓨터를 이용한 연구 결과는 그런 패턴이 오직 인류가 배출하는 온실가스의 증가를 고려했을 때에만 설명 가능한 현상임을 보여준다.

출처: IPCC가 발간한 기후변화에 대한 제4차 보고서 제1권, *Climate Change 2007: The Physical Science Basis*. Figure SPM.4. Cambridge University Press.

의 빙하는 그 규모가 50년 전에 비해서 현재 절반 이하로 감소했다. 그동안 북극 지방의 연평균 기온은 7℃나 상승했는데, 이는 그 지역에 존재하는 특별한 피드백이 작용했던 결과로 보인다. 여름철 북극에서는 햇빛이 다른 어느 지방에서보다 강하게 내리쬔다. 그 결과로 빙산이 녹으면 바닷물은 더 많은 태양 복사열을 흡수하게 된다.

2007년 미국 지구물리학회 연례총회에서 발표된 일부 예측모델들은 빠르면 2030년경 북극해의 얼음이 여름철에는 완전히 사라질지도 모른다고 보았다.[1] 그러면 상업적 목적의 북극 항해가 가능해진다. 상선들은 수에즈 운하나 파나마 운하를 통과하지 않고서도 북유럽에서 동아시아 또는 미국 북서해안으로 바로 항해하는 것이 가능해진다는 말이다.

산악의 빙하는 북반구와 남반구 양쪽에서 모두 후퇴하고 있으며, 사계절 눈과 얼음으로 뒤덮인 지역은 평균적으로 과거보다 줄어들었다. 과학자들 사이에서는 해수면 상승이 과연 어느 정도나 되었는지 상당한 논란이 벌어지고 있지만, 어쨌거나 해수면 역시 지난 20세기 전 기간에 걸쳐 상승했다. 지구온난화는 어떤 지역에서는 가뭄의 위험을 가중시키고, 또 어떤 지역에서는 강수량 증가를 가져오기도 했던 것으로 보인다. 여러 증거들은 대기층이 과거 수십 년 전보다 더 많은 수증기를 포함하게 되어서, 이것이 열대성 폭풍과 홍수를 비롯해 불안정한 기후 패턴을 불러왔음을 보여준다. 지난 40년 이상 동안 편서풍의 강도는 점점 더 강해졌다. 같은 기간 동안 대서양의 열대성 사이클론은 그 수가 더 많아졌고 강도도 더 세졌는데, 아마도 지구온난화의 영향일 가능성이 높다.

기후변화와 그 영향을 관측하는 가장 권위 있는 기구는 1988년 설립된 유엔 산하의 '기후변화에 관한 정부간 위원회IPCC, Intergovernmental Panel on Climate Change'이다. 이 기구는 기후변화에 대한 전 세계의 인식을 크게 바꿔놓았다. IPCC의 설립 목표는 기후변화에 관해서 최대한 많은 자료를 수집하고 면밀하게 검토해서 과학계의 통합된 의견으로 결론을 이끌어내는 데 있다. 그동안 발간한 몇몇 중요한 보고서들에서 이 기구는 기후변화가 어떻게 심화되고 있는지 그 과정을 자세하게 밝혔으며, 그로부터 야기되는 잠재적인 악영향의 정도가 단순한 우려 수준에서 재난 발생 수준까지 그 폭이 상당히 넓다는 것을 보여주었다. 2007년에 발표한 네 번째 보고서에서 IPCC는 "기후 시스템의 온난화가 분명해졌다"고 강조했다. 하지만 보고서에서 그런 표현을 쓴 것은 그곳뿐이었다. 나머지 부분에서는 온통 개연성probability이 있다는 식의 표현으로 점철되었다. 현재 관측된 지구온난화는 온실가스를 대기권으로 배출한 인간 활동의 결과이며, 그런 온실가스 배출은 산업과 교통 분야에서의 화석연료 사용, 그리고 새로운 형태의 토지 사용과 농업의 확대에서 비롯되었을 "개연성이 90퍼센트다"는 식으로 말이다.[2] 지표면 온도의 관측 기록은 1850년대에 시작되었다. 그 이후 현재까지 가장 더웠던 해의 열한 차례가 모두 지난 13년 동안에 몰려 있다. 지구 전역에서의 관측 결과는 지표면과 해수면의 연평균 온도가 점진적으로 상승하고 있음을 보여준다.

　IPCC는 21세기가 끝나는 시점까지를 설정해서 그동안 어떤 일이 벌어질지에 대해 수십 개의 시나리오를 만들어 기후변화의 영향을 평가했다. 그런 시나리오는 경제성장과 자원의 희소성, 인구 증가의 정도, 저탄소 기술의 확대, 지역간 불균형 확산 등의 요소들을 감안하여 6개 그룹으로 크게 나뉜다. 미래 가능성이라고도 할 수 있는 이 시나리오들에서는 인류에게 가장 유리한 경우라고 해도 지구온난화가 계속 진행되어 금세기 말에 이르면 연평균 기온이 현재보다 1.1~2.9℃ 더 높아지는 것으로 나왔다. 그동안 해수면 수위는 18~38센티미터 더 상승할 것이다. 반면에, 세계가 현재의 추세를 그대로 유지하면서 석유와 석탄, 가스 등에 의존하고 경제 성장에 집착한다면 2100년에는 연평균 기온이 현재보다 6°C나 더 상승한다. 이런 상황이라면 해수면 수위는 26~50센티미터나 더 높아진다.

IPCC가 정한 '가장 실현성이 높은' 시나리오에서는 화석연료가 상당히 널리 사용되기는 하지만 그래도 새로운 청정연료와 어느 정도 균형을 맞추고 인구 증가도 일정 한도 내에서 통제되는 것으로 나온다. 하지만 이런 시나리오도 적지 않게 걱정거리다. 이 시나리오에서는 금세기 말까지 기온이 4°C 이상 상승하고, 해수면도 48센티미터는 높아진다. 그런가 하면 아열대 지역에서는 강우량이 20퍼센트나 감소하고, 북반구와 남반구 중위도 지역에서는 그만큼 더 많은 강우 증가가 예상된다.

IPCC와 EU는 공히 온실가스 감축 정책의 목표를, 온난화로 인한 기온 상승을 2°C 이내에 머물게 하는 데 두었으며, 그런 목표 달성의 가능성을 50대 50으로 끌어올리기 위해서는 대기 중의 이산화탄소 농도를 반드시 $450CO_2e$ 수준으로 묶어두어야 한다고 단언했다. 하지만 일부 사람들은 현재의 온실가스 배출 추세를 고려할 때 그런 목표 달성은 이미 불가능한 일이 되었다고 생각한다.

지구온난화의 영향은 이미 감지되고 있다고 봐야 한다. IPCC의 2007년 보고서는 대규모 빙하호가 점점 더 많이 만들어지고, 서부 시베리아 지방을 비롯한 세계 도처에서 영구동토대의 녹는 속도가 갈수록 빨라지며, 남극과 북극 지방에서는 생태계 변화가 감지되고, 빙하가 녹으면서 발생하는 봄철 홍수의 규모가 점점 더 커지고 그 시기 또한 일러지고 있으며, 북반구에서는 봄이 오는 속도가 빨라지는 바람에 일부 동식물들의 극점을 향한 이주와 이동이 목격된다고 언급하면서, 이런 현상은 지구온난화 때문일 가능성이 "대단히 높다"고 밝혔다.(여기에서 '대단히 높다'는 말은 사실로

밝혀질 확률이 10에서 8은 된다는 의미이다.)[3]

　IPCC는 금세기에 자원 쟁탈을 위한 전쟁이 많아지고, 해안에 위치한 많은 도시가 물에 잠겨서 물자부족과 대량이주 사태가 발생하며, 건조 지대들 역시 갈수록 더 건조해지기 때문에 마찬가지 사태가 빚어질 것이라고 말한다. 세계의 빈국들이 위치한 장소와 현재의 자원부족 상황을 고려할 때, 그런 나라들은 선진국들보다 훨씬 더 심각한 위기에 직면할 것이다. 물론 선진국들 역시 어려움을 겪기는 마찬가지일 텐데, 기상재해가 점점 더 빈번해지면서 겪게 되는 악영향이 그런 예가 된다. 가령 미국은 세계 다른 지역들에 비해서 훨씬 더 극한 기후에 시달리고 있는데, 앞으로는 그런 추세가 더 심해질 것이다.

회의론자와 그 비판자들

시나리오란 미래에 일어날 수 있는 일을 기술한 것이다. 따라서 그런 시나리오에 대해서 문제를 제기하거나, 아니면 현재의 지구온난화 추세가 전적으로 인간에 의해서 발생한다는 바로 그 점에 대해서 거부감을 갖는 사람들이 있다고 해서 별로 놀랄 것도 없겠다. 이런 회의론자들은 소수이긴 하지만, 널리 통용되는 과학적 견해에 문제를 제기할 뿐만 아니라 그런 과학적 발전에 기반을 두는 전체 산업에 대해서도 삐딱한 자세를 취하는 것이 보통이다.

　그런 예로서, 프레드 싱거Fred Singer와 데니스 에이버리Dennis Avery는 "현재의 지구온난화는 별로 심각하지 않으며 인간이 만든 것도 아니다"라는 주장을 편다.[4] 그들의 견해는 귀담아듣는 사람이 별로 없는데, 이에 대해 그들은 IPCC에서 내놓는 주장이 하도 판을 치기 때문이라며 불평한다. 그들은 "지구온난화는 인간이 만든 것이고 어마어마한 위기를 불러온다는 식으로 사람들을 설득하려는 대중 홍보 활동이 널리 퍼져 있으며……환경단체, 정부기관, 심지어 언론매체들까지도 그런 불길한 뉴스를 전달하는데 돈과 노력을 아끼지 않는다"고 말한다.[5]

그들의 입장에서 본다면, 현재 목격되는 기온 상승 현상은 별로 새로울 것도 없다. 전 세계 기후는 항상 오르락내리락하기 때문이다. 지질학자들은 태양 흑점의 변이로 인해서 대체로 1500년 주기로, 그 진폭이 별로 크지 않고 항상 주기적이지는 않았지만 기후변동이 있어왔다고 기록했다. 우리는 현재 그런 순환주기의 온난화 단계에 막 접어들었다. 따라서 우리가 진정 걱정해야 할 일은 현재의 안온한 기후시대가 끝나고 종국에 가서 도래할 빙하기라는 것이다.

기후변화에 대해 조금 다른 입장을 취하는 회의론자들도 있는데, 이단적인 견해는 사람들의 관심을 끌지 못한다고 투덜대기는 이들도 마찬가지다. 연구비 조달에 있어서는 더욱 그렇다. 이런 회의론자의 한 사람인 패트릭 마이클스Patrick Michaels는 IPCC의 현재와 미래에 대한 전망이 내재적으로 오류투성이라고 문제를 제기한다.[6] 그는 너무나 많은 개인과 연구그룹이 자신들의 이해관계에 맞물려서 앞으로 닥칠 재난과 그로 인한 재해를 예측하고 있다고 지적한다. IPCC 보고서를 발간하는 데 관여하는 사람들 중에서 과학자는 3분의 1에 불과하다. 나머지 대부분은 정부 관료로 채워진다. IPCC의 주류적인 견해에 잘 맞지 않는 사실이나 관측자료는 의도적으로 평가절하되거나 아예 무시되곤 한다.

덴마크인 저자 비외른 롬보르Bjørn Lomborg도 곧잘 회의론자 대열에 포함되는데, 필시 기후변화에 관한 자신의 첫 책《회의적 환경주의자The Skeptical Environmentalist》[7] 때문일 것이다. 하지만 롬보르는 전혀 다른 유형의 회의론자라고 해도 좋다. 그는 지구온난화가 일어나고 있고 인간 활동이 그 원인이라는 점에는 동의한다. 하지만 그는 "역사에 전례가 없을 정도로 그렇게 엄청난 돈을 들여야만 하는 이산화탄소 감축 프로그램이라는 미친 짓이 과연 유일한 해결책인가?"[8]라고 의문을 제기한다. 롬보르는 기후변화 위기가 과연 다른 모든 중요한 사안을 잠재울 만큼 그렇게 절박한가라고 묻는다. 현재 전 세계 인류는 빈곤 문제, 에이즈^{AIDS}의 확산, 핵전쟁의 위협 등 훨씬 심각한 문제들을 앓고 있지 않은가 하고 말이다.

지구온난화만 다루기보다 좀더 광범위한 위험들에 대해 글을 쓰는 다른 저자들은 우리가 '각종 공포의 시대'에 살고 있으며 지구온난화는 그런 공포들 중의 하나라고 지적했다. 크리스토퍼 부커^{Christopher Booker}와 리처드 노스^{Richard North}는 이를 '새로운 미신 시대'의 도래로 규정했다. 과거 중세가 끝나갈 무렵 마녀 사냥꾼들이 횡횡했을 때 사람들이 집단 히스테리 상태에 빠졌던 것처럼 말이다. 공포의 대상들은 "음식물에 들어 있거나 주변 환경 속에 떠돌아다니는 정체불명의 치명적인 신종 바이러스나 박테리아에서부터 우리 가정과 작업장의 독성물질에 이르기까지" 대개 근거가 없는 것으로 밝혀지기는 했어도 이미 우리 일상생활의 일부가 되었다. "지구온난화에 대한 두려움은 그런 묵시론적 종말론을 최고조에 달하게 했다."[9]

우리는 과연 그런 회의론자들의 말에도 귀를 기울여야 할까? 회의론자들이 비교적 소수이고 유독 목소리만 큰 편이며, 또한 비주류라는 점을 감안한다면 말이다. 많은 과학자들은 회의론자들이 지구온난화의 근본 원인이라든가 앞으로 예상되는 영향 등에 대해서 의심의 여지가 많다고 일반 대중에게 설파하는 것은 무책임하다고 생각한다. 영국에서는 2007년 3월에 채널 4 TV가 〈지구온난화 대사기극^{The Great Global Warming Swindle}〉이라고 해서 가장 유명한 회의론자 몇 명이 등장하는 다큐멘터리를 제작해서 일대 논란을 불러일으키기도 했다.

물론 회의론자들 역시 자신의 주장을 펼칠 권리가 있고 또 그래야 마땅하다. 회의론은 과학에 있어서 새로운 활력이 될 수 있으며, 이런 점은 정책 결정에서도 그에 못지않게 중요하다. 기후변화에 대해서 누군가 어떤 주장이든 내놓았다면, 그런 주장들 역시 비판적인 눈으로, 심지어 적대적인 관점에서 꾸준히 검증받아야 옳다. '거대과학big science'이 스스로 관성을 만들어간다는 데에는 의심의 여지가 없다. IPCC가 단순한 과학 연구 기구가 아니라 정치적이고 관료적인 조직이라는 점 역시 인정해야만 하겠다. 최근 들어 언론에서, 그리고 때로는 정치인들의 발언에서 기후변화가 마치 모든 기상이변 현상을 설명하는 원인으로 부상하는 데 대해서 회의론자들은 다음과 같이 정당한 주장을 제기한다. "열파(heat wave, 이상고온 현상—옮긴이), 폭풍, 한발, 홍수 등 어떤 비정상적인 기상 현상이 일어날 때마다 일부 기상 캐스터들은 그것을 '기후변화를 보여주는 또 하나의 증거'라는 식으로 설명하곤 한다."[10]

하지만 회의론자라고 해서 엄정한 비판에서 비켜날 수는 없다. 가혹한 자기검증은 모든 과학자와 연구자가 받아들여야만 하는 기본적인 의무다. IPCC의 보고서가 거의 언제나 몇 퍼센트의 개연성과 가능성이 있다는 식으로 표현하고 있고, 이는 현존하는 수많은 불확실성에 대해서뿐만 아니라 우리 지식이 가진 한계에 대해서도 분명히 고려하고 있기 때문이라는 점을 인정하는 것이 중요하다. 더욱이 IPCC 보고서 작성에 참여했던 과학자들도 기후변화의 진행 속도라든지 그것이 미칠 수 있는 악영향 등에 대해서 상당한 시각차를 보이는 것도 분명한 사실이다.

리스크와 불확실성에 대한 견해는 분명히 다른 두 길을 제시한다. 회의론자들은 리스크가 크게 과장되었다고 주장하지만 그 반대 논리에 대해서도 똑같은 주장을 할 수 있다. 그런가 하면, 기후변화의 정도와 그 급박한 위험성에 대해서 우리가 과소평가하고 있다는 주장도 있다. 이런 논리를 펴는 사람들은 IPCC가 사실상 상당히 보수적인 기관이어서 자기 평가에는 인색하다고 말한다. IPCC는 수많은 과학적 견해를 가급적 다 수용해야 하기 때문에 그럴 수밖에 없다는 것이다.

과학 주간지 〈뉴사이언티스트New Scientist〉의 필자인 프레드 피어스Fred Pearce는 과거의 기후변이가 그러했듯이 현재의 기후변화 역시 점진적으로 진행되지는 않는다고 말한다. (회의론자들의 주장처럼) 기후는 인류가 출현하기 이전부터, 물론 현대적인 산업생산이 시작되기 훨씬 이전부터, 온갖 변화를 겪으면서 지금까지 왔다. 하지만 피어스는 바로 이 점을 근거로 회의론자들과는 사뭇 다른 주장을 펼친다. 역사적 기록을 찾아보면 한 기후 조건에서 다른 기후 조건으로의 이행은 상당히 갑작스럽게 이루어졌으며, 따라서 우리 시대의 기후변화 역시 그러리라는 것이다. 이런 관점에서 그는 기후변화의 양상을 제1유형(Type 1)과 제2유형(Type 2)의 두 가지로 구분한다. 제1유형은 서서히 진행되는 변화로 대부분의 IPCC 시나리오들에서 내놓는 기온변화 추세를 따른다. 하지만 제2유형에서는 그 변화가 대단히 급격하고 그 결과도 무시무시하다. 이런 일은 극적인 변화의 시점, 즉 티핑 포인트tipping point에 이르렀을 때 발생하는데, 한 시스템에서 다른 시스템으로 급격한 전환이 일어난다. 그런 변화는 기후변화 리스크를 추정하는 일반적인 모델에서는 전혀 발견할 수 없다.[11]

제2유형의 조짐을 보이는 현상은 오늘날 이미 광범위하게 발견된다고 피어스는 말한다. 보통 안정적인 상황이라고 여겨지는 일부 지역의 문제들도 사실은 급격한 변화의 전조일 수 있다는 것이다. 예컨대 그린란드와 남극지방을 뒤덮은 대륙빙하라든가 시베리아 서부 지방의 영구동토대 이탄지(泥炭地, 해안습지 등에서 수생식물 등의 유해가 미분해되거나 약간 분해된 상태로 두껍게 퇴적된 땅으로, 주로 고위도 지대에 있다—옮긴이), 아마존 열대우림, 엘니뇨^{El Niño}로 알려진 기상현상 등이 여기에 포함된다.

　IPCC는 전 세계의 평균 기온이 지금보다 3℃ 이상 높아지면 그린란드의 빙원이 녹게 되는데, 이렇게 한번 녹기 시작하면 다시는 되돌릴 수 없다고 했다. IPCC는 먼 미래에나 그럴 가능성이 있다고 예상한다. 그런데 일부 빙하 전문가들은 피어스가 지적했던 급격한 변화가 훨씬 더 빨리 찾아올 수 있다고 경고한다. 지구온난화가 진행되면서 어떤 자연적 현상이 겹치면 빙하의 정상에 호수가 만들어진다. 그럴 경우 얼음의 갈라진 틈으로 물이 흘러내리게 되며, 빙하 바닥에 물이 도달하기까지는 그야말로 순식간이다. 그 결과 광대한 빙원이 균열을 일으키면서 대단히 심각한 결과를 초래한다. 이런 일이 현실로 나타날 때 대규모 빙원이라도 불과 10년 이내에 녹아내릴 수 있다.

　시베리아 서부 지방에서 스칸디나비아 반도 북부를 거쳐 캐나다와 알래스카에 이르는 광대한 이탄지대는 견고한 영구동토대로, 그런 상태가 계속될 것처럼만 보인다. 하지만 이 지역이 막 해빙을 시작했는데, 이는 "심지어 일부 가장 회의적인 과학자들조차도 두려워하는"[12] 현상이다. 극지방의 영구동토대는 토양 중에 막대한 양의 부식 식물체를 포함하고 있어서 지층에 탄소가 가득 채워져 있다. 그런 동토가 녹으면 땅 밑에 있는 식물의 잎과 뿌리, 그리고 이끼류도 함께 녹아서 비단 이산화탄소뿐만 아니라 메탄가스까지 배출한다. 메탄가스는 이산화탄소보다 수십 배나 강한 온실효과를 나타내는 기체다. 그런데 정작 중요한 문제점의 하나는 그런 동토대 해빙 현상이 현재 어느 정도나 진행되었는지 조사한 연구가 별로 없다는 것이다. 이처럼 연구가 부족한 가장 중요한 이유는 일부 러시아 과학자들을 제외하고는 시베리아 지역으로 접근하기가 극히 어렵기 때문이다. 한 추정에 의하면 서부 시베리아 이탄지대에서 배출된 메탄가스의 총량이 미국이 한 해 동안에 배출했던 온실가스의 양에 맞먹는다고 한다.

그리고 엘니뇨 문제가 있는데, 이는 '남방 진동(Southern Oscillation, 인도양과 남반구의 적도 태평양 사이의 기압 진동—옮긴이)'과 관련 있다.[13] 엘니뇨는 에콰도르와 페루의 서부 연안을 따라서 태평양 일부 지역의 수온이 비정상적으로 높아지는 현상이다. '엘니뇨'는 에스파냐 말로 '남자아이(어린 예수)'를 뜻하는데, 그런 기후 현상이 보통은 크리스마스 즈음해서 나타나기 때문에 붙여진 이름이다. 엘니뇨 현상은 3년 내지 5년 주기로 발생하면서 범지구적인 기후 조건에 심각한 영향을 미친다. 엘니뇨가 적도대를 따라서 전 세계로 확장되면, 이상기후를 초래해 일부 지역에서는 심한 폭풍과 엄청난 강우 현상이, 다른 지역에서는 극심한 한발이 나타난다. 엘니뇨 발생 후 12~18개월이 경과한 후에는 갑자기 그 반대되는 현상으로 돌변하는 것이 일반적이어서, 적도권의 태평양 일대에서 수온저하가 발생하는 원인이 된다. 이런 현상 역시 심각한 이상기후를 초래한다.(전 세계적으로 나타나는 이런 현상을 라니냐La Liña라고 부른다.)

엘니뇨가 언제부터 발생했는지에 대해서는 알려진 것이 거의 없지만, 최근 들어 발생 빈도가 늘고 있으며, 그 영향 또한 더 심각해지고 있다. 다른 많은 기후변화와 마찬가지로 우리는 지구온난화와 엘니뇨의 관계에 대해서 거의 알지 못한다. 어쩌면 엘니뇨가 지구온난화를 완화하는 역할을 할지도 모른다. 그렇지만 적어도 엘니뇨는 강력한 기상이변을 초래하는 데 기여하는 바가 상당하다고 말할 수 있다.

미국 항공우주국 고다드 우주연구소NASA Goddard Institute for Space Studies의 수장인 제임스 핸슨James Hansen 박사는 지구온난화에서 기인하는 위험이 크게 과소평가되고 있다고 주장하는 가장 영향력 있는 연구자의 한 사람이다. 그는 이 문제에 대해서 20년 이상 연구에 매진했던 인물로서 지구의 평균기온을 2℃ 상승으로 제한하고자 하는 목표가 이미 달성하기 어렵게 되었으며, 지구온난화에서 발생하는 위기 상황을 억제하는 데에도 준비가 미흡하다고 말한다. 이상기후를 초래하지 않는 안전한 대기 중의 이산화탄소 농도는 350ppm으로, 우리는 이미 그 수준을 넘어섰다는 것이 그의 주장이다.[14]

기후변화에도 티핑 포인트가 있다고 주장하는 저자들은 이제 더 이상 괴짜로 간주되지 않지만, 그들 대부분은 한때 기후변화의 영향이 극적인 변화를 일으키지는 않고 오랜 기간에 걸쳐서 나타난다고 믿었던 사람들이다. 예를 들어, 프레드 피어스는 롬보르처럼 자신을 '회의적 환경주의자'로 자처했는데, 그에게 회의적 환경주의자란 기후변화에 대한 의심스런 주장이 있다면 무엇이든 철저하게 조사하는 사람을 뜻한다. 피어스는 기후변화에 대해 거의 확실성이 없거나 설령 있다고 해도 극히 부분적이라고 인식했다. 피어스와 그 동료들이 말하는 극적인 변화의 경계지점은 흔히 기후변화라는 카드패 중의 '와일드카드(wild card, 카드게임에서 자기가 편리한 대로 쓸 수 있는 자유패 또는 만능패―옮긴이)'로 불린다.[15]

위에서 설명한 세 가지 견해는 지구의 능력과 지구에 미치는 인간의 영향력에 관해서 각기 다른 관점들을 보여준다. 회의론자들에 따르면, 지구는 아주 강력한 존재여서 인간이 저지르는 행위는 그 어떤 식으로도 지구에 커다란 영향을 미치기 어렵다. 반면에 과학계의 주류 논리에 동조하는 사람들은 지구―또는 적어도 지구 생태계―는 연약한 존재여서 우리가 지구에 저지르는 만행으로부터 보호받아야 한다고 믿는다. 그리고 피어스와 같은 일부 저자들은 지구를 야생동물처럼 간주하는데, 이는 만약 우리가 지구의 화를 지나치게 돋운다면 지구는 언제라도 돌변하여 격렬한 반응을 보일 수 있다는 말이다. 피어스는 이렇게 표현했다. "지구는 강력한 존재로서 무서운 카운터펀치를 감추고 있다. ……인류가 저지른 지구온난화에 대한 자연의 복수는 필시 우리가 제어할 수 없는 범지구적 반응을 불러올 것이다. 그리고 그런 반응은 갑작스럽고 아주 격렬하게 촉발될 것이다."[16]

초대형 지구물리학적 사건들

기후변화는 인류 최후의 날을 다룬 책에 등장하기도 한다. 역사는 많은 문명의 탄생과 몰락을 지켜보았다. 인류학자 재레드 다이아몬드Jared Diamond에 의하면 문명은 자신이 가진 환경적 지속가능성sustainability의 한계를 벗어날 때 파멸로 향한다고 했다.[17]

태평양의 이스터 섬에서 벌어진 일은 이를 압축해서 보여주는 좋은 사례다. 이스터 섬은 한때 풍요로운 생태계를 자랑하며 잘 발전된 군주제 문명을 유지했다. 그런데 시간이 흐르면서 왕들은 자신이 세우는 석상의 크기로 권세를 드러내려 했고, 석상 건조 사업은 삼림 남벌을 포함해서 자연자원의 과도한 소모를 가져왔다. 석성 건조를 자제하려 했던 왕국은 예외 없이 주변의 경쟁자들로부터 공격을 받았으며, 승리자는 석상 건조의 전통을 이어받았다. 하지만 그 결과로 이스터 섬에는 삼림이 남아나지 않았으며, 섬의 환경이 황폐해져 사람이 살기 어려운 지경이 되었다. "이스터 섬의 전체적인 실상은 태평양에서 삼림파괴가 불러올 수 있는 가장 극단적인 결과를 보여주며, 전 세계적으로도 가장 극단적인 사례에 속한다. 이제 그 섬에서 숲은 모두 사라졌고 각종 나무들도 모두 멸종했다."[18]

이스터 섬의 사례보다 훨씬 큰 규모로 빚어진 문명 파괴의 실례를 우리가 잘 아는 문명들에서 찾아보기도 그리 어렵지 않다. 다이아몬드는 이에 대해 다음과 같이 '냉혹하리만큼 분명하게' 묘사했다.

> 세계화, 국제무역, 제트여객기, 그리고 인터넷 등에 힘입어서 오늘날 세계의 모든 국가들은 자원을 공유하며 서로에게 영향을 미친다. 마치 이스터 섬에 살았던 10여 개의 부족들처럼 말이다. 폴리네시아 군도의 이스터 섬은 태평양의 외딴 섬으로, 이는 우주에 외따로 떨어져 있는 우리 지구와 비슷하다. 이스터 섬의 주민들은 난관에 봉착했을 때 재난을 피할 다른 장소를 찾을 수 없었으며, 자신들을 도울 조력자를 구할 수도 없었다. 현대의 지구인들도 마찬가지로 위기 상황에 봉착했을 때 그 어디에서도 외부의 도움을 바랄 수 없다.[19]

다른 저자들은 지구온난화가 우리 삶을 황폐하게 하는 유일한 문제가 아니라는 점을 지적한다. 핵무기 확산의 위협은 어느 시점에 이르러 지구온난화로 촉발된 국제적 긴장과 연계될 수 있다. 나노기술은 그 기술로 만든 미세 입자들이 우리 피부를 뚫고 혈액 속으로 유입되어 우리 두뇌에까지 침입할 수 있기 때문에 적잖은 위험이 될 수 있다. 식량 위기는 여러 기아 문제를 불러오고 대규모 인구이동 사태를 빚을 수 있다.[20] 저명한 과학자 마틴 리스Martin Rees는 《우리 최후의 세기In Our Final Century》라는 저서에서 어쩌면 21세기가 우리(전체 인류)가 생존하는 최후의 세기일지 모른다고 심각하게 이야기한 바 있다. 우리 인류가 갖가지 방식으로 자연에 개입하

면서 빚어진 위험 요인들 때문에 그런 일이 생길 수 있다는 것이다.[21]

이렇게 인류 최후의 날을 이야기하는 몇몇 책들은 인간이 손조차 쓸 수 없는 잠재적인 재난에 초점을 둔다. 과학자들에 의하면 그런 일이 일어날 가능성은 지극히 낮지만, 지구의 취약성을 고려할 때 이제 그런 사건들은 "우리가 명심해야 하는 주요 위기 목록에 반드시 포함시켜야 한다"는 것이다.[22] 과학자들은 그런 위험들을 범세계 지구물리학적 사건Global Geophysical Event이라 이름 붙였는데, 그 약자인 GGE는 말을 타고 앞만 보며 내달리기 좋아하는 인간의 성정性情을 그대로 반영하는 것처럼 보인다.(말을 몰 때 내는 '이랴, 이랴' 소리를 영어로는 GGE와 발음이 비슷한 'gee-gee'라고 쓴다―옮긴이) GGE는 지구 전체에 충격을 줄 만큼 규모가 큰 재난이거나, 어느 한 지역 사회 또는 세계 경제에 심대한 타격을 줄 만큼 강력한 국지적 재난을 의미한다.

대양에서 발생하는 거대 쓰나미(tsunami, 지진해일)가 그런 재난의 하나다. 2004년 12월에 동남아시아 일대를 뒤흔들었던 쓰나미는 약 25만 명의 인명을 앗아갔는데, 쓰나미가 발생한 지점에서 멀리 떨어진 지역에까지 피해를 입혔다. 쓰나미가 일으키는 파도는 대개 10미터를 넘지 않는다. 하지만 거대 쓰나미가 발생한다면 파도 높이는 그보다 몇 배나 더 높아질 수 있다. 그런 예로서, 카나리아 제도의 라팔마 섬에 있는 쿰브레비에하 화산이 폭발한다면 그런 정도 사태가 벌어질 수도 있다. 과학자들이 상당 기간 동안 이 화산을 조사해본 결과, 섬의 해안가를 따라 지각의 균열이 길게 나 있었는데, 이는 1949년의 화산 폭발 때문이었다. 만약 이런 사태가 다시 한번 발생한다면 산허리가 격렬하게 폭발하면서 바다를 뒤흔들 것이고, 이때 발생하는 초대형 쓰나미가 대서양 전역을 강타할 것이다.

또 다른 형태의 대재난은 인구 집중지역 한복판에서 발생하는 지진이다.

도쿄가 그런 예가 될 수 있다. 도쿄는 끊임없이 미진에 시달리는데, 1923년에는 한 차례 대지진이 발생했다. 당시에 약 1분 정도 지속된 진동으로 도쿄와 그 인근의 요코하마에서 36만 채나 되는 건물이 무너졌다. 도쿄 주민의 70퍼센트와 요코하마 주민의 85퍼센트가 순식간에 집을 잃었다. 이 대재난은 무려 10만 명 이상의 목숨을 앗아갔다.[23]

현재 도쿄 광역수도권에는 1920년대에 비해 세 배가 넘는 인구가 몰려 있으며, 이는 일본 전체 인구의 4분의 1에 해당한다. 물론 일반 가옥이나 건물은 과거보다 훨씬 더 견고하게 지어졌지만, 인구밀집도가 크게 높아졌기 때문에 만약 또 다른 지진이 이 일대에서 발생한다면 80년 전에 죽은 사람들만큼, 혹은 더 많은 사람들이 목숨을 잃을 것이다. 이런 지진에서 예상되는 재산상의 손실은 과거보다 훨씬 더 심각할 텐데, 이는 일본 사회가 그만큼 부유해졌기 때문이다. 세계적인 재보험회사 스위스 리Swiss Re의 자금 지원을 받은 한 연구에서는 그런 지진이 발생할 때 피해가 34조 4000억 달러에 이를 것으로 추정했다.

세 번째 GGE는 지구가 커다란 소행성이나 혜성과 충돌할 가능성이다. 이 문제가 부각되기 시작한 것은 불과 20년 남짓이지만, 인공위성과 적외선 지도infra-red mapping 기술의 발달로 우주에서 다가오는 외계 물체에 대해서는 이제 아주 정확하게 탐지하고 추적할 수 있다. 새로 발견된 소행성이나 혜성이 지구와 충돌할 위험도를 평가하는 데는 11단계 척도—이탈리아 토리노에서 열린 한 국제회의에서 확정된 탓에 이를 토리노 척도Torino scale라고도 한다—가 활용된다. 지구에는 매일 3000개 정도의 외계 물체가 충돌하는데, 그 대부분은 대기권에서 타버리고 100개 정도만 지상에 도달하며, 이를 운석이라 부른다. 소행성과 혜성은 그런 외계 물체들에 비하면 엄청나게 크다. 만약 직경 1킬로미터의 소행성이 지구와 충돌한다면,

그 충격은 히로시마에 떨어진 핵폭탄 6만 개 규모에 해당한다. 그런 충돌의 가능성은 일반인들이 상상하는 범주에서 크게 벗어나지는 않는다. 일부 추정에 의하면 2004년 1월 13일에 소행성 AL00667이 약 4 대 1의 비율로 지구와 충돌할 가능성이 몇 시간이나 지속되었다. 그 소행성은 지름이 30미터 정도였는데, 이는 대도시 하나를 완전히 붕괴시킬 정도의 크기다.

지금 기후변화를 논의하는 책에서 왜 그런 대규모 지구물리학적 사건들에 대해서 언급하는 것일까? 여기에는 몇 가지 이유가 있다. 첫 번째로, 그런 위협에 대한 이해는 우리가 오늘날 직면하고 있는 공포들에 대한 인식을 새롭게 하는 데 도움이 된다. 앞에서 내가 몇 차례 그의 글을 인용하기도 했던 빌 맥과이어Bill McGuire는 최근작인 《아마겟돈에서의 생존Surviving Armaggedon》 이전에도 이미 《묵시록Apocalypse》, 《분노하는 지구Raging Earth》, 《지구 멸망의 안내서A Guide to the End of World》 등 인류 멸망에 관한 책들을 펴냈다. 이 책들은 모두 가장 최근의 과학적 지식들에 근거하고 있다. 간단히 말해서, 이제 우리는 그런 위협들에 관해서 10년 전보다 훨씬 더 많이 알고 있다.

두 번째로, 대규모 지구물리학적 사건들의 일부는 기후변화로 인해 위험성이 증폭될 수 있다. 예를 들어, 쓰나미는 해양의 수위가 크게 높아진다면 그 강도도 훨씬 커져서 해안가 도시들은 과거보다 훨씬 더 큰 위험에 처할 수 있다.

세 번째로, 그런 지구물리학적 대사건들에서 기인하는 위협을 낮추려는 일부 전략들은 원칙적으로 기후변화를 통제하는 데도 유용하다. 언뜻 생각하기에는 우리가 그런 위협들에 대해서 할 수 일은 아무것도 없어 보인다. 하지만 과학자들은 이미 나름의 복안을 가지고 있다. 예를 들어, 미국 항공우주국NASA은 지구에 근접하는 소행성들의 궤도를 바꾸는 방안을 시험하고 있다. 소행성을 원래 궤도에서 벗어나게 하는 데는 아주 조그마한 충격으로도 충분하며, 소행성이 멀리 떨어져 있으면 있을수록 더 적은 충격으로 더 멀리 궤도를 이탈시킬 수 있다. 현재 연구 중에 있는 그런 가능성의 하나는 로켓 추진체를 소행성에 착륙시키는 것인데, 그 로켓은 소행성을 움직일 수 있을 만큼 충분한 추력을 갖고 있다. 기후변화를 억제하는 방안으로 그와 비슷한 우주 공학 기술이 제안되기도 했는데, 그중 하나는 초대형 반사경을 우주에 매달아서 지구로 향하는 태양광의 일부를 반사시키는 방법이다. (6장 200쪽 참조)

낙관론자 되기

오늘날 지구 멸망에 대한 생각들이 왜 그처럼 넘쳐나는지에 대한 논의가 꽤 활발하다. 리스크와 위험성에 대해 많은 글을 쓴 프랭크 퓨레디Frank Furedi는 그 원인의 일단을 지난 20~30년 동안 발생했던 문화적 변동에서 찾았다. 우리가 그동안 안전성에 대해 점점 더 많은 관심을 갖게 되면서 도처에서 위협 요인을 발견하게 되었고, 결국 우리 자신의 우려만 더하고 무력감을 심화시키는 결과를 낳았다. 퓨레디는 우리가 기후변화에 대해서도 그런 경향을 보이는 데는 작가들의 영향이 컸다고 생각한다. 그들이 선사시대부터의 대재난들과 앞으로 닥칠 재해에 대해 마구잡이로 언급하면서 우리 삶의 다른 영역들에까지 그런 우려를 심각하게 확산시켰다는 것이다. 우리의 감정적인 취약성을 북돋우는 사례의 하나로 그는 '전례 없는unprecedented'이라는 단어의 남용을 든다. 우리가 미래에 대해서 "비관과 공포심, 불길함" 등에 사로잡히게 된 데는 그런 작가들의 영향력이 적지 않게 작용했기 때문이다.[24] 퓨레디는 그런 지구 멸망 전도사들을 비판하는 인물들 중의 하나다. 또 다른 비판자 한 사람은 리스크에 대한 오랜 연구 끝에, 인류의 생존과 관련하여 "역사상 지금보다 더 나았던 적은 결코 없었다"[25]고 지적했다.

그렇게 말한 당사자인 댄 가드너Dan Gardner는 일반 대중이 리스크에 대해서 얼마나 비합리적이고 일관성 없게 생각하는지를 설득력 있게 설명했다. 사람들은 어떤 종류의 리스크에 대해서 다른 종류의 것보다 훨씬 더 크게 걱정하는 성향을 보인다. 설령 그런 일이 발생할 가능성이 대단히 낮다고 해도 말이다. 한 예로서, 9 · 11 사태 이후 많은 미국인들은 잠시 동안이기는 했지만 비행기 여행을 포기하고 대신 자동차를 이용했다. 그런데 실제로는 자동차 운전이 비행기 여행보다 사고 위험이 훨씬 더 크다. 미국에서만 해도 매년 도로에서 죽는 사람의 수가 뉴욕의 쌍둥이 빌딩(세계무역센터) 붕괴로 죽은 사람들 수보다 몇 배나 더 많다. 설령 테러리스트들이 미국에서 매주 한 번씩 여객기를 납치해서 폭발시킨다고 해도, 보통 사람이 그런 사건으로 인해서 죽을 위험성은 똑같은 거리를 자동차를 타고 여행할 때에 교통사고로 죽을 위험성에 비한다면 아주 적다.[26]

일반인들의 리스크 인식은 여러 요소들에 의해서 영향을 받는다고 가드너는 줄곧 주장하는데, 여기에는 특히 사람들에게 메시지를 전달하는 방식이 중요하게 작용한다고 한다. 그런 예로서, 어떤 한 실험에서는 사람들에게 자신이 폐암을 앓고 있는 환자라고 가정하고 외과수술을 받을 것인지 아니면 방사선 치료를 받을 것인지를 선택하라고 했다. 먼저 가상 환자들은 두 집단으로 나뉘었다. 한 집단에게는 외과수술로 1년 후에 생존할 가능성이 68퍼센트라고 알려주었으며, 다른 한 집단에는 수술 후 1년 이내에 죽을 가능성이 32퍼센트라고 알려주었다. 그런데 첫 번째 집단에서는 44퍼센트의 사람이 방사선 치료보다 외과수술을 선호했지만, 두 번째 집단에서는 그 비율이 겨우 18퍼센트였다. 이와 유사한 여러 실험에서도 비슷한 결과들이 보고되었다.

리스크에 대한 일반 대중의 인식은 현실에서 상당히 기묘하게 나타나는 것이 보통인데, 우리는 그런 예를 범죄 분야에서 쉽게 살펴볼 수 있다. 가드너는 1980년대 미국 사회를 뒤흔들었던 아동 유괴 문제에서 그 사례를 찾곤 한다. 당시 사람들이 그 문제로 크게 우려했기에 미국 정부는 조사위원회를 구성해서 문제의 심각성이 과연 어느 정도나 되는지를 검토했다. 이때 16세 이하의 어린이가 낯선 사람에게 유괴되는 사례는 연간 90건 정도로서 그 확률은 연간 60만 8696 대 1로 밝혀졌다. 그런데 미국에서는 매년 2000명 이상의 어린이가 교통사고로 사망하고 그 상당 부분은 안전벨트를 제대로 착용하지 않았기 때문이었다. 안전벨트 착용이라는 단순한 조치만으로 충분히 생명을 구할 수 있었다는 말이다. 이처럼 다른 문제들에서는 사람들이 지나치게 방심했던 점이 문제의 심각성을 키웠던 것에 반해서, 어린이 유괴에 있어서만큼은 일반 대중의 우려 정도가 각종 위험인자들의 그 어느 것과도 별다른 상관성을 나타내지 못했다.[27]

리스크를 둘러싸고 일반 대중의 인식이 근래 들어서 어떤 식으로 변화했는지를 조사했던 대다수 연구자들은 사람들이 안전성에 집착하고 급기야 공포심으로 발전하게 된 기원을 1970년대에서 찾는다. 그즈음 나타났던 전자미디어 혁명이 그런 결과를 초래했다는 지적도 자주 나온다. 그렇다면 그런 두 경향이 과연 얼마나 관련성이 있는 것일까? 그 둘 사이에 아무런 관련성도 없다고 부정하기는 상당히 어려울 것이다. 특히 '나쁜 뉴스가 곧 좋은 뉴스'라는 미디어의 핵심 속성을 고려할 때 말이다. 언론매체들이 일상적인 사망 사고보다는 더 극적이고 폭력적인 사망 사건에 대해 훨씬 더 많은 보도 시간과 지면을 할애하며, 그 결과 대중들에게 리스크에 대해서 그릇된 인식을 심어준다는 사실은 수많은 연구 결과로 나와 있다.[28] 심지어 강력범죄의 발생률이 과거보다 현저하게 낮아졌는데도, 일반 대중은 그 수치가 실제로 높아지고 있다고 믿기가 십상이다.

많은 연구들이 보여주는 바에 의하면 언론매체를 통한 리스크 보도가 현실적으로 추정되는 리스크의 실상을 제대로 반영하지 못한다고 한다. 따라서 어느 한 신문이 지난 10년 동안 런던 시내에서 살인사건으로 죽는 사람의 수가 4분의 1 정도 증가했다고 보도했다면, 보통 사람들은 실제로 거리에서 그런 살인사건들이 자주 발생한다고 믿게 마련이다. 하지만 거리에서 살인사건으로 죽는 전체 사망자의 수는 실제로 연간 30명 이내에 불과하기 때문에 보통 사람들이 실제로 그런 살인으로 인해서 사망할 확률은 0.0001퍼센트에도 미치지 못한다. 이처럼 낮은 비율이라면 수치상의 증가율은 별 의미가 없으며, 사람들 각자에게 가해지는 리스크는 완전히 무시해도 좋을 만큼 미미하다.[29] 이제 미디어는 과학적 발견과 견해가 일반 대중에게 확산되는 가장 중요한 여과기가 되었다. 하지만 많은 사례에서 미디어의 선정적 보도는 문제의 실상을 흐려놓곤 했다.

리스크를 정치적으로 관리한다는 것은 기우와 확신 사이에서 절묘하게 중도의 길을 걸어야 한다는 뜻이다. 나는 우리가 인류 멸망설을 액면 그대로 받아들여서는 결코 안 된다고 생각한다. 그보다는 차라리 일종의 경고의 의미로 받아들여야만 한다. 인류 멸망설은 그 어느 것을 막론하고 우리가 제대로 소임을 다하지 못했을 때, 그리고 우리가 적절한 대비책을 마련하지 못했을 때 잘못될 수 있는 가능성을 엿보게 하는 정도에 불과하다. 그런 사례로서 마틴 리스가 지적했던 위험들은 리스크와 불확실성의 경계에 놓여 있다고 해도 좋다. 그런 위험들에 대해서 극단적인 가능성 이상의 의미를 부여하기는 어렵다고 하겠다.[30] 우리는 새롭게 등장하는 리스크들─주로 과학기술의 발전과 관련 있는─을 얼마나 심각하게 받아들여야 할지 아직 알지 못한다. 그것들이 드리우는 그림자가 수많은 불확실성을 내포하고 있기 때문이다.

대중의 인식 문제와 관련해서 어떤 주어진 한 리스크─기후변화 문제를 포함해서─를 두고 그것을 우리 주변에서 생겼다가 사라지는 일상적인 리스크들과 비교하기는 쉽지 않은 일이다. 관심 피로attention fatigue 현상은 이미 여러 연구를 통해서 많이 밝혀진 바 있다. 여론조사 결과, 이미 일반 대중의 대다수가 지구온난화를 실제적인 위협으로 받아들이고는 있지만, 일부 응답자들은 그것에 대해서 너무나 많이 들어서 싫증을 내고 있는 것으로 나타난다. 이런 반응은 '이제 그 문제는 덮어두고 일상에 매진하자'는 식의 성향과도 관련이 있다. 누구나 다 잘 아는 위기라고 한다면 '상황이 그렇게 나쁠진대 더 걱정한다고 해서 무엇이 달라지겠는가'라는 식의 반응이 나타나는 것도 어쩌면 당연한 일이다.

기후변화가 주류 과학자들의 생각보다 훨씬 더 빠른 속도로 진행된다고 믿는 사람들에게 공공정책이 어떤 역할을 할 수 있을지를 진지하게 묻고자 한다면, 이제까지 논의된 요소들을 모두 다 감안해야만 한다. 우리는 위기론자들의 견해에 따라 실제 행동에 나서는 일에는 신중을 기해야 한다. 피어스는 우리가 기후에 저지르는 행위에 대응해서 '자연이 복수를 준비하고 있다'는 것을 도대체 어떻게 알았을까? '매우 가능성 높은very probably'이라는 문구는 과연 얼마나 현실성이 있을까?[31] 최악의 시나리오에 초점을 맞춘 정책은 리스크에 대응하는 최선의 방안이 될 수 없다. 설령 그럴 가능성이 아주 없지는 않다 해도 말이다. 그런 정책은 자칫 과잉 대응으로 이어져, 정책 추진을 촉진하기는커녕 오히려 정책 자체를 무력화하는 결과를 낳을 수 있다.

이처럼 기후변화에 대해서 최악의 시나리오만을 고려한다면, 롬보르가 제법 올바르게 지적했던 것처럼 기후변화에 못지않게 위험한 여타 리스크들에 대해서도 우리는 마땅히 같은 수준에서 관심을 가져야만 하겠다. 그런 예로서, 만약 핵무기 확산을 막는 데 실패한다면 수백만 명의 인구가 희생당하는 살육전이 빚어질 수도 있다. 그렇다고 해도 나는 최악의 위기상황이 반드시 도래한다고 보고 대응 조치를 취하는 것은 적절하지 않다고 생각한다. "인류 역사상 지금보다 더 나았던 적은 결코 없었다"는 말을 문자 그대로만 해석한다면 전 세계 대다수 사람들에게 진실일 수 없겠지만, 그래도 우리는 이 말을 진지하게 받아들일 필요가 있다. 우리는 모든 리스크에 대해서 균형감각을 잃지 않고 정밀하게 평가할 책무를 지니고 있으며, 이 점에 대해서는 뒤에서 다시 논의할 예정이다.

이어지는 장에서 나는 에너지 안보에 관련된 리스크에 대해서 검토할 것이다. 언뜻 보기에 에너지 안보 문제는 그 내용이나 인식에 있어서 기후변화 문제와 상당한 차이점을 가진다고 생각할 수도 있다. 그래서 나는 짧게나마 역사적인 관점에서 이 문제를 살펴볼 것이다. 석유가 곧 지정학이라고 누가 말했던가. 석유가 제대로 유통되게 하는 일은 지난 60~70년 동안 선진국 외교정책의 중요한 목표 가운데 하나였으며, 지금도 역시 그러하다. 오랫동안 석유 공급의 안정성 확보는 온전히 정치적 문제라고 여겨졌다. 사람들은 앞으로 수십 년 동안 전 세계 석유 수요를 모두 감당할 수 있을 만큼 충분한 석유가 남아 있으며, 석유 생산자들은 공급을 지속할 것이라고 줄곧 생각했다. 그런데 이제 그런 가정이 심각하게 의심받고 있다.

자원 고갈인가, 자원 감소인가?

석유, 천연가스, 석탄의 3대 주요 에너지원은 모두 화석연료이며 대량으로 온실가스를 발생시킨다. 따라서 우리가 이 세 가지 자원에 대한 의존도를 크게 낮추거나 (석탄의 경우가 가장 그러한데) 현재 사용하는 방법보다 환경적으로 더 건전하게 사용하는 일은 기후변화를 완화하는 데 더없이 중요하다. 에너지 부족에 대한 우리 자신의 취약성을 개선하는 기술이나 이산화탄소를 더 적게 배출하도록 하는 기술은 결국 같은 기술이라고 할 수 있다. 풍력, 파력, 태양에너지, 수력발전, 지열발전 등이 그런 기술에 속한다. 사람들의 생활태도 변화 역시 두 가지 영역 모두에서 크게 중요한데, 특히 우리 일상생활에서 에너지를 낭비하는 생활태도를 바꾸고자 하는 노력이 대단히 긴요하다.

영국을 진원지로 해서 탄생한 산업혁명은 전적으로 석탄 사용에 의존했다. 이를 더 정확하게 표현하자면, 그동안 축적된 과학적, 기술적 발견들에 힘입어 석탄이 역동적인 에너지원으로 새롭게 자리매김했다는 의미이다. 그전까지 가장 중요한 에너지원이었던 목재를 연료용(주로 장작)으로 쓰다가 이를 석탄으로 대체하는 일은 사람들의 생활습관을 크게 바꿔 놓는 일이었기에 결코 쉽지 않았다. 그런데 17세기 중반에 이르면서 연료 용 나무가 부족해지기 시작했다. 처음에는 사람들이 연기가 많이 나는 석 탄을 대신 사용하기를 몹시 꺼렸지만, 결국은 그로 인해서 도시화와 기계 를 이용한 대량생산 체제가 구축되는 등 사람들의 생활방식은 완전히 새 롭게 바뀌었다.

석탄 사용으로 오늘날 우리가 살고 있는 세계가 이룩되었다. 각 개인이 나 노동자 한 사람이 발휘할 수 있는 에너지 총량은 석탄이라는 무생물 자원에서 생산되는 에너지 총량에 비하면 그야말로 아무것도 아니었다. 리처드 하인버그Richard Heinberg는 이런 점을 미국인들의 삶 속에서 다음과 같이 간파했다.

가정에서 불을 밝히고 난방을 하며, 교통수단을 이용하는 등 오늘날 우 리에게 익숙한 생활방식을 영위하는 데 쓰이는 모든 에너지의 총량을 인 간 한 사람이 몸을 움직여 생산할 수 있는 에너지량과 비교한다고 생각 해보자. 그러면 오늘날 우리 미국인 각자는 365일 24시간 내내 150명에 이르는 '에너지 노예energy slaves'의 시중을 받는 것에 비견할 수 있다.[1]

석유가 석탄을 완전히 대체할 수는 없었다. 그렇지만 20세기에 접어들 면서 석유는 석탄의 위상을 조금씩 잠식해갔다. 20세기 전반기의 잠시 동 안 세계 최대의 산유국 지위를 차지했던 미국은 그 후로는 오랜 동안 석 유를 자급하는 정도에 머물렀다. 그러던 시기에 미국은 제국주의의 주류 국가인 대영제국과는 국가 철학을 전혀 달리하는 반反제국주의 국가로 행 세했다. 그런 한 사례로서, 미국은 1957년 수에즈 운하 사태 때 영국과 프랑스의 개입에 반대했다. 이는 부분적으로는 전략적인 차원에서였지만, 또한 도덕적인 차원에서 내린 결정이기도 했다. 물론 그런 미국의 역할은 나중에 완전히 뒤바뀌었는데, 이는 중동 지역이 자신들의 이익에 대단히 중요하다는 사실을 미국이 알게 되었기 때문이다. 여기서 명백한 사실 하나를 다시 한번 강조해보자. 석유의 역사는 곧 제국주의의 역사다. 겉으로는 어떻게 감추고 있든지 상관없이 말이다.

영국은 석유 수요의 대부분을 중동의 식민지들에서 충당했는데, 이 점이 중동 국가들과의 관계를 결정짓는 기본 틀이 되었다. 앵글로―이란 석유회사Anglo-Iranian oil company는 일방적인 '이권 이양' 계약으로 탄생했다.(이 회사가 나중에 BP, 곧 영국국영석유회사가 된다. BP는 '피로 얼룩진 페르시아Bloody Persians', '영국석유British Petroleum'라는 별명이 따라붙었고, 최근에 CEO로 취임한 존 브라운John Browne은 '석유 시대를 넘어서Beyond Petroleum'라는 새로운 별명을 붙였다.) 이런 방식은 미국의 석유회사들도 그대로 답습했다. 석유가 필요한 국가는 석유 매장지를 탐사하고 채굴하는 데 필요한 모든 경험과 기술을 제공했다. 그리고 석유를 가진 국가는 생산된 원유의 양에 따라서 사례를 받았다. 식민지 국가 또는 막 식민지에서 벗어난 신생 산유국은 선진국이 지급하는 배당으로 유지되는 '금리생활자의 신세'로 전락했다. 산유국의 수입은 그에 상응하는 경제개발을 통해서가 아니라 전적으로 외부에서 유입되었다. 심지어 석유산업계 내부만 해도 석유 채굴에 필요한 기술을 선진국이 산유국에 전해주는 일은 거의 없다. 이런 현상은 석유를 생산하는 전 세계 모든 국가를 괴롭혀서 급기야 '석유의 저주curse of oil'라는 말까지 생겨났는데, 이 부분에 대해서는 이 책의 마지막 장에서 다시 논의하겠다. 석유나 기타 귀중한 자원의 생산으로 발생하는 엄청난 부는 보통 국외로 반출되거나 현지 지배층의 손에 들어간다. 석유와 천연가스가 내부적으로 권위주의와 부패에 물든 국가들에 집중적으로 매장되어 있는 것이 결코 우연의 일치만은 아닌 것이다.

석유수출국기구^{OPEC}는 석유회사들의 영향력을 상쇄하고자 하는 목적에서 석유 생산국들이 모여 만들었다. OPEC가 만들어지면서 산유국 국영 석유회사들은 석유자본을 서서히 조금씩 더 많이 확보할 수 있었다. OPEC는 1960년에 결성되었는데, 그 후 한참 동안은 에너지 가격이나 전 세계 원유 공급에 있어서 특별한 문제가 발생하지 않았다. 그런데 1973년 발발한 중동전쟁에서 미국과 기타 서방 국가들이 이스라엘을 지원하면서 OPEC 지도자들은 크게 격분했다. 급기야 미국, 영국, 기타 서구 국가들에 대한 석유 수출을 중지하고 OPEC가 원유 가격을 70퍼센트나 인상하면서 산업 국가들은 엄청난 경기침체에 빠져들었다.

이미 잘 알려진 이런 에피소드를 여기서 굳이 언급하는 것은 어느 일정한 단계에 이르렀을 때 국제정치와 에너지 안보 문제가 얼마나 깊은 관련성을 갖게 되는지를 잘 보여주기 때문이다.(이런 현상은 앞으로도 계속될 것이다.) 또한 이 주제를 살펴봄으로써 석유 공급이 원만히 이루어질 것인가의 여부는 단순히 석유자원의 양에 의해서가 아니라 그 자원과 지정학 사이의 상호작용에 의해 결정된다는 점을 상기시키기 위해서이기도 하다.

오늘날 프랑스는 다른 선진국들에 비해 훨씬 적은 온실가스를 배출하는데, 이는 OPEC가 야기한 석유 위기에 대응해서 과감한 정책 개편을 단행했기 때문이다. 프랑스는 세계 에너지 시장에서 독립을 꾀하는 결정을 내려서 원자력발전에 커다란 투자를 단행했다. 일본 역시 석유 위기에서 얻은 교훈을 되새겨서 에너지 사용을 억제하고 에너지 절약을 장려하는 일련의 정책을 도입했다. 오늘날 일본은 선진산업국들 중에서 에너지 효율이 가장 높은 국가의 하나가 되었으며, 자동차 산업에서 보듯이 청정에너지 기술 개발의 선봉이 되었다. 일본의 온실가스 배출량은 여전히 많은 편이기는 한데, 이는 발전 분야에서 석탄에 대한 의존도가 다른 선진국들에 비해서 크게 높기 때문이다. 스웨덴은 에너지 절약 정책을 광범위하게 도입해서 석유 의존도를 대폭 낮추었으며, 이런 정책들은 지금도 유지되고 있다. 대부분의 다른 산업국가들에 비해 일본과 스웨덴에서는 현재 훨씬 더 많은 폐기물이 재활용된다. 1970년대까지만 해도 자국에서 생산되는 에너지원이 전혀 없었던 덴마크는 석유 위기에 크게 놀란 나머지 전력 생산의 일부를 다른 재생에너지원에서 충당하도록 하는 정책적 결단을 내렸고 특히 풍력발전에 역량을 집중했다. 거의 같은 시기에 브라질은 바이오연료 생산에 대폭 투자를 확대한 결과, 이제는 교통 부문에서 다른 어떤 나라보다도 바이오연료 사용 비율이 높은 나라가 되었다. 이런 바이오연료 개발 때문에 삼림파괴가 일어나 환경에 미치는 손익이 크게 의심받고 있지만 말이다.

미국 역시 석유 위기에 대한 대응책을 마련하지 않을 수 없었다. 거기에는 사우디아라비아를 침공하는 계획도 들어 있었지만, 좀더 현실적인 대책은 에너지 절약 조치였고, 이것은 에너지절약법Energy Policy Conservation Act으로 구체화되었다.[2] 이것은 의미 있는 개입이었다. 이 법이 제대로 효과를 발휘한다면 에너지를 낭비하는 미국 소비자들의 습관을 바꿀 수 있다는 것을 보여주었기 때문이다. 이 법안은 한 항목에서 향후 10년 이내에 새로 생산되는 승용차의 에너지 효율을 두 배로 높이도록 규정했다. 이 목표는 달성되지 못했지만, 그래도 상당한 에너지 절약 효과를 거두었다. 그렇지만 위기 의식이 퇴조하면서 연료 소비가 다시 늘어났으나, 곧 주행거리 대비 소비는 예전보다 낮아졌다.

피크 오일

전 세계적으로 화석연료 매장량이 과연 얼마나 되는지에 대한 논란은 기후변화 정책을 결정하는 데 커다란 영향을 미친다. 1956년에 미국의 지질학자 매리언 킹 허버트Marion King Hubbert는 이제는 전설이 되어버린 예언을 했는데, 미국의 국내 석유 생산이 1970년에 최대치에 이를 것이라는 전망이었다. 이 예언은 처음부터 많은 반론에 부딪혔으나, 결국 상당히 유효한 것으로 판명되었다. 비록 1970년 이후에도 석유 생산이 증가하기는 했지만 말이다. 피크 오일peak oil은 한 국가나 한 유전에 대해서 그 '궁극적인 매장량'이 과연 얼마나 되는지에 대해 석유업계가 평가한 자료를 근거로 해서 계산한다. 이때 중요한 것은 석유 매장량이 실제로 얼마인가가 아니라 생산 가능한 석유 매장분이 얼마나 되는가인데, 그 양은 후자 쪽이 훨씬 적다.[3]

피크 오일 추정치를 둘러싼 논쟁은 기후변화에 관한 논쟁들만큼이나 격렬한데, 사실 이 두 논쟁은 서로 상당히 닮았다. 어떤 사람들은 우리가 사용할 수 있는 석유와 천연가스 자원이 아직도 풍부하게 남아 있다고 믿는다. 이들은 앞으로 닥칠지도 모르는 석유 부족 사태에 대한 우려에 전혀 공감하지 않는다. 그들의 견해에 따른다면, 설령 많은 개발도상국에서 경제개발 속도에 가속이 붙고 또 전 세계적으로 인구 증가가 계속된다고 해도 앞으로 상당 기간 동안 에너지원은 충분하다. 한 예로, 데이비드 하웰David Howell이나 캐럴 내클Carol Nakhle 같은 사람들은 "비교적 쉽게 추출이 가능한, 이미 알려진" 석유 매장량만 해도 앞으로 40년 동안은 충분히 사용할 수 있다고 주장한다. 그들은 더 많은 유전을 찾을 수 있다는 주장도 서슴지 않는다. 북극의 얼음이 녹으면 그 밑에서 "수십억 톤의 석유와 수십억 세제곱미터의 천연가스가 우리를 기다리고 있다"는 것이다. 알래스카와 아프리카의 해안, 브라질 연안에는 아직도 발견되지 않은 유전이 상당하다고 그들은 말한다. 심지어 그동안 막대한 양의 석유를 채굴했던 중동 지방에서도 앞으로 개발 가능한 상당한 유전들이 있다고 말한다.[4]

그런 저자들은 사실상 기후변화 회의론자들과 궤를 같이하는 무리라고 할 수 있다. 그들은 "위기라니, 대체 무엇이 위기라는 말인가?"라는 식으로 말하곤 한다. 이 부분에서 주류 쪽 견해는 그만큼 낙관적이지는 않다. 또는 적어도 지난 몇 년 동안은 그런 식이었고 대다수 산업 분석가들과 주요 산유국들의 공식적인 의견이었다. 그들의 입장은 향후 일정 기간 동안엔 생산 수준을 확대할 수 있을 만큼 석유 매장량이 충분하다는 데로 모아진다.(천연가스의 매장량은 더 풍부하다.) 하지만 아직 찾아내지 못한 미확인 유전이 도대체 얼마나 되는지, 그리고 그런 유전을 개발하는 데 어떤 어려움이 따를지에 대해서는 아무도 정확히 모른다. 국제에너지기구(IEA, 석유수출국기구OPEC의 석유 공급 삭감에 대항하기 위해 주요 석유 소비국들이 모여 만든 OECD 산하의 국제기구—옮긴이)는 1970년대 석유 금수 조치 이후 원유 생산량을 꾸준히 기록했는데, 2007년에 예측한 바로는 2030년까지 피크 오일에 이를 가능성은 전혀 없다고 했다.[5]

반면에 일부에서는 세계가 피크 오일에 급속히 다가서고 있으며, 따라서 선진산업국과 개발도상국을 막론하고 모두 아주 가까운 시일 내에 획기적인 석유 사용 감축을 해야 한다고 믿는다. 이와 관련해서 한 유명 저자는 우리가 "인류 문명의 생존 자체를 주기적으로 위협하는, 지구가 요동칠 만한 그런 극적인 위기"에 직면해 있다며 이렇게 밝혔다. "조금 더 정확히 말하자면, 에너지 위기란 전 세계적인 에너지 수요 증가에 대하여 그만큼 에너지 생산이 따라가지 못하는 데서 생기는 갈등이다."[6] 이는 투자분석가 스티븐 리브Stephen Leeb의 말로, 그는 2000년대 초엽에 대다수 전

그림 2.1 전 세계 1차 에너지 소비량의 변화

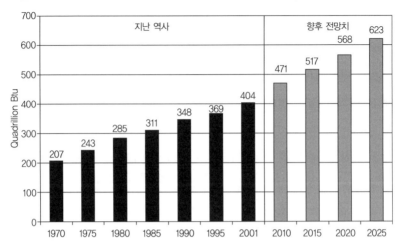

BTU: 영국열량단위(British Thermal Unit). 1파운드의 물을 60°F에서 61°F로 올리는 데 소요되는 열량을 의미.(1Btu＝0.252Kcal)

출처: Energy Information Administration.

문가들은 황당하다고 무시했지만 원유의 국제가격이 배럴당 100달러대에 이를 것으로 예측한 바 있다. 2008년 이전까지만 해도 리브는 원유가격이 배럴당 200달러대에 이를 수도 있다고 공공연히 말하던 극소수의 인사 중 한 명이었다. 그런데 그해 중반―금융위기가 발생하기 이전―에 이르자 그런 예측이 흔해졌고, 동시에 골드만삭스Goldman Sachs 같은 투자은행도 이를 공개적으로 지지했다. 2008년 7월 국제 원유가격은 배럴당 147달러까지 상승했다가, 그해 12월 경기침체가 시작되면서 급기야 배럴당 40달러 수준으로 떨어졌다.

리브는 전 세계 원유 공급이 향후 40~50년 이내에는 피크에 도달하지 않을 것이라는 종래의 주류적 견해는 근본적으로 잘못되었다고 주장하는 입장이다.[7] 석유 생산을 둘러싸고 사람들 사이에 견해차가 가장 두드러지는 부분은 주로 다음 두 가지다. 하나는 현존하는 유전에는 채굴 가능한 원유가 얼마나 있는가 하는 점이고, 다른 하나는 새로운 대형 유전의 발견 가능성은 과연 얼마나 되는가 하는 점이다. 기후변화의 경우와 마찬가지로 이 문제에서도 그들 중의 누가 더 옳은지, 혹은 누가 더 정답에 가까운지가 향후 인류의 미래에 엄청난 차이를 불러올 것은 분명하다.

매년 새로 발견되는 원유 매장지가 점차 줄고 있는 것은 이미 오래전부터였다. 데이비드 스트래핸David Strahan은 가장 많은 유전이 발견된 해는 한참 전인 1965년이라며 이렇게 말했다. "근래 들어서 우리는 석유를 새로 1배럴 발견할 때마다 적어도 3배럴의 석유를 소비하고 있다."[8] 세계의 대형 유전 대부분은 1965년보다 훨씬 이전에 발견되었다. 심지어 아무리 낮춰 잡더라도, 전 세계 원유 생산국 상위 50개국 중에서 18개국은 현재 원유 생산의 피크를 넘어섰다고 한다. 상대적으로 적은 양의 원유를 생산하는 나라들까지 합친다면 60개국 이상에서 피크 오일이 나타났다. 이렇게 생산량이 줄었어도 이제까지는 다른 원유 생산국들에서의 증산과 원유 채굴 및 정제 기술의 개선으로 이를 메워왔다.

피크 오일 이론을 주장하는 저자들은 기술적인 어려움 등을 들어서, 남극 지방을 비롯한 기타 지역들에서 새로운 유전과 천연가스전이 발견되리라는 견해를 부정한다. 그들은 OPEC 국가들과 러시아를 제외한 세계의 다른 지역들에서는 그동안 새로운 유전 찾기에 비교적 성과를 거두었는데도, 수년 전부터 원유 생산은 정체 상태에 있다고 주장한다. 러시아의 석유 생산량은 현재 증가 상태에 있지만 이내 감산에 들어갈 수 있다고 전망한다. 결국 세계는 여러 갈등과 문제가 산적한 OPEC와 중동 지역을 계속 바라볼 수밖에 없는 처지다.

2008년에 원유가격이 한창 최고치에 이르렀을 때 IEA는 전 세계 석유 생산에 대한 새로운 보고서를 발표했다.[9] 여기에서 IEA는 석유 생산에 있어서 피크 오일 문제는 아직 급박하지 않다고 단언했지만, 한편으로 전 세계 대형 유전들의 생산량이 과거 전망했던 것보다 훨씬 빠른 속도로 감소하고 있음을 보여주었다. 그러면서 현재의 생산 수준을 유지하려면 상당한 수준의 투자가 필요하다고 강조했다. IEA는 원유 생산의 감소 추세를 막고 개발도상국들에서 예상되는 수요 증가에 대처하기 위해서는, 산유국들과 석유회사들이 2030년까지 3600억 달러나 되는 투자가 필요하다고 추산했다. 이때 OPEC의 투자 확대 결정은 가장 중요한 요소가 될 것이다. IEA는 캐나다의 오일샌드oil sand처럼 기존과는 다른 방식의 석유 생산이 앞으로 원유 생산에서 결정적인 역할을 하게 된다고 전망한다. 하지만 그런 방식의 원유 생산은 온실가스 배출 측면에서 심각한 오염을 초래한다.

피크 오일 이론이 맞는다고 가정할 때 그동안 석유가 차지했던 자리를 천연가스가 어느 정도는 대체할 수 있지 않을까? 무엇보다도 천연가스는 석유나 석탄보다 오염물질 배출이 적고 적어도 일정한 수준까지는 석유를 대체하는 데 무리가 없는 것이 사실이다. 예를 들어, 자동차는 별로 큰 어려움 없이 석유 대신 압축 천연가스를 사용할 수 있다. 전 세계 천연가스 공급량이 석유 공급량을 훨씬 앞지를 수 있다고 말하는 사람들도 종종 있다. 그들은 설령 현재의 석유 수요 증가 추세를 고려하더라도 앞으로 70~80년 동안 쓰기에 충분한 천연가스를 공급할 수 있다고 예상한다. 데이비드 빅터David Victor와 그 동료들은 앞으로 석유에서 천연가스로 전환되는 추세가 전 세계적으로 광범위하게 진행될 것으로 보았다.[10] 그들은 2050년까지 천연가스가 석유를 밀어내고 가장 중요한 에너지원이 될 것이라고 주장한다. 그들에 의하면, 현재의 석유 소비 추세가 유지된다고 해도 앞으로 한 세기 동안 사용하기에 충분한 천연가스가 남아 있다고 한다. 그렇지만 에너지 문제가 대개 그렇듯이, 여기에도 논쟁거리가 있게 마련이다. 채굴 가능한 천연가스 매장량을 놓고 그 양이 2만조 세제곱피트에 이른다는 가장 낙관적인 전망과 8000조 세제곱피트가 고작이라는 최저치의 전망 사이에는 커다란 간격이 존재한다.

줄리언 달리Julian Darley는 가까운 미래에 미국—확대한다면 다른 주요 산업국들도 마찬가지지만—이 직면하는 가장 어려운 에너지 문제는 실상 석유가 아니라 천연가스와 관련 있다고 말한다.[11] 과거 석유에서도 그랬던 것처럼 2000년대 초에는 역사상 최초로 새로 발견되는 천연가스량이 실제 소비량을 따라잡지 못하는 일이 발생했다. "그것은 자원 고갈이라는 죽음의 그림자가 드리운 셈이다."[12] 천연가스는 비료 생산에서 아주 긴요한데, 이 때문에 사람들이 섭취하는 식품에서 가장 중요한 요소가 천연가스라고 말하기도 한다. 현재까지 천연가스를 대체할 물질은 전혀 알려진 바 없다. 지금 전 세계 인구는 60억에 이르렀고, 금세기 중에는 90억에 도달할 것으로 전망된다. 비료가 토양에 막대한 피해를 입히는 것은 사실이지만, 그런 비료 사용 없이 과연 어떻게 그 많은 인구를 먹여 살릴 수 있겠는가?

석유나 천연가스와는 대조적으로 석탄은 전 세계적으로 그 매장량이 매우 풍부하다는 것이 일반적인 견해다. 하지만 몇몇 사람은 이제 전 세계 석탄 공급량도 지금까지 생각했던 것보다 적어질 수 있다고 말한다.[13] 그동안 석탄 매장량에 대한 막대한 중복보고가 있었다는 것이다. 에너지 워치Energy Watch라는 독일의 한 에너지 전문 컨설팅사는 석탄 생산국들이 작성한 석탄 매장량 자료를 검토했는데, 그 나라들이 그동안 석탄 채굴에 훨씬 더 많은 노력을 경주했는데도 매장량에는 거의 변화가 없었다는 사실을 발견했다. 한 예로, 중국은 1992년 이후 석탄 매장량의 20퍼센트를 채굴했지만 매장량 추정치는 아무런 변화 없이 그대로 유지되고 있다. 매장량 추정치를 수정한 국가들은 그 수치를 크게 낮추는 편이었는데, 이는 개선된 탐사 기술에 의해서 과거보다 매장량 추정이 신중해졌음을 말해 준다. 에너지 워치는 기존의 전망보다 훨씬 앞선 때인 2025년경에 석탄 생산이 정점에 이를 수 있다고 산정했다. 다시 반복하지만, 주류를 이루는 견해는 그런 결론과는 배치된다. 석유가 고갈되고 있는 이 세계가 당면한 가장 큰 우려의 하나는 정작 석탄 사용의 급증일 수도 있다.

강대국들의 힘겨루기

전력 생산은 에너지 소비의 중요한 한 부분을 차지하며, 온실가스 발생에 있어서도 그러하다. 전력 생산과 관련하여 무슨 일이 일어나고 있는지를 알려면 무엇보다 먼저 과거 에너지 가격이 크게 저렴했을 때 어떤 제도와 관행이 도입되었는지를 살펴볼 필요가 있다. 그 당시 사람들의 사고 수준이 얼마나 낮았는지를 알 수 있기 때문이다 2차 세계대전 이후 얼마 동안 전 세계는 국가적인 경제계획이 유행하면서 에너지 문제가 그야말로 핵심 과제가 되었다. 석탄 채굴업은 대개 국유화되었으며, 전 세계 수많은 국가에서 석탄 광부는 최고 수준의 대우를 받곤 했다. 이는 하는 일의 위험성 때문이기도 했지만, 또 한편으론 그 일이 국가 경제에서 차지하는 중요성 때문이기도 했다.

어느 면 전쟁의 여파이기도 하겠지만, 에너지 공급의 안정성 확보는 모든 국가의 핵심 관심사였으며, 그 결과 에너지 문제는 정부가 관리한다는 관행이 만들어졌다. 1950~1960년대에는 국가가 나서서 원자력발전을 크게 확대하는 쪽으로 방향을 틀었다. 원자력이 결국은 풍요로운 에너지 공급을 보장할 것으로 많은 사람들은 믿었다. 하지만 이 에너지원은 대단히 많은 비용이 드는 것으로 드러났고, 적어도 일반 대중이 생각하기에는 너무 위험했다. 한두 국가—특히 앞에서 언급했던 프랑스—를 제외하면, 1970년대 이후 원자력에너지 도입은 크게 줄었다. 많은 나라에서 수십 년 전에 지었던 원자력발전소들은 비록 서서히 수명을 다하고는 있지만 지금도 여전히 가동 중이다.

1980년대에 시장 규제 완화의 시대로 접어들면서 국가는 뒷전으로 밀려났다. 1970년대 후반부터 에너지 공급 분야에서 다소간 공개 경쟁 제도를 도입하는 흐름이 생겼다. 1982년에 영국 정부의 공식 입장을 발표하면서 에너지부 장관 니겔 로슨Nigel Lawson은 이렇게 말했다.

나는 향후 에너지 생산과 소비를 결정할 때 정부가 어떤 역할을 해야 한다고 생각하지 않습니다. 에너지 수요와 공급의 균형을 잡아주는 일이 영국 정부의 일차적인 책임이라고도 생각하지 않습니다. 오히려 정부가 할 일은 에너지 부문에서 시장 왜곡을 최소화하면서 에너지 시장이 알아서 돌아가게끔 기본 틀을 만들어주는 데 있다고 하겠습니다.[14]

다소간 차이는 있겠지만 대부분의 산업국가들은 이런 영국의 방침을 뒤따랐으며 EU의 에너지 정책 역시 그러했다. 에너지 시장의 민영화와 자유화는 일부 부문에서 저항이 뒤따르기는 했어도 어느덧 정통성을 갖춘 관행이 되었다. 실제로 에너지 산업 각 부문의 경계를 허물고 경쟁을 부추겨서 시장 스스로 효율성을 증진시키며, 각각의 에너지 상품에 대하여 적절한 가격을 책정하도록 돕는 것을 제외한다면 정부의 에너지 정책 자체가 사라져버렸다. 이렇게 해서 시장에서 전기와 석유가 풍족하게 넘쳐나는 동안 에너지 가격이 급락하면서 공급 측면에서의 에너지 안보라는 문제는 이제 아예 레이더망에서 찾아보기 어려웠다.

하지만 이런 조치들은 스스로 발목을 잡는 일이 되었다. 시장에 물량이 넘쳐났기 때문에 공급에 대한 우려가 사라지면서 경쟁에 몰린 에너지 회사들은 원래 있던 투자비를 장부에서 지워버리고 운영비 삭감에 나서기 시작했다. 신규 투자비의 억제는 석유회사들에 일정 부문 도움이 되었지만 공장의 공정 개선을 저해했다. 민영화가 많이 진행된 나라들일수록 더욱 심각했던 이런 상황에 대해서 디터 헬름Dieter Helm은 마르크스주의 식으로 "스스로를 파멸시킬 씨앗을 품고 있다"고 지적했다.[15] 최근 들어서 민영화와 자유화를 추구했던 거의 모든 나라에서 정부가 에너지 공급 부문에 대해 전면적으로 개입하고 있는데, 이는 그동안의 투자 억제와 시장 실패로 인해 크게 취약성이 노출되었기 때문이다.

2000년대 초부터는 헬름이 말하듯 새로운 에너지 패러다임이 출현했다. 이는 석유와 천연가스 가격이 전문가들의 예상 수준을 훨씬 넘어서는 것으로 대표된다(되었다). 하지만 국가적인 에너지 공급 보호 정책으로의 회귀, 공장시설의 현대화, 미래에 대한 투자 증진, 석유와 천연가스 자원의 유한성에 대한 인식 증대, 외교 정책에 있어서 에너지 안보의 중요성에 대한 인식 제고 등도 여기에 포함된다. 물론 에너지 정책을 기후변화를 억제하기 위한 노력과 연계해야 한다는 인식도 생겨났다. 정치적인 고려가 다시 한번 에너지 시장 깊숙이 파고들었으며, 이는 에너지 문제가 국가의 손에 맡겨져 국내 및 대외 정책의 도구로써 사용되었기 때문이다.

미국은 중동의 산유국들에 크게 의존하며, 이는 유럽이나 일본도 마찬가지다. 물론 이제는 이들 나라 모두 석유 공급선을 다변화하고자 애쓰고 있다. 러시아가 예전의 강대국 지위를 회복하고자 시도할 수 있었던 것도 그들이 가진 화석연료 자원과 그 가격을 통제할 수 있었기에 가능했다.

중국은 급속한 경제성장 때문에 과거에 비해 국제적인 역할이 훨씬 더 커졌는데, 특히 중동과 아프리카, 라틴아메리카 등지에서 석유와 천연가스, 광물자원을 확보하고자 맹렬히 노력하고 있다.

EU 국가들은 자신이 사용하는 천연가스의 거의 절반을 러시아에서 수입하고 있으며, 석유의 상당 부분도 러시아에서 들여온다. 이런 상황에서 양쪽 진영의 기후변화 정책이 상당히 다른 것은 어쩌면 당연한 일이다. 사실 러시아는 원하기만 한다면 다른 나라로부터 자본을 도입하고 효율적인 경영관리를 독려하는 현대화를 추진할 수 있는데도, 석유와 천연가스의 수출로 수익 극대화에만 관심을 쏟고 있다. 러시아 최대의 국영기업 가스프롬Gazprom은 악명 높은 비효율성과 엉성한 경영으로 널리 알려져 있다. 러시아 국내의 가계와 산업 소비자들은 에너지 가격 면에서 대단히 후한 정부 보조를 받고 있으며, 이런 정부 정책은 그 변화가 대단히 느려서 에너지 절약을 촉구하는 데는 기여하는 바가 아무것도 없다.

러시아 지도자들은 전통적으로 EU와 대결하는 식의 태도를 취해왔는데, 이런 관행은 기후변화 영역에서도 영향을 미치고 있다. 러시아는 타협점을 찾고자 하는 EU의 방식을 완강히 거부했다. "우리는 천연가스 수송체계에 대해서, 그리고 가스프롬에 대해서 정부 통제를 유지하려 한다. 우리는 가스프롬을 분할할 생각이 없다. 이 점에 대해서 EU는 어떤 환상도 가져서는 안 된다. 천연가스에 관한 한 그들은 러시아 정부와 직접 대화해야 한다."[16]

러시아는 EU의 각 회원국들과 개별적으로 협상하기가 훨씬 용이하다는 사실을 간파했으며, 그렇게 해서 그 결속력을 약화시키려 한다. 그런 대표적인 사례가 바로 노드스트림 파이프라인 프로젝트Nord Stream pipeline project인데, 이는 러시아 가스프롬이 독일 최대의 에너지 기업 두 곳과 합작사업으로 추진하고 있다. 비록 여러 실무적인 문제와 외교적인 문제로 인해 이 사업이 실현되기는 어렵다고 해도, 이런 구상 자체가 이미 EU의 통합 정신을 저해하는 것도 사실이다. 다만 에너지 안보 문제와 기후변화에 대처하는 문제는 서로 긴밀하게 이어져 있기 때문에, EU가 설령 에너지 문제에서 통일된 목소리를 내지 못한다 할지라도 기후변화 문제에서 타협점을 찾는 데 진전을 보인다면, 이는 에너지 문제 해결에도 도움이 될 것이다. 이는 EU가 지구온난화에 대처하는 데 있어서 세계의 지도자가 되기 위해서도 대단히 중요한 일이 아닐 수 없다.

2008년 3월에 유럽이사회European Council에서 발표된 한 보고서는 북극해의 빙원이 녹으면서 발생할 안보 문제를 지적했다.[17] 북극 지하에 묻혀 있다고 믿어지는 엄청난 광물자원은 새로운 국제적 긴장을 유발하는 발화점이 될 수도 있다. 2007년에 이미 일단의 러시아 과학자들은 북극의 해저에 자국 국기를 꽂는데, 이는 그곳의 상당 부분이 러시아의 영토라는 것을 나타내려는 조치였다. 이제 러시아는 이 문제를 국제재판소의 법정에서 해결하고자 열심이다. 국제법상으로 북극해 문제에 대해 적용할 수 있는 조문을 찾기는 쉽지 않다. 해저의 대부분은 지도에 명기되어 있지도 않다. 미국, 노르웨이, 덴마크 등은 모두 자국의 영유권을 주장하고 있다. 유엔해양법협약UN Convention on the Law of the Sea은 적어도 북극해에 대한 각국의 입장을 들어보는 논의의 장일 수 있는데도 미국은 비중 있는 국가들 중에서 유일하게 이 협약에 비준하지 않고 있다. 하지만 미국도 대체적으로는 이 협약을 준수하고 있으며, 러시아가 북극해에 대한 활동을 적극적으로 추진하면서부터는 정식으로 이 협약을 비준해야 한다는 압력이 커지고 있다. 2008년 부시 대통령은 미 상원에 대해서 이 협약의 비준을 요청하기도 했다.

자원 쟁탈전

중국보다 더 많은 석유와 천연가스를 소비하는 나라로는 미국이 유일하다. 2007년 전 세계 천연가스 수요 증가의 약 40퍼센트는 중국 때문이었다. 중국의 경제성장률이 현재 상태를 유지하고 에너지 정책도 별로 바뀌지 않는다면, 향후 10년 동안 중국의 에너지 수요는 연간 6퍼센트씩 증가하게 된다. 석유를 둘러싼 미래 정책에 있어서 중국은 사뭇 공격적인 외교정책을 추진하고 있는데, 이는 영국과 미국의 전철을 그대로 밟는 셈이다. 중국은 서구 국가들이 그런 것처럼 석유회사들을 통해서 일을 처리하지는 않지만, 원하는 목적은 전혀 다를 바가 없다. 원칙적으로 중국은 산유국들과 사용 기간을 별도로 정해서 유전을 통째로 구매해서 쓰는 방식을 취한다. 중국은 베네수엘라에서부터 인도네시아, 오만, 예멘, 그리고 수단에 이르기까지 많은 나라들과 이미 그런 구매약정을 맺었다.

미국에게는 유감스런 일이지만 중국은 이미 중동에까지 진출을 꾀하고 있다. 사우디아라비아는 중국에 대한 최대의 석유 공급국이 되었으며, 중국은 사우디아라비아 내에서 천연가스 탐사 허가를 확보했다. 중국은 이란과도 긴밀한 관계를 구축하는 데 성공했으며, 현재 이란에서 수입하는 석유와 천연가스 양이 계속 늘고 있다. 이에 반해서 미국계 석유회사들은 미국 의회의 법률에 의해 이란과의 사업이 금지되었기 때문에 그런 탐사 활동에 참가할 기회조차 가질 수 없는 실정이다. 이란이 핵무기와 그것을 운반할 수 있는 로켓 시스템을 확보하지 못하도록 국제사회 대부분의 국가들이 공조하고 있는데도, 중국은 러시아와 함께 이란에 대한 제재를 막고 있다. "양 진영 모두 마치 석유 부족이 곧 닥칠 것처럼 행동한다. 그래서 '우리 편 아니면 너희 편' 식의 편 가르기에 집착하고 있다."[18]

인도는 석유 문제와 관련해서 아직 중국처럼 강력한 외교정책을 채택하고 있지는 않다. 하지만 자국의 경제가 발전하고 소비자들의 취향이 달라지면 지금보다 훨씬 더 많은 석유를 필요로 할 것이다. 중국에서는 지난 10년 동안 자동차 사용이 급증했지만 그로 인해 발생하는 환경 문제들은 전혀 염두에 두지 않았다. 이런 중국의 경우와 거의 똑같은 일이 인도에서도 발생할 것이다. 2008년 1월에 인도의 타타 그룹은 자동차 타타 나노Tata Nano를 선보였다. 이 승용차 가격은 10만 루피(약 230만원)로 책정되었는데, 이는 세계에서 가장 싼 차보다도 훨씬 낮은 가격이다. 이 차가 본격적으로 판매되면 비교적 낮은 연봉을 받는 인도 직장인들도 생애 최초로 자가용 승용차를 살 수 있다. 타타 나노 차는 33마력의 휘발유 엔진을 장착했는데, 그처럼 적은 용량으로 비교적 높은 에너지 효율을 나타낼 것으로 기대된다. 그러나 그런 자동차가 많이 보급되어 도로를 메운다면 대규모 환경 문제가 유발할 가능성 역시 크게 높아진다.

인도를 벗어나면 라틴아메리카와 동남아시아, 아프리카 등지에서 승용차 판매가 크게 증가할 것으로 예상된다. IPCC의 선임과학자이자 인도 사람인 라젠드라 파차우리Rajendra Pachauri는 자신이 "이 문제로 악몽을 꾼다"고 털어놓았다. 타타 그룹의 회장 라탄 타타Ratan Tata는 에너지 안보와 기후변화 문제를 둘러싼 딜레마에 대해서 다음과 같이 절묘하게 자신의 입장을 내비쳤다. "우리는 일반 대중의 입장을 고려해야 한다. 그들이 개인적인 교통수단을 가질 권리를 박탈할 수 있겠는가?"[19]

에너지 안보 전문가들은 중국과 인도의 경제성장이 전 세계 석유와 에너지 시장에 미치는 충격을 언급하면서 두 나라를 '친디아Chindia'라고 묶어서 부르기 시작했다. 2차 세계대전 이후 대부분의 기간 동안 석유 수요 증가는 경제성장률의 절반 정도에 그쳤다. 그런데 2000년 이후부터는 그 비율이 65퍼센트로 증가했다.[20] 지금 이 순간 인구 1인당으로 따질 때 친디아의 소비자들이 사용하는 에너지는 선진국 소비자들의 약 7분의 1에 불과하다. 그런데 친디아가 향후 20년 이내에 고소득 선진국 그룹에 들어 간다면 전 세계 에너지 수요는 그야말로 극적으로 증가할 텐데, 이런 일이 벌어질 가능성은 대단히 커 보인다.

기후변화와 에너지 안보의 두 영역 모두에서 낙관론자들과 파국론자들 사이에서 나타나는 주된 견해차는 시간에 관한 것이다. 바로 우리가 사는 생활방식을 크게 바꾸어야만 하는 시기가 닥칠 때까지 과연 얼마나 많은 시간이 남아 있는지 하는 문제다. 설령 기후변화의 영향이 어느 날 갑자기 닥치는 것이 아니라 서서히 나타난다고 해도, 그리고 우리 세대에서보다는 후속 세대들에서 그 영향이 본격적으로 발생한다고 해도 우리는 가급적 빨리 그 대응책 마련에 나서야 한다. 마찬가지로 에너지 안보 문제도 비록 석유와 천연가스가 고갈되기까지 앞으로 몇 세대가 더 지나야 한다고 말하는 사람들의 견해가 옳다고 해도 똑같은 대처가 요청되는 것은 물론이다.

다음 장에서는 다시 기후변화 문제로 돌아가서, 녹색운동이 환경에 대한 사람들의 사고에 어떤 영향을 미쳤는지부터 살펴보고자 한다. 그렇지만 이 책의 나머지 부분에서는 대체로 에너지 문제를 함께 다루고자 하는데, 이는 우리가 화석연료에 대한 의존도를 줄이지 않는 한 기후변화를 완화시킬 가능성이 전혀 없기 때문이다.

녹색운동과 그 이후

기후변화에 대한 논의가 대세를 이루면서 그런 논란이 다양한 관점을 반영하게 된 것은 전혀 놀라운 일이 아니다. 먼저 녹색운동에 몸담은 사람들은 다음과 같은 주장을 펼치곤 한다. "우리가 다른 누구보다도 먼저 환경오염 문제에 대해 거론했으니까 이는 우리들의 주제다." 그리고 이는 사실이기에 녹색운동—또는 녹색운동 진영에 포함되는 일부 사상들—은 기후변화 문제와 관련해서 철학적인 논거를 제공하는 주요 원천이 되고 있다. 설령 가장 냉정한 과학자가 기후변화에 대해서 글을 쓴다고 해도 그 속에는 녹색 개념과 녹색 사고가 스며들어 있기 십상이다.

그러나 다른 진영의 사람들 역시 목소리를 높이고 있다. 환경경제학자들은 대부분 녹색 사상을 그렇고 그런 소리로 일축한다. 그들에게 합당한 접근법이란 냉철한 사고 위에서 성립하는 것이며, 각기 다른 전략을 마련해서 그것들에 대한 비용 대비 효과를 따지고 그런 기반 위에서 시장이 최선책을 선택하도록 하는 것이다. 그들은 또한 지구온난화에 대처하는 가장 합리적인 대안으로 탄소시장 개설 방안을 드는 편이다.

좌파 진영에게 기후변화 문제는 과거 오랜 세월 중도좌파의 전통을 따랐던 시장을 일신할 수 있는 기회로 보일 것이다. 무엇보다도 〈스턴 보고서Stern Report〉(영국 정부가 경제학자 니콜러스 스턴에게 요청해서 작성한 지구온난화에 대한 종합 검토보고서—옮긴이)로 유명한 니콜러스 스턴Nicholas Stern조차도 기후변화를 가리켜서 "전 세계가 이제까지 목격했던 가장 심각한 시장 실패의 사례"[1]로 보지 않았던가. 비록 스턴 자신이 그런 결론을 도출한 것은 아니라고 해도, 저런 인용문 자체만으로도 시장의 역할을 축소하고 그 대신 국가 책임의 확대를 선호하는 사람들에게 그야말로 일용할 양식이 아닐 수 없다. 정치적인 주제로서 본다면 기후변화에 대한 대응은 좀 다른 관점이기는 하지만, 좌파 진영 사람들에게 역시 어필하는 바가 크다. 이 문제야말로 혁명적 사회주의revolutionary socialism가 해체되면서 사라졌던 급진주의을 회복할 수 있는 기회라고 보기 때문이다. 그들에게는 우리가 직면한 문제의 근원으로서의 기후변화가 어쩌면 자본주의에 대한 비판을 일신할 수 있는 수단으로 여겨질 수도 있겠다. 일찌감치 몇몇 저자들이 제기한 바 있었고, 또한 실제로 일부 지역의 정치무대에서는 현실로 나타났던 적-녹 연립red-green coalition은 이런 관점에 그 근원을 두고 있다.

기후변화와 관련해서 전략적인 층위에서나 더 추상적인 측면에서 밴드웨건 효과(bandwagon effect, 유행에 따라 상품을 구입하는 소비현상을 뜻하는 경제용어로, 여기서는 특정 사안에 대한 사람들의 관심이 다른 사람들에 의해 영향을 받는 현상을 말한다—옮긴이)에 주목할 수도 있다. EU에 더 많은 법적 정통성과 새로운 방향성을 부여하여 이를 부흥시키고자 하는 사람들에게는 기후변화가 그렇게 하는 좋은 기회이기도 하다. 유럽주의자Europhile들은 이런 관점에서 과연 EU가 범지구적인 문제 해결에 얼마나 영향력을 발휘할 수 있을지에 대한 회의를 잠재울 수 있는 시금석으로서 이 문제를 바라보고 있다.

나는 사실 밴드웨건 효과를 막았으면 하는 바람이 있다. 지구온난화 문제를 가지고 다른 관심사들을 은근슬쩍 합법화하기 위한 수단으로 활용하려는 데에는 가급적 신중해야 한다는 것이 내 생각이기 때문이다. 그럼에도 현재 진행 중인 기후변화 논쟁에는 좌파, 우파의 색깔이 배어 있는 것이 사실이다. 광범위한 사회개혁을 통해서 기후변화에 대응하고자 하는 사람들의 대부분은 정치적으로 좌파에 가깝기 마련이다. 반면에 기후변화가 인간 행동에 의해서 빚어졌다는 것에 대해서 회의적인 저자들은 대부분 우파 쪽에 서 있다. 여기서 우리는 기후변화 정책이 가능한 한 그런 양분 구도를 초월하여 민주적인 시스템 안에서 정부의 변화로 이어지도록 하는 일이 대단히 중요하다는 점을 직시해야 한다. 이 중요한 문제에 대해서는 5장에서 더 자세히 논의하도록 하겠다.

녹색주의자들

엄격하게 말해서 단일한 녹색운동은 없다. 차라리 다양한 입장과 관점, 행동지침이 존재한다고 보는 편이 맞다. 나는 그 모두를 일일이 다 논의하고 싶지는 않다. 그 대신 중요한 몇 가지 주제에 대해서만 검토하고자 한다.

사회주의와 마찬가지로 녹색주의 또는 녹색운동도 산업혁명의 산물이다. 수많은 공장과 급속히 팽창하는 도시들이 지구 여러 지역의 경관을 독점하면서 '녹색의 쾌적한 대지'는 그 배경으로 밀려나고 말았다. 많은 사람이 새로운 부를 거머쥐었지만, 비판자들의 눈으로 볼 때는 그 대가가 훨씬 혹독했다. 윌리엄 모리스William Morris가 '내 인생의 주도적인 열정'이라고 불렀던 '현대 문명에 대한 혐오'는 예술계에, 그리고 초기 자연보호주의자들의 사고에 널리 퍼져나갔다. 마치 오늘날 사회평론가들의 생각을 예견이나 한 듯이 모리스는 다음과 같이 읊조렸다. "폐석의 산더미에 올라앉은 회계사무실에서 인생을 마감하는 것이 정녕 다인가?"[2]

랠프 월도 에머슨Ralph Waldo Emerson의 《자연론Nature》은 1836년에 출간되었다. 그는 이 책에서 당시 삼림을 결딴내고 있었던 벌목(비록 그 영향력이 재빨리 나타나지는 않았지만)에 대해 반대하는 입장을 유려하게 표현했다. 그는 현대 산업사회가 자연을 일용품의 생산을 위해서 희생시켜도 되는 존재로 간주한다고 주장했다. 그리고 우리는 마땅히 우리 조상들이 즐겼고 또한 심미적 경험과 도덕심의 원천인 자연과의 직접적인 관계를 회복해야 한다고 보았다.[3] 이런 생각은 헨리 소로Henry Thoreau에게 이어졌는데, 소로는 온전히 혼자 힘으로 호숫가 삼림 속에서 2년 동안 독거하는 열정을 보였다. 그는 다음과 같이 기록했다. "가장 값싼 방법으로 즐길 줄 아는 사람이 가장 부유한 사람이다." 그는 이렇게 예언자적인 말도 덧붙였다. "당신이 집을 지을 땅조차 없다면 집이 다 무슨 소용이겠는가?"[4] 소로가 고독 속에서 2년을 보냈던 월든Walden을 많은 사람들은 자연보호운동의 탄생지로 여긴다.

에머슨과 소로의 사상에 힘입어 1892년 미국에서 태동한 시에라 클럽Sierra Club은 세계 최초의 환경보호단체로 널리 알려져 있는데, 사람이 살지 않는 야생지를 보존하는 운동에 앞장섰다. 시에라 클럽은 20세기 초 강을 막는 댐 공사에 반대하는 운동을 전개하면서부터 환경운동의 역사를 쌓아나갔다. 오늘날 이 클럽은 지구온난화에 대처하는 일에 주력하고 있으며, 특히 미국의 '무모한 에너지 정책'에 맞서 투쟁을 전개하고 있다.

녹색운동의 역사를 다루는 대부분의 저작들은 이 운동의 두 번째 중요한 발전이 파시즘 치하, 특히 독일에서 있었다는 사실을 건너뛰곤 한다.

독일에서의 '생태주의ecologism'는 에머슨과 소로를 고무시켰던 일종의 자연신비주의natural mysticism에 근원을 둔다. 나치의 '생태학자들'은 자연보전과 유기농업을 신장시키고 채식주의를 실행하는 데 노력을 기울였다.[5] 제국자연보전법The Reich Nature Protection Law은 1935년에 통과되었는데, 다른 관련 법률들과 함께 미개발지 자연환경에 대한 훼손을 방지하고 삼림과 야생 동물을 보호하며 대기오염을 저감하는 등의 목적을 지녔다.

나치가 '녹색'이었다거나 또는 '녹색'을 일파로 받아들였다는 주장은 사실 1980년대에 들어서야 비로소 역사학자들이 처음 제기했는데, 예상 가능한 대로 상당한 격분을 불러일으켰다. 그런데 현대의 녹색운동이 바로 독일에서 1970년대에 처음 생겨났기에, 그런 나치와의 관계를 폭로하는 일은 녹색운동 자체의 불신을 초래하는 일이라는 오해를 살 만했다. 사실상 '에코파시즘ecofacism'이라는 용어 역시 자신들의 목적을 달성하기 위해서 법을 무시하고 직접 행동에 나서는 일부 녹색운동가들에게 그 비판자들이 붙여준 이름이 아니던가. 나는, 예컨대 자연에 대한 신비주의적인 숭배와 같은 관념들이 나치한테서 나왔고 그것이 녹색운동의 일부 영역에 영향을 미쳤다는 사실을 부정한다고 해서 그 일이 과연 어떤 의미가 있는지 모르겠다. 다른 운동들 역시 비슷한 사고들을 차용했지만 그 목적은 사뭇 달랐다.

정치적인 관점에서 '녹색'이라는 용어가 처음 활용된 곳도 역시 독일이었는데, 녹색당이 선거에서 처음으로 괄목할 만한 성공을 거두었던 것이다. 이후 녹색운동가들은 범지구적인 운동으로 나아갔는데, 세계 각지의 운동가들이 모인 대규모 집회는 1992년 리우에서 유엔 환경정상회의가 개최되기 직전에 열렸다. 전 세계 녹색정당들의 연합체인 글로벌 그린 네트워크GGN, Global Green Network에는 현재 80여 개국의 정당들이 가입해 있다.

우리는 그처럼 많은 녹색정당들이 내세우는 다양한 관점들을 관통하는 몇 가지 공통 논지를 확인할 수 있다. GGN은 그런 요점들을 모아서 '새 천년 시대에 녹색Green이 의미하는 바가 무엇인지를' 밝히는 기본헌장을 제시했다. 여기에는 20여 년 전 독일 녹색운동가들이 처음 설정했던 다음과 같은 네 가지 원칙이 포함된다. (생태적인 조화와 균형을 추구하는) '생태적 지혜', 사회정의, 참여민주주의, 그리고 비폭력이 그것이다. 녹색 헌장은 여기에 지속가능성과 다양성의 존중이라는 두 가지 원칙을 더 포함시켰다.

녹색운동은 1960년대와 1970년대 초의 초기 사회저항운동(예를 든다면, 베트남전 반대운동)에 영향을 받아서 일정 부분 기존 정치와 대립각을 세우는가 하면 국가와 관련되는 것에 지나치게 민감함을 보였다. 이런 점은 왜 녹색운동이 풀뿌리 민주주의와 지역중심주의localism를 그렇게 강조하는지를 잘 설명해준다. 녹색운동은 큰 정부든 대기업이든 기존 권력체제에 대항한다. 또한 경제성장에 최우선 가치를 두는, 경제학에서 말하는 '생산주의productivism'에도 반발한다. 삶의 질을 떨어뜨리는 성장, 특히 지구생물권에 위해를 가하는 성장은 '비경제적인' 성장이다. 따라서 정통 경제학은 '회색'을 띤다. 여기서는 인간 생명과 자연 모두가 다른 일용품이나 마찬가지로 '생산요소'의 일환이 되고 만다. 따라서 대다수 녹색운동가들은 자본주의와 시장경제를 불신하는 성향을 가지며 대기업들에 대해 상당한 적개심을 보인다.

녹색운동가들은 종종 자신들의 주장을 가리켜 반反과학이 아니라 '반反과학주의'라고 말한다. 과학과 기술, 특히 기술에 대한 무분별한 추종에 반대한다는 말이다. 기술과 관련해서 녹색사상이 지니는 주된 관점의 하나는 '사전예방 원칙'이다. 녹색운동은 이 개념에 근거하여 폭넓게 정치

담론에 기여해왔다. 사전예방 원칙은 모리스, 에머슨, 소로 등의 사상과도 바로 이어진다. 하지만 이 원칙은 논의하기가 그리 쉽지는 않다. 지금부터 살펴보겠지만 이 원칙은 그리 일관성을 갖지는 못한다. 그럼에도 이 원칙은 보통 이렇게 설명된다. '인간이나 생물권에 아무런 해도 끼치지 않는다고 증명되지 않는 한, 어떤 기술도 채택해서는 안 된다.' 거의 모든 녹색운동이 원자력발전에 반대하고 있는 이면에는 바로 이런 원칙이 깔려 있다. 그런 예로서, 녹색운동은 독일과 스웨덴에서 원자력발전소를 단계적으로 감축하도록 하는 데 큰 영향을 미쳤다.

녹색운동과 관련해서 다소 어리둥절할 만한 여러 철학적 관점들도 존재한다. 오스트레일리아의 철학자 로버트 구딘Robert Goodin은 이러한 다양성을 일정한 범주로 나눠보고자 했다. 그는 녹색에 기반한 정치사상에는 가치 중심 녹색사고와 행위 중심 녹색사고라는 두 줄기의 기본 논리가 있다고 말한다. 전자는 녹색운동가들이 어떤 가치를 지향하고 그 이유는 무엇인지를 설명해주며, 후자는 녹색운동가들이 어떻게 그런 가치를 추구하는지(또는 추구해야만 하는지)를 보여준다.

경제학에서 가치value는 가격이나 복지의 개념으로 평가하는데, 후자의 경우에는 물질적 혜택에 국한한다. 이에 반해서 녹색운동의 가치론에서 어떤 존재나 대상이 가치를 가진다고 할 때 그것은 인간에 의해서가 아니라 자연적 과정을 통해서 만들어진 것이어야 한다. 우리는 이런 관점을 철학자 마틴 크리거Martin Krieger가 제기한 다음과 같은 질문에서도 엿볼 수 있다. "플라스틱 나무라고 해서 무엇이 문제란 말인가?"[6] 실제로 1960년대 말에 로스앤젤레스 시당국은 고속도로 주변의 나무들이 대기오염 때문에 자주 말라죽는 것을 보고는 대신 플라스틱으로 만든 나무를 심었던 적이 있다. 그런데 분노한 시민들이 플라스틱 나무들을 모두 뽑아버리자 시당국은 크게 놀랐다. 구딘은 설령 인조나무를 제아무리 실제 나무와 똑같이 만든다 해도 우리는 여전히 (정당하게) 그것을 거부할 것이라고 말했다. 마치 미술작품의 모사품을 거부하듯이 말이다. 우리는 자연의 가치를 존중한다. 자연은 우리 자신보다 훨씬 더 큰 존재이고 우리는 바로 그 자연 속에서 삶을 영위하고 있기 때문이다.

자연 그 자체에서 가치를 추구하는 '심층생태론자(deep ecologist, 심층생태론은 모든 생물의 본질적 가치를 인정하고 인간은 생태계의 아주 작은 일부분에 지나지 않는 존재로 보는 생태론의 한 갈래다. 초기 녹색당 운동의 이념적 바탕이 되었다— 옮긴이)'들과는 달리 구딘은 자연 속의 대상물이라도 오직 인간을 통해서만 그 가치를 발현한다고 인식한다. 우리가 가치를 말한다고 하면 거기에는 인간적인 요소가 필연적으로 포함되며, 그것은 누군가가 그 가치를 인정하기 때문이라는 것이다. 동시에 그런 가치는 이성적이다. 그 가치는 우리 자신보다 훨씬 거대한 세계를 전제로 하며 또한 거기에 의존한다. 이런 관점에서 본다면 우리가 어떤 경관을 사람들의 손이 닿지 않게 완전히 보전할 수 있을 때에만 비로소 온전한 가치를 가지는 것은 결코 아니다. 영국을 예로 든다면 밀이 자라는 들판과 산울타리는 인간이 자연을 변형시킨 결과물이다. 그곳은 그곳 나름의 생명이 숨 쉬는 장소로, 사람들 역시 그 속에서 자연과 조화를 이루며 생활한다. 이런 상황은 마치 전제군주처럼 마구잡이로 우리 식의 질서를 강요해서 빚어진 그런 정경과는 사뭇 다르다. 구딘은 그런 예로서 로스앤젤레스를 드는데, 이 도시에서는 자연이 완전히 말살되었다고 주장한다.[7] 이렇게 자연과의 조화를 강조하는 관점은 녹색사상의 기본 관심사의 하나인 '지속가능성'을 이끌어낸다. 이는 미래 세대의 이익에 관심을 두는 개념이다. 많은 녹색운동가들은 지나치게 자연에 위해를 가한다는 점에서 경제성장을 거부하며 '성장 없는 사회'를 염원한다.

　가치는 스스로 발현되는 것이 아니다. 가치는 이를 제대로 구현할 수 있게 하는 수단, 즉 '어떻게'와 연결되어야만 한다. 앞에서 지적했던 것처럼 녹색운동가들은 권력과 국가를 불신한다. 참여민주주의에 대한 희구는 거의 모든 녹색당의 강령에서 발견된다. 구딘은 녹색 가치와 전형적인 녹색당의 이념 틀(참여민주주의의 주창, 거대 권력에 대한 불신, 비폭력 등) 사이에 어떤 논리적인 연결성을 찾으려 했지만 실패했다. 이런 사실은 대단히 중요한 결론으로서 그 이유에 대해서는 뒤에서 다루려 한다. 구딘은 또한 녹색 가치론이 녹색 행위론과 충돌할 경우에는 전자가 후자에 우선한다고 주장했는데, 나도 여기에 동감한다. 그런데 구딘도 지적했듯이 그런 견해는 대부분 녹색운동가들의 직관에 반하는 것이다. 녹색운동가들은 보통 각 개인들의 직접적 행위가 기성 정치에 우선한다고 보며, 그런 신념을 녹색사고의 핵심으로 삼는다.

　구딘은 녹색사상과 지구온난화 문제 사이의 관련성에 대해서 논하지는 않았지만, 우리는 그 사이에 심각한 괴리가 존재한다는 것을 알아야만 한다. 지구온난화는 단순히 종래의 산업오염이 진화된, 좀더 복잡한 형태의 오염이 아니다. 지구온난화는 질적으로 전혀 다른 문제다. 이 문제는 과학자들, 오로지 과학자들만이 문제를 제기해서 사람들의 관심을 모았는데, 이는 과거 런던 스모그나 검은 연기를 내뿜는 굴뚝처럼 눈에 보이는 오염 문제가 아니었기 때문이다. 우리는 지구온난화의 진행을 감시하고 그로 인한 악영향을 판단하는 데도 전적으로 과학자들에 의존한다.

　환경 문제에 대한 기존 관념에서 중요한 역할을 하는 몇 가지 개념들, 예를 들어 사전예방 원칙과 같은 개념들은 대체로 녹색운동에서 나온 것이다. 그런데 녹색운동에서 비롯된 것처럼 보이지만 사실은 전혀 그렇지 않은 개념도 있는데, '생태 발자국ecological footprint'이 바로 그런 예다. 이 개념은 1990년대 초에 윌리엄 리스William Rees가 처음 제안했다.[8] 어쩌면 여러분은 모래밭에 찍힌 발자국을 떠올릴지 모르지만, 생태 발자국이라는 말이 나온 배경에는 첨단기술이 자리하고 있다. 이 말은 한 컴퓨터 전문가가 자신의 탁자 위 한쪽에 놓인 컴퓨터가 그 기능에 비해서 얼마나 작은 면적을 차지하고 있는지 경탄해마지 않은 데에서 착안하여 처음 사용되었다.

환경운동에 관련된 수많은 개념과 사고들을 정비하는 데에는 적지 않은 수고가 필요하다. 나는 그런 녹색 가치들이 여러 중요한 정치적 관점들과 관련 있다는 점은 쉽게 받아들일 수 있다. 그렇지만 그런 가치들이 기후변화를 억제하는 데에도 똑같은 역할을 하지는 않으며, 사실은 그 반대되는 기능을 하기도 한다는 점을 지적해야만 하겠다. 예를 들어, 핵심적인 녹색 가치의 하나로 '자연 상태에 가깝게 내버려두기', 간단히 말해서 '보전'이 있다. 이는 일종의 심미적인 측면을 중요시하는 개념이다. 그런데 보전은 삶의 질을 평가하는 데는 중요한 개념이겠지만, 기후변화와는 직접적인 관련성이 없다. 오히려 보전 가치와 지구온난화 대응 정책은 서로 충돌하기 쉽다. 한 예로, 보전주의자들은 원자력발전소 건설이라든가 교외 지역에 들어서는 풍력발전 시설에 반대하곤 한다.

멸종 위기의 동물을 보호하려는 일은 분명 소중한 가치가 있다. 그렇지만 그 일이 기후변화 문제와 관계가 있는 경우는 동물 멸종으로 인해 온실가스 배출 억제를 돕는 생태계가 위협받을 때뿐이다. 많은 사람이 '녹색'운동을 지구온난화 방지 활동과 동일시하지만, 나는 위와 같은 이유 때문에 거기에 동의하지 않는다. 물론 녹색 가치나 녹색 정책은 정치적인 구심점 역할을 할 수 있었고 지금도 그렇다. 달리 말해서, 녹색 가치를 많이 내세운 덕분에 정치적으로 인기를 얻은 활동이라면 기후변화를 억제하는 목표에도 도움이 된다는 말이다. 경제성장을 지고의 가치로 여겨서는 안 된다는 것은 지당한 말임에 틀림없고, 특히 풍요로운 사회일수록 더욱 그렇다.

환경 정치가 정치 주류의 한 부분을 차지하면서 녹색운동은 점차 그 정체성을 잃을 것이다.(이미 그렇게 되고 있다.) 비록 원래의 이상을 추구하는 녹색운동 단체나 정당은 물론 여전히 남겠지만, 녹색주의자들이 주류 정치에 흡수되었다는 것은 결국 본질에 있어서 녹색 가치와 별로 관련이 없는 녹색 행위론의 여러 관점들을 폐기한다는 것을 의미한다. 이런 관점들에는 참여민주주의만이 유일하게 가치 있는 민주주의라는 생각, 우리가 지향하는 최선의 사회 형태는 근본적으로 분권화한 사회decentralized society여야 한다는 생각, 비폭력에 대한 맹신 등이 포함된다.(대개의 경우 분권화 자체는 가치 있는 정치적 목표이고, 녹색 이상의 구현에도 유용하다. 그러나 이것은 다른 정치 조직과 뜻을 함께해야만 가능하다. 비폭력은 대부분의 상황에서는 아주 중요한 목표이지만, 논쟁적으로 보자면 보편적 목표는 아니다. 또한 그런 점에서 기후변화 억제라는 목표와는 본질적으로 별 연관성이 없다.)

우리는 자연을 신성시하거나 자연에 경외감에 갖는 태도 역시 거부해야 하는데, 여기에는 가치의 중심을 인간으로부터 지구 자체로 옮겨가고자 하는 관점도 포함된다.[9] 사실상 기후변화를 억제하는 일은 지구를 구하는 일과는 아무런 관련도 없는데, 지구라는 존재는 우리가 어떻게 하든 상관없이 계속 살아남을 것이기 때문이다. 지구와 조화롭게 살기, 지구와 자연을 존중하기 같은 생각들도 모두 같은 범주에 들어간다.

녹색운동은 그 배후에 중요한 딜레마를 안고 있다. 도대체 무슨 근거로 기후변화를 완화하고 에너지 안보를 확보하기 위해서는 불가피하게 경제성장을 희생할 수밖에 없다는 것일까? 모든 산업국가에서, 그리고 그 밖의 다른 나라들에서도 개발의 핵심 목표를 풍요 대신에 복지well-being로 삼도록 정치 지형도가 바뀔 수 있을까?(또 반드시 그래야만 하는 것일까?) 우리는 녹색운동에서 나온(적어도 부분적으로는 그렇다고 할 수 있는) 개념들이 과연 얼마나 유용한지에 대해서도 자문할 필요가 있다. 그런 개념들에는 특히 사전예방 원칙, 지속가능성, '오염자 부담' 원칙 등이 포함된다. 녹색운동가들이 기성 정치를 불신하는 데서 빚어진 결과의 하나는 과연 어떻게 하면 기후변화 관련 정책들이 기성 정치 관행과 더 효율적으로 결합될 수 있는지를 분석할 수 있는 개념 틀을 거의 잊어버렸다는 점이다.

리스크 관리: 사전예방 원칙

사전예방 원칙PP, Precationary Principle은 녹색운동의 범주를 넘어서서 기후변화와 기타 환경 관련 영역에서의 리스크 관리에 널리 활용되었다. 이 개념은 지구온난화 문제를 다루는 수많은 공식 문서에서 찾아볼 수 있다. 가령 이 개념은 1992년 리우 선언문에도 들어갔으며, 이후 EU 산하 유럽위원회European Commission의 정치의제를 포함해서 폭넓게 적용되었다. 이 원칙의 핵심 의미는, 달리 더 멋스럽게 표현할 수도 있겠지만, 간단히 이렇게 정리할 수 있다. '나중에 후회하느니 안전한 편이 낫다better safe than sorry.' 일상적으로 쓰는 금언들이 다 그렇듯이 이 경구도 면밀히 검토하면 뜻이 좀 모호한 것도 사실이다. 특히 그와 반대되는 금언인 '망설이다가 기회를 놓친다he who hesitates is lost' 보다 우선시해야 할 이유는 전혀 없지 않은가. 사실 사람들이 많이 쓰는 금언들을 보면 그와 반대되는 의미의 금언들도 꼭 있어 서로의 부족함을 보완해주기 마련이다. 우리는 다만 상황에 따라서 그런 금언들을 적절히 구사하고 있을 뿐이다.

PP 원칙은 리스크의 한쪽 측면, 즉 피해를 입을 가능성에만 주목한다. 이 원칙이 그렇게 유명해진 이유는 자연보전을 지향하는 녹색운동과 애초부터 깊이 밀착해 있었기 때문이다. 자연보전주의자들은 우리가 자연의 과정에 간섭하는 일에 대해서 얼마나 심사숙고해야 하는지를 하나의 원칙으로 쉽게 정리했다. 그렇지만 리스크에는 두 가지 측면이 존재한다. 사전예방의 반대편에는 과감하고 대담한 혁신, 즉 모험을 감수한 행동이 있다. 리스크 감수는 어쩔 수 없는 우리 생활의 한 부분으로, 모든 생산적이고 창조적인 과업의 수행에 없어서는 안 될 만큼 중요한 의미를 가진다.[10] 리스크 감수는 과학의 진보와 부의 창조에 이르기까지 우리 생활의 모든 영역에서 새로운 사고를 도입하는 데 필수적이다. 우리가 대담한 결정을 내리기를 회피한다면 기후변화에 대한 대응책 마련에는 전혀 희망이 없다고 해도 좋다. 기후변화 문제야말로 '망설이다가 기회를 놓친다'는 경구에 귀 기울여야 할 인류 역사상 최대의 사안이 될 수 있다.

미국의 법학자 캐스 선스타인Cass Sunstein은 사전예방 원칙에 대해서 결정적인 비판을 가했던 적이 있다. 그는 특히 이 원칙이 적용될 수 있는 각각의 상황들이 얼마나 다기다양한지에 주목했다. 가장 널리 인용되는 PP 원칙의 정의는 이렇다. "어떤 행위에 대해서 설령 그 연쇄반응으로 어떤 일이 빚어질지 불분명하고, 그 결과로 어떤 피해가 나타날지 알지 못한다고 해도, 규제자는 잠재적으로 발생 가능한 피해에 대해 적절한 대비책을 강구해야 한다."[11] 그런데 이런 식으로 정의하게 되면 PP 원칙은 모순된 상황에 처할 수 있다. PP 원칙은 지구온난화에 대한 대비책 마련처럼 앞으로 발생할 수 있는 일을 예방하기 위한 사전 개입 행위를 정당화하는데, 선스타인이 지적하듯이 그렇게 되면 미군의 이라크 침공을 정당화하는

데도 활용될 수 있다. 하지만 PP 원칙은 그와는 정반대되는 행위를 정당화하는 데 적용되는 경우가 훨씬 더 많다. '나중에 후회하느니 안전한 편이 낫다'는 원칙에 따라 아무런 행동에 나서지 않는다는 말이다. 그런 사례로, 환경단체들은 유전자변형GM 작물의 도입에 반대하는데, 자연에 대한 위험한 개입을 행하느니 차라리 현재 상태를 그대로 유지하는 편이 더 낫다고 믿기 때문이다.

PP 원칙은 이처럼 정반대되는 행동을 정당화하는 데도 쓰일 수 있기 때문에, 이 원칙에 대해 나온 다양한 정의들 사이에 거의 일관성이 없다고 해서 그리 놀랄 일은 아니다. 선스타인은 20가지에 이르는 그런 정의들을 추적한 결과 "서로 양립할 수 없는 것들"[12]이라고 단언했다. 거기에는 '약한' 정의에서부터 '강한' 정의에 이르기까지 다양하게 존재했다. 약한 정의의 한 예는 이렇다. '한 특정 위험요소와 관련하여 그것이 분명한 위해의 가능성을 보이지 않는다는 점을 들어 통제를 거부해서는 안 된다.' 강한 정의의 예는 이렇다. '위해 발생 가능성이 발견되는 즉시 문제의 소지를 없애기 위한 행동에 나서야 한다.' 선스타인은 약한 정의이든 강한 정의이든 행동 수칙으로서는 모두 무가치하다고 지적한다. 특히 약한 정의들은 그저 뻔한 소리를 언급한 데 불과하다고 혹평했다. 리스크 상황에서 정부가 규제를 가하는 행동에 나서기 이전에 정확한 확신을 가지는 경우는 거의 없다고 해도 좋기 때문이다.

그런데 강한 정의의 경우에는 자칫 너무 엄격하게 적용하다 보면 모든 행동을 다 마비시킬 수도 있다. GM 작물을 예로 들어보자. GM 작물을 재배했을 때 인간 건강과 지역 생태계에 미치는 영향을 정확히 파악하기는 애초부터 어려운 일이다. 여기에 PP 원칙에 대한 강한 정의를 적용한다면 GM 작물의 재배를 완전히 금지하는 수밖에 없다. 그렇게 하는 길만이 그로 인해 발생할 수도 있는 리스크를 확실히 회피하는 유일한 방안이기 때문이다. 그렇지만 그렇게 GM 작물의 재배를 완전히 금지하게 되면 다른 심각한 리스크가 발생할 수 있는데, 국지적으로 기아와 영양결핍의 수준이 상승할 수 있기 때문이다. 강한 PP 정의의 적용은 그런 리스크를 막지 못하게 한다. 따라서 강한 정의는 논리적으로 일관성을 갖지 못하는데, GM 작물의 경우 그것을 재배하게 할 수도, 재배를 금지할 수도 없기 때문이다. 그런데 선스타인은 강한 PP 정의가 스스로의 비일관성을 감추기 위한 수단으로 극단적인 결론을 이끌어내는 경향이 있음을 지적했다. 즉 오직 최악의 가능성에만 집중하다가 현 상태를 고착화시키거나, 아니면 극단적인 반작용을 불러온다는 것이다.

어떤 리스크 상황에서든 사전예방 조치는 거의 항상 그 반대 결과를 낳곤 한다. 이 점은 기후변화 문제를 다루는 내 논지에서 대단히 의미심장하다. 왜냐하면 우리가 기후변화의 억제를 위해서 어떤 행동을 취한다고 해도 거기에는 항상 균형 있는 리스크 관리 문제가 뒤따르기 때문이다.(기회의 균형도 마찬가지로 중요하다.) 우리는 지구온난화 문제를 논의하면서 자연을 있는 그대로 두자는 '자연 편향'의 논리를 정당화시켜서는 안 된다. 우리는 녹색 사상가들이 원하듯이 자연에서 멀어져야 하는 것이 아니라 자연의 지평을 더 넓혀나가야 한다.

PP 원칙이 그처럼 자기모순을 안고 있는데도 불구하고, 어떻게 해서 정책의 기본 틀로서 그렇게 널리 받아들여졌을까? 선스타인은 그 이유가 리스크를 받아들이는 사회의 인식에 있다고 지적한다. 우리는 다른 리스크들을 배제하고 일부 리스크에 집중하는 경향이 있으며, 그럴 때 경험에 의존하다가 리스크를 크게 오관하는 예가 많다는 것이다. 선스타인은 그런 경험에 의존하는 결정, 또는 '자가학습적 판단heuristics'의 사례들을 아래의 경우들을 포함해서 다수 제시했다.

1. '기회에 의한 자가학습'. 우리는 어떤 리스크가 뉴스에 나왔다는 이유로, 다른 위협요소들을 무시하고 그 리스크를 더 중시할 수 있다. 선스타인은 그런 예로서 테러에서 기인하는 리스크를 드는데, 테러 사건이 뉴스에 계속 나옴으로써 그 리스크가 과대평가된다고 지적한다.

2. '확률 무시'. 우리는 거의 일어날 확률이 없는데도 불구하고 최악의 시나리오에 집착하는 경향이 있다. 이런 경향은 앞에서 살펴보았듯이 기후변화에 대해 논하는 일부 저자들에게서 두드러진다.

3. '손실 거부'. 사람들은 미래에 예상되는 이익보다는 현재 발생하는 손실에 대해서 더 많은 관심을 갖기 때문에 현상유지 쪽을 선호한다. 이는 행동경제학behavioral economics에서는 잘 알려진 사실이다. 앞서 서문에서 살펴보았듯이 미래에 빚어질 일이나 결과에 대해서 사람들이 과소평가하는 것은 이런 성향과 관련이 있다.

4. 우리가 자연의 은혜benevolence 속에서 살고 있다는 믿음은 인류가 자연을 위험에 빠뜨리고 있다는 사실에 대해 의문을 갖게 한다.

5. '시스템적인 무관심'. 이런 성향은 리스크 회피 시도에 의해 만들어지는 리스크를 보지 못하게 만든다.

이런 점들에다가 리스크를 이용해 이익을 취하려는 특정 이익집단들의 행태까지 덧붙인다면, 리스크 평가가 얼마나 편향될 수 있는지를 쉽게 알 수 있다. 사람들은 보통 다른 리스크들을 무시하고 특정 리스크에만 관심을 기울이기 때문에, 그리고 최악의 시나리오에 집중하는 경향이 있기 때문에 PP 원칙에 대한 강한 해석들이 만들어지는 것이다. 하지만 그런 해석들은 처음부터 자기모순을 안고 있기 때문에 정책 지침으로는 결코 제역할을 할 수 없다.

나는 선스타인의 분석에서 몇 가지 결론을 도출했다. 첫 번째는 우리가 사전예방 원칙이 아닌 다른 PP 원칙, 즉 '퍼센트 원칙percentage principle'을 적용해야 한다는 점이다. 리스크 평가에서는 제아무리 심각한 재난을 대상으로 한다고 해도 거의 항상 비용–편익 분석cost-benefit analysis을 수행하기 마련이다. 다시 말해서, 우리가 어떤 일에서 일정한 이익을 얻고자 한다면 그 일의 수행 과정에 들어가는 비용의 관점에서 리스크와 기회를 평가해야 한다. 그런데 지구온난화와 관련된 사안에서처럼 불확실성이 짙게 드리워진 리스크의 경우에는 불가피하게 '추측'이 끼어들기 마련이고, 우리가 어떤 식으로 하건 간에 그 추측의 비중이 클 수밖에 없다.

두 번째로, 비용–편익 분석은 민주적 절차에 따라 공개토론 과정을 거치며, 이때 리스크에 대한 선별이 이루어진다. 한 예로, 원자력 이용은 온실가스 감축에는 도움이 되지만 방사성 폐기물 처리와 같은 다른 종류의 리스크를 유발한다. 그런데 공개토론을 통해 항상 합의가 이루어지지는 않으며, 정책결정자들은 결국 이러저러한 과정을 거치면서 합의 없는 결론에 도달하기도 한다.

세 번째로, 모든 리스크 평가는 주변 상황을 감안해서 이루어진다. 리스크 평가는 당시의 사회적 가치에 좌우될 수밖에 없는데, 아무 리스크도 없는 대책은 있을 수 없다는 점을 감안할 때 결국 주어진 상황에서 가장 두드러지는 위험이 무엇인지는 그 사회적 가치에 따라 결정된다. 새로운 의약품이 도입되는 상황을 한번 생각해보자. 보건당국의 입장에서 본다면 그 약품이 널리 사용되기 이전에 완전한 사전검사를 거치도록 하는 것이 현명하다고 하겠다. 하지만 그런 새로운 의약품을 절실히 기다리는 환자들은 검사가 완료되기 전이라도 약을 쓰고 싶어 한다. 그런 상황에서는 '나중에 후회하느니 안전한 편이 낫다'는 논리가 '망설이다가 기회를 놓친다'는 논리를 이기게 된다. 환자들의 경우 당장 그 약품을 쓰지 못하더라도 잃는 것은 거의 없기 때문이다.

이제까지 논의한 내용들은 모든 영역의 리스크 문제와 공공정책 수립에 관련된다. 이 책에서 이런 점을 중요시하는 것은, 사람들이 일반적으로 리스크를 어떻게 평가하고 거기에 대응하는가 하는 점이 지구온난화를 둘러싼 정치역학의 핵심이기 때문이다. 하지만 동시에 기후변화를 억제하기 위한 전략 수립과 기후변화에 어떻게 적응할 것인가 하는 문제와도 직접적인 관련이 있다.

'지속가능한 개발'

1972년은 환경사상사에서 대단히 중요한 해였는데, 기념비적인 연구 보고서인 로마클럽의 《성장의 한계$^{Limits\ to\ Growth}$》가 발간되었던 것이다. 이 책은 현대 문명이 자신의 지속적인 발전을 위해 전적으로 의존하고 있는 자원들을 고갈시키고 있다고 주장했다.[13] 이 책은 무려 수백만 부나 팔렸으며 많은 비판에 직면하기도 했지만, 거기서 강조했던 주요 메시지는 오늘날까지도 널리 받아들여지고 있다. 같은 해에 열린 '인간 환경$^{Human\ Environment}$'을 주제로 한 유엔 회의에서는 경제 발전과 자원의 효율적 이용의 조화를 강조했다. '지속가능한 개발$^{sustainable\ development}$'이라는 용어는 1987년 '환경과 개발에 관한 세계위원회^{WCED}'의 보고서에서 처음 등장했는데, 당시 그 위원회 의장이 노르웨이의 전 총리 브룬틀란$^{Gro\ Harlem\ Brundtland}$이었기에 '브룬틀란 보고서'라고도 한다.[14] 《성장의 한계》와 마찬가지로 이 보고서도 현대 산업사회가 놀라울 만큼 빠른 속도로 원자재를 소모하고 있으며, 따라서 산업에 큰 변화가 있지 않는 한 더는 지탱할 수 없다는 데 초점을 맞췄다.

브룬틀란 보고서는 개발도상국들의 번영을 위해서는 경제성장도 필요하다고 인정했다. 하지만 개발은 어디까지나 지속가능해야 함을 강조했다. WCED는 지속가능한 개발을 "미래 세대가 그들의 필요를 충족시킬 수 있는 가능성을 손상시키지 않는 범위에서 현재 세대의 필요를 충족시키는 개발"[15]이라고 정의했다. 1992년 리우 환경정상회의에서는 지속가능한 개발의 27개 원칙을 발표했는데, 그런 목적을 달성하기 위해서 전 세계 모든 나라가 각자 국가전략을 수립하도록 권고했다. 몇 년 뒤 암스테르담 조약Treaty of Amsterdam은 지속가능한 개발을 EU의 핵심 목표로 채택했으며, 2001년에는 포괄적인 '지속가능한 개발 전략'이 수립되었다.

'지속가능한 개발'이라는 개념의 도입은 아주 의미 있는 효과를 가져왔다. 그 이전까지는 전혀 양립할 수 없었던 두 세력, 녹색운동가들을 비롯해 성장에 반대하는 세력과 그 반대편에 있는 친親시장주의 세력이 적어도 일정 수준까지는 서로 화합하도록 하는 데 기여했던 것이다. 리처드 노스는 다음과 같이 지적했다. "이 개념의 도입으로 극단적 녹색주의자들은 〔저개발국가들의 참상과 같은〕 인류 현실에 무관심하고, 콧대 높은 산업주의자들은 단기적인 성과에만 집착한다는 점이 확실히 밝혀졌다. 또한 과거 자기 주장만 내세우던 사람들, 이상론자들, 급진론자들이 자리를 같이하여 실현 가능한 정책을 논의할 수 있는 든든한 중간지대가 마련되었다."[16] 논의의 접점은 세계의 빈곤 문제에 있었다. 녹색운동가들과 자연보호주의자들은 더 이상 개발의 필요가 없는 산업국가들에서는 무성장 정책이 유효하다고 주장한다. 하지만 그들은 또한 세계적인 차원의 사회정의를 지지하는데, 이를 실현한다는 것은 곧 가난한 나라들에게도 부자 나라가 될 수 있는 기회를 주어야 한다는 뜻이었다. 즉 개발을 하기는 하되 경제성을 수반하는 개발이어야 한다는 것이다.

지속가능한 개발은 이제 너무나 널리 쓰이는 말이 되어서 여기저기 안 끼는 자리가 없으며, 수많은 책과 기사, 연설문 등에서도 등장한다. 그렇지만 처음부터 이에 대해 나쁘게 말하는 사람들이 있었으며, 그들의 목소리는 점점 더 거칠어졌다. 그들은 이 용어가 그처럼 인기를 얻은 것은 그 무색무취한 속성 때문이라고 주장한다. 다시 말해서, 본질적으로 모호한 말인 데다가 '두 마리 토끼를 다 잡을 수 있다'는 식이라는 것이다. '지속가능성'과 '개발'은 많은 사람이 지적했듯이 서로 상반된 의미를 갖는 것이 사실이다.[17] '지속가능성'은 지속성과 균형을 의미하지만, '개발'은 역동성과 변화를 의미한다. 따라서 환경주의자라면 '지속가능성'에 더 관심을 가질 테고, 정부와 산업계는 보통 GDP(국내총생산) 성장이라는 말로 대표되는 '개발'에 더 집중하기 마련이다.

지속가능한 개발이란 개념의 모호한 속성에 대해, 그 말 자체를 정의하는 대신에 그것이 지향하는 일단의 목표를 제시하자는 대안도 나왔다. 《지속가능한 개발의 이행Implementing Sustainable Development》이라는 책에서 윌리엄 래퍼티William Lafferty와 제임스 메도크로프트James Medowcroft는 이렇게 주장한다. "지속가능한 개발은 인류 복지를 증진하고 기본적인 필요를 충족시키며, 환경을 보전하고 우리 미래 세대의 운명을 배려하며, 부자와 가난한 자 사이에서 형평을 이루고 의사결정의 모든 단계에 적극적으로 참여하는 등 상호의존적인 활동을 의미한다."[18] 하지만 이처럼 모든 것을 아우르는 듯한 목표를 지향한다면 결국 어떤 핵심 의미를 결여한 공허한 개념이기 십상이다. 바로 이런 이유에서 "지속가능한 개발은 꼭 집어서 어

떤 명백한 핵심을 밝혀내기 어려운 두루뭉수리한 개념"의 한 사례라고 해도 좋다.[19]

'지속가능한 개발'은 분석적 개념이라기보다 하나의 슬로건에 가깝다. 그래서 나는 이 책에서 그 용어를 가급적 사용하지 않으려 한다. 대신에 이 용어에 들어 있는 두 단어를 각각 나누어서 별도로 설명하고자 한다. '지속가능성'은 막연한 미래에 대한 관심을 내포하고 있기에 정의하기가 그리 쉽지 않은 것이 사실이지만 아주 유용한 개념이라고 나는 생각한다. 우리는 앞으로 어떤 기술 혁신이 있을지 알 수 없기에 지구 자원의 한계를 평가하는 데 있어서 보통은 커다란 불확실성을 안게 된다. 그런데 지속가능성은 가장 단순히 그 의미를 해석한다고 했을 때, 환경 문제를 해결하는 데 있어서 우리가 단기적인 해결책이 아닌, 더 장기적인 대책을 추구해야 한다는 것을 뜻한다. 우리가 중기적 대안이나 장기적 대안에 대해서 생각하고 그런 긴 시간 동안 적용 가능한 전략을 발전시켜야 한다는 말이겠다. 이 부분에서 우리는 현재의 정책들이 아직 태어나지도 않은 우리 후손들에게 어떻게 영향을 미칠 것인지를 심사숙고해야 할 의무를 지게 된다.

지속가능성은 여러 다양한 방법으로 파악할 수 있다. 그런 한 가지 예로서 세계경제포럼World Economic Forum은 전 세계 100여 개국을 대상으로 환경지속성지수Environmental Sustainability Index를 산출하여 발표하고 있다.[20] 환경지속성은 다음과 같은 다섯 가지 요소를 감안하여 산출된다.

1. 대기, 토양, 물 등과 같은 생태계의 질.
2. 오염과 같이 생태계에 가해지는 스트레스의 정도.
3. 그런 스트레스가 인간 사회에 미치는 영향의 정도. 식량 생산, 질병에

의 노출 등과 같은 인자들로 측정 가능하다.

4. 환경 위협에 대처할 수 있는 그 사회의 사회적, 제도적 역량.

5. 지구 공공재, 특히 대기 환경을 위해 봉사할 수 있는 능력.

우리는 '개발'의 개념에 대해서도 다시 한번 검토할 필요가 있다. '개발'은 그 자체가 두 가지 다소 상이한 의미를 가진다. 하나는 단순히 경제성장을 의미할 수 있는데, 이는 GDP로 측정 가능하여 원칙적으로 모든 나라에 적용할 수 있다. 그렇지만 그 의미를 더 좁게 해석해서 사람들로부터 빈곤을 몰아내는 경제적 과정에 한정할 수도 있다. 이렇게 후자의 의미에서 우리는 '개발도상국'과 '선진개발국'을 대비시켜 보게 된다. 여기서 우리가 첫 번째 정의에만 집착한다면 '개발'을 영원히 멈출 수 없다.

두 가지 관점 모두에서 '개발'은 보통 GDP로 측정 가능한 부의 축적을 의미하며, 그에 따라 사회는 점차 더 부유해진다. 여기서 부는 사회가 경제 중심으로 변모하는 과정에서 대부분 창출되며, 이런 과정은 무한정 지속된다. 우리는 어느 사회가 단순히 광물자원을 팔아서 부를 획득했다고 할 때, 그 사회가 경제개발에 성공했다고 말하지 않는다. 우리는 '개발도상국'의 반대 의미로 '선진개발국'이라는 용어를 사용하는데, 선진개발국에서는 개발도상국에서보다 경제성장이 훨씬 덜 중요하다. 선진개발국들은 경제 팽창을 지속할 수도 있지만, 성장의 필요는 훨씬 덜 절박하다. 이런 나라들은 말하자면 역동적이기는 하지만 이미 일정한 평형 상태에 도달했기 때문이다.

가난한 국가들에는 '개발 절박성'이 존재한다. 이는 그런 나라들도 더 부유해질 권리가 있기 때문만이 아니라 개발 자체가 지속가능성과도 직접적으로 관련 있기 때문이기도 하다. 빈곤은 인구 증가와 밀접한 관련을 가진다. 인구 성장이야말로 지금 자원의 고갈을 촉진하는 주된 원인들 중의 하나임에 분명하다. 적어도 가난한 국가들이 일정한 경제적 수준에 도달할 때까지는 전 세계적으로 별도의 궤적을 갖는 두 개의 '개발'이 지속될 것이다. 그런데 이 부분에서 '일정한 경제적 수준'이라는 문구는 그야말로 중차대한 질문을 내포하고 있는데, 이는 정치적으로 조율이 되어야 하는 사안이다. 개발도상국들은 가능한 한 기술이전과 같은 방법들을 통해, 적어도 과거 선진산업국들이 보인 행태와는 다르게 최대한 온실가스 배출을 억제해야 한다. 기후변화에 내포된 위험성에다 석유와 천연가스 생산이 피크에 이르고 있다는 점도 함께 고려하여 현재 상황을 진단한다면, 지금의 '개발'이 기존 산업국가들의 과거 궤적을 얼마나 오래 뒤따를 수 있을지 알게 될 것이다. 우리는 이미 그런 개발의 결과로 심각한 환경 압력을 받고 있는 시점에 이르렀다. 그럼에도 불구하고 개발도상국들에게 일정 수준의 '오염시킬 수 있는 면허증'을 부여하는 것은 반드시 인정되어야 한다.

'축소contraction와 통합convergence'—선진개발국들이 자신의 온실가스 배출을 먼저 획기적으로 감축하고, 가난한 국가들은 점차 부를 축적하면서 선진국들을 따라잡는 일—은 결국 두 유형의 개발을 서로 이어주는 좋은 방안이다. 여기에도 여러 방법론이 있을 수 있지만 그 기본원리는 단순하다.[21] 선진산업국들은 온실가스의 대규모 감축을 목표로 삼아야 한다. 그래서 선진국들이 먼저 감축을 시작하더라도, 개발도상국들에게는 경제성장을 위해서 앞으로 일정 기간 동안 온실가스 배출을 허용한다. 그렇게 양쪽 진영의 국가들이 점차 한데 모이면서 연대가 가능해질 것이다.

과도한 개발

우리는 과도한 개발over-development이라고 하면 부유한 국가들에서나 있는 일이라고 말하기 쉽다. 경제의 지속적인 확대는 많은 혜택을 가져오지만, 동시에 부가 축적됨으로 해서 생겨나는 문제들도 있다.[22] 여기서 중요한 점은 우리가 꼭 경제성장을 멈춰야 한다는 것이 아니라 그것이 불러오는 다양한 결과들을 염두에 두지 않고 마구잡이로 성장에만 집착해서는 안 된다는 것이다. 선진국들은 GDP보다 훨씬 유용한 복지지표를 반드시 개발할 필요가 있다. GDP는 통상 한 해 동안 한 국가 또는 한 지역 단위의 경제가 창출한 최종상품과 서비스를 모두 합친 시장가격으로 정의된다. 이 공식은 개인 소비지출, 국내 민간 총투자, 정부 구매, 순수출 등을 포함한다. GDP는 복지의 지표로 개발된 것이 아니지만, 전 세계 어디에서나 그런 목적으로 활용되었다.

GDP를 경제성장의 척도로 삼는 데는 그것이 단순한 수치로 표시되고 산정이 용이하다는 점 이외에도 분명한 이점들이 있다. 그렇지만 경제적 복지의 지표로 GDP를 활용할 때 발생하는 문제점들도 잘 알려져 있다. GDP는 원칙적으로 경제 규모를 나타내는 수치이자 시장거래의 척도이다. GDP를 산출할 때는 환경에 해를 끼치는 활동이라도 부의 창출로 나타나며, 기타 사회에 해를 미치는 수많은 행위들도 그러하다. GDP는 온실가스 배출을 증대시키는 산업 성장과 그렇지 않은 성장을 구분하지 못한다. 또한 GDP는 경제적 불평등을 전혀 반영하지 못한다. 한 지역에서 극소수의 인구만이 커다란 경제적 이익을 볼 경우에도 GDP 수치는 계속 증가한다.

GDP가 복지의 척도가 될 수 없다는 비판은 이미 오래전부터 있었다. 그런 면에서 사회가 경제성장의 결과로 얼마나 살기 좋게 되었는가를 제대로 평가할 수 있는 복지지표가 새로 도입되어야 한다. 그런 척도의 하나가 1995년에 처음 나온 '실질진보지표^{GPI, Genuine Progress Indicator}'다. 이 지표는 GDP 추산에 쓰이는 개인 소비지출 수치와 비슷하지만 수입 분포, 주택 가치와 자원봉사활동 빈도, 범죄와 오염 수준 등의 요소들을 조정해서 포함한다. GPI 지표 개발의 두 주역인 존 탤버스^{John Talberth}와 클리퍼드 콥^{Clifford Cobb}은 선진산업국들에서 "GDP는 지속적으로 증가하고 있지만 GPI 지수는 대략 1975년경부터 낮아지기 시작했다"고 밝혔다. 그들은 자신들이 작성한 가장 최신 보고서에서 미국을 강타했던 두 허리케인 카트리나^{Katrina}와 리타^{Rita}가 어떤 영향을 미쳤는지를 평가했던 경제분석가들의 보고에 대해서 통렬한 비판을 퍼부었다. 대부분의 분석가들이 그런 재난에 대처하여 미국 경제가 얼마나 잘 감내할 수 있었으며, 경제성장에도 거의 영향이 없었다고 판단한 데 대해 탤버스와 코브는 다음과 같이 지적했다.

> 막을 수 있었던 인명 손실 1836명, 훼손되거나 파괴되어 더 이상 사람이 살 수 없게 된 85만 채 이상의 가옥, 60만 개에 달하는 일자리 손실, 118평방마일에 이르는 자연습지의 침수, 130만 에이커의 삼림파괴, 하수 오물과 기름, 중금속, 농약과 기타 독성물질 등으로 온통 오염된 물 등 그 엄청난 피해를 불러왔던 재해에 대해 그들은 미국의 경제와는 전혀 무관하다는 식으로 헤드라인을 써서 일거에 국민의 불안을 잠재웠다.[23]

그런 복지지표의 다른 한 예는 지속가능경제복지지수^{ISEW, Index of Sustainable Economic Welfare}다. 이 지수에서는 동향을 파악하기 위해서 국가 및 지방 단위의 자료들을 모두 사용한다. 1975년부터 1990년 사이 미국에서의 동향 변화를 조사했던 연구 결과를 보면, GDP는 줄곧 성장했지만 ISEW 지수

그림 3.1 미국의 인구 1인당 실질 GDP와 GPI 변화 추세

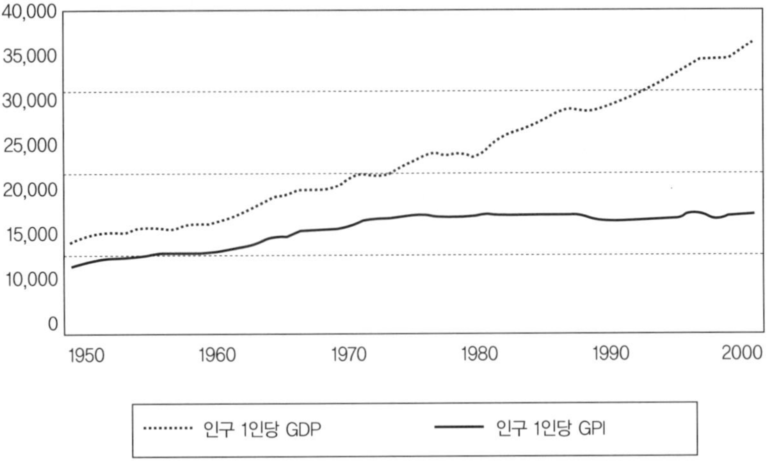

출처: The Genuine Progress Indicator, 2006, p. 19, fig. 3.

는 4분의 1 정도 감소한 것으로 나타났다. 같은 기간 동안 영국의 ISEW 지수는 무려 50퍼센트나 감소했다.[24] 다른 선진산업국들과 마찬가지로 이두 나라에서도 2차 대전 이후 1970년대에 이를 때까지는 ISEW 지수의 기록적인 상승이 있었다. 말하자면 1970년대가 과도한 개발의 시작점이었던 것이다.

복지지표의 세 번째 지수는 지속가능사회지수SSI, Sustainable Society Index로, 가장 최근인 2006년에 발표되었다.[25] 이 지수는 다른 지수들에 비해서 더 많은 환경 관련 자료들을 활용하는데, 여기에는 습지, 삼림, 농경지, 재생 불가능한 자원 등에 영향을 미치는 자원 결핍도, 탄소 배출량, 그리고 기타 오존층 파괴물질 등과 같이 환경을 위협하는 잠재적 요인들이 포함된다. 또한 이 지수 산출에는 수입 분배 구조, 자원봉사의 수준, 외국 자산에 대한 의존도 등도 포함되었다. SSI 지수의 결과는 ISEW와 비슷하게 나왔다. SSI 결과를 보면, 대부분의 산업국가들은 1970년대 이후로 역시 지수가

정체 상태에 있다.

대부분의 국가들은 왜 이런 복지지수의 활용을 꺼릴까? 여기에는 명백한 이유가 있다. 복지지수는 GDP 수치보다 경제성장을 훨씬 더 짜게 평가하기 때문이다. 경제성장에서는 커다란 성과를 거둔 정부라고 해도 국민들의 복지 증대 면에서는 오히려 악화되는 경우가 훨씬 많았던 것이다. 이제 우리는 그런 나쁜 관행을 개선해야 한다. 모든 국가, 특히 선진산업국들은 그 용도가 아주 제한적인 경제지표 외에 복지지표를 도입해서 복지의 기본 틀을 마련해야 하고, 그렇게 측정한 복지지수를 국민에게 공개해야만 한다.

오염자 부담 원칙

'오염자 부담 원칙'은 다른 개념들에 비하면 훨씬 이해하기가 쉽다. 이 원칙은 오염—맨 앞에 탄소 배출이 놓이는—을 유발한 당사자가 자신이 끼친 폐해만큼 비용을 부담해야 한다는 의미다. 이것이 바로 기후변화 세제와 탄소시장 도입의 배후 논리다. 이 개념은 또한 과거 온실가스 배출에 가장 많은 기여를 했던 국가가 감축 책임도 가장 많이 져야 한다는 원칙을 도입하게 된 근본 논리이기도 하다.

하지만 실제로 이 개념을 적용하기도 그리 쉽지는 않다. 오염의 책임을 물을 때 과연 어디에서 시작해서 어디에서 끝내야 할까? 이런 의문점을 분명하게 해소하기 위해 나온 것이 '오염자 책임 연장extended polluter responsibility' 원칙이다. 한 예로, 상품 생산 과정에서 오염물질을 배출한 제조자는 자신이 만든 제품이 최종 폐기될 때까지 전 과정에 걸쳐 그 책임을 져야 한다. 그렇지만 이를 직접 실행하기는 대단히 어려운데, 상품 생산에서 유통과 이용, 폐기, 최종 처분에 이르기까지 너무나도 복잡한 과정들이 있기 때문이다. 또한 지구온난화의 영향을 받아서 홍수가 발생했다고 할 때 과연 그에 대한 책임을 누가 가장 많이 져야 하는지 우리는 알지 못한다. 지금으로서는 홍수 때문에 발생하는 비용은 보험회사나 공공기관, 또는 양자가 공동으로 부담할 수밖에 없다.

더욱이 상당한 시간이 지나고 나서야 어떤 나쁜 결과가 발생하는 경우도 많다. 또한 신기술을 도입하는 경우에도 그 피해 가능성을 평가하기란 어렵다. 이와 같이 기후변화 정책과 관련된 대부분의 영역에서는 창의적인 해결책이 요구된다. 이런 난감한 상황을 타파하는 한 방안으로 피해배상 보증금 제도assurance bond가 있는데, 이는 나중에 발생할지도 모를 사태에 대비하여 오염자로 하여금 보험 비용을 감당하도록 하는 것이다. 기업과 산업계는 향후 발생할 수도 있는 환경재해에 대비하여 기금을 축적한다. 이 기금은 충분한 기간이 경과하기까지 새로운 공정이나 생산품이 환경에 별다른 악영향을 미치지 않는다고 판명되었을 때에만 그동안의 이자를 붙여서 회수할 수 있다. 만약 그 사이에 환경에 끼친 악영향이 발견된다면 그 기금을 사용해서 피해를 최소화하게 된다. 이 아이디어는 잠재적 오염자들에게 인센티브를 제공해서 이산화탄소 배출 억제에 최대한의 노력을 기울이게 하려는 것이다.

'오염자 부담 원칙'은 실제로 적용할 때 여러 한계를 갖는 것이 사실이지만, 그럼에도 기후변화 문제를 기성 정치 영역 안으로 끌고 들어가는 과정에서 좋은 매개 역할을 한다. 오염자 부담 원칙은 기후변화에 대한 대응에서 선진국과 개발도상국에게 차별적인 책임을 부여하자는 논리의 배경이 되는 정의의 원칙일 뿐만 아니라, 그러한 책임을 법으로 정하게 하는 수단이기도 하다. 이 원칙이 사람들의 행동 변화를 위한 동기부여가 된다는 점에서도 대단히 중요하다.

기후변화의 정치학: 개념들

이제까지의 논의를 정리해보자. 사전예방 원칙과 지속가능한 개발 개념은 빠져도 좋다. 전자는 이 책의 여러 부분에서 논하겠지만, 더 정교한 리스크 평가 모델로 대체할 수 있다. 후자는 일종의 모순어법인데, 지속가능성과 개발이라는 두 단어를 다시 나누어서 생각하는 것이 더 현명해 보인다. '개발'의 경우 우리는 산업선진국과 개발도상국의 차이에 관심을 기울어야 한다. 부유한 나라들은 경제성장이 가져오는 혜택과 함께 부의 축적에서 발생하는 문제점들을 함께 고려해야 한다. 나는 이런 문제들을 다루는 일이 기후변화의 정치학과 직접 관련이 있다는 점을 보여주고자 한다.

내가 이 책의 나머지 부분에서 논의하고자 하는 개념들은 아래에 정리했다. 그 대부분은 정치체제 속에서 기후변화 관련 문제들을 어떻게 분석하고 또 어떻게 정책화할 수 있는지에 대한 것들이다. '지속가능성'과 '오염자 부담 원칙' 개념은 앞에서 이미 검토했다. 그 밖의 개념들은 다음과 같다.

1. **책임국가**ensuring state 나는 이 책에서 국가에 대해 많이 이야기하는 편이다. 이 국가에는 정부체제로서의 의미와 민족국가로서의 의미가 다 들어 있다. 그렇지만 오해는 없기 바란다. 나는 위에서 군림하는 낡은 개념의 국가로 돌아가자는 것이 아니다. 오늘날 국가는 '가능성을 열어주는 국가enabling state'여야만 한다. 국가의 가장 중요한 역할은 다종

다양한 집단들이 공동의 문제들에 대해서 최대한 역량을 발휘하여 최선의 해결책을 찾도록 돕는 일이다. 그런 집단들 대다수가 아래에서 위로 향하는 상향식 의사결정 방식으로 움직인다는 점도 잊지 말아야한다. 그렇지만 가능성을 열어주는 국가의 개념만으로는 국가의 역할을 정의하기에 부족함이 있다. 국가는 밀어주는 데 그치지 않고 결과를 이끌어내기도 해야 한다. 이런 국가의 역할은 무엇보다 기후변화에 대한 대응책을 마련하는 일에서 가장 분명하게 드러날 수 있다. 책임을 다하는 국가는 가능성을 열어주는 국가보다 더 강력한 역할을 수행하는 국가를 뜻한다. 그 진정한 의미는 항상 공공선을 추구하며, 그런 활동이 국민들에게 명확하고 분명히 인정받을 수 있는 방식으로 운영되도록 책임을 다하는 국가라는 것이다.

2. **정치적 통합**political convergence 이 아이디어는 기후변화 억제를 위한 정책들이 다른 영역의 공공정책들과 긍정적인 방향에서 조화를 이루도록 하는 것이다. 여기서 공공정책들은 서로서로 끌어주는 역할을 하기도한다. 정치적 통합은 우리가 지구온난화 문제에 효과적으로 대처하는데 결정적인 요소라고 볼 수 있다. 지구온난화 문제 자체는 추상적인데다 대개 미래에 다가올 위험이어서 사람들의 일상적인 관심사에서는 멀어지기 쉽기 때문이다. 정치적 통합 가능성을 보여주는 가장 중요한 영역으로는 앞에서 논의했던 것처럼 에너지 안보와 에너지 계획, 기술 혁신, 생활방식을 바꾸는 정치, 부의 분배 등이 있다. 이 가운데 가장 중요하면서도 미래가 밝은 통합은 GDP보다 복지를 우선시하는 정책 지향과 기후변화 정책의 통합에서 찾을 수 있다. 예를 들어, 자동차는 자유와 기동성을 제공하는 중요한 수단이지만 교통체증에 갇혔을 때처럼 그 반대 상황을 낳기도 한다. 하지만 이런 문제를 완화하고

자 대중교통수단을 개선하는 등 여러 가지 대책을 시행한다면, 결과적으로 이산화탄소 배출량을 줄이는 데 도움이 될 수 있다.

3. **경제적 통합**economic convergence 이 개념은 비즈니스 실무에서의 저탄소 기술과 경제적 경쟁력을 갖는 생활방식을 일치하도록 하는 시도를 말한다. 그렇게 할 때 지구온난화를 억제하는 데 큰 힘이 될 것이다. 경제적 통합은 이른바 '생태현대화ecological modermnization' 논리와 몇 가지 비슷한 점이 있다. 생태현대화란 환경적으로 진보적인 정책들이 경제에 유익할 뿐만 아니라 더 광범위하게 정치적 목적도 달성 가능하다는 견해로서 "정부, 산업계, 중도적인 환경주의자, 과학자 등이 연대해서 자본주의적 정치경제 체제를 재편하고 제반 사회제도를 환경적으로 건전한 방향으로 재정비하고자 하는 노력"[26]으로 정의할 수 있다. 1980년대 중반에 처음 등장했을 때부터 생태현대화론은 전통적인 녹색사상과는 일정한 거리를 두면서 생태사상 역사에 중요한 발자취를 남겼다. 생태현대화론을 처음 제시한 저자들은 '개발의 한계'라는 식으로 말하는 비관론자들은 물론이고, 현대화를 거부하고 일정 부분 과학기술을 부정하는 녹색운동가들과도 거리를 두었다.[27] 생태현대화론의 기본 논리는 환경 문제들(꼭 기후변화만이 아닌)을 해결하는 최선의 대안은 많은 녹색운동가들이 주장하듯 새로운 사회경제 체제를 구축하는 것이 아니라, 환경 문제를 기존의 사회경제 체제 안으로 끌고 들어가 거기에서 해결방안을 찾자는 데 있다. 생태현대화론에서는 점차 고갈되어가는 자원 문제를 포함해서 각종 환경 현안들의 해결을 위해서 과학기술의 역할과 책임에 커다란 중요성을 부여한다. 그렇지만 '현대화'에는 환경 목표를 염두에 두고 일정 부분 정부기구와 시장을 개혁하는 노력도 포함된다. 그리고 국가와 산업계가 주어진 책임과 역

할을 제대로 하고 있는지를 감시하는 시민사회 단체들의 중요성도 잊지 않는다. 나는 이런 주장에 반대하고 싶은 마음은 결코 없으며, 오히려 생태현대화 식의 접근방식을 대체로 지지하는 입장이다. 다만 건전한 비판 정도는 할 수 있겠는데, 적어도 처음에 제안되었던 기본 논리에 대해서는 더욱 그렇다. 생태현대화론은 우리가 마치 최고의 세상에서 사는 것처럼 가정한다. 나는 기후변화 정책에 있어서 모두가 윈윈win-win할 수 있는 방안을 가장 선호하지만, 그와 동시에 우리는 타협의 중요성도 알아야 하며 협상과정에서 어려운 의사결정도 감수해야만 한다는 점을 분명히 인식할 필요가 있다. 또한 앞에서도 이야기했듯이 성장이 순수하게 이익만 가져온다고 보는 점도 실수라고 하겠는데, 이는 선진산업국에서 특히 두드러진다.

4. **최우선순위에 놓기**foregrounding 기후변화가 불러올 엄청난 재앙의 가능성을 감안할 때 우리는 지구온난화를 최우선 과제로 삼는 노력이 절실하다. 하지만 정치 세계에서나 일반 대중의 마음속에서나 지구온난화 문제는 이미 뒷전으로 밀려난 형국이다. 최우선순위에 놓기는 다양한 정치적 수단을 동원하여 지구온난화 문제가 항상 정치 의제의 핵심 안건이 되도록 하는 것을 말한다.

5. **긍정적인 목표 설정**climate change positives 우리가 단순히 '미래에 예상되는 위험을 회피하기 위해서', 즉 순전히 부정적인 방향에서 지구온난화에 대처한다면 그리 효과적이지는 못할 것이다. 지구온난화의 극복을 위해서는 긍정적인 목표를 세울 필요가 있다. 나는 위에서 말한 정치적 통합과 경제적 통합이 한데 어우러지는 바탕 위에서 그런 긍정적인 목표 설정이 가능하다고 믿는다. 기후변화 정책 수립은 장기적인 관점에서 이루어져야 하고, 일시적인 대응보다는 '오래 지속하는' 방

안에 주안점을 두어야 한다. 나는 이런 방식의 접근이 단순한 경제성
장이 아닌 복지 증진과 더불어 가는 길이라는 점을 일깨우고자 노력할
것이다.

6. **정파의 초월**political transcendence 기후변화에 대한 대처가 좌파·우파의 편
   가르기 문제로 비쳐서는 안 된다. 기후변화는 정당 정치를 넘어서는
   문제이며, 한번 수립한 정책과 대책은 정권이 바뀌더라도 지속되어야
   한다. 나는 여러 정당의 의견이 한데 모이는 정치적 중도가 급진주의
   의 정반대 개념이라는 생각에 결코 동의한 적이 없다. 급진적인 정책
   이 만들어지려면 전체 정치권의 동의가 필요하며, 기후변화 대책이야
   말로 바로 그런 범주에 드는 사안이다.

7. **퍼센트 원칙**percentage principle 이 개념은 어떤 식의 대응(또는 무대응)도 리
   스크가 없을 수는 없다는 인식에서 출발한다. 따라서 어떤 정책이든
   간에 중요하게 고려할 점은 리스크의 배제가 아니라 리스크와 기회의
   균형에 있다고 하겠다.

8. **개발 절박성**development imperative 가난한 나라들은 경제적으로 더 발전할
   권리를 가진다. 설령 경제성장 과정에서 상당한 온실가스 배출이 있
   다고 해도 그 권리는 존중되어야 한다.

9. **과도한 개발**over-development 부유한 나라에서는 그런 부 자체가 상당히
   심각한 사회 문제들을 유발한다. 경제성장은 어느 일정한 수준까지만
   복지 증진과 궤를 같이한다. 그 수준을 넘어서면 경제성장은 오히려
   복지를 저해하게 된다. 과도한 개발에 따른 문제들을 해결하는 일은
   많은 부분에서 기후변화 정책과 겹쳐지기 마련이다.

10. **선제대응**proactive adaptation 우리가 앞으로 제아무리 노력한다고 해도 기
    후변화를 막기는 불가능하다. 따라서 기후변화 억제를 위한 노력과

함께 바뀌는 기후 환경에 잘 적응하기 위한 방안도 필요하다. 우리는 최대한 미리 대비하고 있어야 하며, 나날이 발전하는 과학의 힘으로 얻은 정보를 적극 활용하고 리스크 평가에 근거해서 우리가 할 수 있는 일을 차근차근 실천해나가야 한다.

다음 장에서는 저탄소 경제로의 전환을 위해서 선진국들이 현재까지 어떤 노력을 기울이고 있는지 살펴볼 것이다. 나는 여기서 어느 정도 전반적인 동향을 둘러보겠지만, 그래도 영국의 경우를 핵심 사례로 삼을 것이다. 이는 영국의 예가 다른 모든 나라에서 직면해 있는 문제들을 전형적으로 보여준다고 생각하기 때문이다.

주요 환경 선진국들의 현황

일부 환경주의자들은 자유민주주의 사회가 기후변화와 같은 심각한 생태적 문제들을 해결하는 데 필요한 사회경제 체제의 개혁을 도모할 수 없다고 주장한다. 자유민주주의 사회에서 살아가는 대부분의 시민은 생활의 당면 문제들에 우선적인 관심을 두기 마련인데, 장기적인 전망을 요하는 대책 수립이 과연 가능할까?[1] 《기후변화의 도전과 민주주의의 실패The Climate Change Challenge and the Failure of Democracy》라는 저서에서 데이비드 시어먼David Shearman과 조셉 웨인 스미스Joseph Wayne Smith는 이 질문에 대해서 '불가능'하다는 대답을 내놓았다. 민주주의 국가는 갖가지 이해관계와 불행한 물질주의에 너무나 경도되어 있어서 우리가 직면한 그런 거대한 난제를 해결할 정책을 만들어낼 수 없다는 것이다. 우리가 처한 환경적 딜레마에 대응하기 위해서는 더 권위주의적인 정부 체제가 필요하다는 점을 인식해야 한다고 그들은 주장한다. "우리에게 자유는 가장 중요한 기본 가치가 아니라 여러 가치들 가운데 하나일 뿐이다. 이제 생존이야말로 우리에게 훨씬 더 중요한 기본 가치라는 점을 깨닫게 된다."[2]

기후변화 문제에 직면하여 자유민주주의 국가가 감당해야 하는 어려움은 분명 한두 가지가 아니다. 하지만 그렇다고 해서 자포자기할 일은 아니다. 무엇보다도 환경 문제가 주요한 사안으로 떠오를 수 있는 분위기를 만들어놓은 것은 바로 이들 자유민주주의 국가들이었다.[3] 전체주의 국가들이 환경 부문에서 이룬 성과는 아주 초라하거나 끔찍한 수준이었다. 중국과 러시아, 그리고 한국처럼 '권위주의적 근대화' 과정을 거쳤던 대부분의 나라들도 사정은 마찬가지였다.

이런 국가체제 간의 차이에 대해서는 몇 가지 설명이 가능하다. 민주적인 국가들은 비단 지구온난화 문제뿐만 아니라 대부분의 환경 위협을 제대로 인식하기 위한 밑바탕이 되는 과학기술 발전을 단순히 허용하는 데 그치지 않고 적극 장려한다. 민주적인 국가들은 사회운동 집단, 환경 로비단체, 기타 NGO 등의 활동을 지원하는데, 이 또한 환경 문제 해결에 도움이 되는 것은 물론이다. 이에 비해 비민주적인 국가들은 시민사회단체를 강력히 통제하는데, 회원명부를 만들고 그들의 활동을 감시하는 식이다. 심지어 정부의 세계관에 감히 도전하는 단체에 대해서는 폐쇄 조치를 취할 수도 있다. 비민주적인 국가들이 국방 분야에서는 자신들이 가진 자원을 최대한 동원해서 과학기술의 발전을 독려하여 큰 성과를 거두기도 했다. 하지만 다른 부분에서는 민주적인 국가들보다 과학기술 발전이 크게 뒤떨어졌다.

여러 다양한 환경지표를 고려할 때 환경 개선에 가장 성공한 나라들은 모두 민주주의 국가들이었다. 예일 대학과 컬럼비아 대학이 공동개발한 환경성과지수Environmental Performance Index의 순위를 보면, 상위 5개국에 스웨덴, 노르웨이, 핀란드, 스위스, 그리고 흥미롭게도 개발도상국인 코스타리카가 포함되었다.[4] 코스타리카는 국민소득이 중간 정도 수준이지만, 중앙아메리카에서는 아주 예외적으로 오랜 민주주의의 역사를 가지고 있다.

그렇지만 온실가스 감축 부문에서는 탁월한 성과를 거둔 국가를 찾아보기 어렵다. 온실가스 배출이 가장 많았던 56개국을 대상으로 한 조사에서 연구자들은 다음과 같이 평가했다. "기후변화 방지가 올림픽의 한 종목이었다면 세계 어느 국가도 시상대에 오르지 못했을 것이다."[5] 그래도 산업 국가들 중에서 1990년 이후 최고의 성과를 거둔 나라들을 꼽자면, 스웨덴이 가장 앞서 있고 이어서 독일, 아이슬란드, 영국의 순서였다. EU 15개국 가운데 일부 국가는 아주 나쁜 성적을 보였다. 예를 들어, 에스파냐는 전체 목록에서 29위를 차지했고 네덜란드는 30위, 핀란드는 36위, 오스트리아는 37위였다. 미국은 전체 56개국 중에서 55위를 차지해 오직 사우디아라비아에만 앞섰을 뿐이다.

솔선수범하는 국가들

탄소 배출 억제에 가장 성공을 거둔 나라들의 환경정책은 충분히 검토해볼 가치가 있다. 수적으로는 뒤처진 나라들이 훨씬 많지만, 성공한 나라들에 집중함으로써 최선의 실천 아이디어를 얻을 수 있다고 믿는다. 이를위해 먼저 교토 의정서에서 기준연도로 삼았던 1990년 훨씬 이전으로 돌아가보도록 하자. 나는 스웨덴의 사례부터 살펴보고자 하는데, 대부분의 환경성취도 평가에서 스웨덴이 가장 앞서 있기 때문이다. 스웨덴 다음으로는 위에서 언급한 몇몇 나라들에 대해서 더 살펴보도록 하겠다.

스웨덴은 1973년 OPEC 국가들이 석유 금수조치를 내렸을 때 에너지 효율 향상을 위한 중요한 발걸음을 내딛기 시작했다. 석유 위기가 발생한 이후 얼마 지나지 않아서, 스웨덴의 주요 지방정부들은 높은 석유 의존도를 우려하여 집의 단열 개선과 지역난방 확대 등을 포함하는 가정과 기업에서의 에너지 저감 프로그램을 발표했다. 이 프로그램은 해가 거듭될수록 점점 더 정교해지고 에너지 효율도 높아졌다.[6] 스웨덴은 원자력발전과 수력발전에도 눈을 돌렸다. 이런 여러 대책들 덕분에 1980년대 초 이후부터 스웨덴의 석유 사용량은 종전의 절반 정도로 감소했다. 1970년에 스웨덴의 전체 에너지 사용량 중에서 수입 화석연료가 차지했던 비율이 80퍼센트나 되었는데, 오늘날에는 그 비율이 35퍼센트에 불과하다.

스웨덴은 온실가스 배출에 대한 국제적 규제를 강력히 추진하는 국가들의 선두에 서 있으며, 2020년까지 석유에 의존하지 않는 세계 최초의 국가가 되려는 야심을 갖고 있기도 하다. 스웨덴은 자국 내의 광대한 삼림에서 바이오연료를 생산하여 수송 부문에서 온실가스 발생을 획기적으로 저감하려는 계획을 가지고 있다. 스웨덴은 이미 오래전부터 바이오연료를 사용해왔으며(이에 대해서는 5장 184~185쪽 참조), 1970년대 중반 이후엔 주로 목재펄프에서 생산하는 바이오매스biomass 사용이 크게 증가했다. 스웨덴에서는 녹색운동이 활발해서 1980년에는 국민투표를 통해 원자력에너지의 점진적 사용 중단을 결정하기도 했다. 하지만 녹색운동 단체들의 반대에도 불구하고 스웨덴 정부는 국민투표 결과가 효력을 발휘하기 전에 여섯 개의 원자로 개발을 허가해주었다. 그 결과 이후 20년 동안 전체 에너지 사용에서 원자력에너지의 비율이 예전보다 두 배나 증가했다.[7]

스웨덴은 탄소세를 도입한 EU 6개국 중의 하나이며, (원자력발전에도 힘입어) 1970년부터 1990년 사이에 산업과 에너지 생산 부문에서 온실가스 배출을 3분의 1 정도 줄이는 데 성공했다. 탄소세를 도입하면서 스웨덴 정부는 전체적인 세수 효과에 균형을 맞추기 위해 소득세를 절반으로 낮추기도 했다. 이런 조치들 덕분에 2005년 스웨덴의 온실가스 배출은 1990년보다 9퍼센트 낮아졌다. 같은 기간 동안 경제는 44퍼센트 성장했는데도 말이다.

스웨덴은 2020년까지 달성해야 하는 환경 목표로 16개 항목을 선정했으며 중간 점검을 위해서 72개 잠정 목표치를 제시했다. 이런 환경 목표 달성 상황을 점검하는 책임은 환경목표관리위원회Environmental Objectives Council 에 맡겨졌다. 목표 항목들은 이산화탄소 감축을 위한 것이 상당수를 차지했지만, 그 밖에 대기 질, 토양, 삼림, 그리고 오염이 심각했던 발트해와 관련된 항목들이 포함되었다.

독일은 녹색운동의 탄생지로 환경 문제에서 지도자 역할을 해왔고 특히 경제대국 가운데는 더욱 그렇다. 1980년대 중반 이후 독일의 정당들은 온실가스 배출량을 대폭 저감해야 한다는 데 공감대를 이루었다. 1983년에 한 의회위원회가 발표한 〈지구 대기권의 보전Protection of the Earth's Atmosphere〉 이라는 보고서는 그 이후의 논의들을 정리하면서 온실가스 대폭 감축을 주장했다.[8]

독일은 자동차 산업의 규모가 매우 크고 석탄 산업도 여전히 비중이 큰 나라다. 하지만 이런 산업들에서 온실가스 감축에 대한 반대 목소리는 해가 지나면서 점점 약화되었다. 독일에서 재생에너지원을 이용하는 전력 생산은 2000년에 겨우 6.3퍼센트였지만, 전 세계에서 가장 활발한 풍력발전에 힘입어 현재는 14퍼센트까지 올라갔다. 독일은 현재 약 2만 기의 풍력발전기를 가동하면서 독일 전체 에너지 사용량의 약 6퍼센트를 공급하고 있다. 또한 독일은 세계 최대의 태양광발전 국가이기도 하다. 독일 내에서 태양광발전소 건설 산업은 가장 빨리 성장하는 시장이 되었다. 2009년 완공이 된다면 발트폴렌츠 태양광발전단지Waldpolenz Solar Park는 세계에서 가장 큰 규모의 태양광발전 시설이 될 것이다. 유럽 전체 태양광발전 용량의 약 80퍼센트가 독일에 몰려 있다. 태양광 분야에서는 독일의 기업들이 세계 시장을 지배하고 있다.

독일에서 재생에너지 사용이 활발해진 데는 1990년대에 저명한 실업가 헤르만 셰어Hermann Scheer가 처음 추진했던 발전 차액 지원제도FIT, Feed-in Tariff 에 힘입은 바 크다. 이 제도는 누구라도 재생에너지원을 소유한 사람은 그것을 기존 전력망에 연결하여 향후 20년 동안 높은 정부 보조금을 받고 전기를 판매할 수 있도록 하는 것이다. 독일의 경우 30만 개소 이상의 개인 주택소유자들과 소상공인들이 이 제도의 혜택을 받았다.

그런데 독일은 이제 환경 분야에서 더 이상의 성공을 가로막는 중요한 문제에 부딪혀 있다. 현재 독일은 석탄 산업에 에너지 생산의 상당 부분을 의존한다. 석탄 화력발전소는 독일 전력사용량의 약 절반 정도를 생산한다. 반면에 원자력발전은 27퍼센트를 생산한다. 2007년 초에 독일에서는 20개소 이상의 새 석탄 화력발전소가 건설 중이거나 건설계획이 잡혀 있었으며, 스웨덴과 마찬가지로 독일 역시 원자력발전소를 점차 폐쇄하는 정책을 시행 중이다. 2000년에 당시 독일 총리 게르하르트 슈뢰더Gerhard Schröder는 독일의 원자력발전소 19기가 사용연한 32년에 이르면 자동으로 폐쇄할 예정이라고 발표했다. 그 계획에 의하면 독일 최후의 원자력발전소가 2020년에는 폐쇄될 수밖에 없게 된다. 원자력축출법Nuclear Exit Law에 따른 이런 정책으로 이미 2003년과 2005년에 원자력발전소를 각각 한 기씩 폐쇄한 바 있다. 그런데 2008년 슈뢰더의 뒤를 이어 취임한 중도우파 앙겔라 메르켈Angela Merkel 총리는 원자력 산업의 단계적 감축에 반대하는 정부 입장을 밝혔다. 현재 독일의 원자력 산업 전망은 지극히 불투명한 상황이다.

2007년 8월에 독일 정부는 기후변화 대응 계획—메제베르크Meseberg 프로그램—을 공식 발표했다. 이 계획은 연립정부 내의 사민당 주도로 세워졌는데, 2020년까지 독일의 온실가스 배출량을 1990년 대비 40퍼센트 감축하는 내용이었다.[9] 에너지 효율의 증진, 재생에너지원의 지속적 확대, 석탄 및 천연가스 발전소의 이산화탄소 배출 저감 등이 이 계획의 근간이었다. 원자력발전에 대해서는 별도의 언급이 없었지만 그것이 없으면 성립될 수 없는 계획이라고 비판자들은 주장한다.

아이슬란드는 좀 색다른 나라다. 워낙 작은 나라이고 또 위치도 유별나기 때문이다. 그런데 기후변화의 관점에서도 몇 가지 이유에서 상당히 흥미로운 나라다. 먼저 아이슬란드는 다른 유럽 국가들보다 훨씬 북쪽에 위치해서 빙하가 녹고 기후 패턴이 변화하는 등 기후변화에 맞서는 최전선에 있다. 그런가 하면 아이슬란드는 수력과 지열 에너지가 대단히 풍부한 나라다. 현재 이 나라는 전체 잠재 수력의 약 15퍼센트, 잠재 지열의 약 1퍼센트만을 사용한다. 그런데도 전체 에너지 사용량의 66퍼센트를 이 두 에너지원이 공급한다. 전기 생산의 약 99퍼센트와 거의 모든 난방열이 이 두 에너지원에서 나온다. 아이슬란드가 이처럼 석유에서 재생에너지원으로 전환하는 데는 25년이 걸렸다. 이 기간 동안 정부는 에너지 기금을 조성하여, 멀리 떨어진 곳까지 에너지 공급망을 연결하고 재생에너지 개발에 보조금을 지급하는 등의 용도에 썼다. 현재 전 세계에서 아이슬란드만큼 재생에너지 사용 비율이 높은 나라는 없다.

아이슬란드는 향후 20년 정도 이내에 탄소중립(carbon-neutral, 경제활동으로 배출되는 탄소의 양이 전혀 없는 상태. 탄소중립이 되기 위해서는 화석연료 사용을 통한 탄소 배출을 전면 차단하거나 산소를 공급하는 삼림 조성 등을 통해 탄소 배출을 상쇄해야 한다—옮긴이) 국가가 되겠다는 협약에 서명한 4개국 가운데 하나다. 아이슬란드 외에 뉴질랜드와 노르웨이, 코스타리카가 여기에 서명했다. 현재로서는 그런 계획이 얼마나 현실성을 가질지 평가하기 쉽지 않다. 아이슬란드만 해도 어업 중심의 경제를 더 다양화하기 위해서 새로 알루미늄 제련소를 몇 군데 세울 계획을 수립하고 있다. 또한 여기에 에너지를 공급하기 위해 아이슬란드 정부는 환경보전지구 내에 대형 수력발전소를 건설하고 있다. 최근의 기술발전에도 불구하고 알루미늄 제련은 온실가스 배출이 대단히 많은 공정으로 악명이 높다. 더욱이 2008년의 금융위기로 인해 이 나라의 재정이 파탄 지경이어서 앞으로 아이슬란드에서 어떤 일이 벌어질지는 예상하기 어려운 실정이다.

뉴질랜드는 2025년까지 전체 에너지 사용량의 90퍼센트를 재생에너지원에서 충당하고, 2040년까지는 수송 부문에서 온실가스 감축을 90퍼센트나 달성하겠다는 계획이다. 현재 이 나라가 교토 의정서의 약속도 제대로 지키지 못하고 있다는 점을 감안할 때 대단히 야심찬 계획이라 하겠다. 뉴질랜드 정부는 그처럼 짧은 기간 동안에 탄소중립 목표를 달성하기 위해서 독자적인 정부기구를 설치하고자 한다. 하지만 온실가스 배출권 거래emission trading 계획은 현재 장애물에 부딪혔는데, 정부 계획에서 이 나라의 가장 큰 온실가스 배출원인 농업 분야를 배제했다는 점이 한 이유다.

노르웨이의 야심은 뉴질랜드보다도 더 크다. 이 나라는 세계적으로 가장 많은 석유와 천연가스를 수출하는 나라 가운데 하나인데도 2030년까지 탄소중립을 달성하겠다는 목표를 갖고 있다. 노르웨이는 현재 전체 전력 생산의 95퍼센트를 수력발전에서 얻는다. 그런데 이 나라에서는 1990년부터 2005년까지 불과 15년 사이에 탄소 발생이 80퍼센트나 증가했다. 그 대부분은 교통 부문에서 발생했다. 자동차와 연료에 높은 세금이 부과되고 있는데도 그런 결과가 나왔다. 노르웨이는 단기적으로 교토 의정서에서 규정하고 있듯이 개발도상국들의 환경보전 프로젝트에 자금을 지원해서 탄소 배출을 크게 줄일 수 있을 것이다. 하지만 자국 내에서 어떻게 온실가스 배출을 획기적으로 줄일지는 아직 명확하지 않다. 설령 자국에서 발생하는 온실가스의 35~40퍼센트를 온실가스 배출권 거래로 상쇄할 수 있다고 해도 말이다.

코스타리카는 다른 3개국보다 훨씬 더 시기를 앞당겨 독립 200주년이 되는 해인 2021년까지 탄소중립 달성을 목표로 한다. 이 나라가 세운 전략의 핵심은 탄소를 흡수하는 식목이다. 2007년 한 해 동안에만 약 500만 그루의 나무를 심었는데, 이는 인구 1인당 식재량으로는 타의 추종을 불허하는 세계 1위다. 코스타리카 정부는 탄소 흡수와 생물다양성 보전을 위해 노력하는 지주들에게 세제 지원을 해주고 있다. 또 바나나 농장을 탄소중립화하고자 앞으로 수년 이내에 장려금을 지급할 계획도 세웠다. 코스타리카는 개발도상국 중에서 유일하게 연료에 환경보전을 위한 특별세를 부과한다. 하지만 지난 20년 동안 이 나라의 도로 교통량은 다섯 배 증가했고, 지난 2001년부터 2007년까지 항공 교통량은 무려 일곱 배나 증가했다.

덴마크 역시 흥미로운 사례인데, 재생에너지 확대를 위한 강력한 국가계획을 시행하고 있으면서도 거기에서 얻어진 결과가 그리 명확하지 않기 때문이다.[10] OPEC가 석유 금수조치를 단행했던 1970년대 후반까지만 해도 덴마크는 석유 의존도가 대단히 높았으며 석유 전량을 수입하는 나라였다. 당시 덴마크 정부는 그런 높은 석유 의존도를 낮추기로 했고, 이후의 정권들도 그와 유사한 정책을 이어나갔다. 에너지 이용 효율을 극대화하기 위해서 천연가스와 석유에 대해서는 높은 세금을 부과했다. 그러면서 덴마크 영해에 있는 북해의 유전에서 처음으로 석유 생산을 시작했다. 1990년대 초부터는 풍력에너지 확대를 위해서 정부가 보조금을 지급하는 제도가 시행되었다. 그 당시 전기 생산에서 재생에너지가 차지하는 비율은 고작 5퍼센트에 머물렀다.

전력 생산이 들쭉날쭉한 풍력에너지의 단점은 스웨덴과 노르웨이에서 수력 전기를 수입함으로써 보완했다. 다양한 바이오연료를 써서 전기를 생산하고 전력 공급과 차단을 신속하게 할 수 있다는 장점을 가진 소규모 발전소들도 전력 공급에 보탬이 되었다. 2005년에 덴마크에서 풍력발전으로 생산한 전기는 전체 전력 생산의 20퍼센트를 훨씬 넘어섰으며, 전체 에너지 사용에서 차지하는 비율도 17퍼센트로 높아졌다. 1997년부터 2003년 사이에 (2001년에 정권을 잃은) 사민당 정부의 지원 아래서 매년 325메가와트 상당의 풍력발전기가 설치되었다. 이후 중도우파 정부가 들어서면서 풍력발전기 건설은 연간 3메가와트 정도로 줄었다. 그동안 세 곳의 풍력발전단지 건설계획이 취소되었으며, 2007년에는 새로 건설되는 단지보다 해체되는 단지가 더 많아졌다. 덴마크가 오랜 기간 꾸준히 경제성장을 이어오면서도 에너지 소비를 안정된 상태로 유지한 점은 놀라운 성취다. 하지만 지난 3년 동안에는 이산화탄소 배출이 꾸준히 상승하고 있다.

지금까지 몇몇 나라의 온실가스 감축 동향을 간단히 정리해보았다. 이제부터는 세계 각국의 감축계획을 개별적으로 심도 있게 검토하는 대신 영국을 하나의 본보기로 삼아 살펴보고자 한다. 각 나라마다 조금씩 다른 길을 걸어가겠지만, 몇 가지 핵심 문제는 어느 나라건 공통적으로 안고 있기 마련이다.

영국의 사례

영국이 교토 의정서의 약속을 준수하는 길로 들어선 것은 어느 면 전 영국 총리 마거릿 대처^{Margaret Thatcher}의 결단에서 비롯되었다. 대처는 과거 오랫동안 국영으로 운영되던 대형 에너지 기업들을 민영화시키는 결단을 내렸다. 대처 여사는 노동조합, 특히 석탄산업 노동조합의 힘을 약화시키고자 했다. 이를 위해 발전소의 연료를 석탄에서 천연가스로 바꾸었는데, 이는 천연가스가 가장 저렴한 연료라는 점도 작용했다. 또한 석탄광산의 폐쇄는 당시 북해에서 천연가스가 처음 생산되었던 것과 시기적으로 일치했다. 영국의 석탄 생산량은 1988년에 8400만 톤이었다가 1995년에는 3500만 톤으로 떨어졌으며, 이후에 다시 그 절반 수준으로 낮아졌다.

현재 영국 정부의 추정에 의하면, 이산화탄소 감축분의 약 20퍼센트는 '천연가스를 향한 돌진 정책' 덕분이라고 한다. 물론 이런 정책을 통한 다른 온실가스들의 절감분은 그보다 더 컸다. 에너지 이용 효율 증대에 의한 절감은 (부분적으로 민영화를 통해서도 이루어졌는데) 약 40퍼센트 정도의 감축 효과를 낳았다. 그보다 훨씬 감축 정도가 낮았지만 환경정책들도 기여한 바가 적지 않았다. 2001년 4월에 시작된 기후변화 부담금^{Climate Change Levy} 제도와 자발적 에너지 감축 협약 등이 그런 환경정책의 예다.(자발적 협약에서는 기업들이 향후 10년 동안 더 강력한 에너지 효율 개선을 꾀하기로 하고 세금을 일정 부분 감면받는다.)

기후변화법^{Climate Change Bill}은 영국에서 2008년에야 비로소 도입되었다. 이 법은 노동당 정부의 새로운 야심작이었는데, 노동당은 그동안 지구온난화 억제 대책을 비롯해서 주요 환경 문제들에 대해 대체로 중도적인 입장을 보였다. 기후변화법은 온실가스 감축 목표를 아예 명시했다. 처음 입법안에서는 1990년을 기준으로 2050년까지 영국은 온실가스 배출량을 60퍼센트 감축하기로 되어 있었다. 그런데 입법 과정을 거치면서 그 비율이 80퍼센트로 상향조정되었다. 또한 이 법은 온실가스 감축 진행상황을

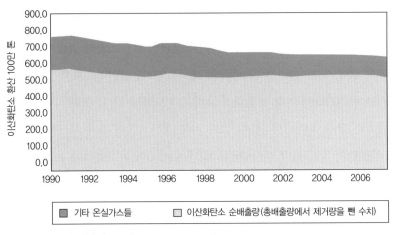

그림 4.1 영국의 온실가스 배출량, 1990~2007년

범례: 기타 온실가스들 / 이산화탄소 순배출량(총배출량에서 제거량을 뺀 수치)

출처: 영국 환경식품지역부(DEFRA), *The House Magazine*.

점검하기 위해서 5년마다 보고서를 발표하고 이를 의회가 검토하도록 했다. 이와는 별도로 기후변화 적응 프로그램에서 얻어진 성과도 역시 의회에 보고하도록 했다. 탄소수지(carbon budget, 상품 생산 및 폐기 시에 발생하는 이산화탄소의 양과 생산품을 사용할 경우 줄일 수 있는 이산화탄소의 양을 함께 계산한 것. 기업의 생산활동이 이산화탄소 발생과 이로 인한 기후변화에 긍정적인 영향을 미치는지, 부정적인 영향을 미치는지 알 수 있는 지표가 된다—옮긴이) 보고서도 5년마다 작성하도록 규정했다. 2008년에 이 법은 마침내 의회의 승인을 받아 기후변화법이 탄생했다.

　탄소수지가 어느 정도 수준에 와 있는지에 대해, 그리고 감축 목표를 이루기 위한 적절한 대책에 대해 정부에 조언해주는 기관으로서 기후변화위원회가 만들어졌다. 이 위원회는 그런 목표 달성에서 (처음에는 제외되었지만) 국제적인 항공과 해운 산업을 포함시키는 방안과 국제적인 수준에 맞추어 국내적으로 탄소 감축을 이뤄내는 방안에 대해 검토하고 권고

하는 역할을 맡았다. 기후변화법은 발효 후 5년 이내에 국제 여객 교류와 상품의 수출입에서 발생하는 온실가스 배출량도 전체 감축 목표에 포함시켜야 한다고 규정했다. 기후변화위원회는 영국이 배출하는 전체 온실가스 가운데 약 15퍼센트를 차지하는 비탄소 계열 온실가스들에 대해서도 감축 목표에 포함시킬지 여부를 검토할 것이다.

기후변화법에는 온실가스 감축분의 '예탁banking'과 '대출borrowing'을 허용하는 조항도 있다. 예탁이란 한 회계연도에 다 쓰지 않고 남은 온실가스 할당량을 그 다음 회계연도에 넘겨주는 것이다. 대출은 미래에 예상되는 감축분을 현재의 5년 회계연도에 미리 포함시킬 수 있게 하는 조치로, 이런 대출은 전체 탄소수지의 1퍼센트 이내로 제한한다. 온실가스 감축분 예탁은 어느 주어진 회계연도 기간에 온실가스 감축 목표를 초과달성한 경우에 정부가 주는 인센티브라고 하겠다. 혹은 일찌감치 목표 달성을 한 후 남은 기간 동안 온실가스 감축에 별로 신경을 쓰지 않는 여지를 없애는 기능을 한다. 탄소 배출량을 감축하는 데는 비용이 들기 때문에 (다른 물가와 마찬가지로) 에너지 가격도 일정 부분 인상이 불가피하다. 영국의 전력회사들은 그런 추가비용을 소비자들에게 부담지울 수 있기 때문에, 유럽 배출권 거래제ETS, European Trading Scheme는 이미 영국에서 효력을 발휘하는 셈이다. 그렇지만 각 가정에서 지불하는 추가비용은 별로 높지 않고, 그런 가격 인상이 에너지 사용을 줄이는 촉진제가 될 수 있다.

기후변화 정책과 에너지 정책이 밀접하게 연관되어 있음을 인식한 영국 정부는 기후변화법과 거의 동시에 에너지 관련 법안도 발의했고, 2008년 11월에 에너지법Energy Act이 의회를 통과했다. 이때 영국 정부는 에너지·기후변화부Department for Energy and Climate Change를 신설했다. 지난 20년 동안 영국이 소비하는 석유와 천연가스의 대부분은 북해의 유전에서 공급되었지만 남은 매장량은 점점 줄어들고 있다. 영국의 원자력발전소 대부분과 일부 석탄 화력발전소는 2020년경이면 수명이 다하는데, 그럴 경우 영국이 보유한 전력 생산설비의 약 3분의 1을 교체해야 한다.

영국은 EU가 설정한 목표에 따라 2020년까지 (전력 생산, 수송 및 난방 연료 등을 포함해서) 전체 에너지의 15퍼센트를 반드시 재생에너지원에서 생산해야 하는 큰 과제를 안고 있다.[11] 그러려면 전력 생산의 약 40퍼센트를 재생에너지원에서 충당해야만 하는데, 이는 현재의 재생에너지 사용량을 무려 800배나 늘려야 가능하다. 영국 정부는 원자력을 전력 생산의 한 수단으로 삼아야 한다는 점을 인정했고, 에너지법에서 차세대형 원자력발전소 건설 계획을 포함시켰다. 이에 따라 최소 8기의 새 원자력발전소 건설이 추진 중이며, 절차를 최대한 신속하게 하여 건설 부지를 선정하도록 했다. 새 원자력발전소의 일부는 기존 원자력발전소 부지에 건설될 예정이다.

원자력을 제외한 전력 생산용 에너지원의 다양화는 주로 재생에너지 의무사용제Renewables Obligation를 통해서 이루어진다. 2006년에 도입된 이 제도에 따라 전력회사들은 재생에너지를 일정 부분 사용해야만 하고, 연차적으로 그 비율을 늘려야 한다. 에너지법은 또한 탄소 회수 및 저장 기술 CCS, Carbon Capture and Storage의 개발을 독려하는 조항도 담고 있다.

이런 노력들은 어떤 성과를 기대할 수 있을까? 기후변화법과 에너지법의 도입은 영국 정부가 기후변화와 에너지 안보라는 두 가지 난제에 정면 대응하기로 결심했다는 것을 분명히 보여준다. 또한 두 법안은 의회에서 정파를 뛰어넘어 높은 지지를 받았다. 입법 논의 과정에서 일부 기후변화 회의론자들이 나서서 자신들의 견해를 널리 알릴 계기로 삼고자 했지만, 두 법안 모두 법조항이 약화되기는커녕 오히려 강화되었다. 그렇지만 두 법안은 여전히 여러 취약점과 문제점을 안고 있는데, 주요 사항은 다음과 같다.

1. 두 법안에 담긴 정책들은 기후변화에 대응하여 '어떻게 할 것인가'보다는 '무엇을 할 것인가'에 중점을 두고 있다. 기후변화법은 갖가지 야심찬 목표를 설정하고 있지만, 그런 목표 달성을 위해서 우리가 과연 어떻게 해야 하는지에 대해서는 정해놓은 바가 거의 없다. 실제로 이 법은 '어떻게'와 관련된 대부분을 기후변화위원회에서 결정하도록 하고 있다. 에너지법에서는 그런 괴리를 어느 정도 메우고 있지만, 상당한 비판을 받고 있는 것도 사실이다. 기후변화법은 '오염 수출' 문제에 대해서는 거의 방치하고 있다. 오염 수출은 선진국이 소비하는 상품의 대부분을 개발도상국(특히 중국)에서 생산하는 데서 비롯된다. 과연 선진국들은 이 문제를 그렇게 간단히 무시하고 넘어가도 되는 것일까? 어느 면에서 보면 선진국과 개발도상국 사이에서 이루어지는 거래는 대개 다 이런 식인 것 같다.

2. 두 법안은 모두 우리가 피해야 할 소극적인 시나리오에 따라 만들어졌다. 그러다 보니 온실가스 감축 목표를 달성하는 방안에 있어서 '지금 처방이 가능한' 대책들에 대해서까지 머뭇거리고 있는 것처럼 보인다. 그런 대책들로는 탄소시장의 확대, 온실가스 감축을 위한 특정 기술의 개발 독려 등을 들 수 있다. 두 법은 모두 긍정적인 비전이 부족하다.

3. 기후변화법은 온실가스 배출을 억제하는 중장기 대책 수립에 필요한 법적인 근거를 마련한 것이다. 이 법은 민주주의 국가들이 겪는 한 가지 핵심적인 문제, 즉 정권이 바뀌더라도 변함없이 지속되는 정책을

만들어야 한다는 점을 잘 인식하고 있다. 이 역할의 상당 부분은 기후 변화위원회가 맡을 것이다. 하지만 이 기후변화위원회는 얼마나 강한 권한을 갖게 될까? 이는 정부의 몫이다. 하지만 현재 이 위원회는 단지 자문위원회 정도의 위상에 머물러 있을 뿐이다.

4. 두 법안이 장기적으로 효력을 발휘하려면 지속적인 초당적 합의가 만들어져야 한다. 하지만 정부는 두 법안을 정치쟁점으로 삼는 데 조금도 망설임이 없었다. 노동당의 한 공식 보고서에 의하면 보수당 당수 데이비드 캐머런David Cameron은 "기후변화 억제를 위한 도전과 그 장기적인 대책 수립보다는 이미지 관리와 자기선전에 더 관심이 많다"고 한다. 실제로 캐머런은 조롱받을 만한 일을 저지르기도 했다. 그는 북극권을 답사한 적이 있었는데, 그 보고서는 "단지 에스키모인들과 사진을 찍기 위해서"라고 지적했다. 그는 또한 자신의 집에 풍력발전기를 설치했다가 다시 해체하기도 했는데, 그 이유란 것이 고작 관계당국의 설치 허가를 받지 못했기 때문이라고 한다. 그는 자전거를 타고 출근하기도 했는데, 자신의 신발과 가방을 운반하기 위해서 (대형) 승용차가 자전거 뒤를 따르는 해프닝도 있었다.[12]

5. 정부 대책에는 원자력발전이 중요한 몫을 차지하는데, 이는 에너지원의 다양화가 온실가스 감축에서 핵심이 된다는 아주 당연한 이유에서였다. 그렇지만 원자력발전을 아예 거부하는 일부 사람들의 반대는 논외로 하더라도, 원자력발전의 도입에는 만만치 않은 어려움이 뒤따른다. 영국 정부는 보조금 지원 없이도 차세대 원자력발전소 건설이 가능하다고 주장한다. 하지만 그런 정부 전략이 정말로 실현 가능한지에 대해 심각한 의문이 제기되고 있다. 2001년에 브리티시에너지British Energy가 파산했을 때 영국 정부는 엄청난 비용을 들여서 모든 부채를

떠맡기로 약속했다. 그런데 그동안 영국의 기존 원자력발전소들을 정비하는 데만 이미 730억 파운드라는 막대한 비용이 들었다. 미래 전망이 결코 밝아 보이지는 않는다.[13]

6. 영국 정부는 연료에 부과하는 세금을 환경세라고 표현하는데, 사실 맞는 말이다. 환경세는 1993년에 보수당 정부가 연료가격 단계적 상승제도Fuel Price Escalator의 형태로 처음 도입했고, 노동당 정부에서도 계속 유지되었다. 처음에 연료가격 상승비율은 연간 인플레이션 상승률에 3퍼센트를 더해서 책정했다가, 나중에는 5퍼센트를 더했다. 이후 노동당 정부는 이를 더 상향조정했지만 여론의 반발이 커지자 예산특별위원회의 결정을 받아들여 가격 인상을 포기했다. 이렇게 연료세가 다소 이상한 방향으로 변질되면서, 환경과 관련된 세금이라는 의미는 다 잃어버리고 말았다. 이제 연료세는 정부가 국민에게 떠넘긴 '또 하나의 세금'으로 비칠 뿐이다. 최근의 한 여론조사에서 응답자의 70퍼센트는 연료가격 단계적 상승제도가 단지 세금 인상을 노리는 정부의 연막에 불과하다고 답했다.[14]

7. 기후변화법에 명시된 목표들과 정부의 다른 정책들이 서로 어떻게 조화를 이룰지가 불분명하다. 예를 들어, 영국 정부는 런던의 히드로 국제공항에 제3 활주로를 건설하는 계획을 승인했다. 히드로 공항에 드나드는 항공기의 수를 연간 48만 대로 제한하겠다는 이전의 정부 방침은 폐기되었다. 새로운 활주로가 만들어진다면 공항을 이용하는 항공기 수가 크게 늘어날 것이다. 정부는 2006년에 2억 3000만 명 수준이던 여행객 수도 2030년에는 무려 4억 6500만 명에 이를 것으로 기대한다. 정부는 공항 확장이 경제에 대단히 중요한 역할을 하며, 영국에서 시설 확충이 제대로 되지 않으면 승객을 다른 곳에 빼앗긴다고 주

장한다. 그보다 몇 년 전에 정부에서 설립한 지속가능발전위원회SDC, Sustainable Development Commission의 한 보고서는 히드로 공항의 확장 명분으로 쓰인 자료들이 부정확했으며, 따라서 정식 청문회가 열기기 전까지 확장을 중단해야 한다고 언급했다. 하지만 정부는 이 보고서를 묵살했고 SDC 보고서의 조사결과에 "전혀 동의하지 않는다"고 못 박기까지 했다. 이처럼 정부가 자신들이 지원하는 기관의 조사 결과조차 쉽게 내치는데, 과연 기후변화위원회가 얼마나 실질적인 영향력을 발휘하겠는가? SDC의 위원장 휴 레이븐Hugh Raven은 히드로 공항의 제3 활주로 건설에 대해 다음과 같이 혹평했다. "히드로 공항 확장을 밀어붙이는 일은 대단히 무책임한 처사다."[15]

8. 국영 철도망을 확장하거나 전철화하는 사업 등에는 정부가 별로 나서지 않는다. 영국에서 전체 철도 노선의 33퍼센트는 아직 전철화되지 않았는데, 이는 EU에서 가장 낮은 비율에 속한다. 전기를 동력으로 쓰는 열차는 디젤 연료를 쓸 때보다 이산화탄소 배출량이 훨씬 적다. 2007년 7월에 나온 한 정부 발행 보고서는 체계적으로 전철화 사업을 추진해도 거기에는 얻는 장기적인 혜택은 "별로 확실하지 않으며 …… 오늘날 우선순위에 드는 사업도 아니다"라고 주장했다.[16] 2008년 7월에 정부에서 발표한 철도의 미래에 관한 5년 계획안은 너무 안이하다는 비판을 받았고 그럴 만도 했다. 2009년 초에 영국 정부는 새로운 고속화 전철 건설계획을 검토 중이라고 발표했다.

9. 두 법안에 나오는 각종 계획들이 추진될 경우 사회정의 차원에서 어떤 문제가 발생할지에 대한 관심이 너무 미미하다. 탄소세가 부과되고 화석연료 가격이 인상되면 부자들보다 가난한 이들에게 더 타격이 크다. 2008년 영국의 평균 연료가격은 전년도에 비해서 40퍼센트나 인상

되었다. 그 영향은 특히 빈곤선 밑에서 생활하는 65세 이상 노인들에게서 가장 심각하게 나타났는데, 그런 사람들이 영국 전체로는 200만 명이 넘었다. 이런 문제를 개선하기 위해서는 가난한 노인들에게 특별한 혜택이 가는 복지정책을 시행해야 하지만, 현재까지 그런 조치는 아주 미약한 수준에 그쳐 있다.

10. 새로운 에너지법은 영국 정부의 기후변화 대응 목표 달성에 충분한 자극이 되기에는 크게 부족하다고 말할 수 있다. 재생에너지 의무사용제 정도로는 비화석연료의 사용 비율을 높이는 데 한계가 있어 보인다. 2007년에 영국은 전력회사들로 하여금 재생에너지에 의한 전력 생산 비율을 전체 전력 생산의 6.7퍼센트로 높이도록 '의무화'했다. 2008년 중반에는 재생에너지 의무사용 비율을 그보다 더 높이면서 이 계획을 장기적으로 추진할 수 있도록 하는 새로운 청사진이 제시되었다. 이 청사진은 풍력발전, 목재와 하수를 이용하는 바이오매스 에너지, 바이오연료, 가정용 초소형 발전의 대폭 확대, 그리고 건축물의 단열 증진 대책까지 아우르고 있었다. 재생에너지 의무사용제는 앞으로 더욱 강화되고, 다른 에너지 관련 프로젝트들에도 그런 의무사용제를 조속히 적용하도록 하는 조치도 잇따를 예정이다. 그럴 경우 새로운 에너지 기술이 도입되면서 경제에 도움이 되고 새로운 일자리들도 창출될 것이다. 이를 위해서는 세금 우대, 세금 공제, 장려금, 단기 보조금 같은 각종 지원방안이 필요하다. 정부는 여기에 들어가는 비용이 2020년까지 60억 파운드(약 12조 원)에 이르러 국가 재정에 상당한 부담으로 작용할 것이며, 단기적으로 에너지 가격 인상이 불가피하다고 말한다. 2008년 11월 의회에서 에너지법에 대한 논란이 한창일 때 정부는 발전 차액 지원제도에 대한 기존의 입장을

갑자기 바꾸었다. 에너지·기후변화부 장관 에드 밀리밴드^{Ed Miliband} 가 재생에너지 의무사용제를 보완하기 위해 발전 차액 지원제도를 도입한다고 발표했던 것이다.

11. 영국 정부는 켄트 주의 킹스노스에 건설 예정인 새 석탄 화력발전소에 대해서 인가해야 할지를 놓고 고민하고 있다. 이 계획은 기존 발전소를 새 발전소로 대치하는 것인데, 향후 건설 예정인 다수의 신형 석탄 화력발전소 가운데 최초로 건립되는 것이다. 그런데 이 계획의 비판자들은 킹스노스 발전소가 새로 가동되면 이곳의 연간 이산화탄소 배출량이 아프리카 가나 정도 되는 나라의 한 해 배출량보다 더 많을 것이라고 지적한다. 화력발전소에서 배출하는 이산화탄소를 회수해서 지하에 가두어두는 탄소 회수 및 저장 기술^{CCS}이 도입되면 훨씬 환경친화적으로 석탄을 사용할 수 있지만, 그런 날이 오려면 앞으로도 한참을 더 기다려야만 한다.

12. 기후변화법과 에너지법은 모두 변화하는 환경 여건에 적응할 수 있는 방안이지만, 그런 적응에 부가되는 보험 관련 문제는 전혀 다루지 않고 있다. 2007년에 전례 없는 대홍수가 영국 요크셔 주 동부와 남부, 글로스터셔 주와 템스 강 유역을 휩쓸었다. 그 결과 1년이 지난 후까지도 11만 명의 주민이 임시가옥에서 살았다. 살던 집이 다 고쳐져 집으로 돌아간 주민들은 비가 심하게 올 때마다 다시 홍수가 덮칠 것을 두려워한다고 한다. 그런데 2008년 발간된 한 보고서는 향후 발생 가능한 홍수에 대한 준비태세가 여전히 크게 부족하다고 지적했다. 이 보고서는 90개 이상의 권고안을 제시하면서 그런 조치들을 가능한 빨리 시행해야 한다고 주장했다. 그 대책들에는 상하수도 관리 회사들의 적절한 준비태세 확립, 새로운 건축 규정, 국가 차원에서의

배수관망과 하천망의 전자지도 작성 등이 포함되었으며, 그런 제반 조치가 잘 진행되는지 여부를 감독하는 관리기구를 적절히 배치하는 방안도 함께 제시되었다.[17](더 자세한 논의는 7장 참조)

2007년 영국의 온실가스 배출은 전력 생산 부문에서 천연가스로의 연료 전환이 진행된 데 크게 힘입어 전년도에 비해 2.2퍼센트 감소했다.[18] 그러나 1997년부터 2007년에 이르는 10년 동안 각 가정이 소유한 승용차 대수는 무려 500만 대나 증가했다. 승용차의 평균 주행거리 역시 매년 약 2퍼센트씩 늘어나는 추세다. 항공여행자는 2002년부터 2007년까지 5년 동안에 연간 5400만 명이 더 증가했다. 많은 비판론자들이 영국은 스스로 정한 온실가스 감축 목표를 달성하는 데 많은 어려움을 겪을 것이라고 말한다고 해서 그리 놀랄 일은 아니다.

2008년 12월, 기후변화위원회는 그런 목표 달성을 위해 영국이 어떤 길을 선택해야 할지에 관한 첫 번째 보고서를 발표했다. 그 보고서는 2022년까지 영국이 온실가스 감축을 위해서 시행해야 하는 대안 세 가지를 선정해서 그 예산까지 포함한 권고안을 담았다. 이 보고서에서 앞으로 크게 확대해야 할 분야로 꼽은 것은 풍력, 태양광, 조력, 원자력과 더불어 '청정석탄clean coal' 기술로 알려진 CCS 기술이었다. 또 자동차의 연비 증진과 함께 주택과 사무실의 단열 개선 역시 중요한 대안으로 선정되었다. 하지만 이 책을 쓰는 지금까지 영국 정부는 이 보고서에 대해서 아무런 공식적인 반응도 보이지 않았다.[19]

이제까지 논의한 대부분의 사안은 저마다 조금씩 차이는 있겠지만 기후변화 대응 목표를 설정한 다른 나라들에서도 쟁점으로 떠오를 수 있다. 그중 몇몇 나라는 영국보다 더 나은 출발을 보이기도 했지만, 나머지 대부분의 나라는 영국보다 훨씬 열악한 상황에 놓여 있다. 이는 냉정한 판단이며, 앞으로 우리가 마주해야 할 과업의 규모를 능히 짐작케 한다. 세계 각국이 위에서 논의한 사안들에서 각자 어떤 위치에 서 있는지를 살펴보면, 그들이 목표하는 온실가스 감축을 위해서 앞으로 얼마나 더 노력을 기울여야 하는지를 알 수 있다. 온실가스 감축에서 가장 성공을 거둔 나라들을 살펴보기도 했지만, 그런 나라들 역시 아직 갈 길은 멀다. 여기에 몇 가지 흥미로운 사항들을 정리해본다.

1. 독일이나 덴마크와 같은 경우를 제외한다면 이제까지 기후변화 대응에서 선두에 선 나라들 대부분은 기후변화 자체보다 에너지 안보에 집중했기에 지금 그 자리에 설 수 있었다. 이런 관점에서 본다면 그들의 현재 위치는 상당 부분 우연의 소산으로 봐도 좋다. 여기서 우리는 미래를 위한 잠재적 교훈을 얻을 수 있다. 기후변화에 대응하는 것만큼 에너지 효율 증진에 역량을 집중한다면 기든스의 역설이 미치는 부정적 영향을 크게 줄일 수 있다.

2. 좌파-우파의 차원도 에너지 및 기후변화 정책의 지속성 여부에 지대한 영향을 미친다. 현재까지 효과적인 정책의 대부분은 중도 좌파에서 주도해 만들었다. 예를 들어, 스칸디나비아 국가들은 오랫동안 중도좌파 정권을 유지한 덕분에 오늘날 기후변화 대응에서 모범국가가 될 수 있었다. 독일 역시 좋은 모델인데, 환경 문제에 대해서만큼은 여러 정당들 사이에 상당한 공감대가 형성되어 있기 때문이다.

3. 탄소세는 제 역할을 잘하고 있다. 나중에 또 살펴보겠지만 탄소세는 곧바로 시행하기가 쉽지 않다. 탄소에 세금을 매기는 일은 기후변화 대응 정책 수립에서 가장 핵심적인 요소가 될 것이다. 물론 탄소세 제

도는 빈곤층에게 더 많은 부담을 지우기 때문에 사회정의의 차원에서 이 문제를 해결할 방안도 마련해놓아야 한다. 그렇지만 탄소세 제도는 모든 상품과 서비스에 포괄적인 적용이 가능하며, 법적·제도적 구속력을 갖는다는 점에서 다른 방안들에 비해 특별한 장점을 갖는다.

4. 재생에너지가 어느 정도 성과를 거두려면, 관련 기술 개발에 대한 정부 지원이 대단히 중요하다. 그 이유는 화석연료 가격이 크게 오르내림을 반복할지라도 재생에너지 개발에 대한 투자는 장기간에 걸쳐 멈추지 말아야 하기 때문이다. 정부의 보조금 지급은 재생에너지 활용을 본격화하는 데 중요한 동인으로 작용한다. 독일에서 시행하는 발전 차액 보상제도는 다른 나라들도 따라할 수 있고, 또 그래야 하는 좋은 사례다.

5. 원자력의 이용은 일부의 반대에도 불구하고 적어도 일부 국가에서, 어쩌면 훨씬 더 많은 국가들에서 에너지 다양화의 한 대안으로 자리 잡을 것이다. 원자력 이용에 대해 많은 사람이 가지는 우려는 사실이고 또 심각한 문제다. 하지만 우리는 이 부분에서 퍼센트 원칙을 명심할 필요가 있다. 어떤 국가가 에너지원 다양화 방안으로 원자력 도입을 제외하고는 마땅한 온실가스 감축 대안이 없다고 할 때, 원자력을 채용하지 않을 경우 예상되는 리스크에 대해서도 심각하게 고려할 필요가 있는 것이다.

6. 스웨덴이나 독일 같이 아주 일부 국가에서는 이제 기후변화 대응 정책이 정치적으로 중요한 사안이 되었다고 말할 수 있다. 하지만 이런 나라에서도 여전히 의견은 분분하며, 기후변화 정책에 대한 비판이 존재하는 것도 사실이다.

7. 영국의 경우를 좀더 자세히 검토해보면 정부가 여러 다른 분야들에서

정책의 일관성을 유지하기가 얼마나 어려운지를 실감할 수 있다. 물론 이런 어려움은 민주주의 정치체제에서는 어느 정도 감수해야 할 일이다. 정치지도자들과 이익단체들, 일반 대중 사이에서는 끊임없이 밀고 당기는 역학관계가 작용하고, 게다가 여기에 선거에서 승리하려는 욕망까지 더해진다. 그렇지만 모든 국가가 추구해야 하는 핵심 목표는 바로 기후변화 및 에너지 정책 전반에 걸쳐 일관성을 갖고 앞으로 밀고 나가야 한다는 점이다.

8. 우리는 지난 20년 동안 서구 국가들에서 제조업이 계속 쇠퇴하고 있다는 점을 분명히 알아야 한다. 서구 국가들은 이제 중국과 기타 개발도상국들에서 만들어진 제품들에 의존하고 있다. 이와 같이 개발도상국으로의 '온실가스 배출 이전'이 없었더라면 선진산업국들의 온실가스 배출량은 지금보다 훨씬 더 많았을 것이다.

다시 국가 주도의 시대로?

이 책의 핵심 주장은 범지구적 기후변화 대응을 위해서는 선진산업국들이 앞장서야만 하고, 그 성공 여부는 정부와 국가의 역할에 달려 있다는 것이다. 하지만 국가에서 추진하는 모든 일은 결국 민주적 권리와 자유의 맥락 안에서 시민들의 광범위한 정치적 지지를 바탕으로 한다. 나는 국제 협력이 대단히 중요하다는 점을 결코 부인하지 않는다. 또한 NGO와 산업계를 비롯해서 여러 기관과 기구의 참여가 중요한 역할을 한다는 점도 부인하지 않는다. 그러나 싫든 좋든 간에 국가는 지구온난화에 대해서 우리가 제대로 된 대책을 마련하는 데 필요한 많은 권한을 가지고 있는 것이 사실이다.

그렇다면 책임국가로서 국가의 역할은 과연 무엇일까? 국가의 주된 기능은 일단 일을 촉진시키는 촉매 역할이다. 하지만 기후변화와 에너지 안보에 관한 한 국가는 보증인의 역할에도 힘써야 한다. 물론 기다리기만 하면 해법이 나오고, 또 시간표에 맞추어서 행동하기만 하면 매사가 풀리는 그런 분야들도 있다. 가령 여러분의 방이 어질러져 있다면, 청소할 시간이 날 때까지 기다려도 된다. 하지만 온실가스 배출의 경우에는 온실가스가 대기 중에 점점 더 많이 축적되고 석유와 천연가스는 점점 고갈될 것이기에 그렇게 기다릴 수가 없다.

이제 국가가 주역을 맡아야 하는 중요한 일들을 정리해보자.

- **시민들이 미래를 먼저 생각하도록 돕는다** 장기적인 관점에서 정책을 도입하는 일은 정치 지도자들의 책임이다. 그런 방향 전환이 일어나려면 어떤 형태이건 계획 수립이 필요하다. 장기적인 관점에서 생각한다는 것은 먼 미래의 어느 시점에 목표를 정하고 가만히 앉아서 기다리는 것과는 다르다. 향후 20~30년의 기간을 잡아서 '빽빽하게' 목표를 제시하면 정부 장관들이야 기분 좋겠지만, 우리는 그런 목표보다도 수단에 집중해야 한다. 과거 소련은 5년, 10년, 또는 20년짜리 겉치레만 뺀지르르한 계획들을 수시로 발표했다. 하지만 그 결과는 으레 기대에 한참 못 미쳤고 다시 새로운 계획이 발표되었다. 기후변화 문제에서 그런 허황된 약속은 아무런 문제도 해결하지 못하며, 그동안 대기 중의 온실가스 농도만 점점 높아질 것이다. 물론 계획 수립은 국가만이 가지는 특권은 아니다. 정부는 기업과 제3섹터 단체들, 그리고 개별 시민들이 더 장기적인 관점에서 변화를 추구하도록 지속적인 격려를 아끼지 말아야 한다.
- **현 사회가 직면한 다른 리스크들을 함께 고려하면서 기후변화와 에너지 문제를 다룬다** 대부분의 사회 및 경제 정책은 위기와 기회라는 두 개의 기둥을 둘러싸고 돌아간다. 우리는 과거 산업주의의 역사가 재빨리 쫓아와 우리를 붙잡고 늘어지는, 그래서 상당한 조정이 불가피한 그런 미래에 직면해 있다. 그런데 기후변화에 관련된 리스크들은 지역과 국가

차원의, 또는 국제적인 차원의 다양한 리스크들과 뒤얽혀 있다.

- **정치적, 경제적 통합을 도모한다** 이는 기후변화 및 에너지 정책 수립의 주된 동력이다. 정치적, 경제적 통합을 위해서는 우선 장·단기 목표를 세워 향후 계획 수립의 기반으로 삼아야 한다. 장기적인 관점에서는 사회의 모든 분야를 두루 고려해야 하는데, 여기에는 저탄소 경제로 나아가는 데 필요한 대규모 사회적, 경제적 구조조정도 포함된다.

- **'오염자 부담 원칙'을 제도화하도록 정부가 시장에 개입해야 한다** 이를 통해 시장이 기후변화 대응 정책을 거부하지 않고 오히려 지지하게끔 이끌 수 있다. 현재 거의 모든 선진국에서는 환경비용이 대부분 외재화되어 있다.(환경비용의 외재화externality란 환경비용을 발생시킨 당사자가 이를 지불하지 않고 국가나 사회에서 책임지는 현상을 말한다—옮긴이) 나는 그럴 경우 탄소시장이 얼마나 효율적일지 의문이다. 따라서 환경비용의 내재화를 위해 '총비용 포함 가격제full cost pricing'를 도입해서 시장의 힘이 환경 혜택을 최대한 신장시킬 수 있게 하는 데 집중적인 노력을 기울여야 한다. 정부는 시장도 환경 목표에 기여하게끔 '부정적 외재화negative externality'를 줄이는 데 힘써야 한다. 부정적 외재화란 환경비용이 시장에 반영되지 못하는 상황을 말한다.

- **기후변화 대책을 막으려는 산업계의 요구를 물리쳐라** 여기서는 큰 변화가 요청되는데, 언뜻 보기에도 쉬운 일은 아니다. 기업, 특히 대기업들은 우리 사회에서 주도적인 역할을 한다. 기업들은 정부에 영향력을 행사하는 것은 물론이고 때로는 정부를 몰아붙여 양보를 얻어내며, 광고와 기타 다양한 수단을 동원해서 소비자들에게도 영향력을 행사한다. 정부가 기업 규제를 강화하면, 기업들은 회사를 다른 곳으로 이전하겠다고 발표한다. 이른바 '기업 유출'의 문제가 생기는 것이다. 이런 일이

벌어지지 않게 하면서, 기업이 기후변화 대응이라는 목표에 자신의 역량을 쏟도록 할 수는 없을까? 나는 가능하다고 믿는다. 정부가 그런 부분에 눈을 뜬 산업계 지도자들과 손을 잡는다면 짧은 기간 안에도 그렇게 할 수 있다. 여기서 다시 경제적 통합의 중요성을 깨닫게 된다. 그런 공동 대처는 서로의 이해관계가 맞아떨어져야 가능하다. 기업과 산업계가 갑작스레 이타심을 발휘하여 그렇게 하기를 기대해서는 안 된다.

• **기후변화 문제를 항상 최우선의 정치 의제로 삼는다** 대부분의 사람들에게 지구온난화 문제는 일상생활에 깊이 영향을 미칠 만큼 그리 대단한 걱정거리는 아니다. 따라서 이 문제는 다른 관심사들이 연이어 나타나면 방치되고 희석되기 십상이고 특히 선거철이 되면 더욱 그렇게 된다. 따라서 주요 정당 지도자들은 설령 다른 사안들에 대해서는 서로 의견 대립과 갈등이 있다고 해도 기후변화와 에너지 정책에서만큼은 공감대를 유지해야만 한다. 아울러 모든 학교의 교과과정에서도 기후변화 문제가 다루어져야 한다.

• **저탄소 경제로 나아가기 위해 적절한 예산 계획을 세운다** 신기술은 시장에서 화석연료와 경쟁하여 결코 이길 수 없기 때문에 신기술이 살아남으려면 초기 시장 진입 단계에서 보조금 지원이 필요하다. 뒤에서 논의하겠지만, 탄소세 부과에는 총괄적인 접근이 요구된다. 이는 단순히 몇 가지 과세 수단을 동원해서는 하기 어렵다는 뜻이다. 종합적인 탄소세 도입은 사회 전반의 경제 행위와 사람들의 일상생활에 어떤 영향을 미치는지에 대한 지속적인 점검을 필요로 한다.

• **실제로 일어난 기후변화에 적응할 수 있게끔 대비한다** 기후변화는 어떻게든 일어나게 된다. 따라서 이에 대해 미리 생각하고 대책을 마련하는

일은 대단히 중요하다. 기후변화가 가져올 악영향을 최소화하려면 우리가 마냥 기다리고 있을 수만은 없다. 우리는 지구온난화의 영향이 어디에서, 어떻게 미칠지 정확히 예측할 수 있도록 최선을 다해야 하며, 피해를 최소화하기 위해서 선제적 대응책을 마련해야만 한다.

• **기후변화 정책의 국지적, 지역적, 국가적, 국제적 측면들을 통합하라** 기후변화 대응을 위한 확고한 국가적 프로그램이 없다면, 국제협약들도 제 역할을 하지 못할 것이다. 그 반대로, 이러저러한 국제협력이 없다면 기후변화 대응을 위한 그 어떤 노력도 무위로 돌아간다.

매일 같이 갖가지 사안들에 시달리는 정부에게 위와 같은 요구는 너무 과중한 것일까? 정치이론가 존 드라이젝^{John Dryzek}은 자본주의 시장, 기득권자의 이해관계, 그리고 관료주의 등이 함께 작용해서 정부는 "환경 문제에 관한 한 지독하게 무능하다"고 주장한다. 또한 그는 "그래도 정부가 제대로 역할을 할 수 있기 위해서는 스스로 크게 변신하는 길밖에 없다"고 덧붙인다.[1] 나는 드라이젝의 첫 번째 언급은 너무 지나치다고 생각하지만, 두 번째 말에는 동감한다. 기후변화에 대응하는 일은 신속해야 하며, 그러려면 정부 자체에서, 그리고 국가와 시장, 시민사회의 상호관계에서 혁신이 있어야 한다.

위에서 제시한 사항들은 5~7장에서 다룰 내용의 바탕을 이룬다. 먼저 이번 5장에서 나는 계획 수립이 무엇을 의미하는지, 기후변화에 대한 여론조사 결과는 어떻게 나타나는지, 그리고 과연 이 기후변화 문제를 어떻게 최우선 정치 의제로 둘 수 있는지에 대해 논의한다. 이어서 서로 적대적이기 일쑤인 정당들 사이에서 어떻게 해야 기후변화 정책을 일관되게 유지할 수 있는지를 검토할 예정이다. 다음 장에서는 기술 혁신에 대해서 다루고, 이를 정부가 어떻게 뒷받침해야 하는지를 살펴본다. 또한 조세제도가 어떤 역할을 할 수 있는지도 검토할 예정이다. 7장에서는 아주 미묘한 문제지만 반드시 논의가 필요한 기후변화 적응 문제를 과연 정치적으로 어떻게 풀어야 하는지 검토하겠다.

종합계획 수립, 그 과거와 현재

종합계획 수립은 제2차 세계대전이 끝난 이후 20~30년 동안 서구 사회에서 크게 유행했으며, 물론 소비에트식 사회주의 국가경제의 근간이기도 했다. 1928년부터 1991년 사이에 소련에서는 무려 13차례에 걸쳐 국가 계획이 수립되었다. 서구 사회에서 종합계획은 유행으로만 그치지 않고 상당히 오랜 기간 동안 관례처럼 되었다가 점점 평판이 나빠졌다. 1949년 경제학자 에번 더블린Evan Dublin은 다음과 같이 기술했다. "이제 우리 모두는 계획가planner다. ……인기를 누리던 자유방임주의에 대한 믿음은 순식간에 무너졌다. ……2차 세계대전 이후 전 세계 어디에서나 말이다."[2]

전후 시대에 '종합계획'이란 통상 나라의 경제적 번영과 사회정의를 명분으로 내세워 국가가 직접 나서서 강력한 중앙집중식 관리를 수행한다는 의미였다. 서구의 혼합경제 사회에서 그것은 곧 산업의 국유화, 특히 에너지, 통신, 철강 등 전략적으로 중요한 산업을 국가가 관리하는 것으로 해석되었다. 종합계획은 또한 '뉴타운'이니 전원도시니 하는 '도시계획 및 지역계획'을 말하기도 했다.

그러다 세계가 왜 종합계획, 특히 국가가 주도하는 중앙집중식 계획을 멀리하게 되었는지에 대해서는 몇 가지 이유가 있다. 소비에트식 사회에서는 종합계획이 권위주의적이고 억압적인 국가체제와 연계되어 있었다.

심지어 서구 국가들에서도 중앙정부의 계획가들이 강압적으로 매사를 통제하려는 데에 많은 사람이 분개했다. 조직 뒤에 숨은 관료들이 지방의 관심사와 정서를 무시하고 지나치게 개입했던 탓이다. 더욱이 자본주의의 불합리성을 극복할 수 있다는 기대를 모았던 중앙집중식 계획경제는 선진화된 경제체제의 복잡성을 따라잡기에는 역부족이었다. 정부가 일부 산업에 승부를 걸어도 보았지만 그 결과는 처참한 실패였다. 프리드리히 폰 하이에크Friedrich von Hayek 같은 계획경제 비판자들은 오직 시장만이 현대의 복잡한 경제체제에서 가격과 상품에 대한 그 많은 결정을 즉석에서 해낼 수 있다고 주장했고, 이는 옳은 판단이었다.[3]

1980년대부터 국영기업의 민영화 바람이 불고 거시경제 운용을 최소화하는 등 반혁명의 기운이 고조되면서 이내 '종합계획'이라는 말은 자취를 감추었고, 최근까지도 그런 상태였다. 그렇지만 우리가 미래에 대해 조금이라도 체계적으로 생각하고 다가오는 미래를 변화시키고자 한다면, 어느 정도의 계획은 불가피하다. 과거 전후시대는 재건의 시대였다. 따라서 전쟁으로 인해 생긴 막대한 물질적 손실을 회복하기 위해서 대규모 투자는 절실했다.

종합계획에 대한 평판이 크게 나빠진 이후에도 여전히 정부는 '은밀하게' 여러 다양한 형식으로 종합계획 내지 그와 유사한 경제계획들을 수립하고 운영했던 것이 사실이다. 예를 들어, 정부는 교육, 보건, 연금 등의 부문에서 미래에 대비한 계획을 세우기 위해서 인구 변화의 추이를 면밀히 조사하지 않을 수 없었다. 도로와 철도 부문에 있어서도 미래의 사용 빈도를 추정하기 위해서 마찬가지 조사가 필요했다. 그런가 하면 향후 일어날지 모를 재난에 대비한 비상계획도 마련해야 한다. 심지어 '계획도시'가 대중의 관심에서 멀어진 이후에도 정부는 이러저런 형식의 도시계획을 계속해왔다.

　그런데 이제 다시 국가 개입의 시대가 돌아왔다. 규제 철폐가 실패로 돌아간 탓이었다. 그런 실패는 지나친 '단기 성과주의'와 공공기관의 무능, 그리고 시스템에서 기인하는 리스크에 대한 통제력 결여 등이 겹쳐서 생긴 결과였다. 경제적 관점에서 보자면 이제는 모험심과 기업가 정신을 손상시키지 않으면서 규제를 확대하는 방안을 적극적으로 모색할 시점이다. 그렇게 해서 경제가 살아야만 적절한 기후변화 대응책도 만들어질 수 있다. 간단히 말해서 과거 30~40년 동안 정부의 주된 역할이라고 여겨졌던 전체적인 거시경제적 교통정리로는 이제 부족하다. 지금은 산업정책에 훨씬 더 중점을 두어야 하는 시기다. 그 핵심은 당연히 저탄소 경제 육성이다. 물론 그 밖에도 폭넓게 정부가 나서야 할 영역들이 있겠지만, 여기서 다 논의하기는 어렵다. 교육이나 사회적 기반시설 마련 등처럼 정부가 해야 하는 중요한 역할은 공급 측면에 더 적극적인 투자를 지속하는 일이다.

　종합계획 시대로의 복귀가 결코 쉬운 과정은 아닐 것이다. 종합계획은 민주주의적 자유와 조화를 이루어야 하는데, 기후변화 대응을 위한 종합계획 수립을 위해서는 자유를 일부 제한하기보다 오히려 더 확대해야 할 것이다. 종합계획 수립 과정에서 정치적 중심지와 지방 간의 밀고 당기기도 불가피한데, 그런 문제들은 민주적인 절차와 과정을 통해서 해결해야 한다. 그 사이에서 균형을 잡는 문제는 결코 쉬운 일이 아니다. 국가 차원의 종합계획은 지방의 관심사들을 때로는 무시하고 넘어가야겠지만, 과연 어떻게, 어느 정도까지 그런단 말인가?

　이제 그런 종합계획 수립의 한 사례로 신도시 조성 문제를 살펴보기로 하자. 신도시 건설이 다시 유행을 타고 있다. 이번에는 '에코타운^{eco-town}'

이라는 이름을 달고 전 세계 여러 나라에서 건설 중이거나 검토 중에 있다. 영국에서만 해도 2012~2013년부터 시작하여 열 개의 에코타운이 건설될 예정이다. 각각의 에코타운은 5000명에서 2만 명의 거주자를 염두에 두고 설계된다. 이곳은 대개 보행자를 위주로 만들어지며, 몇 안 되는 도로에서는 차량 운행속도를 시속 15마일 이내로 제한한다. 주택에는 차고나 주차장이 아예 없고, 각 단지마다 주요 편의시설이 모두 걸어서 갈 수 있는 거리에 있다. 모든 건물이 완벽한 단열시설을 갖추며 쓰레기 처리를 위해서 지하에 폐기물 진공수송 시설을 설치한다. 전력은 태양광과 풍력, 바이오매스 등을 통해 공급받는다. 그렇다면 이와 같은 에코타운이 기존의 신도시인 뉴타운을 밀어내게 될까? 이미 에코타운에 대한 비판도 적지 않다. 어떤 사람들은 그런 도시 조성 과정에서 훨씬 더 많은 탄소가 배출된다고 지적하며, 또 어떤 사람들은 차량통행이 드문 그곳에서 주민들은 그야말로 유배자 신세를 면치 못할 것이라고 우려한다.

최근 영국 의회에 제출된 종합계획법Planning Bill은 이런 딜레마에 약간의 해결책을 제시한다. 이 법의 목적은 발전소, 철도, 도로 등 기반시설의 건설을 촉진하려는 것이다. 현재의 종합계획 시스템은 장기적인 의사결정을 효과적으로 내리기에는 거쳐야 하는 절차가 너무 복잡하고 성가시다는 것이 영국 정부의 판단이다. 현재만 해도 댐, 폐기물 재활용 공장, 풍력 발전단지 조성 등을 포함해서 무려 100개가 넘는 프로젝트가 적체되어 있다. 여기에는 환경 가치가 의심스런 계획들도 있다. 고속도로 확장이나 항공교통망 확대가 그런 사업들이다. 영국 정부는 이 법을 입안하면서 그 이유의 하나로 기후변화와 에너지 문제에 더 잘 대응할 수 있다는 점을 들었다.

종합계획법은 정부가 주기적으로 국가 정책에 관한 보고서를 발간하도록 하고 있다. 여기에는 정부가 공공의 이익과 관련이 깊다고 판단하는 중요한 개발계획, 즉 원자력발전소 건설과 같은 사안도 포함된다. 이런 계획이 발표되면 지방 행정기관도 이를 검토할 테지만, 새로 만들어진 중앙부서 인프라계획위원회Infrastructure Planning Commission가 계획의 시행 여부를 최종 결정한다. 종합계획법은 아직 의회의 통과를 기다려야 하지만 이미 많은 반대에 부딪혀 있다. 환경적 측면에서 보았을 때 가장 핵심적인 문제는 그 법안이 단지 기후변화 대응에만 관련되는 것이 아니라는 데 있다. 반대자들은 이 법안이 이른바 '개발자들의 특허장' 역할을 할 것이라고 우려한다. 개발자들이 시골의 자연환경을 잠식하는 정도에서 그치지 않고 환경에 심각한 위해를 가하는 건설계획도 마구잡이로 추진할 수 있도록 면죄부를 주는 셈이라는 것이다.

하지만 우리는 정부의 입장도 이해해야만 한다. 종합계획은 일반성을 가져야 한다. 그 계획이 단지 환경에 관계된 프로젝트만을 고려해서는 안 되는데, 정부가 기후변화나 에너지 문제에만 매달릴 수는 없기 때문이다. 세상에 아무런 문제도 따르지 않는 해결책은 없는 법이다. 새 부서가 어떻게 일을 하는지, 그리고 필요한 경우에 어떻게 반대 결정을 내리는지 면밀히 지켜보는 일은 관련 이해 당사자들의 몫이다. 하지만 그들 역시 위원회가 내리는 결정을 막을 만한 힘을 가지지는 못한다.

또한 종합계획은 국가의 경계 넘어서까지 확장되어야 한다. 주변 국가들의 동향을 반영하지 못한 국가 계획은 제대로 이루어지기 어렵다. 이런 면에선 EU 국가들이 확실히 유리한 입장에 있다. 다른 나라들에 비해서 국가들 간의 협조가 원칙적으로 훨씬 원활할 수 있기 때문이다.

종합계획은 그 형식 못지않게 내용에 대해서도 많은 주의가 요구된다. 우리는 어쩌면 미래라고 하는 희미한 실체를 전문으로 연구하는 사람들에게서 어떤 교훈을 얻을 수도 있을지 모르겠다.[4] 우리는 본질적으로 불확실할 수밖에 없는 미래의 리스크를 줄이기 위해서 과연 어떻게 계획을 세울 수 있을까? 우리는 그런 사전경험이 없기에 그 리스크를 정확히 평가할 수 없지 않은가? 어떻게 하면 바로 앞 세대의 종합계획 수립가들이 저지른 실수를 다시 반복하지 않을까? 과거에는 단지 미래 예측에 근거해서 종합계획을 세울 수밖에 없었지만 그런 방식이 가지는 한계에 대해서는 이제 충분히 알려졌다. 그런 식의 종합계획은 단기 계획을 세울 때, 그리고 현재의 추세가 향후 상당 기간 동안 그대로 유지될 것이 명백할 때 가장 적합하다. 예를 들어, 영국의 에너지 미래 예측을 보면 기존의 발전소들이 향후 적당한 시간을 두고서 반드시 교체되어야 함을 알 수 있다.

우리는 종종 미래를 변화시키기 위해서 미래를 예측한다. 기후변화 문제가 바로 그런 상황에 해당한다. 이런 문제를 다루는 방법의 하나가 백캐스팅backcasting 기법이다. 백캐스팅이란 우리가 미래에 달성하고자 하는 어떤 상황을 미리 설정해놓고 그런 상황에 도달하기 위해서 현재 어떤 변화를 추구해야 하는지를 검토하는 작업이다. 이 작업에서는 지금 어떤 일을 시행하면 향후에 어떤 결과로 나타난다는 점을 염두에 두고 여러 가지 시나리오를 통해서 미리 설정된 목표에 다다를 수 있을지 여부를 검토한다. 따라서 우리는 여러 대안과 여러 미래 목표에 대해서도 검토할 수 있으며, 그 과정에서 시나리오의 조정 또는 획기적인 변경을 시도할 수 있다. 바로 이런 방식이 IPCC가 사용했던 방법론이다. 이 방식이 과거의 단순한 예측 기법들에 비해서 가지는 뚜렷한 차이점은 미리 예측할 수 없었던 비상상황을 고려할 수 있다는 데 있다. 그런 비상상황이 어느 시점에서든지 미래 예측을 극적으로 변경시킬 수도 있기 때문이다.

백캐스팅 기법의 핵심은 미래의 모습을 보여주는 데 있지 않다. 그 대신 앞으로의 선택과 달성하고자 하는 정책 목표 사이에서 조화를 꾀하는 데 있다. 백캐스팅은 특히 환경 문제나 에너지 문제와 관련성이 깊은데, 이런 문제들은 그 속성상 백캐스팅 기법을 적용하기에 유리하기 때문이다. 말하자면 사안 자체가 대단히 복잡하다는 점, 현재의 경향에서 대폭적인 궤도 수정이 요구된다는 점, 수십 년 또는 그 이상의 기간을 두고 계획을 수립해야 한다는 점 등이 백캐스팅 기법과 잘 어울리는 속성들이다. 백캐스팅을 적용한 사례는 세계 여러 나라에서 많이 찾아볼 수 있다. 예를 들어, 1990년대 네덜란드에서 시행된 한 프로젝트에서는 육류 생산과 소비에 대한 대안을 찾고자 했다. 이 프로젝트에서 핵심 가설은 2040년에 이르러 공장에서 생산되는 새로운 종류의 단백질 식품이 현재의 육류 소비를 40퍼센트나 대체할 것이라는 점이었다. 그 단백질 식품은 가장 인기 있는 육류보다 최소한 맛이 더 좋고, 다른 무엇보다도 건강식품으로서의 가치가 탁월할 것으로 예상되었다. 이 프로젝트에서는 그런 단백질 식품의 풍미가 소비자의 호감도를 얼마나 높일 수 있는지를 검토했다. 그 결과 새로운 종류의 단백질 식품이 탄소 배출량으로 환산할 때 가축을 키워서 생산하는 방식보다 10~30배 더 효율적이었으며, 동시에 건강식품으로서의 월등한 가치가 보너스로 더해진다고 결론내렸다.[5]

백캐스팅 기법은 지나치게 기술에 의존하는 것처럼 보인다. 사실 이 기법은 상상력에 많이 의존하는데, 현재와 크게 달라지는 미래를 예측해야 하기에 그럴 수밖에 없다고 하겠다. 물론 백케스팅이 유용하다고 해서 포캐스팅forecasting이 아주 사라지는 것은 아니며 앞으로도 정부 종합계획 수립에서 일정한 역할을 담당할 것이다. 백캐스팅과 포캐스팅은 곧잘 서로 보완적인 역할을 한다. 예를 들어, 오스트레일리아에서 수자원 관리를 위한 종합계획을 수립한다고 가정해보자. 이 나라는 근래 들어서 자주 심각한 가뭄을 겪었는데, 필시 지구온난화가 그런 가뭄을 더욱 심화시킬 것이며 따라서 수자원은 점점 희귀해질 것이 분명하다.[6]

신시아 미첼Cynthia Mitchell과 스튜어트 화이트Stuart White는 포캐스팅 기법이 단기적으로 결과가 나오는 정책들을 선별하는 데 유용하다고 주장했다. 비유하자면 쉽게 딸 수 있는 과일의 수확에 적합하다는 것이다. 이에 반해서 백캐스팅 기법은 더 근본적인 관점에서 미래 가능성에 대해 생각해보게 한다. 오스트레일리아 도시 지역에서의 수자원 공급 안정성에 대한 포캐스팅은 향후 수년 동안 적절한 수자원 공급량 확보에 있어서 많은 문제가 있음을 보여주었다. 그런 문제점을 빠른 시간 내에 해소할 수 있는 몇 가지 정책안이 도출되었는데, 물 절약형 샤워꼭지를 설치하고 수도꼭지에 수압조절장치를 다는 방안, 대소변을 가려서 물을 내리는 양변기 보급 방안, 물을 사용하지 않는 소변기 공급 방안, 센서 작동식 수도꼭지 사용 방안, 주택단지별 물 순환 시스템을 구축하는 방안 등이 그런 예다. 오랜 기간 가뭄에 시달렸던 퀸즐랜드 주에서는 그런 방안들을 채택하여 실제로 소비자들의 물 수요가 30퍼센트나 감소했다.

그런데 백캐스팅 기법은 더 장기적으로 수행 가능한 혁신적인 대안의 도출에 기여했다. 현재까지는 수자원 관리와 하수처리, 그리고 빗물 관리 문제를 각각 별개로 간주해서 각 분야마다 별도의 정책을 수립하는 것이 보통이었다. 그런데 이 세 분야를 한데 묶는다는 가정 하에서 어떻게 하면 그렇게 할 수 있는지 '역으로' 생각해보았더니 상당히 다른 관점의 해결방안이 만들어졌다. 이런 해결책을 멜버른의 지역개발에 적용해보니 물 수요를 약 70퍼센트 낮추는 것이 가능했다. 다른 한 해결방안으로 단순히 물을 공급하는 것이 아니라 좀더 일반적인 차원에서 서비스 개선을 꾀하는 대안도 제시되었다. 예를 들어, 퀸즐랜드 주에서는 전체 물 수요의 80퍼센트 이상을 산업체에서 사용하고 다시 그 물의 80퍼센트는 냉각 용수로 썼다. 그처럼 높은 물 수요는 사실상 공기를 사용하는 냉각시스템 을 도입한다면 쉽게 낮출 수 있는 것이었다.

종합계획을 수립하는 데 있어서, 특히 장기적인 계획을 세울 때 우리는 늘 리스크와 불확실성에 직면하기 마련이다. '종합계획 수립'은 어떻게 보면 아주 간단한 일처럼 보인다. 하지만 실상은 전혀 그렇지 않다. 그것 은 대단히 복잡하고 변화무쌍하다. 그럴 수밖에 없는 주된 이유의 하나는 예측prediction이나 포캐스트, 종합계획 수립 등이 모두 각자가 전망하는 미 래의 일부로 들어가기 때문이다. 예측과 포캐스트와 종합계획 수립이 그 런 역할을 하는 것 자체가 어떤 관점에서는 대단히 중요한데, 그것들이 추구하는 진정한 목표가 미래를 구체화하는 데 있기 때문이다. 이와 동시 에 그런 계획 수립에는 불확실성이 늘 내재하기 때문에 그런 불확실성의 극복도 매우 중요하다. 또한 리스크에 대한 일반 대중의 태도를 바꿔나가 려는 노력도 계획 수립 과정의 중요한 일부이다. 이제부터는 이 점을 살 펴보자.

생활방식 바꾸기

10년 전 여러 산업국가들에서 지구온난화에 대한 일반 대중의 의식을 조 사했던 연구자들은 다음과 같이 평가했다. "기존의 모든 자료를 검토하 고 나서 우리가 내린 결론은 모든 조건이 똑같다고 할 때 대부분의 나라 에서 대부분의 국민은 지구온난화의 억제를 위해서 국가적으로, 그리고 국제적으로 어떤 행동에 나설 것을 지지했다. 하지만 그런 행동이 자신들 의 일상생활에 커다란 변화를 불러오지 않을 경우에 한해서 그러했다."[7]

당시와 비교해서 지구온난화에 대한 언론 보도가 훨씬 더 넘쳐나는 현재에도 그런 평가는 여전히 유효하다.

2008년 영국에서 시행된 한 전국적인 여론조사에서는 응답자의 30퍼센트가 기후변화에 대해서 '아주 관심이 많다'고 답했으며 47퍼센트는 '꽤 관심이 있다'고 답했다.[8] 그러나 응답자의 상당수는 지구온난화와 기후변화에 대한 과학적 조사결과에 대해 의문을 표시했다. 그들의 약 60퍼센트는 '많은 전문가들이 인류가 과연 기후변화에 영향을 미치고 있는지에 대해서 의문을 갖는다'는 설문에 '강력하게 동의한다'거나 '대체로 동의한다'라고 답했다고 한다. 이는 과학자 사회에서 극히 일부분을 차지하는 데 불과한 회의론자들이 일반 대중에게 얼마만큼 영향력을 미치고 있는지 단적으로 보여준다고 하겠다. 위의 설문에 대해서 응답자의 겨우 7퍼센트만이 '강력하게 거부한다'고 했으며, '나는 기후변화가 사람들이 말하듯이 꼭 그렇게 나쁜 것만은 아니라고 종종 생각한다'는 설문에는 응답자의 약 42퍼센트가 '강력하게 동의한다'거나 '대체로 동의한다'고 답했다고 한다. 응답자의 거의 60퍼센트는 정부가 기후변화를 빌미 삼아 세금을 올리려 한다고 생각했다. 다수 응답자들(77퍼센트)은 기후변화의 진행을 멈추게 하기 위해서 '대부분의 사람이 큰 희생을 감수할 준비가 되어 있지 않다'고 하는 설문에 동의했다.

각국이 직면해 있는 문제들에 순위를 매기는 설문에서 33퍼센트의 응답자는 경제 문제가 가장 큰 근심거리라고 응답했다. 2008년 경제위기 이전에 이미 이러했다. 기후변화를 가장 우선순위에 올린 응답자는 겨우 7퍼센트에 불과했다. 기후변화에서 발생하는 리스크에 대해서는 '정부'가 마땅히 그 책임을 저야 한다는 응답이 가장 많았다.[9]

그런 여론조사들에서는 상당히 많은 비율의 응답자가 '우리는 변화를 이끌어내기에는 너무 미약한 존재'라거나 '우리는 우리보다 큰 나라들이 나설 때까지 행동을 유보해야 한다'는 데 동의했다. 이런 응답은 기후변화 정책 수립에 있어서 여러 다양한 모습으로 나타나고 있는 한 중요한 문제점을 여실히 반영하는데, 바로 '무임승차' 문제다. 사실 무임승차 문제는 각 개인들의 행동이 모아져서 총체적인 결과가 얻어지는 사회적, 경제적 사안들 대부분에서 흔히 나타난다. 그런 예로서 범죄에 취약한 어느 거리에 사는 주민들이 뜻을 합해서 방범대를 조직한다고 생각해보자. 주민들 각자가 그런 목적을 위해서 100파운드씩 내기로 결정했을 때, 일부 주민은 분명 그 돈을 내지 않으려 할 것이다. 하지만 어쨌든 방범대는 결성되고 그 결과 범죄 발생률은 낮아진다. 여기서 돈을 내지 않은 사람들이 바로 무임승차를 한 사람이 되는데, 그들은 아무런 기여를 하지 않았는데도 범죄율 감소라는 혜택을 누리는 것이다.

무임승차 문제는 일반 시민들에서부터 국제 무대에 이르기까지 기후변화 정책에 관련된 거의 모든 영역에서 발생한다. SUV 차량을 고집하는 사람은 소형 승용차로 차를 바꾼 사람들의 수고에 무임승차하는 셈이다. 온실가스 배출 저감을 위해서 별다른 노력을 기울이지 않는 국가들은 그러한 노력을 활발히 전개했던 국가들에 무임승차하고 있다. 기후변화 사안에서 관련자들의 무임승차 욕구는 사실상 대단히 강한 편이다. 그 결과로 나타나는 현상이 바로 '당신이 하지 않는다면 나도 하지 않겠다' 증후군으로 이런 현상이 도처에 퍼져 있다.

여론조사 결과는 대부분의 사람이 기후변화의 원인에 대해서 아주 막연히 알고 있다는 것을 보여준다. 한 예로, 많은 사람들이 오존층을 원상태로 돌려놓는 것이 기후변화에 도움이 된다고 믿는다. 2002년 시애틀 일대에서 이루어진 한 여론조사—환경 인식에 대한 조사로서는 가장 첨단

그림 5.1 일반 대중이 가장 중요하다고 생각하는 사안들(1993년과 2007년)

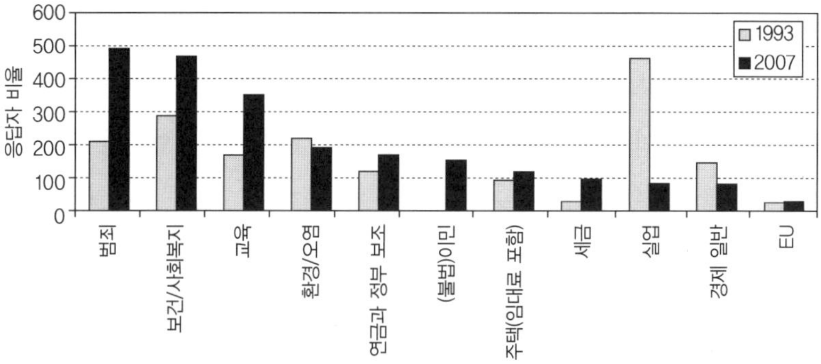

출처: 영국 환경식품지역부(DEFRA), 2007년도 환경에 대한 대중 인식과 행동성 조사 보고서.

기법을 활용한 조사 가운데 하나였다—에서는 45퍼센트의 응답자가 에어로솔 스프레이 사용을 중단하면 지구온난화 예방에 크게 도움이 될 것으로 생각한다고 답했다.[10] 대부분의 사람은 온실가스가 단순히 또 다른 형태의 오염물질이 아니라는 것을 모르고 있었으며, 산성우를 일으키는 원인물질을 제거할 수 있었던 것처럼 온실가스도 그렇게 쉽게 제거할 수 있다고 믿는 사람도 상당수였다. 사람들은 대개 기후변화 문제보다는 에너지 관련 문제에 대해서 더 잘 알았으며, 표적집단focus group 조사 대상자들도 기후변화보다는 에너지 문제에 대한 이해도가 훨씬 더 높았다.

2006년 미국의 한 여론조사에서는 44퍼센트의 응답자가 기후변화를 '매우 중요한 문제'로 꼽았다. 그렇지만 그 상대적인 중요성은 그들이 우려하는 사안들의 목록에서 겨우 18위에 그쳤다.[11] 기후변화에 대해서 '정말로 많이 우려한다'고 대답한 사람들은 전체의 5분의 1에도 미치지 못했다. 같은 해에 시행된 한 다국적 여론조사에서는 29개국 중에서 미국이 지구온난화가 심각한 문제가 아니라고 믿는 응답자의 비율이 가장 높은 나라로 꼽혔다.[12]

전 세계를 대상으로 한 여론조사들에서는 개발도상국 국민들이 기후변화에 가장 관심을 많이 가지는 것으로 나타났다. 개발도상국과 선진개발국 9개국을 대상으로 수행된 한 설문조사에서는 중국, 인도, 멕시코, 브라질 4개국 국민의 약 60퍼센트가 기후변화에 대해 '높은 수준의 관심'을 보였던 것에 반해서 영국과 독일에서는 같은 응답 비율이 22퍼센트에 불과했다.[13] 더욱이 상대적으로 가난한 그 나라들에서는 47퍼센트의 응답자가 기후변화의 예방을 위해서 무언가 각자의 몫을 하고자 했던 반면에 영국에서는 그런 비율이 19퍼센트에 불과했다. 그런데 미국에서는 그런 응답자의 비율이 영국보다도 더 낮았지만, 그 문제가 어떤 식으로든 해결될 것이라고 믿는 낙관적인 응답자의 비율은 다른 어느 나라보다도 높았다. 이런 조사결과는 추후의 조사와도 궤를 같이 하는데, 나중의 조사에서는 미국민의 71퍼센트가 온실가스 배출을 억제하는 조치들이 미국 경제가 "장기적으로는 …… 더 경쟁력을 갖게 하는" 데 도움이 된다는 것에 동의했다.[14]

영국 환경식품지역부^DEFRA의 한 연구는 기후변화의 위협을 어느 정도나 심각하게 느끼는지, 그리고 기후변화의 진행을 완화시키기 위해서 자신들의 일상생활을 얼마나 기꺼이 바꿀 수 있는지 정도에 따라서 국민을 7개 그룹으로 분류했다.[15] 그 첫 번째 그룹 '적극적 녹색주의자들^positive greens'은 환경에 미치는 영향을 최소화하기 위해서 자신들이 할 수 있는 한 무엇이든지 하겠다는 사람들이었다. 그런 사람은 전체 조사 대상 가운데 약 18퍼센트를 차지했다. 이 그룹에 속하는 사람들은 대부분 집안이 부유한 편이었는데, 인구조사 용어로는 사회계급 A와 B에 속하는 계층이었다.

두 번째 그룹은 '안 버리는 사람들^waste-watchers'로서 환경 목표와 관련해서 '버리지도 않고 바라는 것도 없는' 철학을 따르지만 환경 문제에 대해 특별히 흥미를 가지지는 않는 부류였다. 절약은 이들에게 생활의 일부분이었지만 추측컨대 그것은 단지 더 쓸 것이 없기 때문이라고 해도 좋았다. 이런 사람들은 전체 조사 대상자의 12퍼센트를 차지했으며 주로 연령대가 높은 사람들이었다. 세 번째 그룹은 '관심 갖는 소비자들concerned consumers'로 전체의 14퍼센트를 차지했는데, 환경을 위해서 "이미 다른 보통 사람들보다 더 많이 행하고 있다"고 말하는 부류다. 이들은 자신들이 지금 더 이상 노력할 필요는 없다고 생각한다.

네 번째 그룹은 '방관적 지지자들sideline supporters'로 기후변화가 중요한 문제라는 점을 받아들이기는 하지만, 굳이 자신들의 생활방식을 바꾸면서까지 그렇게 노력할 필요는 없다고 생각한다. 예컨대 그들은 "나는 내가 얼마나 많은 수돗물을 쓰고 얼마나 많은 전기를 쓰는지 일일이 따지고 싶지 않다. 또 나는 종종 그것들을 잠그고 끄는 것을 잊기도 한다"라고 말하는 부류다. 그러면서도 자신들의 생활방식에 대해서 일말의 죄의식을 가지는 것도 사실이다. 이들은 전체 조사 대상자의 14퍼센트를 차지했다. 다섯 번째 그룹은 '신중한 참여자들cautious participants'로 환경을 위해서 지금 하는 일은 거의 없지만, 다른 사람들이 그러기만 한다면 무언가 할 수도 있다고 생각한다. 이들 역시 전체 대상자의 14퍼센트에 해당했다.

여섯 번째 그룹은 '발뺌하는 출발자들stalled starters'로 기후변화에 대해서 아는 바도 별로 없고 그 어떤 경우에라도 문제 해결을 위해서 나서고자 하는 욕망도 없는 사람들이다. 그들 대부분은 그리 넉넉지 못한 가정 출신이다. 승용차를 가지고 있지 못한 것이 다반사지만 사정이 허락한다면 차를 사고 싶어 하는 사람들이 여기에 속한다. 마지막으로, '솔직한 제3자들honestly disengaged' 그룹은 기후변화에 대해 회의적이거나 아예 냉소적인 사람들이다. 이 그룹에 속하는 한 사람은 인터뷰에서 다음과 같이 말했다. "어쩌면 환경 재난이 닥칠 수도 있겠지요. 그렇지 않을 수도 있고요. 하지만 제게는 별로 다를 것이 없겠네요. 나는 지금처럼 내가 하고 싶은 일을 하면서 그냥 살겠습니다."

DEFRA 보고서는, 국민들을 환경적으로 좀더 책임감 있는 행동으로 이끌기 위한 정책은 다양해져야 한다고 주장한다. '적극적 녹색주의자들'은 더 많은 일을 할 수 있는 잠재력이 있고 실제로도 그렇게 하고 싶어 한다. '관심 갖는 소비자들'과 '방관적 지지자들' 역시 적어도 일정 부분은 그런 성향을 가진다. 이런 그룹의 사람들을 위해서는 정책이 "그들에게 가능성을 열어주고 참여할 수 있도록" 해야 한다. 정책이 각 개인으로 하여금 자신이 이미 지니고 있는 환경보전 정신을 더욱 고양시킬 수 있도록 하는 수단을 제공해야 한다는 말이다. 이런 정책의 예로는 어떻게 탄소 소비를 더 낮출 수 있는지 유용한 정보를 제공하고, 지역 단위 활동을 지원하며, 그런 활동을 위한 인프라를 개선하는 일 등을 들 수 있겠다.

'신중한 참여자들'과 '발뺌하는 출발자들'을 위해서는 단순히 가능성을 열어주고 참여하도록 격려하는 데 그치지 말고 특별히 "모범을 보여주라"고 DEFRA 보고서는 강조한다. 앞에서 내가 사용했던 용어를 빌리자면 이 부류의 사람들은 무임승차의 우려가 있다. 이 경우 지역 지도자들과 이웃들이 무임승차에 기인하는 불공정성에 대한 불신을 줄이는 데 나름의 역할을 할 수 있다. '회의론자들'의 경우에는 다른 사람들이 여론을 등에 업고 자신들을 밀어붙이면 점점 더 자신들의 태도를 고집하기가 어려워질 것이다. 공공정책에서 특히 어려운 문제의 하나는 '참여'를 이끌어내는 것인데, 그런 냉소적인 사람들이 기후변화 대응에 동참할 수 있도록 하는 일은 대단히 중요하다.

DEFRA는 기후변화에 대한 시민들의 의식을 얼마나 변화시킬 수 있는지, 생활습관을 얼마나 바꿀 수 있는지 알아보기 위해서 '시민 대표자 회의citizens' summit'를 주최했다. 이 회의는 기후변화법의 도입에 앞서 기후변화에 대한 일반 대중의 이해를 넓히기 위한 자리였다. 이 회의의 참석자들은 전국 각 지역을 대표해서 일련의 워크숍에 참여했다. 그들에게는 자료집이 배부되었고 마지막 회의, 즉 '대표자 회의'가 열리기 전까지 자신들이 탄소 소비를 줄이기 위해서 과연 어떤 일을 할 수 있는지 그 방법을 찾아보라는 과제가 주어졌다.

회의 참석자들을 대상으로 광범위한 설문조사가 이루어졌는데, 참석자들은 분명 정부가 앞장서주기를 크게 바라고 있었다. 사람들은 한 개인으로서 할 수 있는 한계와 범지구적인 성격을 가지는 지구온난화의 속성 사이에 놓인 커다란 괴리를 피부로 실감하고 있었다. 심도 있는 논의를 거치고 난 뒤, '나는 기후변화에 대해서 충분한 정보를 가지고 있다'는 설문에 동의하는 응답자의 비율은 두 배로 증가했다. 회의 말미에는 66퍼센트의 참석자들이 충분한 정보를 얻었다고 답했던 것이다. 기후변화 대응을 위해서 '시급하게 어떤 대책이 마련되어야 한다'는 설문에 동의하는 사람은 처음에는 65퍼센트였지만 나중에는 82퍼센트로 뛰어올랐다. 워크숍이 열리기 이전 설문조사에서는 절반을 조금 넘는 참석자들이 기후변화에 대한 대응이 '우리 모두에게 주어진 사명이다'라는 데 동의했는데 나중에는 그 비율이 83퍼센트로 높아졌다.

영국에서 전체 온실가스 배출량의 약 40퍼센트는 개인들의 여행까지 포함한다면 일반 가정에서 나온다. 개인과 가정의 일상생활에서 온실가스 배출을 낮추는 데 도움이 되는 행동과 습관은 많이 있다. DEFRA는 그런 습관과 행동을 다음과 같이 네 가지 유형으로 구분했다. '일회성 구매 결정', '일상에서의 습관적 행동', '반복적 구매 결정', '습관적 구매 결정'.

첫 번째 유형에 속하는 행동은 예를 든다면 주택의 단열 개선을 위한 공사를 하거나 더 에너지 효율이 높은 승용차를 구입하는 행위 등이다. 두 번째 유형은 가정에서의 에너지 소비율과 자동차 사용 빈도 등과 같은 요소들로 구성된다. 반복적 구매 결정은 절전형 전등을 구매하는 것처럼 에너지 절약형 상품 구매 행위를 의미한다. 마지막으로 네 번째 유형은 식품과 일상 소모품들처럼 각 가정에서 주기적으로 이루어지는 상품의 구매 행위를 포함한다.

일상생활에서 온실가스 배출 저감에 도움이 되는 행동과 습관을 나열한 DEFRA의 목록은 상당히 길다. 그러면 우리는 그런 모든 행동과 습관에다 역점을 두는 완전커버전략blanket strategy을 채택해야만 할까? 많은 참석자들이 그렇다고 대답했다. 이처럼 온실가스 저감을 위해서 사람들이 어떻게 습관을 바꾸고 행동해야 하는지를 보여주는 자료들은 점점 더 많아지고 있다. 대다수 사람들이 그런 지침에 따라 탄소 발자국(carbon footprint, 개인이나 단체가 직간접으로 발생시키는 온실가스의 총량—옮긴이) 감축을 위해 노력한다면 탄소 소비에 미치는 영향은 분명 지대할 것이다.

하지만 나는 그 의도가 무엇이든지 간에 그런 식의 노력에 대해 상당히 거부감을 가지고 있다. 그런 방식이 대단히 비현실적인 가정에 근거하고 있기 때문이다. 다시 말해서, 세상 모든 사람이 다 DEFRA가 구분했던 소수의 '적극적 녹색주의자들' 유형에 포함되어서 기꺼이 행동에 나설 것이라는 전제를 깔고 있는 것이다. 하지만 그런 식으로 강요한다면 대다수 사람들이 실제로 할 수 있는 다른 일조차 하지 못하게 만드는 역효과를 낳을 수도 있다. 기든스의 역설이 작용하는 것이다. 거의 모든 시간에, 또 거의 모든 사람들에게 기후변화 문제는 비록 걱정거리의 하나는 될지언정 언제나 지엽적인 문제로 남겨질 뿐이다. 기후변화 사안은 그 악영향이 직접 우리 피부로 느껴지고 눈앞에 닥칠 때까지 항상 그렇게 취급받을 것이 분명하다. 그런 현실에 이를 때까지 사람들에게 공포와 근심을 유발하는 그런 식의 전략은 제대로 먹혀들기 어렵다. 사람들에게 이렇게 해야 하고 저렇게 해서는 안 된다는 식으로 가르치려는 전략들뿐만 아니라 사람들이 그렇게 행동하도록 끊임없이 감시하고 관리하려는 전략들 역시 효과를 발휘하기는 어렵다.

따라서 지금 많이 행해지는 그런 전략들이 아닌 새로운 접근방식이 필요하다. 새 방법은 소극적인 부분에 관심을 두는 만큼이나 적극적인 부분에도 중점을 두고, 또 스스로 박탈감을 느끼게 하기보다 스스로 행할 수 있도록 기회를 제공할 수 있어야만 한다. 나는 그런 방식이 지켜야 할 원칙을 다음과 같이 정리하고자 한다.

다른 모든 개입에 앞서서 먼저 인센티브를 제공하는 것이 중요하며, 여기에는 세금 문제까지 포함된다. '처벌을 위한 처벌은 없다'는 원칙이 반드시 지켜져야만 한다. 다른 말로 하면, 징벌적 수단은 그렇게 해서 얻어진 수입이 직접 환경보전에 쓰인다거나 또는 행동 변화를 유발할 수 있다는 것이 가시적으로 확인되는 경우에 한해서만 사용되어야 한다. 물론 그 두 가지가 모두 적용되는 경우가 가장 좋겠다. 한 예로, 연료를 많이 소모하는 자동차를 모는 운전자들에게는 그런 특권을 누리는 만큼 막중한 세금을 물려야 하는데, 그 세금은 '오염자 부담 원칙'을 따르되 정치적인 부담도 고려하여 가능한 범위 안에서 최대한 무겁게 부과해야 한다. 물론 SUV 운전자들에게는 소형차로 바꾼다든지 또는 운전 시간을 줄인다든지 하는 스스로 선택 가능한 분명한 대안이 있다.

새로운 접근법에서는 적극적인 부분이 두드러져야 한다. 이것은 그리 어렵지 않다. 집 안을 더 에너지 절약형으로 꾸미는 일을 예로 들어보자.

이런 부분에서 큰 진전을 이룬 나라들이 여럿 있다. 과연 어떻게 그럴 수 있었을까? 사람들에게 겁을 주어서가 아니었다. 안락하고 안전하며 돈도 절약하게 해주는 주택의 장점을 강조한 것이 그런 효과를 불러왔다. 스웨덴이 바로 그런 사례인데, 이 나라 정부는 '공동체, 스타일, 안락함'을 강조함으로써 그런 성과를 거두었다.

탄소 저감을 위한 실천이나 발명품은 처음에는 대다수 사람들에게 외면당할 수 있지만, 어느 순간 유행을 만들거나 어떤 아이콘으로 부상할 경우 엄청난 중요성을 가질 수 있다.[16] 대부분의 초기 실행계획이나 제품들은, 그것이 사회적인 것이든 경제적인 것이든 기술적인 것이든 상관없이, 처음에는 소수의 엘리트만이 접하기 마련이다. 한 예로, 캘리포니아에서 곧 시장에 나올 예정인 수소 연료전지 자동차 라이프카Lifecar는 첫 모델이라 가격이 대단히 비싼데도 예약 대기자 목록이 한없이 길기만 하다. 이런 차에 대한 투자는 친환경 차가 넓은 시장성을 확보할 가능성을 엿보게 할 뿐만 아니라, 차 구매자에게는 앞서가는 사람이라는 징표가 되어준다. 실제로 도요타의 하이브리드 카 프리우스Prius는 전 세계적으로 100만 대 가까이 팔렸다. 프리우스는 다른 자동차회사들로 하여금 하이브리드 카 또는 다른 종류의 저탄소 승용차를 생산하도록 자극했다는 점에서 가히 선구자적 모델이 되었다.

현재까지 온실가스 배출을 줄이는 데 성공적이었던 새로운 시도들은 대부분 기후변화 억제를 위해서라기보다 에너지 효율 증진의 목적에서 추진되었다. 이런 상황은 개인의 행동뿐만 아니라 지방과 도시, 국가 차원에서도 마찬가지였다. 이 점은 오늘날 중요한 원칙으로 삼을 만하다. 에너지 효율을 극대화함으로써 '결과적으로' 온실가스 배출이 줄어들기 때문이다. 사람들은 기후변화를 위해서보다는 에너지 효율 증진을 위한다는 관점을 훨씬 더 쉽게 받아들인다. 굳이 복잡하고 이해하기 어려운 논쟁을 펼칠 필요도 없다. 적극적인 관점에서 에너지 효율 증진을 설명하는 일은 그리 어렵지도 않다. 그런데 이 부분에서 정작 문제가 되는 것은 경제 전체로 보았을 때 에너지 효율 증진이 과연 바람직한가 하는 점이다. 어느 한 부문에서 아낀 에너지를 다른 부문에서 다 써버릴 수도 있기 때문이다. 현 시점에서 가장 근본 과제는 공공 보조금을 지급해서건 기술 진보를 이루어서건 어떻게 해서든 화석연료와 경쟁할 수 있는 청정에너지원을 만들어내는 일이다. 미국의 전력회사들은 적어도 지난 10년 동안 소비자들에게 풍력과 태양광으로 생산한 전기를 공급해왔다. 처음에는 이렇게 생산한 전기의 가격이 경쟁력이 없어서 이를 쓰는 소비자가 아주 적었다. 하지만 2006년 콜로라도 주의 엑셀에너지Xcel Energy와 텍사스 주의 오스틴에너지Austin Energy 두 회사가 일반 전기보다 낮게 가격을 책정했다. 오스틴에너지는 소비자들에게 10년 장기계약을 권했는데, 그 결과 전기 가격이 떨어졌을 때에도 사업은 끄떡없었다.

저탄소 생활방식으로 바꿔나갈 때 기술의 역할이 중요할 수밖에 없다. 하지만 기술 혁신이 사람들의 행동방식을 결정짓는 경우는 드물다. 사람들은 기술 개발자들의 예상과는 전혀 다른 반응을 보이기 십상이기 때문이다. 그래서 1876년에 통신수단으로 전화기가 처음 발명되었을 때, 그것이 우리 생활의 필수불가결한 부분이 되리라고는 아무도 생각지 못했다.[17] 그런가 하면 우리 생활은 기술과의 상호작용을 통해서 극적인 전환을 이루기도 한다. 우리는 '습관의 동물'이 아니던가. 습관이 중독 수준으로 진행될 경우에는 더욱 그렇다. 우리는 우리 행동을 아주 순식간에, 정말 극적으로, 그것도 전 지구적 차원에서 변화시킬 수도 있다. 바로 인터넷이 그런 경우다.

정부는 창조경제creative economy와 창조사회creative society로 나아가기 위해 적극적으로 노력해야 한다. 그것이 기후변화 대응에 당장 도움이 되지는 않을 수 있지만, 창조성이야말로 이 시대에 꼭 필요한 것이다. 이 주제에 대해 많은 글을 발표했던 리처드 플로리다Richard Florida는 경제에서 창조적인 부문―혁신과 수평적 사고, 모험가 정신이 넘쳐나는―이 점점 더 경제 전반의 원동력으로 작용하고 있다고 설득력 있게 주장한다. 플로리다는 소수의 사람들만이 창조성―혁신을 주도하고 기존 고정관념에 반기를 드는 능력―을 지니고 있다는 생각을 거부한다. 그는 창조성을 "무한정한 자원……후대에 전할 수 없고 전통적인 의미에서 자신이 소유할 수도 없는 성질"이라고 정의했다.[18] 연구개발R&D 투자는 물론 중요하다. 하지만 새로운 길을 제시한다는 마음으로 기후변화에 대응하려면 우리는 과학과 대학, 그리고 사회적 기업가social entrepreneur를 더욱 긴밀히 결합시켜야 한다.

극적인 변화, 즉 '티핑 포인트'는 기후변화에만 해당되는 말이 아니다. 그것은 사회, 경제 생활에도 적용이 가능하며, 사실 이 말을 대중화시킨 말콤 글래드웰Malcolm Gladwell도 애초에 그런 맥락에서 논의를 전개했다.[19] 우리가 진정 저탄소 생활방식으로의 전환을 원한다면 그런 티핑 포인트가 만들어지기를 기대해야 할 것이다. 물론 변화는 작은 데에서 시작하겠지만, 그것이 어떤 경계점에 다다르면 이내 엄청난 변화를 가져올 수 있다. 예를 들어, 여론이 갑자기 SUV에 등을 돌린다고 상상해보자. 그러면 불과 하룻밤 사이에 SUV는 거의 판매가 안 될 수도 있다. 어쩌면 그런 일이 이미 벌어지고 있는지도 모른다. 물론 경기후퇴가 한몫을 했겠지만 말이다.

정부는 일반 대중이 '제한선택(editing choice, 소비자의 선택 여지를 제한해서 비윤리적이거나 환경에 악영향을 끼칠 수 있는 상품을 시장 유통에서 금지시키는 일―

옮긴이)'을 받아들이도록 하는 데 중요한 역할을 하며, 이에 필요하다면 대기업들과 맞서는 일도 두려워해서는 안 된다. 사실 기업들은 다양한 직간접의 방법으로 우리들의 선택에 영향을 미친다. 정부도 때에 따라 이런 기업들의 방식을 채용하는 데 거부감을 가질 필요는 없다. 한 예를 들어 보자. 슈퍼마켓에서는 초콜릿과 사탕을 보통 고객들이 줄을 서는 계산대 바로 옆에 진열한다. 그곳에서는 소비자들이 자기가 필요로 하는 물건들을 다 산 이후이기 때문에 충동구매에 취약하다는 점을 노리기 때문이다. 그런데 현재 사회적으로 비만이 크게 문제되고 있다는 점을 생각할 때, 나는 왜 그런 관행을 금지시키지 않는지 그 이유를 잘 모르겠다.(적어도 지금까지는 그런 금지조치가 내려지지 않았다.) 물론 우리가 대중의 탄소 소비에 영향을 미치는 선택들에 대해서 얼마나 제한을 둘 것인가 하는 점에 대해서는 논쟁의 여지가 있다. 하지만 제한선택의 어떤 사례들은 그런 논란이 전혀 불필요할 정도로 그 이유가 분명하다. 예를 들어, 냉난방 설비를 설치할 때 얼마어치 사용했는지 누구나 즉시 알 수 있게 하는 장치를 부착하도록 할 수 있지 않을까? 그리고 우리가 이웃에 비해 얼마나 더 많은 에너지를 사용하고 있는지 알 수 있다면, 에너지 절약 효과는 훨씬 더 커질 것이다. 한 연구에 의하면, 에너지 사용 명세서에 평균사용량보다 더 적게 사용했을 경우에는 웃는 얼굴로 표시하고 평균보다 더 많이 사용했을 때에는 찌푸린 얼굴 표시를 했더니, 특히 에너지를 많이 쓰는 소비자들에게서 큰 절약 효과가 나타났다고 한다. 다른 사례들의 경우에는 더 복잡하긴 하지만 유사한 결과가 빚어졌다. 나는 기업들에 의해서 우리 행동이 이미 심각하게 영향 받고 또 조작되고 있는 현실에서, 정부 정책의 목적이 그런 기업들의 영향력에 대항하는 형식으로 나타난다고 해서 그것이 시민들의 권리를 침해한다고는 보지 않는다.[20] 만약 어떤 회사가 환경에 크게 악영향을 끼치는 상품이나 서비스에 대해 크게 광고한다고 생각해 보자. 정부가 과연 어떤 조치를 취해야 할까? 그런 사례로 오스트레일리아 정부는 절전형이 아닌 모든 전구에 대해서 사용금지를 시켰다. 이런 조치는 정당한 것일까? 내 관점에서는, 절전형 전구가 일반 전구와 비교할 때 조명 효과에는 별로 큰 차이가 없으면서 에너지 효율은 월등하다면 응당 그럴 수 있다고 생각한다. 그 어떤 경우에도 유권자들의 동의만 얻을 수 있다면, 정부는 기후변화 대응을 위해서 더 적극적으로 자신들의 영역을 확장시켜야 할 것이다.

기후변화를 최우선 정치 의제로 삼으려면

기후변화와의 투쟁은 장기적인 정책을 필요로 한다. 그러면 우리는 어떻게 이 주제를 계속해서 정치적 관심사의 가장 앞자리에 둘 수 있을까? 지구온난화 문제를 정치적 의제로 확실하게 붙잡아두기 위해서는 과연 어떻게 해야 할까? 정치학에서의 의제 설정 이론agenda-setting theory이 그 해답을 일부 제공할 수 있을 것이다.[21] 이 이론은 정부의 정책 프로그램에서 어떻게, 왜 특정 정책 사안은 중요하게 부각되는 반면에 다른 어떤 사안들은 겨우 뒷자리를 차지하거나 아예 사라져버리는지에 주목한다. 어떤 사안이 어느 정도나 일반 대중의 관심을 끌고, 또 정책 안건으로 각광을 받게 되는지 하는 문제는 그 사안이 지니는 객관적인 중요성에 의해서만 결정되는 것은 아니다. 여기에는 다른 여러 가지 요소들도 함께 작용한다. 민주주의 국가에서는 언제나 수많은 사안들이 대중의 관심을 끌기 위해서 서로 경쟁을 벌인다. 그런데 정치 세계에서는 대중의 관심도 측면에서 판단할 때 일시적이고 사소한 사안들이 그보다 훨씬 중요하게 오랫동안 다루어져야만 하는 사안들보다 더 각광을 받는 경우가 비일비재하다.

정치적 의제 설정에는 세 가지 단계가 작용하는 것으로 알려져 있다. 그 첫째는 '대중적 의제' 단계로, 이는 어느 주어진 시점에서 유권자들이 대단히 중요하다고 생각하는 사안들을 일컫는다. 둘째는 '정부 의제' 단계로, 의회와 그 주변 기관들 사이에서 논의되고 논쟁이 벌어지는 사안들이 여기에 해당한다. 마지막으로, '결정 의제' 단계란 실제로 입법화가 진행되는 극소수의 정책 사안들이다. 어느 한 시점에 그 각각의 단계에서 논의될 수 있는 의제의 수는 한정되기 마련이다. 따라서 사람들의 관심을 끌기 위해서 각 의제들 사이에는 적지 않은 경쟁이 빚어진다.

이 분야의 선도적인 전문가이자 위의 세 단계 개념을 정리한 존 킹던John Kingdon에 의하면, 어느 주어진 시점에서의 정치 의제는 '각기 다른 흐름의 관심사들'이 서로 상호작용하는 데서 얻어지는 결과라고 한다. 킹던은 그런 관심사를 문제, 정책, 정치의 세 가지 부류로 구분했다. 그런 관심사들은 때로는 한데 수렴되기도 하지만, 또한 각각 스스로의 규칙과 전통을 구축하여 관여하는 사람들도 다르고 나름대로의 역동성을 보이면서 독립적인 흐름을 가지는 경우도 적지 않다. 그러다가 실제로 일이 벌어지는 것은 그런 관심사들이 서로 이어지는 지점에서다. 영악한 정치가들은 바로 그 시점에서 어떻게든 이익을 얻으려 애쓴다. 그런 때에 어떤 의제가 정책 입안자들의 관심을 얻는 데 성공할 확률이 높다. 기회의 창이 비로소 열리는 것이다. 이제는 고전이 된 역저《의제, 대안, 그리고 공공정책Agenda, Alternatives, and Public Policies》에서 킹던은 빅토르 위고Victor Hugo가 남긴 유명한 말로 머리글을 시작한다. "강력한 군대보다 훨씬 강력한 것은 제때를 만난 하나의 아이디어다."[22] 그렇지만 우리는 과연 어떻게 그런 아이디어에 맞는 시대의 도래를 알 수 있을까? 왜 정부 안에서나 그 주변에 있는 사람들은 어느 주어진 시점에 어떤 사안들은 멀리하고 또 어떤 사안들에는 관심을 가지는 것일까?

킹던은 어떤 지표를 통해 특정 사안이 밖으로 불거져 나오고 그에 대한 피드백이 일어나면 그때에야 정책 입안자들의 관심을 끌게 된다고 말한다. 여기서 지표란 문제가 되는 사안의 규모를 가늠케 하는 척도를 말한다. 우리는 이런 지표들을 활용해서 사안의 진행상황을 점검할 수 있다. 따라서 실업률이나 범죄증가율 상승에서 보는 것처럼 진행 중인 사안에서 어떤 변화가 감지되었을 때 그것은 '문제 사안'이 된다. 지표상의 변화는 어떤 사안을 의제로 끌어올릴 수 있지만, 그것이 대중의 관심을 집중시키는 중요한 이슈로 자리매김하려면 어떤 극적인 사건을 통해 주목을 받아야 한다. 이때 극적인 사건이란 언론 보도의 머리기사로 등장할 만한 것으로, 심각한 강력범죄 같은 것이 되겠다.

피드백은 특정한 정책 사안에 대한 각기 다른 여러 집단들 또는 일반 대중들의 반응과 관련된다. 어떤 문제가 각광을 받는 것은 대개 부정적인 피드백이 작용하기 때문이다. 제대로 된 정책이나 잘 진행되는 사업이라면 좀처럼 언론에 보도되지 않는다. 따라서 사람들의 관심을 끌기도 쉽지 않다. 사람들은 문제가 잘못되었을 때, 그리고 앞으로 잘못 진행될 것이라는 징후가 보일 때 비로소 관심을 갖기 마련이다. 관련 사건과 그에 대한 사람들의 반응이 어떤 형태로 표출되는가 하는 점—예를 들어, 어떤 주어진 사안이 과연 얼마나 정부의 개입을 필요로 하는지를 가리는 경우—은 최종적인 결과를 결정짓는 데 대단히 중요하다.

정책이 만들어지는 일련의 과정은 연속성을 지닌다. 그 흐름 속에서 정책을 만드는 일은 정책집단 내의 전문가들이 맡아 한다. 그들은 대중들이 어떤 생각을 하고 있는지에 일일이 구애받지 않는다. 그 과정에서 많은 잠재적 정책 제안들이 만들어지지만 그중에서 극히 일부만이 구체적인 정치 의제로 자리매김한다. 그런 정책 제안들이 바로 문제들에 대한 '해결책'이다. 말하자면 관심의 초점이 된 특정 사건(또는 일련의 사건들) 때문에 정부가 나서야 할 필요성이 제기되었을 때 그런 정치적 개입을 위한 길을 터주는 것이다. 그런 '해결책'의 존재는 대단히 중요하다. 제아무리 문제 자체가 심각하다고 해도 그것을 해결할 수 있는 잠재적인 행동 대책이 따라붙지 않는다면, 정치 의제로 삼기가 어렵기 때문이다. 그런 문제들은 오히려 우리가 어쩔 수 없이 감수해야만 하는 상황으로 인식될 뿐이며, 일반 대중이 우려를 표하는 것들 가운데 상위 자리를 차지하기도 어렵다.

이러저러한 종류의 이익집단들은 여론 형성에 일정한 역할을 담당하며, 정부의 활동 영역을 열어주거나 제한하는 구실도 한다. 하지만 킹던이 말한 이른바 '국민적 정서national mood' 역시 문제와 정책, 그리고 정치의 세 줄기 흐름이 언제, 어디서, 어떻게 서로 수렴하는지에 큰 영향을 미친다. 한 예로, 그런 국민적 정서가 '반정부' 분위기로 흐를 때 유권자들은 정부가 어떤 전략을 선택하든 상관없이 쉽게 등을 돌려버린다.

어떤 기회의 창은 예측이 가능하다. 예를 들어, 매년 이루어지는 예산 편성은 새로운 출발을 위한 좋은 기회일 수 있다. 하지만 대부분의 기회는 그런 예측이 어렵고 따라서 정책기획가들은 그런 기회가 닥쳤을 때 즉각 잡아챌 수 있도록 만반의 준비를 갖추고 있어야 한다. 경우에 따라서는 그런 기회를 차단시키기 위해 언제든지 나설 수 있도록 하는 준비도 필요하다. 한 주어진 정책 의제에 대한 일반 대중의 관심은 그리 오래가지 못한다. 설령 그 주제가 오래도록 중요성을 잃지 않는다고 해도 사정은 마찬가지다. 실제로도 여러 연구들은 문제되는 사안이 단순한 해결책을 수반하지 못할 경우 일반 대중은 곧잘 환멸을 느끼거나 냉담해진다는 것을 보여준다. 냉소주의, 희생에 대한 거부감, 비용이 너무 많이 든다는 인식, 또는 단순한 싫증감 등이 처음에 나타났던 일반 대중의 관심과 지지를 밀어낼 수 있다. 항상 새로운 것을 지향하며 '어제의 뉴스'에 대해서는 쉽게 염증을 보이는 언론매체들 역시 의심의 여지없이 일반 대중의 주의를 다른 데로 돌리는 데 막중한 역할을 담당한다.

기후변화 정책이 여러 분야와 연결되어 있다는 것은 명백하고 중요한 사실이다. 그런 정책에 대한 일반 대중의 지지가 지속적이기는 결코 쉽지 않으며, 그런 지지 역시도 효과적인 정책 실현의 배경을 장식하는 데 그치기 일쑤다. 나는 미래에 닥칠 수 있는 리스크에 너무 집착하는 것은 일반 대중의 여론 형성에 그리 바람직하지 못하다고 일관되게 주장했다. 다른 리스크들에 대한 연구도 필요하고 사람들이 그런 리스크들에 어떻게 반응하는지를 살피는 것도 좋은 결론을 이끌어내는 데 요긴하다는 주장도 멈추지 않았다. 예를 들어, 테러리즘에 대한 대중의 관심은 중요 관심사의 목록에 언제나 오르내리지만 그런 부침은 정확히 킹던이 제시했던 여러 요소들에 의해서 결정된다. 사람들의 관심을 끌 수 있는 사건이 발생하는지의 여부가 대단히 중요하게 작용하는 것이다. 그런가 하면 급박한 대재난에 대한 설왕설래―그에 뒤따르는 리스크가 어떤 것인지에 상관없이―는 일반 대중의 의식에 거의 영향을 미치기 어려우며 오히려 대응 활동에 방해가 되는 숙명론을 확산시킬 수도 있다. 숙명론은 우리가 리스크에 직면했을 때 쉽게 보이는 반응으로, 자신의 생활습관이 건강을 해친다는 경고를 받고서도 별다른 관심을 보이지 않는 사람들에게서 쉽게 관찰할 수 있다.

아래에서 더 자세히 논의하겠지만 초당적인 협력은 기후변화 사안이

'정책 흐름'에서 지속적인 중요성을 가지도록 하는 데 굳건한 닻의 역할을 할 수 있다. 시민사회의 여러 다양한 집단들 또한 필요한 변혁과 혁신을 유지하는 데 중요한 압력으로 작용할 것이다. 그렇지만 여전히 일반 대중의 지지는 필요하며, 또한 그런 지지가 잠재적이어서도 안 된다. 킹던의 연구에 근거하여 사라 프랠Sarah Pralle은 대중의 흥미와 관심이 지속적으로 충전될 수 있는 여러 다양한 방법을 제시했다. 지표들은 그것이 직설적이고 이해하기 쉽다면 중요한 역할을 할 수 있다. 다행스럽게도 기후변화에 대한 과학적 지식이 늘어나면서 그런 지표들은 점점 증가하고 있다. 그중에 핵심이 되는 몇 가지 지표들, 특히 대중의 관심이 쏠린 사건들과 연계 가능한 지표들을 적극적으로 알릴 필요가 있다. 그렇지만 그런 지표들이 비관적인 전망을 유도하는 것이어서는 안 된다. 요컨대 잠재적으로 긍정적인 결과를 암시해야 한다는 말이다. 그런 지표들이 제시됨으로써 해당 집단들과 지역주민들은 다가오는 위협을 최대한 줄일 수 있도록 노력을 경주하게 된다.

사람들은 자신이 직접 경험한 일과 관계된 문제일수록 진지하게 받아들이는 법이다. 좋든 싫든 미국을 강타한 허리케인 카트리나와 2003년 유럽에서의 열파는 선진국 국민들의 의식에 일대 충격을 가했다. 그런 사건들이 '자신들의 집 근처'에서 발생했기 때문이다. 하지만 지금도 선진국 국민 가운데 소수만이 '내 삶은 지구온난화와 기후변화에 직접적으로 영향을 받는다'라는 말에 동의하고 있는 형편이다.[23] 또한 평균적으로 볼 때 그들이 스스로 탄소 소비를 저감하기 위해서 항구적인 대안을 마련한다고 보기는 대단히 어렵다. 따라서 무엇보다도 중요한 것은 정책기획가들이 문제를 제안할 때는 언제나 그 잠재적 대안과 해결책을 함께 내놓아야 한다는 점이다. 그런 해결책은 무언가 '유별난 점'을 가져야 하며, 그래야 사람들을 실천하게 만드는 동기부여가 된다. 탄소 발자국을 줄이는 데 도움이 되는 백 가지 책과 백 가지 방안도 정작 사람들로 하여금 적극적으로 그런 일에 나서게끔 하는 단 한 가지 해결책에 비한다면 그 가치는 보잘 것 없다 하겠다.

초당적 합의를 위해

현대 정치에서 정당들이 좌우의 이념에 치우치지 않고 중도로 모이는 현상에 대해 애석해하는 사람들이 적지 않다. 하지만 적어도 환경 부문에서 이것은 큰 이점일 수 있다. 정치적 중도를 급진주의의 부재와 동일시하는 것은 전통적인 좌-우 가르기식 사안에나 들어맞는다. 내가 앞에서 주장했듯이 우리가 그런 식으로 생각하지만 않는다면, '중도 급진주의radicalism of the centre'도 가능하다. 사실 기후변화와 에너지 정책에서는 이런 개념이야말로 대단히 중요하다.

그러면 '중도 급진주의'란 과연 무엇을 의미할까? 무엇보다도 먼저 급진적인 조치를 위한 대중의 지지를 광범위하게 확보하는 것이다. 다시 말해서, 기후변화 대응에 긴요한 조건인 혁신과 장기적인 사고의 결합을 위해서 그런 지지가 필요하다는 뜻이다. 이는 또한 국가의 개혁을 수반하기도 한다. 기후변화와 에너지 안보는 그만큼 중대한 사안이다. 그렇기에 다른 정치 부문에도 많은 영향을 미치며, 정부의 모든 부처가 이 문제에 관심을 기울여야 한다. 이제 대부분의 산업국가는 이런 점을 분명히 인식하고 있다. 비록 그 실천에 있어서는 다소 느리긴 해도 말이다. 기후변화 관련 사안은 주로 환경부에서 맡는데, 그런 부처가 힘 있는 정부 부서인 경우는 거의 없다. 보통 환경부는 교통 문제나 에너지 문제, 보건, 해외개발 등을 다루는 부처들과 따로 떨어져 있다. 그런데 정부 부처의 힘은 대부분 어디에 돈이 모이는가에 따라서 결정된다. 재무부가 그런 부처다. 하지만 이제부터는 어디에 돈이 모이는가 하는 것 역시 기후변화와 에너지 문제에 크게 영향을 받을 것이다. 그렇다면 이런 사안들이야말로 부처들 간의 우위를 결정짓는 중요한 요소가 아닐 수 없으며, 사람들의 관심 역시 여기에 모아지는 것이 당연하다.

기후변화 문제는 좌파와 우파의 이분법에서 벗어나야만 한다. 각 정당들이 상대 정당이 아닌 바로 자신들이야말로 지구온난화에 대해 확고하게 대처할 적임자라고 주장하는 것은 너무도 당연한 일이다. 하지만 어떤 특정 영역을 넘어서서, 또 정당정치가 으레 그렇듯 말만 뻔지르르한 수준을 넘어서서, 이 사안이 정당들 사이의 일상적인 다툼을 당장 멈추어야 할 만큼 중대하고 총괄적인 문제라는 공감대가 형성되어야 한다.

영국 의회에서는 정당 협의체를 꾸려 어떻게 하면 초당적 합의를 이끌어낼 수 있는지를 검토하여 종합보고서를 펴낸 바 있다. 그 협의체는 그런 초당적 합의에 대한 합의를 이루어내기를 희망했는데, 어느 정도는 성공을 거두었다. 그들의 목적은 "단기적인 이익을 놓고 여러 정당들이 경쟁을 벌이는 정치 경향을 넘어서서 어떻게 하면 기후변화에 대응하여 의회에서 초당적 합의를 이끌어낼 수 있는지를" 파악하는 데 있었다.[24] 과연 그런 합의를 기대할 수 있을까? 만약 그렇다면 어떤 형식의 합의가 가능할까?

이를 위해 다양한 의견이 모아졌다. 일부에서는 그런 초당적 합의가 모든 정치적 제안과 정책에 뒤따라야 하는 활발한 논쟁과 철저한 검증을 제한할 수 있기 때문에 사실상 바람직하지 않다고 주장했다. 게다가 그런 합의가 이루어진 사안은 일반 대중의 관심에서 멀어져 그에 대해 알려고도 하지 않을 가능성이 크다고 지적했다. 또한 합의 당사자들이 최소의 공통분모만을 채택해서 합의에 이를 가능성 또한 적지 않다.(실제로 교토 의정서와 그 이후의 협상 과정에서 그런 일이 많이 벌어졌다.)

하지만 이런 지적들을 어느 정도 인정한다고 해도 대다수 사람들은 초당적 합의가 가능할 뿐만 아니라 꼭 필요하다는 데 동의했다. 또 어떻게 온실가스 감축을 최대한 달성할 것인가 하는 문제보다 그 감축 목표에 대한 합의가 필요하다는 점에 대해서는 더욱 많은 사람이 공감했다. 하지만 그런 목표뿐만 아니라 수단 역시 중요한 합의사항이 되어야 한다는 것을 강조하는 이들도 많았다. 재정적 수단이나 연구개발 및 기술에 대한 투자처럼 한 정권에서 발의된 정책이 다음 정권에서도 흔들림 없이 안정적으로 계승되어야 한다는 점도 중요하게 지적되었다.

초당적 합의는 굳건해야 한다. 정당들은 좀더 장기적인 목표는 외면하고 눈앞의 정치적 이익만을 추구하고 싶은 유혹을 많이 느끼기 때문이며, 특히 대중에게 별로 인기 없는 결정을 내려야 하는 경우에는 더욱 그렇다. 단지 목표에만 집중하는 합의는 설령 그 목표에 대한 광범위한 지지가 있다고 해도 실제로 효과를 거두기에는 너무나 미약한 것이 보통이다. 영국 하원의원이자 초당적 위원회를 이끌었던 콜린 챌런Colin Challen도 이 점을 강조했다.

> 확고한 합의에 이르기까지는, 문제 해결을 위해 아주 강력한 조치를 제안하는 정당이라도 …… 선거에서 유권자들의 표를 구하기 위해서 마구잡이로 '면죄부'를 제안하는 다른 정당과 마주앉아야 할 위험이 늘 있다. ……누구나 다 받아들일 수 있는 그런 합의라면 합의로서 별로 가치가 없다. 합의의 목적이 유권자들의 표를 의식해야만 하는 단기적인 정치 목

표와 훨씬 장기적인 기후변화 대응이라는 목표 사이에 놓여 있는 심각한 긴장 관계를 극복하는 데 있음은 분명한 사실이다. 유감스럽게도 현재까지는 그런 긴장 관계에서 단기적인 성과주의가 늘 승리를 거두었다.[25]

이 위원회는 합의가 꼭 '전부 아니면 전무' 식일 필요는 없다고 결론지었다. 또 합의는 구체적인 목표와 그런 목표 달성을 위하여 합리적인 기회를 제공할 수 있는 장기적 정책 틀에 집중해야 한다고 강조했다. 초당적 합의가 이루어져 확실한 결과가 얻어진 사례는 이미 존재한다. 북아일랜드의 분쟁 해결이 그와 같은 경우였다.

위원회에서 내놓은 주요 건의안은 목표 달성을 향한 제반 과정을 감독할 독립적인 기구 설치와 총리가 직접 초당적 합의 과정을 책임질 것 등이었다. 그런 기구가 사실상 기후변화위원회의 모습으로 추후에 설립되었으며, 다음 정부들에게는 그 목표 달성이 법적 의무로 부과되었다.(4장 121~131쪽 참조) 네덜란드, 덴마크, 일본 등 몇몇 국가들에서도 초당적 합의를 도출할 수 있는 유사한 프로그램들이 만들어졌다.

합의를 이루었다는 자체가 중요하기는 하지만, 그렇다고 해서 그 합의가 최소한에 그쳐서는 안 될 일이다. 어쩌면 우리는 합의consensus라기보다 협약concordat이라고 해야 더 맞는 말인지도 모르겠다. 공개적으로 내놓을 분명한 원칙 선언statement of principles이 있어야 하기 때문이다. 이 책의 전체적인 주제에 걸맞게 나는 그런 합의가 목표뿐만 아니라 수단까지도 반드시 포함해야 하며, 그것이 진정으로 소정의 성과를 거두려면 장기 대안뿐만 아니라 단기 대안까지도 끌어들어야 한다는 점을 강조하고 싶다. 여기에서 합의된 목표가 향후 수십 년이 지나서야 비로소 달성되는 정도의 것이라면 제아무리 필요한 일이라 해도 별무소용이기 십상이다. 기후변화를 둘러싼 그런 초당적 합의가 의회 차원에서 논의되는 동안 적어도 여기에 참여하는 정당들은 서로 다툼을 중단해야 할까? 나는 그렇다고 본다. 중도좌파 정당이나 연립정당들의 경우에는 더욱 자신들의 목소리를 낮춰야 할 책임이 있다. 특히 좌파와 녹생당이 연합하는 경우에는 더욱 그래야 한다. 그들은 늘 좌파적 사고를 자신들의 특권인 양 주장하지만 그것은 잘못이다. 기후변화 정책에 대해 가장 마음내켜하지 않는 부류가 중도우파임을 감안한다면, 그런 자제가 합의를 도출하는 데 얼마나 중요한지를 새삼 깨닫게 될 것이다.

영국의 기후변화위원회보다도 더 강력한 감독기구가 만들어져야 한다. 그런 감독기구는 단지 권고안을 제출하는 데 그치지 않고, 정부가 자신의 의무를 등한시할 때 법정에 제소할 권리까지 법으로 보장받아야만 한다. 감시기구의 인적 구성 역시 대단히 중요하며, 이를 정권의 특권으로 인식해서도 안 될 일이다. 그 기구의 권한은 기후변화의 영역을 넘어설 수도 있으며, 에너지와 에너지 계획 수립에 관련된 모든 정부기구와도 분명한 협력관계를 구축해야 한다.

그런 기구가 지나치게 관료화되는 일은 반드시 막아야 하며, 자신의 업무 영역을 지나치게 한정하는 것도 그리 바람직하지 못하다. 따라서 그 구성원을 정기적으로 교체하는 방안이 필요한데, 직원들을 비교적 단기간 동안만 근무하게 한다거나 기타 다른 방안을 강구해야 한다. 또한 이 감독기구는 정식으로 의회의 감사뿐만 아니라 더 광범위한 공공실사를 받도록 해야 한다.

지구온난화 문제를 다루면서 정부는 변화를 촉구하는 역할에 머물러서는 안 된다. 정부 자체가 변화의 모범이 되어야 한다. 정부와 그 관료사회는 마치 자신의 환자들에게는 담배를 피지 말라고 권고하면서도 정작 자신은 담배에서 손을 놓지 못하는 의사의 처지가 되어서는 안 된다는 말이다. "내가 행동하는 대로 따르지 말고 내가 말하는 대로 하시오"라는 말로는 이제 부족하다. 한 예로, 정부는 단지 온실가스 감축 목표를 정하는 데 그칠 것이 아니라 그런 목표를 과연 어떻게 달성할 것인지 분명히 보여주는 선봉장 역할을 할 수 있어야 한다.

국가와 사회: 기업과 NGO

책임을 다하는 국가라면 기후변화 정책의 목표 달성을 위해서 여러 다양한 집단과 함께 일해야 하고 또한 마땅히 일반 대중과도 호흡을 맞추어야만 한다. 개인의 권리와 책임을 전통적인 자유주의의 관점에서 가장 단순하게 정의한다면, 각 개인은 다른 사람들에게 해를 끼치지 않는 한 그 생활방식이 어떻든, 무엇을 추구하든 모두 자유의사로 선택할 수 있다. 그러나 설령 자유주의 국가라고 해도 그런 원리를 환경 문제에까지 적용해서는 안 되며, 또한 후세에게 해를 미치는 행위까지 허용해서도 안 된다. 이제 이런 두 가지 문제가 중요한 핵심으로 부상하고 있다.

우리는 민주적인 절차를 밟아가는 과정에서 미래 세대의 권리를 그 안에 반영해야 한다. 환경주의자들은 종종 다음과 같은 수사를 구사하면서 기후변화 문제에 대한 자신들의 입장을 주장한다. "앞으로 50년 후 우리 손자들이, 그런 심각한 피해가 발생할 것을 진작부터 알고 있었는데도 왜 그대로 보고만 있었는지 우리에게 묻는다면 과연 어떻게 대답할 것인가?" 이런 질문이 일과성 질문으로 그쳐서는 안 된다. 민주적 과정의 정상적인 한 부분으로서 우리가 스스로에게 계속 물어야만 하는 질문인 것이다. 여기에는 많은 의미가 있다. 예를 하나 들어보자. 석유와 천연가스에 대한 논쟁은 곧 언제 그 가용매장량의 절반이 소모되고, 그래서 과연 언제쯤이면 그 자원의 대부분이 고갈될 것인가 하는 질문으로 귀착된다. 그렇지만 정작 우리가 스스로에게 물을 수 있고 또 물어야만 하는 질문은, 앞으로 다른 에너지원이 개발되건 그렇지 못하건 상관없이 우리(즉 우리 세대)가 귀중한 천연자원을 그토록 소모시켜도 되는 것인가 하는 점이다. 다른 광물자원들에 대해서도 마찬가지로 물을 수 있고 또 물어야만 한다.

우리 후속 세대의 권리에 마땅히 관심을 가져야 하는 것을 포함해서 환경에 대한 권리와 책임은 자유민주주의의 기존 틀 안으로 직접 끌어들여야만 한다. 다른 말로 한다면, 우리가 투표권을 행사하고 법 앞에서 평등을 누리고, 표현과 집회의 자유를 향유하는 권리와 책임을 만끽하는 것처럼 환경에 대한 권리와 책임도 마땅히 우리와 함께해야만 한다는 것이다. 로빈 에커슬리[Robyn Eckersley 26]는 환경에 대한 우리의 권리와 책임은 다음과 같은 요소들을 포함해야 한다고 제안했다.

- 앞에서 지적했던 것처럼, 정부는 우리 미래 세대와 비인격 생물종에 대해서까지 윤리적 책임의 대상으로 간주해야 한다.
- 오염물질 및 유독물질과 관련하여 국민의 알 권리를 명시한 입법 조치. 국가가 정기적으로, 그리고 시민단체나 지역사회가 요구할 경우에는 언제든지 그런 정보를 제공하도록 법으로 보장한다.
- 새로운 기술이나 개발에 대한 제안이 있을 때마다 그것이 환경에 미치는 영향을 평가하기 위해서 공개 포럼을 개최한다.
- 환경 규범이 제대로 지켜지고 있는지 NGO나 기타 관심 있는 시민이 직접 확인할 수 있도록 제3자가 나서서 제소할 권리를 가진다.

- 환경에 해를 끼친 당사자에게 벌금을 부과하도록 '오염자 부담 원칙' 을 철저히 적용한다.
- 시민사회를 구성하는 시민, 기업, 단체가 환경을 위해서 잘못된 행위를 자제하는 데 그치지 않고 능동적인 참여자가 될 수 있도록 하는 의무를 부과한다.

이와 같은 기본 틀은 기후변화 정책에 관련된 많은 활동을 수행하는 다양한 집단의 사람들을 한데 묶는 데 큰 도움이 된다. NGO와 기업은 그중에서도 가장 두드러지는 집단이며, 이미 오래전부터 서로 밀접한 관계에 있었다. NGO와 기업은 대개 세계 전체를 바라보는 시야를 가지고 있으며, 그중 선두에 선 이들은 그 명성이 널리 알려져 있다. 기업은 어떤 측면에서 평가하더라도 환경 분야에서 아주 큰 영향력을 가진다. 기업은 전 세계적으로 사용되는 에너지의 3분의 1을 소비하며, 또한 에너지 생산에도 관여한다. NGO는 곧잘 자신들을 기업이라는 거인에게 대항하는 작은 송사리에 비유하지만, 실제로는 그들의 영향력 또한 대단하다. 가장 명성이 높은 NGO는 그만큼 명성을 갖춘 기업과 비교할 때 대중적 신뢰도 측면에서 훨씬 높은 점수를 받는다.[27]

NGO들은 오래전부터 대기업이야말로 자원을 무책임하게 낭비하는 주범이라고 여겼다. 여러 가지 관점에서 충분히 그렇게 생각할 만했다. 그런데 기후변화와 관련해서 특히 중요한 것은 중공업, 교통과 수송, 석탄과 석유, 중화학공업 등을 대표하는 화석연료 관련 로비단체들이다. 아주 최근까지도 그런 로비단체들과 각 개별 기업들은 우리가 온실가스 감축을 꾀하는 것은 실수라고 강변했다. 그들은 거의 언제나 회의적인 입장을 견지하는데, 이는 그들이 발표한 문건과 그들이 자금을 지원하는 싱크탱크들의 보고서에서 쉽게 확인할 수 있다. 산업계의 대표적인 연구소 가운데 하나인 미국석유연구소American Petroleum Institute는 자신들이 추구하는 주된 목표는 "기후변화가 중요한 사안으로 간주되지 않도록 하는 데 있다"[28]고 분명히 밝히고 있다.

산업계를 대변하는 로비단체는 특히 미국에서 조직이 잘 갖춰져 있고 막강한 힘을 과시한다. 부시 정권이 기후변화에 대응하기 위한 조치에 그렇게 적대적인 입장을 견지한 데는 분명 그들의 영향력이 크게 작용했을 것이다. 실제로 조지 부시 대통령의 집권 1기 동안 백악관 비서실장을 맡았던 존 수누누John H. Sununu는 유명한 기후변화 회의론자였다. 로비스트들이 그와 부통령 딕 체니Dick Cherney에게 접근하기는 손쉬운 일이었다. 그들은 화석연료업계의 이익에 위협이 된다고 본 입법안들을 거의 대부분 차단하거나 무산시키는 데 성공했다. 존 수누누가 그 자리에서 물러나자 한 신문은 기사 제목을 이렇게 붙였다. "수누누 퇴임 …… 석탄 로비단체 애도에 빠지다."[29] 산업계는 유럽에서도 큰 영향력을 가진다. 그들은 포괄적인 탄소세 도입이 경쟁력을 해칠 것이라는 미국 산업계의 주장을 그대로 반복하면서 애초에 그런 제안을 내놓은 정부 위원회를 향해 맹렬하고 집요하게 로비를 펼쳤다.

그러나 우리는 많은 환경 관련 문헌에서 볼 수 있듯이, 그런 산업계 로비단체들, 그리고 더 넓게는 대기업들을 단순히 악마처럼 나쁘게 보지 않도록 조심해야 한다. 로비단체들 자신이 (환경 관련 로비단체들도 마찬가지지만) 아주 빈번히 이합집산하는 것처럼, 경제계 지도자들이라고 해서 다 같은 부류는 아니다. 한 예로, 교토 의정서 체결을 위한 환경정상회의가 열리는 동안 석유산업계가 맹렬한 반대 운동을 펼쳤던 것과는 달리 가스업계와 전력업계는 오히려 그것을 지지하는 입장에 있었다. 1997년 미국 캘리포니아 주 스탠퍼드 대학에서 한 연설에서 영국국영석유회사[BP]의 총수 존 브라운은 다른 주요 석유회사들과 입장을 달리한다는 발언을 최초로 했다. 그는 지구온난화가 중대한 문제라는 점을 인정했으며, BP도 그 해결을 위해서 노력하겠다고 다짐했다. BP의 이런 결정은 갑작스럽게 내려진 것이 아니라 오히려 점진적으로 이루어졌다. 30년도 더 오래 전에 BP가 알래스카 주에서 거대한 유전을 발견했을 때, 환경단체들이 이 유전개발에 맹렬히 반대한 일이 있었다. 그 사건 이후 BP는 제대로 된 환경영향평가 없이는 유전개발에 나서지 않았다.

NGO들이 도덕이라는 옷으로 자신을 감싼 채 더 나은 세상을 만드는 데 진력을 다하고 있다는 점에는 의심의 여지가 없다. 하지만 그들 역시 로비단체들이며, 이는 최근 재생에너지 산업을 대변하는 새로운 단체들이 다수 생겨나고 있는 데서도 알 수 있다. 요즈음 NGO 비판자들이 지적하는 것처럼 NGO 활동가들은 선출된 이들이 아니며, 기업과 같이 시장원리에 복속되어 있지도 않다. NGO들의 활동은 산업계 로비단체들과는 달리 훨씬 비공식적으로 이루어지기 때문에, 그들의 영향력이 실제로 얼마나 되는지는 제대로 평가하기가 어려운 것도 사실이다.

기후변화네트워크[Climate Change Network]는 전 세계 여러 국가와 지역을 대표하는 365개 NGO 단체들의 연합체로, 여기에는 그린피스, 지구의 친구들, 세계야생생물기금[WWF, World Wildlife Fund] 등 저명한 단체들도 포함되어 있다. 기후변화네트워크는 전 세계에서 무려 2000만 명에 달하는 회원수를 자랑하는데, 이 점이 바로 환경 문제를 우려하는 시민들을 대변해서 목소리를 높이는 근거가 된다. 그들은 다음과 같은 '세 가지 접근방법'을 채용하고 있다. 먼저 그들은 온실가스 감축 목표 달성에 열성을 보이는 나라들에 대해서 더 압력을 가한다. 2007년 발리 정상회의에서 합의한 대로 기후변화 억제를 위한 새로운 국제회의체를 결성하자고 촉구하는 것이다. 두 번째로, '녹색 전술'은 개발도상국들이 재생에너지 기술을 채용하도록 돕는 일이다. 세 번째로, '적응 전술'은 기후변화에 가장 취약한 국가들로 하여금 기후변화가 불러오는 어쩔 수 없는 악영향에 대해 더 잘 준비하고 적응하도록 돕는 일이다.

NGO가 단지 로비단체로서만 활동하는 것은 아니다. 그들은 과학적 정보를 정리해서 정책결정자들과 일반 대중에게 전달하여 그들의 주의를 환기시키는 데도 큰 역할을 한다. 1980년대 후반 NGO들은 두 차례 중요한 국제회의를 주최했는데, 여기에서 IPCC 결성이 추진되었다. 또한 NGO들은 많은 나라에서 정부의 기후변화 대응 정책 수립에 깊숙이 관련되어 있다. 그들은 정부가 행동에 나서도록 부추기며 그런 행동이 널리 확대되도록 애쓴다.

기후변화가 불러오는 위험을 충분히 인식하고 그것을 억제하기 위한 활동에도 적극적으로 나서는 차세대 비즈니스 리더들—그들이 직접 NGO와 협력하는 경우도 빈번하다—이 부상하고 있다. 월마트Wal-Mart와 같은 기업들은 오랫동안 환경주의자들이 공공의 적으로 여기기도 했지만 기후변화 의제의 배후에서 커다란 변신을 꾀하고 있다. 단지 체면치레 정도가 아닌 새로운 변화를 모색하고 있는 것이다. 월마트는 온실가스 배출을 획기적으로 줄이기 위해서 장기적인 대책뿐만 아니라 단기적인 대책도 수립했다. 비단 여기에서 그치지 않고 자신에게 납품하는 공급업자들에게도 온실가스 배출량을 점검하고 저감하도록 요구한다. 테스코Tesco는 총 8만 개에 이르는 제품군에 대해 '탄소 라벨carbon label'을 부착하도록 결정했다. 그래서 소비자가 자신이 사는 상품들이 얼마나 많은 온실가스를 배출시켰는지를 알도록 하자는 취지에서다. 이 회사는 2012년까지 상품 품목당 온실가스 발생량을 2006년을 기준으로 해서 그 절반 수준으로 낮추도록 목표를 정했다. 물론 기업의 그런 결정에 대해 신빙성을 의심하는 사람들도 적지 않다. NGO 기업감시연대$^{NGO\ Corporate\ Watch}$라는 단체는 20개가 넘는 '기업형 범죄' 혐의로 테스코를 고발하기도 했다.

환경단체들의 기업 비판에 대해서는 옳은 주장과 그렇지 못한 주장을 확실히 구별하는 일도 중요하다. 기업들이 환경을 빌미 삼아서 불성실하거나 아주 틀린 주장을 하는 일이 점차 큰 문제로 등장하고 있기 때문이다.(이를 '녹색분칠^{greenwash}'이라고 한다.) 내가 이 글을 쓰고 있는 책상 위에는 두 개의 대형 광고를 게재한 신문이 놓여 있다. 한 광고는 연료를 가장 많이 잡아먹는 대형 SUV 차종 하나가 들판을 배경으로 서 있는 사진을 싣고 있다. 그런 종류의 차들은 대부분 도시의 길거리를 헤집고 다니는데도 말이다. 자동차회사는 그 차의 생산라인 개선으로 에너지 효율을 일부 개선했다는 점을 들어서 자신들이 '환경'을 위해서 커다란 기여를 하고 있다는 점을 자랑스레 강조했다. 두 번째 광고는 그보다 더 우스운 경우로, 시내에서는 1갤런의 연료로 10마일도 달리지 못하는 스포츠카를 두고 마찬가지 주장을 편다.

대부분의 국가에서 규제기관들은 그런 기업들의 행태에 대해 공식적이고 효과적인 대응을 할 만큼 충분한 권위와 자원을 확보하지 못하고 있다. 정부는 인종차별에 대해서 강력한 법규를 마련해서 대응하는 것처럼, 그렇게 법적 기준에 의거해서 본격적인 대응에 나서야만 할 것이다. 내 생각에 '녹색분칠'을 공격하는 일은 결코 사소하거나 지엽적인 일이 아니다. 그런 이유 중의 하나는 물론 기업들이 온실가스 감축을 더 진지하게 자신들의 의무로 받아들여야만 하기 때문이다. 그런데 그보다 훨씬 중요한 이유는 '녹색분칠'이야말로 기업들이 의도적으로 일반 대중을 현혹

하는 방법이라는 데 있다.

기업들이 반드시 지켜야 할 기준을 정확히 정리하는 것이 그리 어렵지는 않다. 기업 스스로가 설정하여 공표한 온실가스 저감 목표는 전체 공정에서 반드시 지켜져야 하며 어느 선택된 일부 공정의 개선에만 의지해서는 안 된다. 기업은 주어진 어느 기준점을 근거로 해서 확고하고 측정 가능한 수단을 동원하여 반드시 자신들의 목표를 달성해야 한다. 그럴 수 없다면 기업은 아예 그런 목표를 제시할 필요조차 없다. 기업은 제3자를 불러들여서 자신들이 이룬 성과를 검증받을 수도 있다. 그렇게 해서 확인된 결과는 매년 재정보고서를 발표하는 것처럼 역시 보고서의 형태로 공개해야 한다.

우리는 월마트와 다른 대형할인점 체인들이 어떤 성과를 내놓을지 지켜볼 필요가 있다. 하지만 일부 기업들은 이미 자신들의 약속에 대해 그 결과물을 제시하고 있기도 하다. 나이키Nike는 지난 10년 동안 자신들의 탄소 발자국을 75퍼센트나 줄였다. 또한 2020년까지 폐기물 제로, 유독성 제로, 제품 생산라인에서의 완전한 재활용 달성을 목표로 하고 있다고 밝히기도 했다. 어쩌면 그런 목표 달성이 어려울지도 모르겠다. 하지만 이와 같은 기업들의 선언이 그때까지 자신들의 목표 달성을 공언하는 각 국가들의 약속보다 신빙성이 떨어진다고 볼 근거도 없지 않은가. 물론 각 국가들에 대해서와 마찬가지로 기업이 자신들의 약속을 제대로 지키지 못할 경우에 압력을 행사할 수 있는 NGO들의 활동도 꼭 필요하다.

오늘날 마치 몇몇 국가들이 그러했던 것처럼 자신의 입장을 근본적으로 바꾸고 있는 기업들이 있다. 이 기업들은 일정 부분 사업적인 목적에서, 그리고 탄소시장과 탄소세 시대를 미리 대비하기 위해 그런 변화를 선택했다. 그런가 하면 변화를 요구하는 시대적 요청에 급소를 찔려서 그런 선택을 해야만 했던 기업들도 있다.

2007년 코카콜라Coca-Cola 회장은 향후 회사의 행동지침으로 "우리가 새로 공급할 수 있는 물보다 더 많은 물을 수계에서 빼내 사용해서는 안 된다"[30]고 천명했다. 코카콜라는 세계야생생물기금WWF과 협력하여 수자원 보호에도 적극적으로 나섰다. 그런 협력은 코카콜라와 WWF 모두 새로운 변화의 필요성을 절감했기 때문에 가능했다. 코카콜라의 최고경영관리자 마샤 마시Marcia Marsh는 다음과 같이 지적했다. "사실 우리는 더 큰 목표 달성에는 실패하고 있다. 우리는 대중의 인식을 높이고 기금을 확보하는 데는 성공을 거두었지만 생물종들은 전례 없이 빠른 속도로 사라지고 있다. 그들의 서식지 또한 계속해서 파괴되고 있다. NGO의 노력만으로 그런 범지구적인 변화의 조류를 역전시키기란 불가능하다는 사실을 누구나 다 안다."[31]

코카콜라는 2002년부터 전 세계 담수 공급망의 확충을 위해서 다양한 프로젝트에 착수했는데, 당시만 해도 각국 정부들 대부분이 전 세계적인 물 부족 문제의 심각성을 충분히 감지하지 못했을 때였다. 하지만 코카콜라는 오래전부터 그런 물 부족 사태가 전체 수자원 공급망에 어떤 영향을 미칠지에 대해 분석하고 있었으며, 얼마 후에는 코카콜라의 전 세계 기업 활동이 환경에 미친 영향에 대한 자료를 WWF가 공표할 수 있게 동의해 주었다. 코카콜라와 WWF는 수자원 이용 효율 증진이라는 공동의 목표 달성을 위해서 앞으로도 긴밀히 협력할 것이다.

크리스틴 맥도널드Christine MacDonald는 자신의 저서 《녹색기업Green Inc.》에서 NGO들이 기업과 가까워지면서 점차 부패하고 있다면서 그런 관계를 끊어야 한다고 주장했다.[32] 사실 NGO, 기업, 정부는 서로 어느 정도 이해관계의 차이가 있지만, 어느 하나가 없어서도 안 되고 또 그럴 수도 없게끔 얽혀 있다. 어떤 의미에서는 셋 모두 이익단체라고 할 수 있으며, 그들이 항상 대중의 이익을 위해서 봉사한다고만은 할 수 없다. 그럼에도 그들 사이에 효과적인 협력관계가 만들어지지 않으면 대단한 성과를 거두기 어려운 것도 사실이다. NGO는 도덕적 신뢰성을 지닐 뿐만 아니라 기업들이 보통 갖추기 어려운 환경에 관한 지식과 경험을 축적하고 있다. 그 규모가 크든 작든 기업의 역할은 기후변화에 대한 대응에서 절대적으로 중요한데, 많은 비용을 부담할 수 있고 또한 새로운 기술 개발에도 선도적인 역할을 할 수 있기 때문이다.

코카콜라와 WWF뿐만이 아니다. 전 세계적으로 그와 유사한 협력관계가 많아지고 있다.[33] 유니레버Unilever는 자신들의 홍차 사업이 환경에 미치는 영향을 검증하기 위해서 열대우림동맹Rainforest Alliance과 제휴했다. 이케아IKEA는 브라질의 NGO들과 함께 아마존의 벌목을 막기 위해 나서고 있다. 알루미늄을 생산하는 미국계 알코아Alcoa는 과거에 많은 NGO들의 공격 대상이었지만, 이제는 환경에 미치는 영향을 최소화하려는 노력의 일환으로 역시 아마존의 훼손을 막기 위해 애쓰고 있다. 알루미늄 생산에는 엄청난 양의 물이 사용된다. 또한 그 생산과정에서 많은 온실가스가 배출되며 매립장으로 보내지는 폐기물도 막대하다. 알루미늄 광석(보크사이트)은 지표면 근처에 매장되어 있기 때문에 노천채굴이 많고, 그것을 제련하는 과정에서는 이산화탄소와 함께 과불화탄소PFCs가 배출된다. 과불화탄소는 가장 유해한 온실가스의 하나로, 그 유해 정도는 메탄가스보다 더 심각하다. 알코아는 2010년까지 자사 공장에서 배출하는 폐수를 70퍼센트 줄이고 2020년까지는 제로 배출을 목표로 정했다. 또한 폐기물 배출과 재활용에 있어서도 유사한 프로그램을 마련했다. 알코아의 목표는 2010년까지 알루미늄 부산물 20퍼센트를 재활용하고 2020년에는 50퍼센트 재활용을 달성하는 것이다.[34] 폐기물 재활용은 직접적으로 온실가스 배출을 줄일 수 있는 데다 간접적으로도 기여하는 바가 크다. 알루미늄 캔은 원광석인 보크사이트를 오스트레일리아에서 채굴해 중국에서 제련한 다음, 미국이나 유럽에서 캔으로 만들어져 내용물을 채운다. 그런 캔을 재활용하면 전체 과정이 한 국가 안에서 이루어지기 때문에 온실가스 배출을 75퍼센트나 줄일 수 있다.

제조회사들만 이런 태도 변화를 보이는 것은 아니다. 다른 분야에서도 그런 변화가 나타나고 있다. 2007년 2월 씨티그룹Citigroup은 '기후변화에 대한 입장'을 밝힌 보고서에서 지구온난화가 심각한 위험을 불러올 수 있다고 인정했다.[35] 그 보고서는 이제 가장 중요한 문제는 기후변화의 속도와 파괴력, 그리고 그로 인한 실제적인 영향이라고 지적했다. 부시 대통령 재임 기간 동안 씨티그룹은 미국 정부가 그간의 입장을 바꾸어 기후변화 대응에서 세계의 지도자 역할을 맡아야 한다고 주장했다. 이 회사는 2011년까지 온실가스 배출을 10퍼센트 저감하고 대안적인 에너지 기술을 개발하는 데 투자하겠다고 약속했다.

같은 해에 씨티그룹은 기후변화 대응 프로젝트를 위해서 향후 10년 동안 500억 달러를 투자한다고 발표했다. 현재까지 씨티그룹은 100억 달러를 집행했다. 또 이 회사는 이미 태양광, 풍력, 수력 등의 재생에너지원은 물론 저탄소 빌딩 프로젝트를 포함하는 착실한 포트폴리오를 마련해놓고 있다. 이 계획을 처음 입안했던 사람들에 의하면 씨티그룹의 종합계획은 "단지 희망사항의 나열이 아니라 실제적이고 충분히 달성 가능한 계획"[36]이라고 한다. 그런 계획이 2008년 하반기부터 불어닥친 심각한 금융위기 속에서 얼마나 잘 유지될지는 앞으로 유심히 지켜봐야 할 일이다.

지역 차원의 노력

지구온난화 대응을 위한 정책 수립에 있어서 국가, 기업, NGO만 활발하게 참여하는 것은 물론 아니다. 앞에서 지적했던 것처럼 우리는 지역과 도시 단위의 참여가 얼마나 중요한지를 명심해야 한다. 앞에서도 강조했듯이 '국가state'는 한 나라로서의 의미만이 아니라 각 지방정부를 모두 포함한다. 지구촌 시대에는 많은 영향력 있는 움직임이 국가 단위 이하에서 생겨날 수 있고, 그것은 해당 지역에 곧장 변화를 가져온다. 그러다 역으로 그런 움직임이 그 지역을 넘어서서 훨씬 광범위한 영향을 미치기도 한다. 더욱이 그런 과정에서 기존의 통념을 과감히 깨트리는 영감어린 개인들이 나타날 수 있다.

스웨덴은 화석연료에 대한 의존을 극복하는 데 가장 앞서가는 나라이지만, 거기에는 페르 카르스텟트Per Carstedt라는 사람의 공이 컸다.[37] 포드 승용차를 거래하는 대리점 주인이었던 카르스텟트는 브라질에서 오랜 기간 살았던 경험이 있었다. 브라질은 최초로 에탄올을 자동차 연료용으로 대량생산했던 나라다. 카르스텟트는 1992년 리우 회의를 참관했다가 인류가 지금처럼 계속 살다가는 오래 지속할 수 없다는 사실을 절실히 깨달았다. 그는 스웨덴으로 돌아와서 어떻게 하면 자기 나라에서도 에탄올 연료를 사용할 수 있을지 방법을 찾기 시작했다. 처음에는 전혀 돌파구를 찾을 수 없었다. 에탄올 개발을 위한 노하우도 없었고 에탄올을 팔겠다고 나서는 주유소도 없었다. 심지어 어떤 사람은 스웨덴처럼 추운 나라에서는 에탄올 연료를 아예 사용할 수 없다고 말하기도 했다. 하지만 결국 카르스텟트는 디트로이트에 있는 포드 자동차에 여러 가지 대체연료를 쓸 수 있는 연료다양화flexi-fuel 프로그램이 있다는 것을 알았고, 세 대의 에탄올 자동차를 스웨덴에 들여오는 데 성공했다. 그 차들은 아무 문제없이 잘 달렸다. 몇 개월 후에 그는 좀더 많은 에탄올 차량을 수입했지만 어느 자동차 제조사도 그에게 관심을 보이지 않았다. 스웨덴은 그런 승용차를 팔기에는 시장이 너무 좁다는 것이었다. 그 후 수년 동안 카르스텟트는 스웨덴 전역을 다니면서 에탄올 자동차를 사줄 수 있는 지방정부, 기업, 개인 등이 모여 컨소시엄을 구성하도록 하는 데 전력을 기울였다.

스웨덴에는 에탄올을 공급하는 주유소가 없었다. 하지만 카르스텟트는 마침내 자기 집에서 가까운 한 주유소와 스톡홀름에 있는 주유소 하나를 설득해서 에탄올 전용 주유기를 설치하게 했다. 카르스텟트와 그의 동료들은 전국의 주유소들을 돌면서 설득을 계속했고 필요한 경우에는 자금을 지원하기도 했다. 2002년에 이르자 에탄올을 공급하는 주유소는 40개를 넘어섰으며, 그 이후로는 그 수가 급증했다. 2007년 중반, 스웨덴에는 그런 주유소가 약 1000개를 헤아리게 되었는데, 이는 전체 주유소의 4분의 1 정도에 해당한다. 오늘날 스웨덴 도로 위를 달리는 차량의 약 15퍼센트는 에탄올 연료를 사용한다.

카르스텟트는 바이오연료에 대한 비판이 나오리라는 것도 일찍부터 예견하고 있었다. 그는 식량 생산과 경쟁할 필요가 없는 연료를 개발하기 위한 투자가 필요하다고 역설했다. 그가 관여하고 있는 한 연구 그룹은 우드칩wood chip과 산업폐기물에서 나오는 셀룰로오스로 바이오연료를 생산하는데, 이는 자신이 앞서 밝힌 요건과 맞아떨어진다. 이 기술을 채용한 새로운 바이오에너지 정유소가 이미 들어섰으며, 그보다 훨씬 큰 대형 공장도 곧 지어질 예정이다. 그 정유소의 공정은 전체 에너지 효율 70퍼센트를 자랑하는데, 이는 전통적인 에탄올 생산공정보다 훨씬 높은 수준이다.

미국은 2009년 이전까지 기후변화 대응 정책에서 가장 뒤처진 나라였다. 하지만 각 주정부나 도시, 지방정부에 대해서는 그렇게 말할 수가 없다. 전 세계 도시들은 서로 네트워크를 구축해서 공동보조를 취하는 경우가 많다. 미국 도시들은 특히 그런 노력에서 아주 두드러진다. 1995년에 세계 각지의 30개 도시들은 앞으로 10년 이내에 자신들의 온실가스 배출량을 1998년 대비 20퍼센트 저감하겠다는 목표를 정했다. 그런데 2005년까지 이 목표에 다다른 도시는 몇 되지 않았다.

그런데 같은 1995년에 미국 시애틀 시장 그레그 니켈스Greg Nickels는 최소한 그 목표는 넘어서보자고 다른 미국 도시들에 제안했다.[38] 2006년에 이르러, 전 세계 49개국 368명의 시장들이 시애틀 시장이 작성한 기후변화협정Climate Change Agreement에 서명했다. 그와 비슷한 수의 도시들이 현재 기후보호도시협약CCP, Cities for Climate Protection에 참여하고 있는데, 이 기구는 지방정부들의 국제연합체와 연계되어 있다. 기후보호도시협약은 각 도시와 지역이 실천 프로그램을 이행하여 세부적인 온실가스 감축 목표를 이루도록 돕고 그 경과를 기록하여 통계자료로 삼도록 한다.

시애틀은 그런 활동의 중심축 역할을 해왔다. 이 도시는 1970년대 후반부터 이미 폐기물 재활용을 시작했으며, 새로운 수자원을 확보하기보다는 물을 아껴 쓰는 것이 더 중요하다고 강조했다. 대부분의 미국 도시들과는 달리 시애틀은 전차, 경전철, 효율성 높은 연계버스 시스템, 자전거 전용도로 등 대중교통 확충에 아주 적극적이다. 2006년에 만들어진 태스크포스 팀은 온실가스를 획기적으로 줄일 수 있는 근본 대책을 수립하기도 했다.

캘리포니아 주는 현재까지 미국의 다른 주들에 비해서 가장 포괄적인 기후변화 대응 계획을 수립하고 있다. 여기에는 주 내의 모든 기업이 의무적으로 온실가스 배출 보고서를 작성할 것과 탄소 배출권 거래제가 포함되어 있다. 캘리포니아에서는 기후변화에 대한 교육이 모든 공립학교 교과과정에 들어 있다. 앞으로는 전체 시민을 대상으로 하는 교육 캠페인도 벌일 예정이다. 이곳에서는 전체 사용 전기의 약 30퍼센트를 공영 전력회사들에서 생산한다. 이들은 높은 수준으로 설정된 에너지 효율 목표를 솔선해서 달성하라는 요구를 받고 있다. 주 정부가 주 전체를 대상으로 설정한 온실가스 감축 목표는 2020년까지 1990년 수준으로 끌어내리고, 2050년까지는 1990년 대비 80퍼센트를 감축하는 것이다.

캘리포니아 주와 마찬가지로 오리건 주도 오랜 동안 환경 관련 문제들에 잘 대응해왔다. 오리건 주와 캘리포니아 주를 포함해서 미국 많은 주들이 지역별로 그룹을 지어 공동 탄소시장을 만들고 온실가스 감축 목표 설정에도 공동보조를 취한다. 미국 북동부 주들이 그런 사례다. 미국의 일부 주들은 탄소 배출권 거래시장 개설이나 기타 프로그램들에 대한 관련 정보의 교환, 기술 개발의 공유 등을 위해서 직접 다른 나라들과 기후변화 대응 협정을 체결하기도 한다. 한 예로, 캘리포니아 주가 영국과 그런 협약을 맺었고 플로리다 주도 마찬가지였다.

세계 각지의 여러 지역과 도시들도 자신들이 속한 국가보다 한 발 앞서 활발한 기후변화 대응 활동을 펼쳤다. 물론 다른 지역 및 도시와의 협력도 빈번하다. 이렇게 지역과 도시가 앞서나가는 데는 도시 환경에서 발생하는 유독성 대기오염물질과 직접적인 관련이 있다. 그런 오염물질은 수많은 질병을 발생시키거나 악화시키며, 특히 폐와 기도 관련 질병이 그렇다. 대기오염이나 수질오염은 그 피해를 사람들이 직접 목격하기가 쉽기 때문에 그 방지 캠페인을 벌이는 일은 그리 어렵지 않다. 이러한 캠페인들은 더 장기적인 오염 문제에 대해서도 사람들이 관심을 갖게 했고, 그에 대한 대책 마련을 촉구하기도 했다. 원칙적으로, 또 실제적으로도 거대도시들을 포함하는 지역과 지방 정부들은 중앙정부보다 훨씬 빠르고 효과적으로 움직일 수 있다.

특히 지역과 지방 정부의 지도자들이 서로 협력해서 나선다면 중앙정부의 정책에 큰 영향력을 행사할 수 있다. 교통정체를 해소하고 온실가스 감축을 위해서 도심혼잡통행료 제도를 처음 착안한 것도 지방정부였다. 주택과 건물의 단열, 대중교통에 대한 투자 확대, 폐기물 재활용의 증진 등 여러 부문의 환경정책들에도 그와 같은 일이 가능하다.

그렇다면 일부 환경주의자들이 주장하듯이, 조그만 문제부터 하나씩 풀어나가고 또 아래에서부터 위쪽으로 변화를 확산시키는 노력이 모여 기후변화 문제를 해결할 수는 없는 것일까? 그렇게 되기 어려운 이유는 명백하다. 규제받지 않는 시장은 장기적 전망을 갖기 어렵다. 외부비용을 발생시키는 한 시장은 오히려 그런 장기적 전망을 적극적으로 훼손시킬 수 있다. 이런 점은 지역 단위에서 나온 수많은 실천 계획들도 마찬가지다. 그중 많은 계획이 그 자체로 가치 있고 필요하다고 해도 말이다.

기술과 세금제도

재생에너지 기술의 확산이 현대 경제를 어떻게 변모시킬지 미리 전망해 보려는 야심찬 시도들이 있었다. 어떤 사람들은 그런 재생에너지 기술을 통해 새로운 산업혁명 시대가 도래할 것이라고 말한다. 미국의 정치사상가 제러미 리프킨 Jeremy Rifkin은 통신기술의 발전과 더불어 새로운 에너지원이 등장함으로써 인류 역사는 거대한 변화의 시대에 접어들었다고 주장한다. 석탄을 때서 얻는 에너지와 인쇄기가 결합하면서 제1차 산업혁명이 일어났다. 하지만 기존의 의사전달 수단들은 새로운 기술의 도입으로 인해 생긴 사회적, 경제적 복잡성을 적절히 반영할 수 없었다. '제2차 산업혁명'은 19세기 후반에 시작되었다. 전신의 등장을 시작으로 전화, 라디오, 텔레비전으로 이어지는 전기 통신매체들의 발명이 이 혁명을 주도했다. 이런 통신매체의 발전은 전력 공급의 에너지원이자 교통수단을 위한 주력 에너지로 새로 등장한 석유와 연계되었다.

우리는 이제 '제3차 산업혁명'을 목전에 두고 있다. 리프킨은 개인용 컴퓨터PC와 인터넷으로 대표되는 네트워크화된 커뮤니케이션 시스템이 이 혁명의 배경을 이룬다고 말한다. 이런 기술의 잠재력은 재생에너지와의 융합에 달려 있다. 우리는 수백만 명의 사람이 재생에너지를 생산하고 국가적, 국제적 전력망을 통해서 다른 사람들과 공유하는 지구촌 에너지 경제를 예견해볼 수 있다. 오늘날 정보의 확산과 활용이 그러하듯 말이다. PC는 몇 개나 되는 방을 독차지하던 이전의 거대한 컴퓨터들보다 훨씬 강력한 힘을 발휘한다. 마찬가지로 지능화된 에너지 네트워크는 지금 우리가 아는 그 어떤 것보다 더 강력하고 무소불위의 능력을 나타낼 것이다.

리프킨은 미래의 진로를 가리키면서 자신이 선호하는 재생에너지원을 제안하는데, 바로 수소다.[1] 그는 수소가 우주 어디에서나 가장 풍부하게 존재하는 에너지라는 점을 들어서 '영원불멸의 연료forever fuel'라고 부른다. 수소는 온실가스를 배출하지도 않는다. 수소를 사용하는 연료전지는 가정용과 기업용으로 이미 시장에 등장했다. 현재 세상을 지배하는 거대 석유회사와 가스회사 중심의 종속적 에너지 지배구조는 머지않아 분산화된 에너지 생산 및 사용 시스템으로 바뀔 것이다. 이는 곧 "인류 역사상 최초의 진정한 민주적 에너지 체제다."[2]

이런 생각이 특별히 감탄할 만한 것은 물론 아니다. 무엇보다도 이런 식의 견해는 역사가 대부분 기술에 의해서 주도된다는 관점을 취하는데, 이는 부분적으로만 옳다. 또한 제2차 산업혁명의 시작 시기와 본질도 모호하다. 비슷한 견해를 밝힌 다른 저자들은 제2차 산업혁명이 일어난 시기와 내용에 대해 전혀 다른 주장을 한다는 사실만 봐도 이를 알 수 있다. 예를 들어, 어떤 사람들은 제2차 산업혁명의 출발점을 리프킨이 말했던 때보다 40~50년 늦게 잡는다. 수소와 같은 특정 에너지원이 앞으로 어떤 역할을 할지에 대해서는 아직 아무도 확신하지 못한다. 더욱이 기술은 스스로 변화를 만들지는 않는다. 기술을 둘러싼 정치, 경제, 사회의 틀이 기술 발전과 그 결과를 좌우한다.

여기에 덧붙이자면, '다음번 산업혁명'은 아직 출현하지도 않았다. 애초의 산업혁명은 우리가 그런 변화를 인식하던 와중에 일어났던 것이 아니다. 하지만 다음번 산업혁명은 미래의 위험으로부터 우리 자신을 보호하기 위해 신중하게 계획된 프로젝트로서 이루어져야 한다. 과거와는 전혀 다른 상황이 전개된다는 뜻이다. 우리는 앞으로 어떻게 일이 전개될지 알지 못한다. 어쩌면 리프킨이 바라는 것처럼 에너지와 정치가 서로 연계해서 그런 혁명을 불러올 수도 있다. 지역 단위에 뿌리를 두는 분산화된 네트워크 시스템이 현재의 정치 권력과 경제 권력을 대체할 수 있다는 것이다. 이것이 바로 많은 녹색운동가들이 꿈꾸는 비전이다. 나는 그런 미래가 정말로 가능한지, 또 진정으로 바람직한지에 대해서 별로 확신하지 못한다. 다만 한 가지 확실한 것은, 많은 가정이 단지 전기를 사용하는 데 그치지 않고 전기를 생산하는 시대가 온다는 점이다. 발전 차액 지원제도를 통해서 이미 그런 사례들이 현실화되고 있다. 하지만 우리에게는 또한 국가적 차원에서뿐만 아니라 국제적인 차원에서도 잘 정비된 에너지 관리 시스템이 필요하다.

기술 혁신은 성공적인 기후변화 전략을 수립하는 데에도 핵심적인 부분이 되어야만 하고 이는 에너지 정책에서도 마찬가지다. 국가와 정부는 그런 기술 혁신이 가능하도록 최대한 역할을 다해야 하며, 보조금 지급과 기타 세제 지원 등을 포함하는 여러 규제수단을 활용할 수 있다. 그러면 우리는 정부에게 과연 어떤 역할을 기대할 수 있을까? 이는 종합계획 수립의 경우와 겹쳐지는 문제다. 시장은 스스로 미래를 예상하지 못한다는 것이 과거 얼마 동안의 정설이었다. 말하자면 우리는 혁신이 과연 어디에서 일어날지 정확히 예상할 수 없다. 그런데 이제 추가 반대로 움직이고 있다. 온실가스 배출을 줄여야 한다는 사람들의 요구에 부응하여 갖가지 기술과 비화석연료 에너지원들이 속속 등장하고 있는 것이다. 이런 분야로 이미 엄청난 투자가 이루어지고 있다. 바야흐로 사람들은 다시 한번 미래를 두고 내기를 벌이는 것이리라.

기술: 우리는 어디에 서 있는가?

수소는 기후변화 억제와 관련하여 대다수 사람들이 기대하는 여러 에너지원과 기술 가운데 하나일 뿐이다. 지금 이 순간, 그런 에너지원과 기술 중에서 무엇이 가장 중요하다고 말하기는 어렵다. 현재까지 가장 많이 시도하고 시험이 이뤄진 기술은 원자력과 수력이었다. 그런데 원자력은 시끄럽게 떠드는 비판자들이 많고 적어도 (현재로서는) 재생에너지원이 아니다. 그런가 하면 수력은 그 대상 국가나 지역에 반드시 수력발전소를 짓기에 적합한 장소가 있어야 한다는 제약이 따른다. 그 밖에 중요하게 여겨지는 기술과 에너지원은 다음과 같다. 청정석탄 기술(탄소 회수 및 저장 기술CCS), 풍력, 조력, 파력, 바이오연료, 태양에너지, 지열에너지, 스마트그리드(smart electricity grid, 기존의 전력망에 정보기술을 접목하여 전력 공급자와 소비자가 양방향으로 실시간 정보를 교환함으로써 에너지 효율을 최적화하는 차세대 지능형 전력망—옮긴이), 태양광의 일정 부분을 외계로 반사하는 열방패heat shield와 같은 지구공학geo-engineering 기술, 그리고 대기로부터 직접 이산화탄소와 기타 온실가스를 흡수하는 가스흡수 기술scrubber 등이다.

　이런 기술들은 모두 적어도 원리적으로는 서로 조금씩 겹친다. 그리고 이 모두는 하부기술sub-technology을 포함하거나 그것들에 연계되어 있다. (이러저러한 청정에너지원으로 생산되는 전기를 공급받아 달리는 전기자동차처럼) 새로운 장치가 보급되어야만 실용화가 가능한 기술들도 있다.

기후변화 대응 기술 관련 문헌들은 온갖 찬성과 반대 주장이 난무하는 지뢰밭이라고 할 수 있다. 현재 제기된 모든 기술은 다 열광적인 지지자를 가지고 있는데, 그들은 자신들이 선택한 기술이 다른 사람들이 생각하는 것보다 훨씬 첨단적이라고 힘주어 말한다. 하지만 그 각각의 기술을 깎아내리는 사람들이 늘 있기 마련인데, 쉽게 말해서 회의론자들이다. 먼저 수소에 대해서 시작해보자. 리프킨은 수소가 미래를 위한 만사형통의 에너지라고 말한다. 하지만 그 반대로 말하는 사람들도 있다. 그들은 수소가 자연계에서 쉽게 끌어낼 수 없는 에너지라는 점을 지적한다. 수소는 전기를 사용해서 물이나 또는 다른 연료에서 추출된다. 수소는 아주 고압에서만 저장될 수 있기 때문에 다른 기체 연료에 비해 에너지 공급원으로서 취급하기가 훨씬 까다롭다. 수소는 약간의 누출로도 큰 위험을 불러온다.[3] 물론 세상사가 다 그렇듯 수소가 가지는 이런저런 문제점들 또한 어느 시기에 이르면 해결될 수 있을 것이다. 하지만 현재 시점에서 우리는 그런 날이 과연 올 수 있을지 알지 못한다.

원자력 또한 논란의 늪에 빠져 있다. 하지만 이미 4장에서 살펴보았던 것처럼 원자력에 대해 특별한 반응이 없다면 그것이야말로 이상한 일이다. 모든 선진산업국이 마찬가지지만, 몇몇 국가에서는 그 논란이 확실히 심각하다. 영국에서는 2006년 전체 전력 생산에서 원자력이 차지하는 비율이 19퍼센트였다. 천연가스의 비율은 36퍼센트였으며, 석탄은 전체 전력 생산의 38퍼센트를 점유했다. 2007년 원자력의 비중은 15퍼센트로 떨어졌는데, 노후화된 발전소들의 전력 생산 능력이 떨어지면서 그 비중은 점점 더 낮아질 것이다. 원자력이 생산하지 못하는 전력은 다른 에너지원으로 충당할 수밖에 없는데, 2007년에는 3퍼센트에 해당하는 전력을 프랑스 원자력발전소에서 끌어와 충당했다. 재생에너지에서 생산하는 전력량은 매우 적기 때문에 만약 원자력에서 얻지 못하는 전력 손실분까지 고려할 때 영국이 재생에너지 비중을 16퍼센트까지 높여야 한다는 EU 2020의 목표를 과연 어떻게 달성할 수 있을지 우려가 크다.

리스크와 문제점 역시 한둘이 아니다. 내가 이 책 전체를 통해서 줄곧 강조하듯이 우리가 정작 심사숙고해야 할 것은 리스크의 균형을 잡는 일이다. 리스크가 전혀 없는 선택은 불가능하기 때문이다. 원자력발전소는 그 건설 과정에서 온실가스를 배출하기는 하지만 원자로 자체는 원칙적으로 아무런 이산화탄소도 배출하지 않는다. IPCC는 단위 에너지당 전 주기 온실가스 배출량total life-cycle level of emission이 전력 1킬로와트시^{Kwh}당 40그램 CO_2 정도라고 추정했다. 이는 재생에너지를 사용할 때 배출되는 온실가스량과 거의 비슷하다.[4] 원자력발전의 연료인 우라늄은 매장량이 풍부하며 정세가 불안한 몇몇 나라에 집중되어 있지도 않다. 원자력발전을 대안으로 삼을 때 가장 큰 문제는 이를 이용해서 핵무기를 생산할 가능성과 핵 테러, 핵폐기물 처리의 어려움 등이다. 이런 문제가 과연 얼마나 심각할지에 대해서는 아무도 장담하지 못한다. 특히 앞의 첫 번째 문제는 두 번째나 세 번째 문제보다 훨씬 더 심각하다고 사람들은 주장한다. 현재 원자력발전을 하는 많은 나라에서 다 핵무기를 가지고 있지는 않다. 하지만 일부 국가들은, 현재로선 이란이 가장 가능성이 높은데, 핵무기를 보유하려고 원자력 개발을 원하고 있는 것이 확실하다.

나는 그런 리스크들을 애써 가볍게 여기고 싶지는 않다. 다른 대부분의 사람들처럼 나도 원자력발전으로의 전환에 대해서 꺼리는 편인데, 적어도 몇몇 선진산업국과 개발도상국들에서는 더욱 그러하다. 하지만 지금 이 순간 원자력을 대신할 만한 다른 대안은 전혀 없는 형편이며, 현재 사용 중인 원자력발전소 가동을 중지한다고 할 때 그로부터 안게 되는 리스크가 너무 큰 것도 사실이다. 물론 테러리스트들의 공격에 거의 뚫릴 염려가 없도록 원자력발전소를 건설하는 일도 가능하다. 적어도 방사능 유출이 생기는 사건은 없도록 말이다. 현재 핀란드에서 짓고 있는 원자력발전소가 그런 방호설비를 갖추고 있다. 핵폐기물 처리 문제 역시 적어도 앞으로 어느 시점에 이르면 해결될 수 있다고 생각한다. 어떤 사람들은 4세대 원자력 기술이 도입되면 우라늄 광석에 들어 있는 거의 모든 에너지를 다 태울 수 있고 기존의 원자로들에서 사용된 후 남겨지는 핵연료도 재사용할 수 있다고 주장한다. 공수표라고? 어쩌면 그럴지도 모르겠다. 하지만 거의 모든 재생에너지원 역시 석유, 천연가스, 석탄 등 기존 연료를 대체하기 위해서는 그에 버금가는 기술 혁신을 필요로 하는 것 아닐까?

풍력, 파력, 조력, 지열 등과 바이오연료까지 포함해서 이들은 모두 적당한 수준까지 개발된 상태다. 그것들이 전체 에너지 사용에서 일정 부분을 담당하고 있기도 하다. 비록 대부분의 나라에서 차지하는 비율이 아주 적기는 하지만 말이다. 어떤 재생에너지원도 문제가 없는 것은 없다. 풍력은 에너지 생산이 꽤나 변덕스럽다. 그런데도 다른 에너지원에 비해서는 훨씬 안정적으로 전기를 공급할 수 있다. 풍력발전단지가 항공관제를 위해서 사용되는 레이더에 장애를 일으킨다는 보고도 있다. 영국에서는 그런 걱정 때문에 많은 풍력발전소 건설 계획이 연기되기도 했다. 바이오연료 사용을 향한 많은 사람들의 열정은 그것을 대량으로 재배할 때 식량 생산을 위축시킬 수 있다는 점이 분명해지면서 이내 식어버렸다. 바이오연료가 앞으로 중요한 역할을 할 가능성은 여전히 열려 있다. 그렇다고 해도 바이오연료가 정말로 대규모로 사용되기 위해서는 상당한 기술 진보가 뒤따라야 하는 것도 사실이다.

지열에너지는 장래가 밝아 보인다. 현재까지는 화산 작용이 지표면 근처에서 일어나는 아이슬란드, 일본, 뉴질랜드 등 일부 지역을 제외한 다른 곳에서는 열원의 심도가 너무 깊어서 거기까지 접근하기가 거의 불가능하다. 하지만 최근 들어 이런 난점을 극복할 수 있는 새로운 기술이 개발되었다. 이 기술은 고열의 암석을 부수고 그 틈 사이로 물을 주입해서 그 물이 수증기가 되어 지상으로 분출하도록 한다.[5] 이 기술을 적용한 지열발전소가 독일 란다우에 세워져 이미 연간 22기가와트시^{Gwh}의 전력을 생산한다. 하지만 이 기술 역시 다른 기술들과 마찬가지로 산업화되기까지는 획기적인 정부의 재정 지원이 뒤따라야만 한다.

현재 시점에서 우리가 예견할 때 가장 장래성이 있다고 판단되는 기술은 원자력, CCS, 태양에너지 세 가지다. CCS의 잠재력은 그야말로 엄청나다고 할 수 있는데, 이는 비록 그 추정 매장량이 크게 과장되었다고 해도 석탄이야말로 가장 풍부한 화석연료이기 때문이다. 석탄 화력발전소가 전 세계적으로 가장 많이 분포해 있고 또한 지구온난화를 야기하는 가장 큰 오염원이기 때문이기도 하다. 그런 석탄 화력발전소들의 대부분이 탄소 회수 기술로 재정비되지 않는다면, 온실가스 저감을 위한 노력은 심각한 타격을 입고 어쩌면 쉽게 패배로 끝날지도 모르겠다.

어떤 환경주의자들은 '청정석탄', 곧 CCS를 다소 폄하하기도 한다. 그들이 볼 때 석탄을 사용하는 기술은 그 본질이 어떠하든 다 청정기술이 아니다. 왜냐하면 석탄을 캐는 과정에서 사람이 죽는 경우가 많고 설령 석탄에서 탄소를 제거한다고 해도 대기오염을 일으켜서 천식이나 심장질환을 유발한다고 보기 때문이다.[6] 더욱이 그들은 CCS 기술의 성공이 더 많은 석탄 화력발전소를 짓기 위한 빌미가 될 수 있다는 점을 우려한다.

물론 아직까지는 누구도 그 기술이 온실가스의 감축에 얼마나 효과적인지, 과연 막대한 건설비용을 감당할 수 있을지에 대해서 장담할 수 없다. 그럼에도 CCS 기술은 앞에서 든 이유들 때문에 온실가스 저감을 위한 기술 목록 맨 윗자리를 차지해야 한다. 물론 이 기술 역시 해결해야 할 난제가 적지 않다. 석탄을 때서 발생하는 이산화탄소를 추출한 후에는 지하의 깊은 곳에 매장해야 하는데, 아주 고압을 가해서 액체 상태로 만들어야 한다. 그렇게 애써 지하에 묻는다고 해도 이산화탄소가 과연 얼마나 오랫동안 그곳에 머물지 아무도 확신하지 못한다. 또한 이 기술을 전 세계에서 널리 사용한다면 그런 매장지를 충분히 확보하는 일도 어려울 수 있다.

CCS 기술의 또 다른 문제점은 비용이다. 이산화탄소를 지하에 매장하는 데도 많은 돈이 들지만 석탄에서 이산화탄소를 추출하는 과정에서는 훨씬 더 많은 비용이 들기 때문이다. CCS 기술은 전통적인 석탄 생산과는 차원이 다른 돈 잡아먹는 기술인 셈이다. 현재 전 세계적으로 네 곳에서 이 기술 개발을 위한 실험시설이 가동되고 있다. 바로 미국 노스다코타 주, 알제리, 독일, 그리고 노르웨이 해안이다. 현재의 시설은 단지 실험을 위한 것들로서 전력망에는 연결되어 있지 않다. 각각의 시설에서 배출되는 이산화탄소 저장을 위해서는 연간 100만 톤 규모의 저장시설이 필요하다. 미국 전력산업계만 해도 연간 15억 톤의 이산화탄소를 배출하는데, 이 모두에 CCS 기술을 적용한다면 이는 1500개소의 지하매장지가 있어야 한다는 말이 된다.[7] 이는 분명 심각한 문제이며, 아직 어느 누구도 CCS 기술을 어느 정도나, 또 어떤 속도로 빨리 적용해야 하는지에 대해서 판단하지 못한다. 이런 점은 이 기술이 극복해야만 하는 과제라고 하겠다. 그러는 동안에 몇 년 전까지만 해도 과거 시대의 연료로만 여겼던 비세정 석탄(untreated coal, 석탄 세정기술은 불순물을 제거하여 연소 효율을 높이거나 변환기술을 활용하여 합성연료 또는 액체화·기체화하여 연소시 대기오염물질 배출을 최소화하는 기술이다. 이런 기술을 사용하지 않은 원상태의 석탄이 비세정 석탄이다—옮긴이)이 다시 각광을 받고 있다. 전 세계적으로 2007년 한 해에만 180개소의 신규 대형 석탄 화력발전소가 건설되었으며, 그중에 100개는 중국에 있다. 이런 신규 발전소들에서 사용하는 석탄만으로도 연간 6억 톤의 석탄을 새로 캐내야만 한다. 2007년 전 세계 석탄 소비량은 그 전해에 비해서 거의 10퍼센트 상승했으며 석유는 1.5퍼센트, 천연가스는 3퍼센트 상승하는 데 그쳤다. 전 세계적으로 전체 전력의 40퍼센트가 석탄으로 생산되며, 전체 에너지 사용량에서 석탄이 차지하는 비율은 약 25퍼센트에 이른다.

그러면 이제 가장 많은 기대를 받는 태양에너지에 눈을 돌려보자. 매일 태양광의 형태로 지구에 도달하는 에너지는 우리가 필요로 하는 양보다 훨씬 많은 것이 당연하다. 그런 에너지를 이용해서 전기를 생산하는 일은 중위도 온대지방에서도 가능하다. 하지만 현재까지 태양광발전은 태양이 빛나는 시간대에만 가능하다는 한계점을 갖는다. 태양에너지는 몇 가지 실제적인 장점을 가진다. 태양광 발전설비는 규모에 별로 제한이 없으며 장소에 따른 제한도 비교적 적다. 한번 설치하면 신뢰성이 높고 유지관리 비용도 저렴하다. 태양광발전소의 수명은 약 30년이다. 그럼에도 현재 전 세계 전력 생산에서 태양광발전이 차지하는 비율은 1퍼센트 정도다. 태양광발전 기술이 등장한 지 이미 30년이 지났는데도 실적이 그렇다는 것은 이 기술이 한계에 부딪혀 있다는 의미일 수 있다. 아니면 크게 확산되기까지 오랜 선행기간이 필요하다는 의미일 수도 있다.

실리콘 반도체가 컴퓨터의 본질을 근본적으로 바꾸어놓았듯이 어쩌면 태양광 이용 분야에서도 마찬가지 역할을 할 수 있을지 모른다. 생산가가 더 저렴한 비실리콘계 물질을 찾는 연구도 꾸준히 진행되고 있다. 태양광

기술에는 여러 가지가 있지만 그중 가장 발전한 형태가 태양광발전으로 이는 태양열에서 직접 전기를 생산하는 방식이다. 이렇게 생산한 전기는 전력망에 바로 송전할 수 있다. 이 기술이 가지는 커다란 문제점의 하나는 다른 간헐식 전기 생산 기술들과 마찬가지로 생산한 전기를 필요할 때 언제나 쓸 수 있도록 어떻게 저장하는가 하는 점이다. 현재까지 여러 다양한 저장방식이 제안되었지만 그 어떤 것도 대규모 태양광발전소에서 채용할 만한 수준에는 이르지 못했다. 그런 저장방식의 예로서, 돌을 가득 채운 컨테이너로 열에너지를 저장하는 방식은 에너지를 단기간 저장할 수 있을 뿐이었으며, 돌 대신 물을 사용해도 마찬가지였다. 현재 EU의 지원을 받는 실험 연구에서는 태양에너지를 장기간 보관이 용이하고 장거리 수송도 가능한 화학연료로 전환하는 방법을 찾고 있다.

어떤 사람들은 직접 공기 중에서 이산화탄소를 추출해서 저장하는 기술에 열성을 보이고 있다.[8] 그런 가스흡수 기술의 소규모 모델들은 이미 존재한다. 이 기술 역시 청정석탄 기술과 마찬가지로 추출한 이산화탄소를 저장할 수 있어야 한다. 그런데 대규모로 저장하는 것이 항상 문제다. 적어도 지구온난화 방지에 일정 부분 영향을 미칠 만큼 이산화탄소를 추출해서 저장하는 기술은 아직도 더 많은 연구를 필요로 한다. 그럼에도 이 기술의 잠재력은 적지 않은데, 이것이야말로 지구온난화의 원인을 근원적으로 역전시키는 기술이기 때문이다. 물론 여기서도 기든스의 역설이 작용한다. 많은 사람이 그런 기술들의 개발 가능성 논의에 상당히 신중한데, 이는 그런 기술 개발에 지나치게 기대를 걸면 지구온난화와 기후변화 대응을 위한 다른 조치들에는 상대적으로 관심을 적게 가질 수도 있기 때문이다.

이런 각종 기술 목록의 마지막에는 지구공학 기술이 자리한다. 이에 관한 프로젝트는 아직 본격화된 것이 없지만, 예비 발명가들에게 이 기술은 단순한 희망사항에 그치지 않는다. 그런 한 가지 아이디어는, 바다에 미세한 철가루를 뿌려서 해수면 플랑크톤의 성장을 촉진해 이산화탄소를 흡수하게 하자는 것이다. 우주에 반사성 물질을 뿌려서 지구로 유입되는 태양광의 일부를 반사시키자는 아이디어도 있다. IPCC 제4차 보고서는 현재로서는 그런 지구공학 기술들이 "대체로 논의 수준에 머물고 있으며 그런 기술의 적용으로 발생 가능한 리스크에 대해 아직 알려진 바 없다"는 결론을 내렸다. 대부분의 연구자들이 그런 결론에 동의하지만, 영국왕립학회는 그에 대한 보고서를 요청해놓은 상태다. 기후변화 억제를 위한 싸움에서는 모든 가능성을 열어두자는 취지에서다. 지구공학 기술이 최후의 수단이 되어야만 하는 것은 명백하다. 그 규모로 볼 때 무언가 잘못된다면 정작 예방하려던 재난보다 훨씬 더 큰 재난을 초래할 수도 있기 때문이다. 한편 대기로부터 직접 이산화탄소를 추출하려는 기술이 앞의 다른 기술들과 다른 가장 큰 차이점은 전자의 기술이 에너지 안보의 신장을 위해서는 아무런 기여하는 바가 없다는 점이겠다.

이제까지 살펴본 것처럼 아직은 성공을 확실히 보장하는 기술이 없다보니 에너지 효율을 획기적으로 개선하고자 하는 대안들이 환경 의제의 위쪽에 자리잡고 있다. 생태주택eco-home과 기타 환경친화적 건축이 미래에는 아주 중요할 듯하다. 독일의 '파시프하우스Passivhaus'는 고도의 단열성을 갖춰 영하의 날씨에서도 인간 체온만으로 온기를 유지한다. 에너지 효율을 획기적으로 높이는 것이 애모리 로빈스Amory Lovins의 '자연자본주의natural capitalism' 개념의 핵심이다. 이때 자연자본주의란 지구 생태계에 충분한 경제적 가치를 부여하는 자본주의를 말한다.[9] 자연자본주의에서는 자연자원—비단 에너지뿐만 아니라 광물자원, 물, 삼림 등도 포함한—에 지금보다 몇 배나 되는 가치를 더 부여한다. 로빈스의 궁극적인 목표는 폐기물을 줄이는 정도가 아니라 아예 폐기물이 생기지 않게 하는 데 있다. 그런 순환 생산시스템에서는 모든 생산품이 다 영양분으로 생태계에 되돌려지거나 다른 생산공정의 원료가 된다. 그 다음 목표는 소비자들이 필요한 물품을 구매한다는 개념에서 벗어나 그것을 임대하도록 하는 것이다. 그런 임대 기간이 끝난 후에는 제조회사가 그 물품을 소비자에게서 되사들인다. 그러면 자연히 제조회사들은 자신이 생산하는 물건의 내구력을 높이는 데 더 관심을 쏟게 된다. 이렇게 새것을 파는 대신 교환하는 과정에서 생산품의 100퍼센트 물질순환이 이루어질 수 있다.

이런 생각이 어쩌면 비현실적으로 들릴지 모르겠다. 하지만 사람들이 기대를 걸고 있는 대부분의 기술적 대안들보다는 한결 실현성이 높다고 할 수도 있다. 이미 그 일부가 실용화되고 있다는 것이 이를 증명한다. 한 예로, 온통 유리로 뒤덮인 시카고 오피스 빌딩들이 지어진 지 20년이 지나면서 이제 본격적인 리모델링이 필요해졌다. 그런데 새로 교체되는 유리창은 과거 유리창에 비해 햇빛을 여섯 배나 더 많이 받아들이면서도 열과 소음의 차단율은 네 배나 더 높아졌다. 그 결과 새로 리모델링을 마친 건물에서는 조명과 냉난방을 위한 에너지 사용을 이전에 비해서 75퍼센트나 절감할 수 있었다. 로빈스는 미국에만 그런 리모델링을 필요로 하는 빌딩이 10만 동에 이르며 단순히 유리창을 교체하는 것만으로도 그 정도의 에너지 절약이 가능하다고 말한다.

이제 가까운 장래에(20년 안에) 온실가스 배출을 줄이고 석유, 천연가스, 석탄에의 의존도를 낮추기 위해서는 에너지원의 다변화가 절실해 보인다. 과학전문지 〈사이언스Science〉에 실려서 이제는 널리 알려진 한 논문에서 프린스턴 대학 교수 로버트 소콜로Robert Socolow와 스티븐 파칼라Stephen Pacala는 향후 50년에 걸쳐서 전 세계적으로 온실가스 배출을 안정화할 수 있는 열다섯 가지 에너지 '고리wedge'를 제안했다. 물론 이 고리들은 서로 연결되어 있다.

소콜로와 파칼라는 현재의 경제 발전 패턴이 앞으로도 지속된다면, 지구 기온을 지금보다 2°C 높게, 또는 그 이하로 유지하기 위해서는 온실가스 배출량을 연간 7억 기가톤 줄여야 한다고 추산했다. 그들이 제시한 에너지 고리들은 각각 1억 톤 정도의 온실가스 발생을 줄일 수 있으므로, 일곱 개의 고리를 선택해서 실천에 옮기기만 해도 충분히 그 목표를 달성할 수 있다. 그들은 그런 가능성이 높은 대안으로 CCS 기술, 원자력, 자동차의 연료 효율 개선, 빌딩의 단열 향상 등을 추천했다.[10]

정부의 역할

정부의 역할에서 중요한 점은 어떤 기술이 가장 근본적이고 심대한 혁신을 가져올지 예단하기 어려운 상황에서 어떻게 제대로 된 기술 개발 지원을 할 수 있는가 하는 점이다. 새로운 기술이 모두 화석연료보다 크게 비싼 현실에서 기술 개발의 발판을 만들기 위해서는 보조금 지원이 반드시 필요하다. 하지만 기술 혁신이 전부가 아니다. 크리스토퍼 프리먼Christopher Freeman은 기술 혁신의 단계들을 구분했는데, 각각의 단계마다 서로 다른 산업정책을 써야 한다고 보았다.[11]

어떤 기술이건 점진적인 개선이 이루어지는 시기가 있다. 제트엔진의 진화 과정처럼 디자인과 효율성이 조금씩 개선되는 기간을 의미하는데, 이는 처음 발명되던 시점과는 전혀 다르다. 발명이란 제품의 본질이 완전히 새로 정해지는 단계로 제트엔진이 처음 탄생했을 경우에만 해당된다.

두 번째 단계는 더 포괄적인 과정으로, 기술 혁신이 일어나면서 전체 기술 시스템에 커다란 변화가 생긴다. 컴퓨터가 사무실 환경을 근본적으로 바꿔놓았던 일이 여기에 해당한다. 마지막으로, 기술 변화가 사회 시스템과 경제 시스템 전체에 영향을 미치고 우리 생활 자체에도 커다란 변화가 뒤따르는 경우다. 인터넷 시대의 도래가 그런 예다. 이 마지막 단계가 무엇보다도 중요한 시기인데, 가장 예측하기 까다로워서 능동적인 정책을 통해 독려하기도 아주 어려운 것이 현실이다.

혁신의 경제학을 분석해보면 정부가 어떤 식으로 관여하는 것이 가장 효과적인지에 대해 도움을 얻을 수 있다.[12] 가령 새로운 공정이나 발명품은 많은 투자가 이루어지고 그 투자비를 효과적으로 활용하는 경험이 쌓이기 전까지는 비용 대비 효과를 기대하기 어렵다. 기업은 누군가가 믿음을 갖고 밀어주기를 기대하는데 만약 그런 외부적 도움이 없다면 산업계는 (소비자도 마찬가지로) 과거 기술에 그대로 얽매여 있기 십상이다. 바로 이런 시점이 기술 도전 프로젝트의 형태로 정부가 보조금을 제공해서 변혁을 불러올 적기라고 할 수 있다.

정부 지원이 요청되는 또 하나의 중요한 영역은 특허 분야다. 기업 입장에서 자신이 개발한 기술이 제대로 보호받지 못해 경쟁업체가 쉽게 빼간다면 기술 혁신에 거부감을 느낄 것이 틀림없다. 따라서 정부는 적당히 균형을 취할 방법을 강구해야만 한다. 특허 규제가 너무 강하면 기술 혁신이 오히려 침체될 수 있다. 왜냐하면 기술 개발이 앞선 선도 기업을 다른 기업들이 뛰어넘어 새로운 사업 기회를 찾기가 어려울 것이기 때문이다. 국제적인 차원에서도 사정은 마찬가지이며, 지적재산권의 보호는 오히려 더 어려운 편이다. 가난한 나라들에는 그런 특허권의 침해를 어느 정도 용인해주는 것이 매우 중요하다. 하지만 여기서도 국내에서와 똑같은 딜레마가 발생한다. 국제적인 규제가 너무 허술하면 그토록 고대하던 기술 발전을 저해할 수 있는 것이다.

이런 점에서 특별한 중요성을 가지는 일이 지난 30년 동안 전력산업계에서 벌어졌다. 앞서 2장에서 살펴보았던 것처럼 전력산업계는 그동안 광범위한 규제 철폐를 경험했다. 국가 전력망을 통해서 공급되는 전기는 공공자산이지만, 지난 1970~1980년대에 영국을 비롯한 몇몇 국가에서는 그 대부분을 민영화하는 결단을 내렸다. 그동안 계획수립가들은 무엇보다도 질보다 양을 크게 강조했고 에너지 안보에도 중점을 두었다. 특히 에너지 안보는 정책결정자들에게 무엇보다도 중요한 문제였다. 그들에게 비용은 그야말로 부수적인 사안에 지나지 않았다. 그런데 민영화가 진행되면서 상황이 완전히 뒤바뀌었다. 주요 기업들이 일단 민영화의 깃발을 잡게 되자 가격을 한계비용marginal cost까지 낮추는 일이 벌어졌으며 매몰비용sunk cost을 완전히 삭제하는 일도 벌어졌던 것이다. 반드시 필요한 투자를 연기하거나 아예 포기하는 대신 기존 자산으로부터 최대한 이익을 짜내는 데만 몰두한 결과, 외부 충격을 감당할 수 있는 능력은 극도로 허약해졌다. 더욱이 전력산업은 은행의 재정 감시가 크게 강화되었는데, 그 결과 초래된 가장 극적인 사건이 미국의 에너지회사 엔론Enron 사태였다. 엔론 문제는 그 회사 경영진의 부패 행위로부터 촉발되었지만, 에너지 시장의 규제 철폐를 등에 업고 그들이 계획했던 복잡한 거래 시스템이 무너지면서 사건이 걷잡을 수 없이 커졌다. 다시 말해서 '규제 블랙홀regulatory black hole'이 만들어졌던 것이다.[13]

전력산업에서 자산 짜내기가 심화되면서 나타났던 결과의 하나가 업계 전반에 걸쳐서 연구개발이 크게 위축되었다는 점이다. 이 문제가 심화되자 이제는 그 반대로 혁신을 선호하는 쪽으로 시계추가 크게 기울고 있다.

예전에는 국가 소유의 기업들에서 상당한 정도의 연구개발이 진행되었으며, 이는 지금보다 훨씬 튼튼한 제조 기반을 다지는 데 크게 기여했다. 전체 매출액 중에서 연구개발에 들어가는 비용은 기업의 종류에 따라서 크게 다를 수 있다. 영국의 대형 제약회사들의 경우 2007년 기준 그런 연구개발 투자비는 전체 매출액의 15퍼센트를 차지한다. 그런데 전체 전력회사들을 상대로 한 조사 결과 이 업계의 연구개발 투자비는 겨우 0.2퍼센트에 불과했다. 여러 차례에 걸친 심층 연구 결과들은 그런 연구개발 투자 감소가 이 업계의 개편과 밀접하게 관련되어 있음을 보여주었다.[14]

다른 분야도 그렇지만 전력 분야에서도 시장이 실패했다고 해서 단순히 정부 또는 정부가 임명한 규제관리자에 의한 상명하달식 통제로 복귀하는 것으로 모든 문제가 풀리진 않는다. 혁신의 관점에서는 정책적으로 소비자들이 전력 공급망에 능동적으로 참여할 기회를 만들어주는 일이 매우 중요할 수 있다. 그렇게 해서 얻는 혜택은 물론 여러 가지가 있겠지만, 무엇보다 소비자들이 참여함으로써 소규모 전력회사들이 시장에 진입할 수 있는 길이 열리게 된다. 하지만 다른 분야와 마찬가지로 여기에서도 전반적인 분권화wholesale decentralization가 제대로 이루어지기는 어렵다. 전력망과 같은 시스템이 원활하게 가동되려면 조정 메커니즘이 잘 갖춰져야 하며, 특히 스마트그리드 시스템이 도입되기 위해서는 더욱 그렇다.

반환경적인 부문에 대해서 정부가 보조금을 지급했던 관행을 완전히 철폐할 수 있는지의 여부는 전적으로 정부에 달렸다. 에너지 시장에는 그런 감춰진―이제는 그렇게 감춰진 것도 아니지만―보조금이 존재하는 것이 사실이고, 만약 우리가 전력회사들이 그런 환경비용을 모두 다 감수해야 한다고 생각한다면 보조금 액수는 더욱 늘어날 것이다. OECD 국가들에서는 외부비용을 전혀 고려하지 않더라도 화석연료에 대한 그런 보조금이 대략 200억~300억 달러나 되었다.[15] 그런 비용의 일부가 새로운 기술 개발에 직접적으로, 그리고 집중적으로 투입되기 어렵다면 혁신의 가능성은 크게 낮아지고 만다. 사실 정부가 그런 실질적인 부분에 개입하지 않는다면 전력 생산에서의 효과적인 개혁은 전혀 기대하기 어렵다. 국가 전력망은 발전소들을 한데 묶는 중앙집중식을 선호하는 것이 당연하다. 새로운 기술이 도입되어 비용 절감 효과를 내기까지는 상당한 시간이 걸릴 텐데, 자본시장이 그런 격차를 메우기 어렵기 때문이다.[16] 이런 요인들의 상당 부분은 교통수송 분야에서도 그대로 적용되는데, 이 분야는 온실효과 발생 증가율이 가장 높은 영역이기도 하다.

전력 분야와는 전혀 다른 양상이 벌어지는 예로서 애모리 로빈스와 헌터 로빈스Hunter Lovins가 제안했던 하이퍼카hypercar를 생각해보자.[17] 하이퍼카는 현재 시장에 존재하는 가장 경제적인 승용차와 비교해도 주행 중에 연료 소비량을 80퍼센트나 줄일 수 있고 제조 과정에서도 온실가스 발생량을 무려 90퍼센트나 줄이는 것을 목표로 개발되었다. 이 차는 오늘날 평균적인 승용차들과 비교할 때 무게는 그야말로 몇 분의 일에 불과할 만큼 가벼운 재질로 만들었지만, 사고시 탑승자 보호에도 모자람이 없다. 또한 이 차는 공기 저항을 최소화하도록 디자인했으며, 수소 연료전지를 사용해서 하이브리드-전기 동력으로 추진된다. 이 방식으로 제작된 승용차나 트럭은 1갤론의 연료로 80~200킬로미터를 주행할 수 있고, 그 크기가 크게 작아지지도 속도가 그리 느려지지도 않았다.

그런데 하이퍼카가 다른 산업들에도 영향을 미칠 수 있다고 로빈스는 주장한다. 기존의 차량 대신 이 차를 생산하게 될 때 철강산업계는 온실가스 발생의 8분의 1을 저감할 수 있다. 모든 차가 다 이런 하이퍼카 개념으로 제작된다면 OPEC가 생산하는 석유 역시 그만큼 덜 소비하게 된다.

이 차로 인해서 개발되는 연료전지가 다른 산업 분야에도 값싼 연료전지 보급을 부추길 수 있다. 여기에 더해서, 하이퍼카가 생산하는 잉여전기가 국가전력망에 공급될 수도 있다.

현재 자동차회사들은 자신들이 제조하는 차량의 전반적인 경제성을 지속적으로 향상시키고 있다. 하지만 그들이 실제로 도달 가능한 수준까지 경제성 향상을 달성하고 있지는 않다. 그 주된 이유는 '기술 관성technological inertia' 때문이라고 하겠는데, 그것이 이 자동차업계를 기존 시장과 주변 공급구조에 붙잡아두고 있는 요인이다. 공공정책은 자동차회사들이 새로운 네트워크와 이를 둘러싼 지원 체계로 쉽게 옮겨갈 수 있게 도울 수 있다. 정부 정책은 또한 온실가스를 적게 내뿜는 차들이 사용하는 전기도 저탄소 에너지원에서 생산될 수 있도록 지원해야만 한다.

그러면 정부는 혁신을 최대한 지원하기 위해서 투자하는 돈이 낭비되는 일이 없게끔 문제를 최소화할 수 있을까? 한 가지 방법은 가능성 있는 여러 기술들을 고르게 지원하는 방안인데, 이는 주식시장에서 위험을 분산시키기 위해서 포트폴리오 투자에 나서는 것과 같다. 다양한 재생에너지원들에 대한 균형 잡힌 투자는 다른 부가적인 이익을 기대할 수도 있는데, 한 에너지원의 효용성이 위협을 받을 경우 그로 인한 리스크를 크게 줄일 수 있는 것이다. 하지만 여기엔 약점도 있다. 보조금과 지원금이 너무 폭넓게 나누어 지급되는 탓에 원하는 성과를 거두지 못하기도 하기 때문이다. 정부와 산업계는 일부 기술은 실패하기 마련이며 또한 막다른 길에 몰리기도 한다는 점을 이해해야만 한다. 반면에 주변에 머물러 있던 기술이 갑자기 주류에 편입되면서 큰 영향력을 미치는 기술로 발전할 수도 있다.

우리는 기존의 대기업들만 현상유지를 위해 로비를 벌이는 것은 아니라는 점을 분명히 알아야 한다. 규모가 작은 기업들도 로비에서 자유롭지 않은데, 특히 보조금이 지급되는 분명한 메커니즘이 존재하는 경우에는 더욱 그렇다. 예를 들어, 풍력이나 태양광을 지지하는 사람들도 자신들의 입지 강화를 위해서 로비에 크게 매달릴 수 있다. 정부의 중요한 책임 중 하나는 복지기금에서 발생하는 부작용이 기술에 대한 그런 공적 지원에서 재현되지 않도록 하는 일이다. 다시 말해서, 정부 지원을 받는 사람이 그것을 마치 자기에게 주어진 자연스러운 권리처럼 여겨 어떤 변화도 거부할 수 있다는 점을 명심해야 한다.

스필오버 효과(spill-over effect, 어떤 요소의 생산활동이 다른 요소의 생산성까지 증가시켜 경제 전체의 생산성을 올리는 효과—옮긴이)를 내지 않는 기술은 거의 없는 법이다. 따라서 정부의 혁신 지원을 더 넓은 범주에서 생각해볼 필요가 있다. 스필오버 효과가 긍정적으로 작용하는 분야라면 최대의 성과를 거두기 위해서 정부의 지원 또는 적절한 규제가 필요하다. 예를 들어, 모터 생산에 필요한 신물질이 개발되었다고 하자. 이때 기술이전에 대한 정부의 적극적인 지원이 뒤따른다면, 그 신물질은 좀더 에너지 효율이 높은 주택이나 작업장을 짓는 데 바로 쓰일 수 있다. 이런 이유에서 기술 혁신을 촉진하기 위해서는 전체를 보는 사고가 꼭 필요하다. 인터넷이 그랬듯이 근본적인 기술 혁명은 사회 전체에 파장이 미치는 법이다. 도시계획과 토지 규제는 이런 식의 변화를 촉진하고 거기에 부응할 만큼 충분한 융통성을 가져야만 한다.

에코타운은 미래의 변화가 가져올 장단점을 그대로 보여주는 예가 될 것이다. 새로운 기술 혁신은 분명 도시와 지방의 토지 이용 계획에 복잡한 문제를 야기할 수 있다. 20세기 초반에 그랬듯이 발전소가 도시 한가운데에 자리잡는 그런 시대는 이미 지나갔다. 이제는 아무리 외딴 지역이라도 원자력발전소를 건설하려 들면 주민들의 거센 반대가 뒤따른다. 원자력발전에 다시 눈을 돌리는 국가들이 기존 원자력발전소 부지에 새 발전소를 지으려 하는 것도 그 때문이다. 미관상의 이유로 풍력발전소 단지를 반대하는 시민도 많다.

기술 그 자체에서, 또는 그 기술의 영향력이 느껴지는 분야에서 새로운 시도가 이루어질 경우 언제나 불확실성의 영역이 만들어진다. 아직 증명되지 못한 기술이라면 확정된 가격을 매길 수 없고, 그 기술이 폭넓게 쓰이면서 낳게 되는 결과를 제반 요소들을 감안하여 돈으로 따지기는 더욱 어렵다. 한 예로, 사회 전체로 볼 때 아주 중요한 문제, 즉 새로운 전기 저장 방법이 개발되었다고 가정해보자. 하이퍼카의 예가 그랬듯이 이 경우에도 우리 생각의 출발점은 그런 기술 도입으로 산업계와 정부, 기타 다른 분야들에서 과연 어떤 성취가 뒤따를지를 진지하게 검토하는 일이다.[18]

전기를 저장하는 새로운 방법이 개발된다면, 그것은 태양광이나 기타 간헐적으로 작동되는 재생에너지원 수준을 훨씬 뛰어넘어 새로운 지평을 여는 상황이 벌어질 것이다. 국가 전력망 체계에 어마어마한 영향을 미칠 뿐만 아니라 수송 등 여타 분야에도 심대한 파장이 예상된다. 가령 지속적인 가동이 어려운 재생에너지 대안 기술들이 가지는 고질적인 문제를 해결하는 데 바로 기여할 것이 분명하다. 그동안 전기를 저장하는 다양한 방법이 개발되었는데, 축전지, 플라이휠fly-wheel, 압축공기를 사용하는 방법 등이 그런 예다.[19] 그 밖에도 여러 가지 대안이 나와 있지만 아직 상용화되지는 않았다. 이런 대안들에는 플로전지flow battery, 리튬전지lithium battery, 슈퍼캡supercapacitor, 전력전환 시스템power conversion system 등이 있다. 유럽위원회에서 펴낸《스마트그리드smartgrids》라는 책에는 향후 유럽의 전력망을 어떻게 개선해야 할지에 대한 비전이 담겼는데, 더 효율적인 전기 저장 기술이 나올 것으로 전망한다.[20] 이 책은 총괄적인 관점에서 각 기술들의 의의를 살피고 있을 뿐만 아니라 정부와 산업계가 파트너십을 구축해서 막대한 비용이 드는 초기 투자의 어려움을 극복하는 방안까지 제시하고 있다.

앞에서 언급했듯이 이제까지 설명한 기술의 상당수는 도태될 수밖에 없는데, 이는 정부의 보조금과 지원금이 지급되는 다른 분야들의 경우도 마찬가지다. 정부 지원 없이 민간기업이 그런 투자에 나서는 경우에도 다르진 않겠지만 말이다. 실패는 교훈으로 삼아야 한다. 성공을 향한 먼 여정에서 실패를 통해 많은 지식을 쌓기 때문이다. 원칙적으로 가능성 있는 기술의 범위를 좁히면 그만큼 집중적인 투자가 가능해진다. 따라서 기술 개발 전략을 수립하는 초기 단계에서부터 기술 퇴출 방안도 함께 고려해야 하며, 정부가 관여하는 기술 개발에서는 더욱 그렇다. 그렇지 못하면 귀중한 돈이 헛된 곳에 함부로 지출되는 경우가 분명히 생기기 마련이다. 제2차 세계대전 이후 초기 종합계획 수립의 역사를 연구해본 사람이라면 누구나 그런 위험성에 대해 잘 알고 있을 것이다.

일자리 만들기: '기후변화의 뉴딜 정책'은 가능한가?

재생에너지 기술의 확산으로 일자리를 창출하는 것이 마치 경제적 통합의 주된 목적이나 되는 것처럼 보인다. 사실 맞는 말이기는 하다. 적어도 어떤 나라에서는 '풍력발전으로 수천 개의 새로운 일자리가 생겼다'고 하지 않는가. 독일이 그런 예다. 하지만 그런 식의 논의는 지나치게 짧은 생각이다. 새 분야에서 일자리가 생기면, 그만큼 기존 에너지 산업에서는 노동자들이 실업 상태로 내몰리기 때문이다. 더욱이 대부분의 신기술은 많은 노동력을 필요로 하지 않는다. 예를 들어, 풍력발전이나 파력발전의 경우 생산되는 단위 에너지당 노동자 수는 석탄산업계의 노동자 수보다 크게 적다. 기후변화 대응을 위한 산업정책이 경제적 통합과 일자리 창출이라는 손쉬운 관계식에 근거해서 입안되어서는 안 될 일이다.

환경 서적들은 주로 폐기물과 낭비를 줄이자는 식의 생활방식 변화를 이야기한다. 물론 옳은 말이기는 하다. 하지만 새로운 기술이 개발된다고 해서 사람들이 자신의 기호와 자기표현 욕구를 억제할 필요가 있을까? 우리는 후기산업사회에 살고 있고 무슨 일이 벌어지건 그 사실은 변하지 않는다. 저탄소 경제로의 전환은 새로운 일자리들을 만들어낼 것이다. 하지만 그런 새로운 일자리 창출은 에너지 산업계의 변화 때문이기도 하지만 그에 못지않게 사람들의 생활양식과 기호의 변화 때문일 가능성이 크다. 미국과 영국의 소비자들이 오랜 기간 맛없는 커피를 참아내면서도 속내로는 더 맛있고 다양한 종류의 커피를 갈망하고 있었다는 것을 과연 누가 짐작이나 했을까? 글쎄, 아무도 그런 점을 눈치채지 못했을 것이다. 하지만 어느 순간 기회가 포착되면 새로운 유행이 시작된다. 전 세계가 저탄소 기술과 저탄소 생활양식의 사회로 나아갈 때 마찬가지로 다양한 차원에서 새로운 경향들이 만들어질 것이다. 다만 어디서 그런 변화가 시작될지는 기본적으로 예측하기 어렵다.

유엔환경계획UNEP은 환경친화적 일자리가 어떻게 만들어질 수 있는지에 관해서 종합보고서를 발간했다.[21] 그 보고서는 유엔 방식대로 첫머리에 용어해설을 실었는데, 여기 나온 용어만 182개나 되었다.('UNEP'도 그중 하나였다.) 환경친화적 일자리들은 농업, 제조업, 연구개발, 서비스업의 네 부문에서 '환경의 질 보전과 복원에 크게 기여하는' 직업들이었다.

보고서는 기후변화에 대한 대응을 비롯해 환경의 질에 대한 관심이 커짐으로써 위의 네 개 부문에서 많은 일자리가 생길 수 있다고 말한다. 일부 부문에서는 기존의 일자리를 대체하지 않고서도 새로운 일자리가 더 만들어질 수 있다고 했는데, 예컨대 새로운 오염방지 설비는 기존 시설에다 추가로 설치하는 경우가 많을 것이다. 새로운 기술이 도입되면서 사라지는 일자리 역시 다른 일자리로 바뀌는 경우가 많을 텐데, 쓰레기 매립이나 소각에 종사하던 사람들은 그 대신 재활용 분야에서 일자리를 얻을 가능성이 크다. 그런가 하면 어떤 일자리는 아예 사라지게 된다. 상품 포장재를 생산하던 일자리는 포장재에 대한 규제가 강화되고 소비자들의 선호도가 낮아지면 더 이상 필요 없게 된다. 대부분의 다른 일자리도 사용되는 기술이나 업무 내용 면에서 상당한 변화가 있을 것이다. 그 보고서는 일부 산업은 구조조정을 겪으면서 어려운 시기를 맞을 것이며, 따라서 산업 분야마다 승자와 패자가 갈릴 것이라는 점을 강조하기도 했다.

또한 이 보고서는 공공정책의 역할이 대단히 중요하다는 점을 지적한다. 환경적으로 유해한 산업에 지급하는 보조금은 에너지 효율을 제고하는 보조금 도입이나 개선과 함께 점차 폐지해야 한다. 탄소세 제도는 그동안 노동자들에게 부과했던 세금을 환경오염 배출원에게 전가하는 방향으로 시행해야 한다. 사실 직접 규제가 필요한 영역도 많다. 건물에 그린 코드 부여, 에너지 효율 기준 마련, 토지 이용 규제, 상품에 대한 에코라벨(eco-label, 상품의 환경성에 대한 정보를 제품에 표시하도록 하는 제도. 소비자로 하여금 친환경 상품을 선택 · 사용하게 하여 환경과 생태계 보전에 스스로 참여하도록 유도하고, 기업에게는 환경친화적 제품의 개발 및 생산을 유도하기 위한 제도다—옮긴이) 제도 등이 그런 예다. 정부는 이런 제도들에 대한 심도 있는 모델링 연구와 투자, 거기에서 얻을 수 있는 결과 등에 대해 계량경제학적으로 평가해야 한다.

재생에너지 기술에 관련된 산업에 종사하는 노동자들의 비율은 아직 미미하지만, 앞으로 크게 높아질 것이 분명하다. 현재 전 세계적으로 200만 명 정도가 그런 산업에 직접 종사하는 것으로 추정된다. 그중의 약 절반은 바이오연료 분야에서 일하는데, 그들 대부분이 바이오연료를 생산하는 식물을 재배하고 수확하는 일을 맡고 있다. 하지만 이런 1세대 바이오연료 생산방식이 식량 안보를 크게 저해한다는 우려가 점점 높아지고 있기 때문에 적어도 단기적으로는 이 분야 작업자들의 수가 줄어들 것으로 예상된다. 다른 재생에너지 기술들에서는 이제까지 창출된 일자리의 거의 대부분이 몇몇 선진국에 국한되었다.

앞에서 논의한 바 있었던 종합계획 수립의 문제가 환경 관련 일자리 만들기에서도 큰 영향을 미칠 수 있다. 재생에너지 부문에서의 기술 혁신에 대해서 일반적인 언급 수준을 넘어서서 예측하기란 아주 어렵다. 그런 혁신이 불러올 사회적 영향에 대해서도 알려진 바가 거의 없다. 그런가 하면, 기존의 산업 관행과 생활방식이 환경에 어떤 영향을 미치는지에 대해서도 관련 자료의 양이 아주 제한되어 있으며, 이런 점은 개발도상국들에서 더욱 심각하다. 앞으로 모든 나라에서 환경친화적인 일자리가 크게 증가한다고 할 때 교육훈련 부문에서 커다란 변혁이 뒤따를 것으로 예상되며, 또한 사람들이 노동과 생활의 균형을 잡는 문제, 연금 문제, 기타 여러 부문에서 사회적 문제들이 부각될 것이 분명하다.

현재의 금융위기는 저탄소 '뉴딜 정책'을 두고 흥미진진한 논쟁을 불러왔다. 이 정책은 국가가 주도하여 에너지 절약과 재생에너지 기술에 집중적인 투자가 이루어지면 경제회복을 촉진할 수 있다는 논리에 바탕을 두었다. 그 모델은 1929년의 대공황 이후 미국의 프랭클린 루스벨트Franklin D. Roosevelt 대통령이 입안하고 나중에 케인즈John Maynard Keynes가 수정했던 전략이다. 저탄소 뉴딜 정책의 예로서, 영국의 그린 뉴딜 그룹(Green New Deal

Group, 영국의 독자적인 싱크탱크 새경제재단^{New Economics Foundation}의 한 연구그룹으로 2008년 7월 〈그린 뉴딜A Grean New Deal〉이라는 정책보고서를 펴냈다. 하지만 그린 뉴딜이란 용어가 본격적으로 사용된 것은 같은 해 10월 UNEP가 이를 정식으로 채택해서 '글로벌 그린 뉴딜'을 탄생시키면서부터다—옮긴이)은 "미국이 1930년대에 뉴딜 정책을 시행하고 1939년 2차 세계대전 때 국가 총동원을 선언했던 것만큼 신속하고 광범위한 투자 프로그램과 실행 조치"를 취할 것을 요청했다.[22]

그린 뉴딜 그룹은 영국에서만 재생에너지 기술 개발을 위해 연간 500억 파운드의 예산을 집행하는 '신속집중 프로그램crash programme' 수립을 제안했다. 이 계획은 에너지를 생산하고 에너지 효율을 극대화하기 위해서 '모든 건물의 발전소화'를 목표로 했다. 또 해양 풍력발전소와 태양광발전소를 건립하고 건물 단열을 크게 개선하는 데 예산을 집중 투자할 것을 권고했다. 이 일을 위해 '수십만 명의 근로자'로 구성된 '탄소 군대carbon army'가 결성된다. 그 '탄소 군대'는 "금융 서비스와 쇼핑에만 몰두하는 경제에서 환경 변화의 동력이 되는 경제로 광범위하게 이동"하는 데 한 축을 담당할 것이다. 그린 뉴딜 그룹은 영국이 재생에너지 산업 부문에서만 25만 명의 일자리를 만들었던 독일의 사례를 본받아야 한다고 말했다.(얼마나 순진한 발상인가!)

그런데 현재의 금융위기가 닥치기 훨씬 이전에 미국 작가 마이클 셸런버거Michael Shellenberger와 테드 노드하우스Ted Nordhaus는 미국이 석유 의존 상태에서 완전히 벗어나는 동시에 새로운 일자리 창출을 목표로 하는 '뉴 아폴로 계획New Apollo Project'을 제안했다. 그들은 미국의 환경운동이 편협하고 부정적인 주장만 일삼고 있다는 식으로 매섭게 비판하면서, 그 대신 '새로운 고무적인 일을 창출'하고 동시에 '아메리칸드림의 회복'을 가능케 하는 새로운 전략을 제안했다. 여기서 그들은 기업, 노동조합, 지역 주민단체 등이 연합해서 정부로 하여금 저탄소 기술의 개발에 대규모 재정 지원을 하도록 압력을 행사하고, 그럼으로써 '수백만 개 일자리'가 만들어질 수 있다고 강조했다.[23]

반 존스Van Jones는 자신의 책 《그린 이코노미Green Economy》에서 정부 주도로 저탄소 에너지와 에너지 효율 증진에 투자하는 일은 기후변화에 관심이 없던 사람들을 끌어들이는 수단이 될 수 있다고 밝혔다.[24] 그 두 분야에 관련되는 대부분의 일자리는 첨단기술보다는 중급 수준의 기술이 필요한 자리다. 미국진보센터(CAP: Center for American Progress, 미국에서 보수주의를 표방하는 헤리티지 재단이나 미국기업연구소AEI 등에 대응하고자 진보주의를 내세우며 2003년에 설립된 비영리 민간 싱크탱크—옮긴이)의 연구자들은 경제 회복의 촉진을 주로 강조하는 더 정밀한 프로그램을 내놓기도 했다. 여기에는 건물의 에너지 효율 증진, 대중교통망과 화물수송망의 확대, 전력산업에 스마트그리드 도입, 풍력발전단지와 태양광발전소 건설, 차세대 바이오연료 생산 등 주요 6개 공공 부문에 정부의 과감한 재정 지원을 요청하는 대책이 포함되었다.[25] 이 계획을 주도한 로버트 폴린Robert Pollin과 그 동료들에 의하면 그 프로그램은 제조업과 건설업을 회복시키면서 동시에 새로운 일자리 창출을 크게 도울 수 있다고 한다.

비슷한 주장을 했던 다른 연구자들과는 달리 폴린과 그 동료들은 현재의 경제 위기를 극복하기 위한 일자리 창출의 목적에서, 다른 분야에서의 심각한 일자리 손실 없이 앞의 6개 분야에서 일자리 확장을 꾀할 수 있는 여건들에 대한 분석을 내놓았다. 그들의 분석에 의하면, 정부가 약 1조 달러를 투자할 때 170만 개의 신규 일자리가 만들어질 수 있다. 반 존스의 지적과 유사하게 그들도 그런 투자가 숙련된 고급 기술자들을 위한 일자리뿐만 아니라 신출내기를 위한 일자리도 많이 만들 것이라고 강조한다.

나는 이와 같은 제안들에 찬성한다. 특히 미국에서 나온 제안들이 그렇다. 미국이 온실가스 저감과 에너지 절약에 관해서 다른 선진국들에게 배워야 할 점이 너무 많다는 점 때문이다. 하지만 그런 제안들을 실행에 옮기는 과정에서 해결해야 할 많은 난제가 도사리고 있다는 점에서 주의를 요한다. 위의 계획이 실현되려면 모든 분야와 단계에서 상당한 교육훈련이 필요한데, 이는 곧 단기 보상에 대한 기대 없이 상당한 규모의 선행적 지출이 있어야 한다는 뜻이다. 인프라에 대한 투자 역시 대단히 중요하며, 이는 경제 회복기에만 한정되는 것이 아니라 더 장기적으로 계획되어야 한다. 정책의 일관성도 요청된다. 재생에너지에 대한 투자가 대규모로 이루어졌다고 할 때 그런 투자의 효과에 대해서 정치권 일각에서 부정적인 목소리가 나온다면 어떻게 할 것인가? 그런 사례로, 미국에서는 쓰러져가는 자동차 산업에 대해서 정부가 어떤 태도를 취하느냐에 따라 많은 정책이 좌우되는데, 재생에너지 정책 또한 마찬가지다. 실제로 자동차 산업계는 정부의 지원을 절실히 요청하고 있다.

하지만 무엇보다도 중요한 것은, 단기적 회복을 목적으로 시행하는 정책은 추후에 발생하는 상황에 따라 바뀔 수 있다는 점이다. 현재의 금융위기는 단순히 경기순환 구조 속에서 나타나는 현상이 아니다. 나는 이 현상을 '1989년 탈규제' 당시의 위기처럼 받아들인다. 그때의 위기는 소비에트 공산주의가 무너지면서 발생했던 혼란과 직간접으로 연관되어 있었고, 또한 그 여파가 다른 사회 분야들로 확산되면서 위기를 벗어나기까지 오랜 기간이 걸렸다. 나는 금융시장 자체와 은행 관련 시스템에 심대한 구조조정이 있어야 한다는 견해에 대해 전혀 이견이 없다.

그렇지만 미래에 대한 대부분의 전망이 그렇듯 현재로서는 우리가 어떤 행동을 취해야 할지 분명하게 알기란 어렵다. 더욱이 우리는 이제 전통적인 국가 모델로 회귀하지 않도록 주의하면서 동시에 시장의 복합적인 수단들이 제공하는 여러 가지 장점들을 버리지 않도록 해야 한다. 그런 장점들에는 파생상품(derivative, 주식과 채권 같은 전통적인 금융상품을 기초자산으로 하여 새로운 현금흐름을 가져다주는 증권을 의미한다. 대표적으로 선도거래, 선물, 옵션, 스와프 등이 있다―옮긴이)이나 리스크 헤지hedging of risk 등이 있다. 뒤에서 논의하겠지만, 복합 보험 제도가 그런 예에 해당한다. 이런 보험 제도는 리스크 이전을 목적으로 하는데, 기후변화에 적응하는 과정에서도 대단히 중요한 장치다. 국가는 필요한 최소한의 보상만을 해주는 데도 언제나 힘에 부치기 때문이다.

어떤 획기적인 해결책이 마련된다면 그보다 좋은 것은 없다. 하지만 마땅히 그런 해결책이 없는 상황에서는 경기불황과 그에 따른 광범위한 구조조정 등이 불러올 여러 문제점을 극복할 방안을 하나씩 강구해나가는, 미래에 대한 전향적인 사고가 요구된다. 세계 경제가 되살아나면서 언젠가는 유가가 다시 올라갈 터이므로, 이에 대한 대책을 조속히 마련해야 한다. 세금제도 역시 중요한 역할을 하며, 선진산업국들에서는 세금 인상의 가능성이 대단히 높다. 그런데 여기서 중요한 점은 세금 인상이 탄소세 도입이라는 더 큰 움직임과 연계해서 이루어져야 한다는 사실이다.

그런 맥락에서 나는 금융위기의 함의를 일반적인 관점에서 논의하고 싶지는 않다. 하지만 금융위기는 기후변화 정책과 관련해서 이미 영향을 미치고 있는 것이 거의 확실하다. 이런 상황에서 앞으로의 의제 설정이 대단히 중요하며, 이는 환경 뉴딜 정책을 주장하는 사람들이 추구하는 바이기도 하다. 그들은 정책결정자와 일반 대중의 관심을 끌기 위해서 먼저 선수를 치고나감으로써 기후변화 문제가 정책 결정에서 뒷전으로 밀려나지 않도록 애쓰고 있다.

이 장의 앞부분에서 언급한 상황에 대비해서 일련의 정책 대안을 만들어 시행하는 일은 정책기획가들의 몫이다. 경기회복 국면에서 일자리 창출을 도모하는 일은 그동안 앞에서 논의한 사안들보다 훨씬 더 폭넓게 검토해야 한다는 것이 내 생각이다. 따라서 그런 일자리 만들기가 불러올 연쇄효과에 대해서도 앞으로는 철저한 검토가 뒤따라야 한다. 기후변화 정책을 최우선 과제로 두게 하는 최선의 방안은 이 책에서 제시한 전략을 제대로 실행하는 데 있다. 즉 경제적인 면에서도 뛰어난 경쟁력을 갖추고, 다방면의 정치 프로그램들과 연계하며, 공허한 도덕성에 기대지 않는 것이 최선의 대안이라는 말이다.

탄소세

조세제도는 혁신을 촉진하는 데 중요한 역할을 할 뿐만 아니라 어느 정도는 혁신의 방향까지도 결정한다. 세금은 국가가 행사하는 주요 정책 수단으로 온실가스 감축 문제에서도 물론 광범위한 역할을 담당한다. 탄소시장을 선호하는 진영과 탄소세 제도에 중점을 두는 진영 사이의 논쟁에서 나는 후자의 입장을 더 지지하는 편이다. 하지만 둘 다 공존해야 함은 물론이다.

앞으로의 논의에서 나는 단지 탄소세에만 초점을 맞추지 말고, 현재의 재정 시스템 전반을 두루 검토해야 한다는 점을 강조하려 한다. 그럼으로써 기후변화 대응에 좀더 요긴한 방안을 강구할 수 있기 때문이다. 우리는 기존의 조세제도가 환경보전을 위한 목적에서 만들어진 것은 아니지만, 그럼에도 부분적으로는 그런 목적으로 활용될 수 있다는 점을 충분히 인식해야 한다. 이런 관점에서 본다면 그런 세금이 바로 탄소세인 셈이다. 예를 들어보자. 철도 시스템 개선을 위해서 세금이 투자된다고 할 때 그 투자의 목적이 원래 그러고자 했던 것은 아니지만 온실가스 감축에 큰 기여를 하는 셈이 아닌가.

그 반대의 경우도 역시 가능하다. 꼭 그러고자 했던 것은 아니겠지만 세금제도가 환경에 악영향을 끼치는 경우도 있다. 다른 교통수단을 위한 연료에는 그렇지 않으면서도 오직 항공기 연료에만 세금을 면제한다고 할 경우 그런 악영향이 분명히 나타나게 된다. 그렇게 악영향을 꼭 집어내기 어려운 상황도 있다. 예를 들어, 새로 문을 여는 슈퍼마켓의 위치를 결정할 경우 환경에 대한 아무런 고려 없이 단순히 시장의 힘에만 맡겨두었을 때 발생하는 결과에서 그럴 가능성을 엿볼 수 있다.

기후변화 대응을 위해서 직접 부과하는 탄소세에는 크게 두 종류가 있다. 첫 번째는 세금으로 거둔 수입의 전체나 일부를 환경보전을 위해 사용하는 경우다. 두 번째는 기후변화 대응을 위해서 사람들의 행동과 습관을 적절하게 변화시키고자 하는 수단으로 활용하는 세금의 경우다. 재생 에너지 개발에 필요한 재원 마련을 위해서 걷는 세금은 첫 번째 경우에 해당한다. 사람들에게 에너지 효율이 더 높은 승용차를 타도록 하거나 연간 운행거리를 줄이도록 유도하려는 목적에서 걷는 세금은 두 번째 경우가 된다. 다른 세금들과 마찬가지로 이런 세금 역시 인센티브 또는 징벌적인 성격을 갖는다.

탄소세는 다른 명목으로 포장하거나 다른 구실을 달지 말고 시민들에게 투명하게 밝히고 거둬야 한다. 영국의 연료세처럼 말이다. 또한 탄소세는 앞에서 제시한 몇 가지 요소가 결합되었을 때 가장 효과적일 수 있다. 다시 말해 다음과 같은 점들을 확실하게 고려해서 설계해야 한다. 먼저 사회의 어느 집단을 대상으로 하는지, 즉 기업인지 아니면 국민 전체

인지, 그리고 어떤 행동 습관을 바꾸기 위한 것인지를 분명히 해야 한다. 다음으로, 가급적이면 벌과금 형식보다 인센티브 형식이 더 바람직한데, 후자 쪽이 훨씬 긍정적인 동기부여가 되기 때문이다. 탄소세가 전체 재정 전략의 한 부분으로 구성되도록 하는 일 역시 중요하다. 탄소세 부과로 얻는 환경적 효과는 반드시 공개하여 가시적으로 드러내야 한다.

순전히 경제적 관점에서만 본다면 탄소세의 핵심은 환경에 관한 외부 비용을 완전히 배제하려는 데 있다. 미래 세대에 미치는 영향까지도 비용에 포함시켜야 한다는 것이다. 하지만 기후변화 정책의 여타 분야들처럼 이 부분도 말은 쉽지만 실행에 옮기기는 대단히 어렵다. 그런 예를 들어보자. 비료와 농약을 마구잡이로 사용하는 대량 농업생산 방식으로 생산된 식품의 가격에는 토양을 악화시킨 데에서 발생하는 비용이 제대로 반영되지 않았다. 그런 식품이 전 세계로 이송되는 과정에서 발생하는 오염 비용도 물론 포함되지 않았다. 다른 대다수 분야에서와 마찬가지로 현대의 복잡한 상품 제조 및 유통 과정을 고려할 때 진정한 가격을 매기는 일 자체가 대단히 어려운 일이 아닐 수 없다.

자원 사용에 부과되는 세금은 가급적 제품 생산 단계에 근접해서 부과하는 것이 바람직한데, 그래야만 제조 과정에 나타나는 모든 측면을 다 고려해서 세금을 매길 수 있기 때문이다. 그런 세금은 생산 과정의 첫 단계에서부터 에너지 절약과 기술 혁신을 촉진하는 것은 물론 차후의 수선과 재활용에 대한 필요성을 억제해야만 한다. 탄소세의 신규 도입은 그런 세금을 대치할 수 있다. 다른 말로 하면, 시민들은 환경세 대신 탄소세를 납부하게 되는 세금 스와프(tax swap, 세금의 명목을 다르게 해서 거두는 방안. 환경세 부과의 경우 납세자가 일률적으로 세금을 낼 수밖에 없지만 탄소세로 바꾸어 부과하면 납세자는 자기가 화석연료를 사용한 만큼만 세금을 내면 된다—옮긴이)의 기회가 주어짐으로써 모든 부문에서 절약의 미덕을 더 발휘할 수 있게 된다는 의미다. 때로는 이런 전략이 '이중배당[double dividend, 이중배당 가설은 오염 유발 행위에 세금을 매기고 근로소득세와 같은 왜곡적 조세부담은 줄임으로써 조세 중 립성을 유지하는 가운데 환경을 보전하고(제1배당), 일자리 창출 등 경제적 효과(제2배 당)를 가져올 수 있다는 주장을 말한다―옮긴이]' 효과를 낳을 수도 있다. 오염 발 생을 줄이는 것은 물론 동시에 다양한 혜택을 얻을 수 있다는 것이다.

세금은 가급적 '좋은 것'보다는 '나쁜 것'에 부과하라는 것이 일반 원칙 이다. 전자의 예는 소득세처럼 인간 노동에 매기는 세금이며, 후자의 예는 오염 배출원에 매기는 세금의 경우다. 이런 개념은 '오염자 부담 원칙'에 거의 들어맞는다. 그러나 다시 한번 강조하지만 이런 구분이 현실에서는 생각처럼 그렇게 쉽지가 않다. 기후변화 관련해서도 우리는 재생에너지 에 투자하는 경우처럼 (세금 혜택 등을 통해) '좋은 것'을 장려하기를 원한다. '나쁜 것'에 세금을 매긴다는 것은 그럼으로 해서 점점 '좋은 것'이 '나쁜 것'을 대체하게 하려는 의도다. 이 경우 세금은 사회적, 경제적 변화를 불 러올 수 있다. 그런데 세금에 그처럼 인센티브를 부여할 경우 세금 수입 은 줄어들 수밖에 없다. 그렇게 되면 다른 어떤 부문에서건 보상체계의 변화가 불가피해지므로, 우리는 다시 한번 전체 세금체계를 꼼꼼히 들여 다봐야 한다.

탄소세를 처음 시작한 곳은 북유럽 국가들이었다. 이 제도는 1990년대 초에 시작되었으니, 이제 그동안 얼마나 성공적이었는지 평가할 수 있는 시기가 되었다. 하지만 그런 평가가 결코 용이하지는 않은데, 나라마다 조세제도가 조금씩 다르고 시간이 흐르면서 제도 자체도 조금씩 변화했 기 때문이다. 1990년대 초부터 덴마크는 전기, 에너지 소비, 화석연료 등 의 부문에 세금을 부과했다. 여기에다 나중에는 각 가정에 부과하는 이산화탄소세가 더해졌다. 핀란드는 1990년에 세계 최초로 이산화탄소세를 도입했고, 이를 산업계, 교통 부문, 그리고 개인 가정에까지 널리 적용했던 나라로 유명하다. 처음에는 세금이 비교적 낮게 책정되었지만 그 후로 점차 높여나갔다. 스웨덴과 노르웨이, 아이슬란드는 덴마크나 핀란드와는 조금씩 다르게 각자의 제도를 발전시켰다.

그런 세금제도에 대해 품었던 기대는 적어도 처음에는 그리 높지 않았지만 결과적으로 그 효과는 자못 컸다.[26] 핀란드에서는 이산화탄소세를 부과하지 않았다면 2000년 온실가스 배출량이 실제보다 2~3퍼센트 더 높아졌을 것이다. 스웨덴, 노르웨이, 아이슬란드 등에서는 그 높아진 수치가 3~4퍼센트에 이를 수도 있었다. 하지만 그 모든 나라에서 이산화탄소 실제 배출량은 1990년 기준년도보다 오히려 높아졌다. 유독 덴마크만이 이산화탄소 배출 저감에 성공했는데, 그 이유는 오직 이 나라만이 확보된 세금수입을 환경적인 목적에 사용했기 때문이다. 실제로 덴마크는 그런 수입을 주로 에너지 절감 활동을 지원하는 데 썼다.

이상이 탄소세와 관련해서 가장 앞서 있는 국가들의 현황이라는 점을 감안할 때, 우리가 이 세금을 통해서 (정당하게) 기대하는 바의 효과를 얻기까지는 아직도 먼 길을 가야한다는 것을 알 수 있다. 현재까지 우리의 논의는 탄소세 시행으로 '무엇을 얻을 수 있는가' 하는 수준에 머물러 있다. 즉 다 가설일 뿐이다. 그런 예로서, 세금 스와프의 가능성에 대해서 여러 나라에서 저마다의 사정을 감안해서 자세히 검토하곤 했다. 미국에서 이루어진 한 연구에서 제시된 세금 스와프 안은 노동자 1인당 연방근로세 기초공제액을 3660달러 인상하고 그 대신 탄소배출량 1톤당 15달러의 탄소세를 부과하도록 권했다.[27] 미국의 근로세는 (2005년 기준) 연간소득 9만 달러까지는 과세율이 균등하며, 그 이상에서는 역진세〔regressive tax, 과세 물건의 수량 또는 금액이 많아짐에 따라 세율이 낮아지는 조세로 누진세와 반대되는 개념. 현행 세금제도에서 역진세는 거의 존재하지 않는다, 다만 생활필수품에 부과하는 간접세(소비세)는 소득이 많건 적건 똑같이 부담하게 되어 조세부담률은 저소득자일수록 높아진다. 따라서 이런 간접세는 사실상 역진세적 성격을 가진다—옮긴이)로 운영되어 저소득자에게 불리하다. 사실상 60퍼센트 이상의 미국 가정에서는 이 세금이 단일세금으로서는 가장 납부액이 높은 세금이기도 하다. 그런데 이 세금의 기초공제액을 인상하면 노동자의 생산성이 떨어지거나 심지어 근로 자체를 거부하는 결과를 낳기도 하기 때문에 이중배당 가설이 현실화될 수 있다.

이 연구 보고서의 저자들은 연료의 탄소량에 근거하여 탄소세를 부과하자고 제안하는데, 그 액수는 탄소 1톤당 55달러가 적당하다고 했다. 이렇게 세금을 부과하면 처음에는 단기적으로 수요 감소가 발생하겠지만, 2005년부터 이 탄소세를 부과했다면 그 이후부터 연간 780억 달러의 조세수입 증가를 기대할 수 있었다. 이와 함께 연방근로세로 걷히는 세금은 약 11퍼센트가 줄어든다. 그런 근로세 감세는 특히 저소득 근로자들에게 많은 혜택이 돌아가는데, 그들은 자신들이 납부하는 연방근로세의 약 4분의 3까지 절약할 수 있다. 근로세로 가장 많은 혜택을 누리는 최상위 계층에게는 그런 세금 절약 효과가 약 4퍼센트에 그친다. 탄소세는 온실가스 발생을 저감하는 효과를 낳으면서 나중에는 세수가 줄어들 것이기 때문에 적당한 시점에 세금 인상을 고려해야 한다. 물론 연료 생산자가 자신들이 지불하는 세금을 가격 인상의 형태로 소비자에게 전가한다면 '이중배당' 효과는 상당 부분 사라지고 만다. 하지만 이 연구에서는 그렇더라도 더 낮은 소득의 가정이 여전히 더 큰 혜택을 누리는 것으로 나타났다.

탄소세가 가진 역진세적 성격을 우려하는 사람도 많기 때문에 그런 문제를 상쇄할 수 있는 전략에 대해서 잠시 살펴보는 것도 바람직하겠다. 영국의 라운트리 재단Rowntree Foundation에서 펴낸 한 연구서에서는 탄소세를 도입했거나 현재 도입을 검토 중인 4개 항목에 대해서 과연 어떤 대안이 있는지를 검토했다.[28] 그 4개 항목에는 가정에서 지출하는 에너지 사용료와 수도세, 교통비, 그리고 각 가정에서 배출하는 폐기물 처리비가 포함되었다. 이 연구의 초점은 탄소세 부과가 별로 부유하지 않은 사람들에게 적어도 손해를 끼치지 않도록 하는 방법에는 과연 어떤 것이 있는지 알아보는 데 있었다.

이 연구는 만약 아무것도 변하지 않고 지금처럼 지속된다면 환경 관련 세금으로 인해서 가난한 가정들이 가장 큰 피해를 입는다는 것을 확인했다. 저소득층 사람들은 이미 에너지 소비에 대단히 민감하며, 제대로 된 난방 혜택을 못 받을 경우 건강에 심각한 문제가 생기는 것으로 나타났다.

그러면 왜 영국은 북유럽 국가들이나 여타 다른 나라들처럼 탄소세나 에너지세를 도입하지 않았을까? 그 이유는 영국에서는 각 가정마다 연료 사용량이 크게 다르고 특히 가난한 가정들에서 그 차이가 기이할 만큼 크기 때문이다. 라운트리 재단의 연구는 심지어 비슷한 소득 수준의 가정들에서도 에너지 사용에서는 엄청난 차이가 난다는 사실을 밝혔다. 이 연구는 영국의 전 가정을 소득 수준에 따라 10개 그룹으로 나누었는데, 같은 그룹 내에서도 어떤 가정은 다른 가정들보다 무려 여섯 배나 더 많은 에너지를 사용했다. 온실가스 발생량에 있어서도 그 차이는 대단히 컸다. 연구 결과는 가장 부유한 계층에 비해 가장 가난한 계층의 가정들이 단위 에너지 사용량당 훨씬 많은 세금을 내고 있다는 것을 보여주었다. 따라서 일률적으로 탄소세를 부과한다면 처음 예상보다도 훨씬 높은 역진성을 나타낼 수도 있는 것으로 평가되었다.

세금과 혜택을 한데 묶어서 제도를 만든다면 가난한 가정에서 그런 손해를 보지 않도록 할 수도 있다. 하지만 그럴 경우에도 연료조차 구입하기 어려운 빈곤계층의 가정들은 더욱 형편이 어려워질 것으로 예상되었다. 따라서 그런 제안들은 정치적으로 실패하기 십상이었다.

물론 가능한 방법도 있기는 하다. 지원과 제재를 한데 묶어서 시행하는 대안이 그것이다. 보조금을 제공한다면 각 가정들로 하여금 에너지 효율을 개선하도록 설득하기가 용이하다. 그리고 일정한 시간이 지난 후에는 그런 에너지 효율 개선을 달성하지 못한 가정에 한해서 '기후변화 추징금 climate change surcharge'을 부과하는 것이다. 이와 함께 범국가적인 차원에서 에너지 감사를 시행해서 그런 추징금 부과를 피하기 위해 각 가정에서 활용할 수 있는 적정한 가격의 에너지 효율 개선 장비와 방법을 선정하고 보급하는 노력도 필요하다. 이런 대안은 장기적인 관점에서 시행해야 하는데—우선 10년이라고 해두자—, 재산세 납부액을 기준으로 가장 부유한 계층부터 시작하는 것이 바람직하다. 가장 많은 세금을 납부하는 계층으로 하여금 솔선수범하게 하고 다음 계층이 그 뒤를 따르게 함으로써, 가장 가난한 계층에게는 맨 나중에 이 제도가 시행되도록 하는 것이다. 이렇게 가장 가난한 계층은 저금리의 대부를 받을 수도 있는데, 이때의 대부금은 필요한 에너지 효율 개선을 제때에 달성하지 못한 사람들에게 거두어들인 추징금으로 충당할 수 있다. 임대주택의 경우에는 집의 소유주가 납부하게 한다.

연구자들은 이런 제도가 시행되면 향후 10년 동안 각 가정에서 배출되는 온실가스의 최소한 10퍼센트 이상을 줄일 수 있다고 주장한다. 이 제도로 각 가정이 지출해야 하는 비용은 총 64억 파운드에 이르지만, 에너지 효율 개선 효과 때문에 결국은 순익으로 194억 파운드를 절약할 수 있다. 이때 각 가정이 누리는 연평균 수익률은 23퍼센트가 되는데, 가난한 가정일수록 훨씬 혜택이 많아져서 에너지 빈곤계층의 비율 역시 크게 낮아진다. 그 보고서는 이렇게 결론지었다. "이런 제도 시행을 여태까지 제대로 고려해보지 않았다는 사실은 일반 대중이나 정치권에서 기후변화를 억제하겠다는 의지가 아직은 강하지 못하다는 것을 잘 보여준다."[29]

보고서에 따르면 가정용 상수도 사용, 교통비, 폐기물 관리 등 다른 항목들에서도 비슷한 결과가 나왔다. 상수도 문제에 관해서는 각 가정에서 일부는 물 사용량을 기준으로, 또 일부는 재산 가치를 기준으로 수도 사용료를 납부하도록 했을 때, 어떤 식으로 시나리오를 작성하든 지금보다 훨씬 많은 혜택이 돌아간다고 보았다. 자동차 연료에 부과되는 세금을 역진세라고 하기는 어려운데, 30퍼센트가 넘는 가정이 승용차를 갖고 있지 않고 그 대다수가 빈곤가정이기 때문이다. 저소득층이 무는 연료세를 보상하기 위한 방법이 없지는 않은데, 가령 저소득층에는 면허세 부과를 면제할 수도 있다. 그렇지만 이 경우에 정치적인 정당성을 확보하려면 조세수입을 환경보전의 목적에 국한해서 집행하는 일이 반드시 필요하다.

마지막으로, 폐기물 관리에 있어서는 빈곤계층에 아무런 악영향을 미치지 않으면서 폐기물 재활용을 증진시키는 일이 가능하다고 본다. 현재는 가난한 사람들이 부자들보다 상대적으로 더 많은 폐기물 처리비를 부담하고 있다. 연구자들은 그 대안으로 지방의회세(council tax, 우리나라의 지방세와 비슷한 세금으로 지방자치단체가 주민에게 제공하는 교육, 도서관, 폐기물 처리 등의 서비스에 대해 지불하는 세금—옮긴이)를 모든 가정에서 일률적으로 적게 걷고, 그 대신 폐기물 처리비를 무게로 따져서 납부하도록 하는 방안을 주장한다. 폐기물 처리비는 폐기물 운송거리와 재활용률에 따라 달라질 수 있다.

라운트리 재단의 연구는 대단히 중요하다. 적어도 관련된 부문에 대해서는 세금체계에 대한 탄소 감사까지 제안하고 있기 때문이다. 이 연구는 기존의 재정 수단들까지 충분히 감안해서 조세제도를 개혁하면서 생길 수 있는 뜻하지 않은 결과들에 대비하고 있다. 여기에 나온 모든 전략이 상당히 복잡하기는 하지만 조세제도를 대폭 간소화하면서도 탄소세를 도입하기가 쉬울 리는 없다. 더욱이 저소득층에게 불이익이 가지 않도록 배려하려면 말이다. 현재로서는 아직 어떤 나라도 전면적인 탄소세 감사^{carbon tax}audit를 시행하지는 못하고 있다. 하지만 그런 평가 작업은 반드시 필요하다. 탄소세가 도입될 경우 사실상 모든 개인 과세가 그 영향을 받기 때문이다.

석유와 천연가스 가격이 다시 상승한다고 해도 여전히 탄소세가 필요할까? 필요하다면 언제쯤 도입하는 것이 좋을까? 현재의 경기침체에서 회복하면 유가 인상은 불 보듯 뻔한 일이다. 그런 가격 인상은 곧 과세와 같은 효과를 가지는 것 아닐까? 소비자가 구매하는 에너지 가격이 상승하면 차라리 가난한 사람들에게 보조금을 지급해야 하지 않을까? 이런 질문들에 대해서는 앞에서 들었던 여러 가지 이유 때문에 바로 대답하기가 어렵다. 유가 인상은 세금 인상과 마찬가지 효과를 가져올 것이 분명하며, 따라서 사람들은 소비를 줄이고 에너지 효율 개선에 힘쓸 것이다. 이는 또한 새로운 에너지 기술의 개발에도 강력한 자극제가 될 수 있다.

하지만 유가 인상과 탄소세 도입의 차이점은 전자의 경우 국가의 입장에서 조세수입에 아무런 영향도 받지 않는다는 점이다. 그 대신에 국가가 지출해야 하는 비용만 크게 늘어나서 인플레이션의 우려를 낳고 정부는 이를 억제하기 위해서 무언가 대책을 마련해야만 한다. 더욱이 석유와 천연가스 가격은 기본적으로 예측 불가능하다. 또 석유와 천연가스 가격 상승은 석탄 사용량 증가로 이어질 위험이 있다. 그렇기에 유가와 관계없이 우리에겐 탄소세 도입이 필요하다. 다만 어느 부문에서 먼저 도입할지, 그리고 어느 정도까지 징벌적 형식이 아닌 인센티브 형식으로 추진할지의 문제는 전 세계 에너지 시장의 현황에 따라서 크게 영향을 받을 것이 분명하다.

탄소 배급제

탄소 배급제carbon rationing는 일부 열렬한 지지자가 있지만 그에 못지않게 극성스런 반대자도 많은 제도다. 지지자들은 이 제도가 가지는 단순명료함, 광범위한 적용 가능성, 내용의 혁신성을 선호한다. 각 개인은 가정에서의 소비와 항공여행을 포함한 여행 등에서의 사용분을 포함해서 매년 탄소 할당량을 받는다. 할당량은 모든 성인에게 똑같이 지급되며 청소년에게는 그보다 적게 지급된다. 이 제도는 의무제다. 다시 한번 강조하지만 여기서도 정부의 역할이 대단히 중요한데, 정부는 그 할당량을 어느 정도로 할지 결정하고 제도의 전체적인 운영을 감시하고 감독하는 책임을 진다.

탄소 할당량은 매년 조금씩 줄어드는데, 그 감축량은 사전에 충분한 기간을 두고 국가의 온실가스 감축 목표 달성을 위한 실적과 향후 전망을 분석해서 결정한다. 저탄소 생활방식을 실천해서 탄소 할당량을 다 쓰지 않은 개인은 남은 양을 할당량을 다 쓴 타인에게 팔 수도 있다. 원칙적으로 탄소 배급은 각 개인들뿐만 아니라 조직과 기관에도 할당이 가능하다. 그렇게 배정된 할당량은 탄소단위carbon unit로 계산된다. 각 개인에게는 스마트카드가 지급되는데, 여기에는 연간 할당량이 적혀 있고 각 가정에서 에너지 사용료를 지불할 때마다, 그리고 여행할 때마다 일정량이 차감된다. 이 제도의 지지자들은 탄소 배급제만 있으면 에너지 절약을 장려하기 위한 정부의 다른 많은 프로그램이 필요 없다고 주장한다. 사람들이 어떻게 하면 자신에게 주어진 할당량을 좀더 현명하게 사용할지 자발적으로 선택하게 된다는 것이다.

탄소 배급제는 서로 다른 세 가지 안이 있으며, 각각 교환가능 에너지 할당제tradable energy quatas, 국내용 교환가능 할당제domestic tradable quatas, 개인별 탄소 할당제personal carbon allowance라고 불린다. 교환가능 에너지 할당제는 데이비드 플레밍David Flemming이 처음 제안했다.[30] 이 방식에서는 개인은 물론이고 (정부를 포함한) 기관들에게도 탄소 할당량이 주어진다. 이렇게 분배되는 탄소 할당량에는 정부의 온실가스 감축 목표에 맞추어 상한선이 정해진다. 이 제도 시행 초기에는 20년을 사업기간으로 잡아서 연속갱신예산 (rolling budget, 사업기간 전체를 두고 잡혀진 예산을 분기 내지 연도별로 매번 조정하면서 집행하는 예산—옮긴이) 형식으로 예산을 정한다. 탄소 할당량은 처음 5년 동안은 강제성을 띠고, 다음 5년 동안에도 할당량 변동은 불가하다. 하지만 나머지 10년 동안은 '전망치'로만 제시되어 각 개인과 기업이 충분한 시간을 갖고 준비할 수 있게 한다. 국가가 배분하는 전체 할당량의 40퍼센트는 아무런 대가없이 모든 성인에게 골고루 지급되며, 나머지 60퍼센트는 유통시장secondary market에서 회사와 기관에 팔 수 있도록 '일차 거래자 primary dealer'들에게 양도된다. 이 방식은 석유, 천연가스, 전기, 그리고 석탄 등 모든 에너지 분야에 두루 적용된다. 각 개인은 자신의 할당량을 지급받는 즉시 남에게 팔 수도 있고 추후에 자신이 에너지 관련 상품을 구매하면서 되살 수도 있다. 다시 말해, 할당량을 현금 거래할 수 있는 것이다. (해외여행자를 비롯한) 외부인들도 현금으로 탄소 할당권을 구입하는 것이 가능하다.

국내용 교환가능 할당제는 틴들 센터Tyndall Centre의 연구자들이 제안한 방식에서의 화폐 단위를 따른다.[31] 교환가능 에너지 할당제와의 근본 차이점은 틴들 방안엔 항공여행이 포함된다는 점이다. 세 번째 방식은 메이어 힐먼Mayer Hillman과 티나 포셋Tina Fawcett이 제안했는데, 말 그대로 개인들에게 국한해서 탄소 할당제를 시행하는 방식이다.[32] 이 제도는 가정에서의 모든 에너지 사용과 항공여행을 포함하는 모든 여행에 적용된다. 앞의 두 제도와 마찬가지로 여기서도 사전에 충분한 경고가 주어지면서 탄소 할당량이 매년 줄어든다.

정부의 지원을 받아 탄소 배급제의 실현 가능성을 조사한 연구보고서 저자들은 현재 진행 중인 논란이 다소 적절치 못하다고 지적했다. 이 제도를 지지하는 사람들은 탄소 배급제를 마치 만병통치약이나 되는 듯이 생각한다. 반면에 반대하는 사람들은 이 제도가 비실용적이고 비용이 많이 들며, 부정행위가 만연할 염려가 있고 가난한 사람들보다는 부자들에게 더 유리하다고 본다. 그렇지만 양쪽 진영 모두 정치적 타당성, 기술적 타당성, 비용 등의 측면에서 아무도 검증할 수 없는 가정에 근거해서 자신들의 주장을 펼치고 있다. 연구보고서를 집필한 두 저자, 사이먼 로버츠Simon Roberts와 조슈아 투민Joshua Thumin은 '실제적인 이해와 평가'가 '대결적인 논쟁' 때문에 제대로 이루어지지 못한다고 주장한다. 그런 격렬한 대결 구도 속에서 논쟁은 "점점 더 진창 속으로 빠져들고 있다"는 것이다.[33]

로버츠와 투민이 지적하듯 탄소 배급제가 도입된다고 해서 사람들이 즉각 자신의 행동과 습관을 바꾸기는 쉽지 않다. 사람들이 그렇게 하도록 동기를 부여할 수는 있겠지만 반드시 그럴 수 있도록 만들기는 어렵다는 말이다. 따라서 탄소 배급제가 온실가스 배출을 억제하는 데 필요한 다른 정책들의 대용품이 되어서는 안 된다. 로버츠와 투민은 이 제도에서 부족한 부분이 무엇인지를 찾고자 했다. 탄소 배급제의 장단점을 더욱 면밀히 분석해보기 위해서였다.

그들의 결론은 간단히 정리하면 다음과 같다. 탄소 배급제가 대규모 부정행위를 초래하게 될까? 꼭 그럴 것 같지는 않아 보이지만 그래도 그런 부정행위를 예방하기 위해서 생의학적 신분인식 카드와 같은 첨단기술을 활용할 필요가 있다. 이런 신분인식 기술은 그 자체로 이미 논쟁이 있고 또한 매우 비싼 방법이기는 하지만 말이다. 하지만 그렇더라도 광범위하게 암시장이 생기는 것을 막기는 역부족이거나 아예 불가능할지도 모른다. 제도가 시행되면 사람들이 자신에게 부여된 탄소 할당량을 효율적으로 관리할 수 있을까? 아니면 일부는 그런 관리에 실패하고 말까? 일반 가정을 대상으로 탄소 할당권 관리 가능성을 검토했던 한 연구는 대부분의 가정에서 자신들에게 부여된 할당량만으로 일상생활이 가능했으며, 재정 관리도 비교적 잘할 수 있음을 보여주었다. 하지만 역시 아주 일부 가정에서는 제대로 관리가 이루어지지 못했다. 그런데 이처럼 탄소 할당량 관리에 실패한 이들을 어떻게 대우해야 할지에 대해서는 아직 정해진 바가 없다. 그들에게 벌금을 부과해야 할까? 아니면 감옥에 집어넣는 일도 가능할까?

탄소 배급제가 가난한 사람들을 희생시키고 대신에 부자들에게는 더 많은 혜택을 주게 될까? 그런 일은 결코 일어나지 않을 것이다. 부자들이 가난한 사람들보다 훨씬 많은 온실가스를 발생시키고 있으며, 특히 항공 여행에서의 온실가스 발생량까지 합친다면 더욱 그러하기 때문이다. 부자들은 어쩔 수 없이 가난한 사람들에게서 탄소 할당량을 사게 될 것이다. 그렇지만 부자들이 사회복지 시스템을 활용해서 자신들의 이익을 추구할 방법을 찾아낸 것처럼 탄소 배출권의 경우에도 그런 일이 발생할 가능성은 여전히 크다.

일반 대중은 탄소 배급제를 받아들일 준비가 얼마나 되어 있을까? 로버츠와 투민의 견해에 따르면, 우리는 그 점에 대해서 아무것도 모르고 있다고 해도 좋을 정도다. 탄소 배급제 도입에 대한 대중의 반응을 분석한 연구는 이제까지 한 건도 찾아볼 수 없었다. 다만 이 제도에 찬성하는 지지자들 중에는 "〔탄소 배급제가〕사람들의 생활태도에 큰 변화를 가져올 테지만, 그에 대한 확증은 없다"[34]고 말하는 이들이 적지 않다. 탄소 배급제는 모의실험을 통해 그 가능성을 검증하기도 어려워 보인다. 이 제도가 제대로 시행되기 위해서는 강제력을 발동해야 하기 때문이다.

로버츠와 투민은 어떤 확실한 결론을 내리지는 않았다. 하지만 그들의 연구조사를 놓고 볼 때 나는 탄소 배급제가 현실성이 떨어지고 성공 가능성도 별로 없다고 생각한다. 이 제도의 장점으로 보이던 부분들도 꼼꼼히 살펴보면 썩 그렇지도 않다. 여기서 나는 다시 한번 앞에서 밝혔던 견해를 강조하고자 한다. 기후변화 대책에 관한 한 우리는 사람들로 하여금 억지로 따르게 해서는 안 되며, 그럴 수도 없다.

유토피아 세계의 재현

이제 잠시 스웨덴의 경우를 살펴보기로 하자. 스웨덴 남부의 항구도시 말뫼의 서쪽 항구 지역에는 새로운 주택단지 건설 공사가 한창이다. 광대한 유리 패널을 자랑하는 건물들이 적당한 규모의 목조주택들을 따라 늘어서 있으며, 모든 건물은 공원과 보행자 도로로 둘러싸여 있다. 주차공간은 아파트 가구당 0.7대로 제한되어 있으며, 이곳과 도시의 다른 지역들은 대중교통망으로 촘촘하게 이어져 있다. 전기는 풍력발전기와 태양광 패널,

그리고 지열발전 등을 통해 얻는다. 솔라쉐이드^{solar window shade}로 불리기도 하는 차광창문은 태양광을 받아서 전기를 생산할 뿐만 아니라 여름철 실내로 유입되는 햇빛을 차단해서 냉방비용을 크게 낮추는 역할도 한다. 그런 에너지 절약형 주택을 짓는 비용이 전통적인 주택의 건설비용보다 높은 것도 아니다. 하지만 에너지 사용량은 말뫼의 다른 지역 평균적인 주택들에 비해서 3분의 1에 불과하다. 새 주택단지는 폐기물 재활용을 위해 진공 이송관을 갖춘 폐기물 분리수거시설을 각 주택 가까이 설치했다.

현재 우리는 그런 주택단지가 얼마나 보급되어 있는지, 그리고 그런 시설의 단점은 무엇인지에 대해 잘 알지 못한다. 말뫼의 주택단지는 기후변화와 에너지 안보라는 두 가지 문제를 한꺼번에 해결할 가능성을 엿보게 해주는 좋은 사례다. 이것이 더욱 폭넓게 진행되고 있는 사회 변화의 한 단면이라고 할 수 있을까? 나는 그렇다고 믿는데, 지금이야말로 우리가 이른바 과도한 개발에 따른 문제를 본격적으로 검토할 시점이라고 생각하기 때문이다. 다른 말로 해서, 풍요의 이면을 살펴보아야 한다는 말이다.

이번엔 현대성의 상징인 자동차에 대해 생각해보자. 자동차의 운명은 기후변화를 억제하고자 하는 우리의 노력에서 아주 큰 비중을 차지한다. 승용차를 비롯한 모든 차량은 전 세계 이산화탄소 배출량의 약 14퍼센트를 배출하고 있다. 자동차 생산 과정에서 배출되는 온실가스까지 합친다면 그 비율은 더 높아진다. 최초의 자동차 모델이 만들어진 이후로 현재까지 생산된 자동차는 10억 대가 넘는다. 자동차 소유자의 수와 자동차 운행의 관행이 지금과 같은 추세로 이어진다면 앞으로 10년이 조금 지난 이후에는 무려 10억 대의 차량이 동시에 도로 위를 달리게 될 것이다.[35] 미국에서는 전체 이산화탄소 발생량의 60퍼센트가 자동차 운행과 생산 과정에서 나온다. 전 세계적으로 자동차로 인한 이산화탄소 배출량의 45퍼센트가 미국에서 발생한다. 미국에서 '보행자'의 정의는 과연 무엇일까? 정답은 지금 막 자신의 차를 주차시킨 사람이 되겠다.[36]

우리는 새롭게 등장하는 자동차용 동력원들, 예컨대 재생에너지로 생산되는 전기나 수소 등이 앞으로 얼마나 널리 사용되고 또 얼마나 빨리 대규모로 이용될지 잘 알지 못한다. 하지만 무엇이 그런 연료 공급원이 되든 상관없이 우리는 이미 '자동차 시대 이후의 생활'에 대해서 그 가능성을 엿볼 수 있다.

우리를 유혹하는 자동차의 매력은 자유와 기동성, 속도의 삼박자에 있었다. 그런데 도로를 주행하는 자동차가 급증하면서 이런 자동차의 장점은 급격히 사라져가고 있다. 운전자들이 끝도 없이 교통체증에 시달린다면 도대체 자동차가 왜 필요하단 말인가? 우리는 그 원인이 마치 외부에서 비롯되었다는 듯이 '교통체증에 갇혔다'고 쉽게 말하지만 실상은 운전자들 자신이 그 교통체증의 원인이다. 에코타운을 조성하자는 논리의 일부분은 그런 자동차에 대한 의존도를 줄여보자는 데서 비롯되며, 그동안 전통적인 도시 환경 속에서 무수히 많은 실험이 이루어졌다. 한 예로, 지방자치단체들은 교통혼잡세를 징수하거나 교통 진정화 사업(traffic calming, 주택가나 학교 주변에서 차량의 속도를 줄이고 보행자와 자전거 이용자의 안전을 도모하는 여러 기법을 의미한다—옮긴이)을 벌였으며, 일부 도심구역에는 아예 차량 진입을 금지시키기도 했다. 그렇게 함으로써 시민들에게 걷기나 자전거 타기를 권장하기 위해서였다.

프랑스의 경제사학자 장 짐펠Jean Gimpel이 보여주었듯이 기술적 '진보'는 때로는 후진을 통해서 이루어진다.[37] 예를 들어, 나일론은 한때 미래의 옷감으로 각광받았다. 하지만 모직이나 면직과 같은 '전통' 직물들이 극적인 반전을 일으키는 데 성공했다. 곧 다가올 우리의 미래상이 소규모의 자족적인 공동체 네트워크를 포함한 지역중심주의로 복귀하고 있는 현상과 매우 유사하다.(이것은 많은 녹색운동가들이 상상하는 미래의 모습이다.) 제임스 쿤스틀러James Kunstler는 앞으로의 도시생활은 "여행과 교통의 거의 전 분야에서 더 소규모적인 활동으로의 복귀"가 두드러질 것이라고 언급했다.[38]

그런데 훨씬 현실성 있고 바람직한 미래의 모습은 어떤 하나의 경향이 그와 반대되는 경향과 상호작용하면서 만들어지는 그런 모습일 것이다. 요컨대 교통수단은 지금과 본질적으로 달라지는데도 이동성은 지금보다 훨씬 확장되는 그런 사회 말이다.[39] 도시의 전경은 자동차가 발명되기 이전의 모습으로 되돌아가면서도 이동성은 극대화되는 세상이 될 수 있다. 운전자 없는 자동차는 이미 존재한다. 로봇 운전자가 가장 능숙하고 조심스런 사람 운전자보다도 차를 더 안전하게 잘 운전한다는 것은 이미 증명된 사실이다. 고속으로 주행하는 도로에서 사람 운전자가 관여하지 않아도 알아서 미리 충돌을 피할 줄 아는 최첨단 자동차들도 이미 시장에서 팔리고 있다.

디지털 교통체계도 곧 나타날 것이다. 아마도 운전자 없는 차와 운전자 있는 차가 함께 돌아다니겠지만, 모두가 소형 초경량 차량일 것이다. 디지털 수송수단은 "승객이 편안히 여행을 즐기면서 앉아 있는 동안 다양한 이동 모드와 복잡한 네트워크의 제 단계를 혼자 알아서 조절할 줄 아는 그런 개인용 멀티모드 수송체personal multimode pod"로 등장할 것이다.[40] 스마트 카드는 결제와 신분 확인에 쓰일 것이다. 그런 시스템은 '공공성'과 '개인성'의 관계를 재정립할 것이다. 실생활에서의 여행은 '텔레이머전 환경(tele-immersion environment, 텔레이머전이란 멀리 떨어진 사람과 환경을 마치 옆에 있는 것처럼 느끼게 하는 컴퓨터 활용기술을 의미한다. 원격화상회의는 화면상에서 특정 인물을 보여주는 데 그치지만, 이 기술을 적용하면 인물은 물론이고 그 사람이 있는 방이나 창밖 풍경까지도 마음대로 보여줄 수 있다. 텔레이머전 환경은 그런 기술을 마음대로 사용할 수 있는 현실을 의미한다―옮긴이)' 속으로 들어가는 가상의 이동과 통합될 수도 있다.

유토피아 같은가? 어쩌면 그럴지도 모르겠다. 하지만 적어도 일정 부분은 꽤 실현 가능성이 높다. '개인용' 자동차와 '공공' 교통수단 사이의 구분은 이미 사라지고 있다. 개인이 개별적으로 차를 소유하면서 운전하는 것이 아니라 회원제로 운영하면서 회원이 필요로 할 때에만 차를 이용할 수 있게 하는 카 클럽car club이 미국과 유럽의 많은 도시에서 생겨나고 있다. 그런 시스템이 사람들을 더 자유롭게 하고 삶의 질도 크게 높여준다는 점은 누구나 알 수 있는 사실이다. 우리는 자동차가 치명적인 도구임을 잊지 말아야 한다. 자동차가 제공하는 자유와 자동차가 고무시키는 사랑은 무시무시한 대가를 요구하기도 한다. 자동차가 처음 거리에 모습을 나타냈을 때부터 지금까지 도로에서 죽은 사람의 수는 4000만 명이 넘는 것으로 추정되는데, 이는 두 차례 세계대전에서 죽은 사람들을 모두 합한 것보다 더 많은 수다.

앞으로 어떤 일이 벌어지건, 기후변화는 결국 우리 생활에 적지 않은 영향을 미칠 것이고, 우리는 거기에 적응할 수밖에 없다. 다른 모든 일이 그렇겠지만 이 문제에도 정치가 깊숙이 관여하기 마련이다. 따라서 우리가 기후변화에 적응해가는 과정을 정치를 통해서 어떻게 관리하느냐 하는 문제는 가장 중요한 핵심 과제라 할 수 있다. 온실가스 감축의 경우와 마찬가지로 이런 기후변화 적응 문제에서도 선진산업국들은 세계의 여타 국가들에 대해서 마땅히 응분의 책임을 져야 한다. 다음 장에서는 그런 책임에 대해서 논의하고자 한다.

적응의 정치학

원래 진화생물학에서 나온 '적응'이란 말은 이제 기후변화 관련 문헌에도 광범위하게 쓰인다. 이 단어는 자칫 잘못 이해될 수 있는데, 본래의 의미를 고려할 때 기후변화로 인한 결과가 발생한 이후에야 비로소 우리가 거기에 대응할 수 있다는 선입견을 심어줄 수도 있기 때문이다. 그러나 지구온난화와 기후변화를 억제하고자 하는 우리의 노력에서 보듯이 적응도 최대한 미리 예측하고 예방하는 일이 되어야 한다.

적응은 이제까지 "온실가스 감축 문제의 사촌뻘 되는 별 볼일 없는 문제" 취급을 받아왔다.[1] 한동안은 적응 문제를 검토한다는 것 자체가 환경주의자들 사이에서는 금기시되었는데, 기후변화와의 싸움에 나쁜 영향을 미칠 수도 있다고 보았기 때문이다. 하지만 이제 상황은 완전히 바뀌었다. 발리 회의(8장 271~279쪽 참조)에서는 기후변화 완화 대책 못지않게 적응 문제에 대해서도 많은 논의가 있었다. 달리 말해서 적응은 2007년 발리 회의에서 나온 기후변화 대응 로드맵을 떠받치는 네 개의 기둥 중 하나였다. 몇 년 전부터 유엔이 마련해둔 적응 기금^{Adaptation Fund}은 앙상한 뼈 위에 약간의 살점이 붙어 있는 격이었다. 유엔 적응 기금은 얻어 쓰고자 하는 나라들에게 너무나 제한이 많으며, 또한 기금의 규모 자체가 너무 적은 탓에 많은 비판에 시달려야 했다. 하지만 앞으로는 개발도상국들이 기금을 더 쉽게 신청할 수 있고 재원도 충분하게 확보될 것으로 보인다.

어떤 의미에서 적응에 관한 논의는 온실가스 감축 문제보다 오히려 더 복잡할 수도 있다. 기후변화로 야기되는 문제가 실제로 발생하기도 전에, 또는 그런 문제 발생의 초기에, 범지구적인 기후변화의 영향이 무엇인지를 우리가 먼저 설정해놓고 그 대책을 강구해야 하기 때문이다. 기후변화의 영향이 미칠 수 있는 수많은 분야에 대해서 제각각 영향 평가가 먼저 이루어져야 한다는 점을 생각하면, 가히 사안의 복잡성을 짐작할 수 있다. 이런 연유로 적응 대책을 살펴보기에 앞서 이 논의에 도움이 되는 일부 개념을 소개하는 것이 중요하다고 생각된다. 그 개념들은 정책의 규모와 방향 수립에 적지 않은 도움이 될 것이다. 여기서는 먼저 앞에서 한 번 언급했던 차이점, 즉 악영향이 발생하고 난 이후의 적응과 미래에 어떤 악영향이 발생할 것을 예상하고 미리 준비하는 적응에 대해 살펴보자. 나는 이 후자의 적응을 '능동적 적응proactive adaptation'이라고 부른다. 우리가 아는 범위 안에서—그리고 실제 현실에서는 재정이 허락하는 범위 안에서—적응 문제를 논의할 때는 언제나 능동적 적응에 최우선적으로 관심을 두어야 한다. 비록 반응적 적응reactive adaptation이 필요할 경우도 있겠지만 말이다.

능동적 적응은 취약성vulnerability을 진단하고 그에 대한 대응책을 마련하는 일이다. 취약성은 다시 한번 강조하지만 어디까지나 리스크에 대한 취약성을 말한다. 우리가 가치를 부여하는 일상생활에서의 제반 활동, 삶의 방식, 자원 등에 위협을 가하는 모든 리스크가 여기에 해당된다. 쉽게 말해서 취약성은 단순히 물리적 환경만이 아니라 모든 경제적, 사회적 현상에 관련된다. 취약성을 논하면서 우리는 그 반대되는 의미를 가진 회복성 resilience에도 관심을 갖지 않을 수 없다. 회복성은 적응 능력adaptive capacity으로 정의되는데, 단순히 외부 변화나 충격에 직면해서 그것을 극복하는 데 그치지 않고 가능한 한 거기에 능동적이고 적극적으로 대응해서 이겨내는 능력을 의미한다. 회복성은 물리적인 환경 속성인가 하면 어느 개인이나 집단의 속성일 수도 있다. 전자의 경우는 인간이 조성한 환경이 이러저러한 외부적 충격에 견딜 수 있는 능력을 의미한다. 예를 들어, 홍수에 대한 취약성 증가를 예상하고 미리 둑을 보강하거나 새로운 둑을 쌓으려는 경우가 그것이다. 두 번째 경우는 어떤 대상의 자질을 의미하는데, 주위의 불리한 환경 속에서도 최선을 다하고 나아가서 그것을 극복해서 승리하고자 하는 태도를 뜻한다. 회복성을 집단의 자질로서 정의할 때는 그 공동체 각 구성원들이 사분오열되어 분산되지 않고 마음을 합쳐서 같이 행동할 수 있는가 하는 능력이 중요하다. 그래서 기존의 삶의 방식을 변경시켜야 할 필요가 있을 때에는 응당 그렇게 자발적으로 변화하고 변모할 수 있어야 하는 것이다. 예를 들어, 농부들이 어느 한 작물 품종에만 의지해서 모두 그 작물을 재배하기보다는 다품종 소량으로 재배할 때 회복성이 훨씬 크다고 할 수 있다.

이 책의 앞에서 소개한 대부분의 개념은 적응과 직접적으로 관련되어 있다. 어떤 형태의 회복성에 투자하고 또 육성할지를 결정할 때 우리는 항상 리스크의 균형에 유념해야만 한다. 적응은 일종의 사전예방 원칙으로도 들릴 수 있다. 미래에 예상되는 상황을 가정하여 사전에 대응하는 선제예방 원칙에 근거하기 때문이다. 다시 말해서, 미래에 닥칠 리스크를 예방하거나 리스크를 줄이기 위한 개입인 것이다. 따라서 모든 리스크 상황에서 그런 것처럼 우리가 적응을 위해 어떤 특정한 전략을 짠다고 할 때 각각의 대안에 대해서 그에 따르는 리스크와 기회를 공정하게 평가할 수 있어야 한다. 여기에도 퍼센트 원칙을 적용해야 함은 물론이다.

정치적, 경제적 통합은 온실가스 감축을 다룰 때만큼이나 적응 문제에서도 아주 중요하다. 이런 통합이 얼마나 이루어지느냐에 따라서 정부가 제안하는 정책들을 시민들이 얼마만큼 잘 받아들이게 될지가 결정된다. 사람들에게 공포와 근심을 유발하는 정치는 다른 부문에서와 마찬가지로 적응 문제에서도 한계를 가진다. '오염자 부담' 원칙 역시 온실가스 감축의 경우만큼이나 적응 문제와도 관련이 깊은데, 이는 국가 내에서건 국가들 사이에서건 마찬가지다. 적응 문제에도 개발도상국들이 관련되는 한 부유한 국가들이 '사자의 몫(가장 큰 몫)'만큼 책임을 짊어져야 하는 것은 온실가스 감축 문제와 같다고 할 것이다. 개발도상국들은 선진산업국들에 비해 적응에 있어서도 훨씬 취약하기 마련이다. 이는 그런 나라들 대다수가 기후변화의 영향에 취약한 지역에 위치하기 때문이기도 하고, 또 그에 대비하여 선진국들만큼 충분한 재원을 마련할 수 없기 때문이기도 하다.

기후변화 억제를 위한 정책들의 경우처럼 적응 정책의 경우에도 국가가 정책 수립이나 그 입법화 과정에서 선도하는 역할을 해야 한다. 그런가 하면 이 책에서 이제까지 논의했던 여러 핵심 사항들이 적응 분야에도 그대로 적용되는 것은 당연하다. 적응 정책의 수립을 촉진시키기 위해서 정부는 산업계와 시민사회의 다양한 부문들에서 혁신과 창의성을 북돋워야 한다. 시민 참여도 반드시 필요한데, 시민들은 거버넌스governance의 각 단계마다 권리와 책임을 나누어가져야 한다. 적응 부문에서 중요한 한 가지 문제점은 적응 관련 프로젝트들을 지원하기 위한 재원을 마련할 때 어느 정도는 온실가스 감축을 위한 투자 재원과 불가피하게 경쟁할 수밖에 없다는 점이다.

어느 나라가 가후변화의 영향에 더 잘 적응하기 위해서 과연 어떤 대책이 필요한지는 그 나라의 기존 기후 패턴과 지리적 위치에 크게 좌우된다. 미국은 세계에서 가장 변덕스런 기후를 나타내는 나라 가운데 하나로, 미국의 변화무쌍한 기상 현상은 더욱 대형화되고 빈도도 잦아질 것으로 예상된다. 북유럽 국가들처럼 비교적 온대기후에 속하는 나라들은 기후변화로 인해 처음에는 일부 긍정적인 효과를 기대할 수도 있다. 그런 혜택은 주로 겨울철에 나타날 텐데, 나머지 계절에는 매일의 기온 변화 폭이 이전보다 커질지언정 겨울은 어쨌든 더 따뜻해지기 때문이다. 그러나 지구온난화가 걷잡을 수 없이 심화된다면 그 악영향은 그런 잠시 동안의 혜택을 순식간에 압도해버릴 것이다.

영국에서는 폭풍우의 빈도와 강도가 증가하고 갑작스럽게 엄청난 폭우가 내려서 홍수를 야기하는 경우가 빈발할 것이다. 그와 동시에 여름 가뭄이 심해지면서 물 공급에 큰 어려움이 따를 수도 있다. 기온이 상승하면 당연히 건강에도 상당한 영향을 미친다. 피부암이나 백내장 같은 기존 질병이 더 많이 발생하는가 하면 아직까지 영국에 알려진 바가 없었던 아열대성 질환도 출현할 수 있다.

어느 한 나라가 적응 정책을 입안할 때 첫 번째 전제는 지역적, 국가적 차원에서 취약성의 정도를 파악할 수 있게 상세한 지도를 만드는 일이다. 적응은 온실가스 저감에서 그랬던 것처럼 혁신을 촉진시키는 역할을 할 수 있다. 그렇게 혁신을 통해서 변화가 일어날 때 적어도 일부 변화는 기후변화의 양상이 어떻게 전개되든 그 자체로서 이미 귀중한 가치를 가진다. 수자원의 효율적 이용을 위한 방안이라든지 더욱 적중도가 높은 기상

예보 시스템의 도입, 악조건에서도 성장할 수 있는 강인한 농작물 품종의 개량 등이 그런 예다.[2] 적응 문제는 종합계획의 중요성을 다시 한번 일깨우는데, 이는 우리에게 더 체계적이고 조직적인 미래 예측을 요구하기 때문이다. 그런 미래 예측은 단순히 우리가 가진 취약성과 그 예방 대책만을 바라보지 말고, 우리가 온실가스 저감 대책을 시행했을 때 어떤 결과가 나타날지에 대해서도 검토해야 한다.

이 장의 나머지 부분에서 나는 유럽에서의 적응 문제를 먼저 살펴보고, 이어서 영국의 한 사례, 즉 홍수 리스크에 따른 적응 문제를 통해 좀더 상세히 이 문제를 검토하고자 한다. 이어서 나는 좀더 시야를 넓혀 정말로 중요한 문제, 즉 개발도상국에서의 적응 문제로 넘어가려고 한다. 적응 문제를 다룰 때는 보험의 역할이 대단히 중요하기 때문에—하지만 현재 이루어지는 대부분의 논의에서는 이 점을 무시하고 넘어간다—나는 이 문제에 대해 상세히 검토할 예정이다. 당연히 그래야 하겠지만 보험회사들은 기후변화 문제에 대해서 이미 많은 작업을 해왔던 것이 사실이다. 그런데도 현재까지 기후변화 관련 문헌들에서는 그런 노력을 거의 다루지 않았다.

유럽에서의 적응 문제

유럽은 기후적으로나 지리적으로나 대단히 다양하다. 그런 다양성에다 기후변화가 미치는 영향 또한 지역에 따라 큰 차이를 나타낼 것이기에, 적응 문제를 일률적으로 풀어나가기는 대단히 어렵다. 이 점은 '유럽'이 단순히 EU의 울타리 안에만 머물지 않고 중앙아시아 쪽으로 그 영역을 넓히고 있다는 사실에도 기인한다. 이런 식으로 유럽을 미리 정의해놓고 유럽의 평균기온을 따진다면 지난 20세기에 1퍼센트 이상 기온이 상승했는데, 이는 분명 전 세계 평균보다 높은 수치다.[3] 나는 여기서 현재 감지되고 있거나 앞으로 나타날 것이 거의 확실한 그런 영향에 국한해서 논의를 전개하고자 한다. 기후변화 억제를 위한 노력이 얼마나 성공을 거둘지에 대해서는 일단 고려하지 않았다.

이전보다 더 따뜻해진 대기는 더 많은 습기를 품게 되어 더 많은 비를 뿌릴 수 있지만, 그런 강수 현상은 지역에 따라서 그 빈도와 강도가 크게 달라진다. 북유럽에서는 강우와 강설이 증가하는 반면 남부 유럽에서는 가뭄이 더 심각해질 것이다. 지구온난화가 심해지면 몇몇 지역은 특히 취약성을 보일 것이다. 비단 남유럽뿐만 아니라 지금도 수자원 부족에 시달리는 지중해 권역 전체가 기온 상승과 강수 부족에 시달릴 가능성이 크다.

기온 상승의 영향은 저지대보다 고지대에서 더 분명하게 나타나며, 특히 알프스 지방은 눈이 녹고 하천 흐름이 변하는 등 그 영향을 크게 받을 것이다. 해안 지방은 더욱 자주 폭풍우에 시달리고 일부에서는 대규모 침식이 일어날 수 있다. 많은 인구가 모여 사는 범람원 지대는 새로운 홍수 위험을 안게 될 것이 분명하다. 스칸디나비아 지방은 과거보다 훨씬 더 많은 강수가 예상되는데, 이제는 그 대부분이 눈보다는 비의 형태로 뿌려질 것이다. 특히 북극권에서는 기온이 다른 어느 지역보다 빨리 상승하면서 기후 패턴에 중대한 변화가 예상된다.

이런 변화는 사회의 거의 전 영역에 걸쳐서 심대한 영향을 미칠 것이다. 온갖 산업과 비즈니스가 다 영향을 받는 것도 물론이다. 농업, 임업, 수산업, 관광산업 등이 가장 먼저 영향을 받는다. 유럽 대륙의 일부 지역, 즉 강수가 감소하는 지역에서는 화력발전소와 원자력발전소, 수력발전소도 용수 부족으로 영향을 받을 수 있다.

이런 영향을 최소화할 수 있는 조치는 많다. 하지만 그런 조치가 제대로 효력을 나타내기 위해서는 적당한 차원에서의 정책적 배려가 필요하다. 비교적 돈이 적게 들면서도 큰 효과를 거둘 수 있는 방안에는 물 절약 방법의 개선, 작물의 순환재배, 작물 파종일 변경, 가뭄에 잘 견디는 신품종 작물 도입 등이 있다. 그 밖에 생각해볼 수 있는 여타 전략은 더 많은 노력과 비용을 필요로 한다. 예를 들어, 홍수와 삼림 화재 예방을 위해서 새로운 조기감시 시스템을 범유럽 차원에서 도입할 필요가 있다. 해안 저 지대에 살거나 범람원에 사는 주민들을 다른 지역으로 집단 이주시키는 방안도 생각해볼 수 있다. 기후변화의 영향에는 가난한 사람들이 더 취약하기에 그들을 보호할 체계적인 정책 마련이 시급하다.

대부분의 경우 회복성의 핵심 요소는 유연성flexibility이다. 우리가 앞으로 어떤 일을 마주하게 될지 정확히 예측하기란 사실상 불가능하기 때문이다. 온실가스 감축 문제와 기후변화 적응 문제는 가급적 함께 다루어야만 한다. 그런 좋은 예로서 온실가스 감축을 위해서 건물의 단열을 증진시키면 건축이 더욱 튼튼해져서 향후 기후변화에 따른 심각한 기상현상 발생시 적응에 더 유리해진다.

'기회 없는 리스크는 없다'는 원칙과 '기후변화의 긍정적인 면을 바라보자'는 원칙도 적응 문제에 잘 들어맞는다. 한 예로, 일부 지역에서는 관광산업이 쇠퇴할 것이다. 기온 상승과 물 부족이 합쳐져서 남부 지역의 여름 피서지는 큰 타격을 받을 것이기 때문이다. 그런데 그런 기후변화로 인해서 다른 해안 지대들이 새로운 피서지로 각광을 받을 수 있다. 예컨대 건축기술과 건축재료, 건축부산물 등에서 나타나는 것처럼 기후변화에 대응하는 기술 혁신의 결과로 새로운 경제회복의 기회가 주어질 수도 있다. 보건의료 시스템의 재정비는 새로운 유형의 예방의학과 건강관리 시스템을 도입하는 원동력이 될 수 있다.

EU의 의사결정과 정책은 가장 낮은 수준에서, 시민들에게 가장 밀착된 형태로 이루어져야 한다는 보충성 원칙(subsidiarity principle, EU 같은 초국가기구나 연방제에서 정책을 결정할 때 상위 단위의 개입을 최소화하고 지역사회나 지방자치단체와 같은 최소 단위 정치 공동체의 의사결정권을 존중하자는 원칙으로, 1975년 유럽위원회에서 처음 공식화했다─옮긴이)은 반드시 100퍼센트 지켜져야만 한다. 이에 따라 대부분의 정책은 일차적으로 기초자치단체에서 현실에 맞게 만들어 시행해야 한다. 그런 정책들이 잘 시행되도록 하는 데는 현지 실정에 대한 이해가 아주 중요하며, 이미 그런 사례들이 나타나고 있다. 예를 들어, 에스파냐 남부지방에서는 농민들과 지방자치단체가 함께 힘을 모아 농작물에 물을 공급하는 전자식 물 관리 시스템을 도입하여 수자원 절약에 좋은 효과를 거두었다.

이와 동시에 정책 조정도 EU 차원에서 힘써야 할 것이다. 기후변화는 어느 곳이건 다 영향을 미치기에 국경선이 의미가 없다. 이 원칙은 비단 EU 안에서만이 아니라 '넓은 의미에서의 유럽'─지중해 연안의 북아프리카 지역과 카프카스 지역(흑해와 카스피해 사이에 있는 지역으로 유럽과 아시아의 경계지점─옮긴이)─으로까지 넓혀서 생각하는 것이 바람직하다. EU는 이미 일부 부문─농업, 수자원, 생물다양성, 수산업, 에너지 네트워크 등─에서 긴밀한 통합을 이루었으며, 적응 정책 역시 이런 점을 감안해서 만들어져야 한다.

유럽위원회EC는 회원국들이 폭넓게 공유하는 문제들에 적용할 수 있는 일련의 프로그램을 개발하고 있다. 2008년에 EC는 지구온난화가 인간과 동물에 미치는 영향을 파악하기 위한 체계를 구축한 바 있다. 이 프로그램은 기후변화가 출생률과 사망률에 미치는 영향에 대해서 여러 다른 관점을 분석하고자 개발되었는데, 여기에는 일부 전염성 질병의 전이 경로에서 예상되는 변화에 대한 추적 연구도 포함된다. 수자원 관리 기본지침(Water Framework Directive, EU 회원국들이 하천, 호수, 지하수, 연안수 등 각종 수자원에 대해서 2015년까지 달성해야 하는 수질, 수량 목표와 정책을 제시한 기본문서—옮긴이)은 기후변화 적응 목표와 연계하여 EU 차원에서의 수자원 관리 프로그램을 마련하는 기회가 되고 있다.

이 지침에는 전체 회원국을 염두에 둔 홍수 예측과 홍수 관리 대책들이 담겨 있다. 그 밖에도 생물다양성 보전과 회복을 위한 'EU 행동계획'를 비롯해서 EU 전체에 걸쳐서 삼림보전과 토양보호를 목적으로 하는 '삼림 집중 프로그램', 곧 도입 예정인 '지속가능한 소비 및 생산 행동계획', '연안관리 종합프로그램', '재난 리스크 감소 프로그램' 등이 있다. 유럽사회기금European Social Fund은 적응 관련 사안에 대하여 사회적 인식을 높일 수 있도록 지원하고 전반적으로 그런 문제들에 대한 대책 마련을 감독하는 데 기여할 것이다.

EU는 또한 개발도상국에서의 적응 정책과 프로그램도 지원하고 있으며 이미 여러 국가들과 파트너십을 이루고 있다. EC는 개발도상국들이 적응 대책을 마련할 때 참고하도록 유럽 국가들의 경험을 담은 제안서를 펴내기도 했다. EC는 현재 EU와 개발도상국들 사이의 대화와 협력을 촉진시킬 지구기후변화동맹Global Climate Change Alliance을 구상하고 있다.

인상 깊은 프로그램들이 많아 보인다. 하지만 그런 프로그램들이 지나치게 많은 것은 아닐까? 많은 유럽통합주의자들은 일반적인 기후변화 대책을 포함해서 그런 선도적인 프로그램들이 최근에 비틀거리는 모습을 보여준 EU의 새로운 출발점이 되기를 기대한다. 기후변화 완화와 그 적응을 위한 각종 정책과 대책은 순전히 어느 한 국가 차원이 아닌, 유럽 전체의 차원에서 다루어져야 한다는 데는 이론의 여지가 없다. 그러면 EU 는 과연 얼마나 효과적으로 그런 일을 감당해낼 수 있을까? 기후변화 정책 수립에서처럼 EU의 역량은 그 회원국들로 하여금 얼마나 일사분란하게 움직일 수 있게 하는지에 달려 있다고 해도 좋다.

영국의 홍수 위험

국가 내 적응 문제를 살펴보는 한 방안으로 영국에서 홍수, 폭풍우, 해안선 침식 등이 발생하는 경우를 한번 살펴보기로 하자. 영국에서 홍수는 여러 위험을 동시에 수반한다. 런던의 상습 침수지대는 그 재산가치만 해도 대략 1600억 파운드에 이른다. 템스 장벽(Thames Barrier, 템스 강에 세워진 홍수 조절을 위한 구조물로, 9개의 교각과 10개의 수문으로 이루어져 있다—옮긴이)은 지금까지 좋은 홍수 예방 효과를 보였지만, 점점 사용 빈도가 증가하고 있다. 지난 10년 동안 이곳의 수문이 작동한 일은 아주 드물었다. 그런데 지난 2001~2002년의 겨울에는 하천 수위가 역사상 최고를 기록하면서 수문 역시 24차례나 여닫기를 반복하는 기록을 낳았다. 영국의 전체 인구 중에서 약 10퍼센트는 현재 홍수의 위험을 안고 살아간다. 2007년 여름에는 영국 전역에서 강수량 측정이 시작된 이후 최고의 강수량을 기록하면서 많은 지역이 홍수에 시달렸다.

현재까지 서부 유럽을 강타했던 가장 심각했던 폭풍우는 1990년대 초 스코틀랜드의 셰틀랜드에서 발생했다. 폭풍은 최고 등급 허리케인에 버금가는 격렬함을 보이면서 3주 이상 동안 나타났다 사라지기를 반복했다. 셰틀랜드는 외따로 떨어진 군도로서 평소에도 험악한 날씨 때문에 그곳 건물들은 영국 다른 지방의 건물들보다 훨씬 더 튼튼함을 자랑한다.

세틀랜드를 덮친 폭풍우가 더 남쪽으로 내려와 영국의 인구 밀집지대를 강타하기라도 했다면 엄청난 재산상의 손실과 많은 인명 손실이 발생했을 것이다.[4] 다른 중요한 걱정거리 하나는 댐으로, 강수가 심하면 자칫 위험할 수 있다. 댐 붕괴는 최근 몇 년 사이 더 잦아지고 있다. 영국에는 하천변, 하구, 연안 등지에 위치하는 약 200만 개의 건물이 홍수에 취약하다. 또 도시 하천이 감당하기 어려운 폭우가 쏟아질 경우 추가로 8만 개의 건물이 홍수 피해를 입을 수 있다.[5]

1961년부터 약 40년 동안 영국의 보험회사들은 리스크의 규모에 상관없이 모든 주택이 저렴한 보험에 들 수 있도록 정부와 협정을 맺었다.[6] 그런데 이런 조치가 대규모 도덕적 해이를 불러왔다. 국가 프로젝트들조차도 당연히 수재水災보험의 혜택을 받는 것으로 하여 사업을 진행했다. 심지어 정부는 홍수 위험이 큰 지역에서도 보험 가입 가능성을 따져보지 않은 채로 대규모 주택단지 건설을 추진했다. 템스 게이트웨이Thames Gateway 개발 계획(2012년 런던 올림픽 개최 부지로 활용하고자 템스 강 하구를 따라 약 40마일에 이르는 지역을 재개발하는 사업. 2003년부터 2006년까지 정부예산만 7조 파운드를 투입한 서유럽 최대 규모의 재개발사업이다─옮긴이)이 그런 대표적인 예다.

영국 정부와 보험회사들이 맺었던 협정은 2002년 보험업계에 의해 파기되었고 이후 양쪽은 새로운 협력관계를 맺었다. 민간 보험회사들은 주택소유자와 개인사업자를 대상으로 홍수 발생 가능성이 100분의 1을 넘지 않는 한도 내에서 보험을 받아주기로 결정했다. 그 가능성을 넘어설 경우에는 정부가 비용을 감당하기로 했다. 또한 보험회사들은 정부가 앞으로 미래에 대비하여 광범위한 사전예방 조치들을 취한다고 약속할 것을 조건으로 내걸었다. 정부가 약속한 방안에는 홍수 방지를 위한 새로운 투자, 특히 홍수 취약성이 높은 지역에 대한 투자 증대, 적절한 홍수 대책이 없는 지역에서의 신규 주택건설에 대한 규제 강화, 국지적 홍수 위험에 대한 대중홍보의 강화 등이 포함되었다.

새로운 협정 하에서 새로 짓는 건물들이 보험 혜택을 받기 위해서는 극단적인 기후와 해수면 상승 위험 지역에 짓는 것을 피하거나 아니면 높아지는 보험 납입금이 주택과 건물 가격에 포함되도록 별도의 약정을 맺어야 한다. 모든 새 건축물에는 지붕과 외벽에 태양전지판을 설치해야 하는데, 그 설치비용은 건물 가격에 비하면 그리 높지 않다. 건물 지붕에는 탐지 위성에 신호를 보낼 수 있는 공간을 두어서 원격감시가 가능하도록 했다. 건물 벽과 지붕에 고효율 단열재를 사용해야 하는 것은 물론이다. 주택의 조명과 난방 등에는 반드시 절전형 전기기구를 사용하도록 하는데, 이런 조치는 화재 위험을 낮추는 데 도움이 된다. 빌딩은 반드시 홍수와 폭풍우에 견딜 수 있는 튼튼한 자재로 지어야 한다.[7]

2000년대 초, 하천과 호수에 인접한 지역들에서 침수피해 발생이 빈번해지고 그 피해 정도도 갈수록 심각해지자 영국 정부는 기존의 연안관리 정책을 변경하기에 이르렀다. 여기서 가장 중요한 관건은 주택단지 건설계획 수립시에 종합대책을 도입하는 일이다. 최근까지만 해도 그런 일은 여러 정부기관들이 조금씩 나누어서 일을 시행했기 때문에 종합성과 통일성이 크게 떨어졌다.[8] 하지만 어떤 식의 연안관리가 현재와 미래의 지역주민들에게 가장 바람직한지에 대해서는 아직 정리된 방안이 별로 없는 실정이다.

연안 보전은 리스크와 비용 관계를 잘 따져서 시행되어야 한다는 것을 규정한 새로운 정책이 도입되었다. 이 정책대로라면 물에 인접한 모든 지역을 다 보호할 수는 없다. 예를 들어, 상습 침수가 일어나는 저지대나 인구희박 지역은 더 이상 보호 대상이 아니다. 새 정책은 각 지역의 사정을 고려하지 않고 입안되었다. 이 정책이 발표되면서 더 이상 정부의 보호를 받지 못하게 된 지역들에서는 재산가치가 급락하는 사태가 발생했다. 그 결과 해당 지역 주민들의 격렬한 항의시위가 잇따랐으며, 그러자 일부 지방정부들은 국가 정책의 과도한 개입을 거부하면서 위기에 처한 일부 연안지대를 보호하기 위해서 별도의 기금을 조성하기도 했다. 중앙정부의 생각은 지역 공동체 스스로가 기후변화 적응 정책을 개발할 시간을 주거나, 아니면 이제 중앙정부의 지원에 의존해서는 안 되는 그런 시대가 왔음을 깨닫게 하려는 것이었다. 따라서 지방자치단체들은 워크숍을 개최하여 연안 지역의 장래 문제에 대해 논의하기 시작했다.

전체적인 연안관리 시스템은 현재 전환기에 있으며 해결해야 하는 갖가지 문제가 산적해 있다.[9] 심지어 최근의 정책 변화에도 불구하고 도시계획 관련 규제들은 연안침식과 홍수 위험이 아주 높은 지역들에서조차 주택과 건물이 들어서는 것을 막지 못하고 있다. 잠재 위험성이 높은 지역들에서도 여전히 건물들이 지어지고 있는 것이다. 이처럼 국가가 연안 지역의 모든 주민과 재산을 보호할 의무를 지려 하지 않으면서, 일부 건축주들은 스스로 자신의 재산을 보호하기 위해 나서고 있다. 때로 그렇게 하는 것이 부적절하고 국가 정책에 부합하지 않는다 해도 말이다. 이런 점은 앞으로 많은 갈등의 요인이 된다. 비록 일부 연안 지역에 해당하는 문제이기는 하지만, 국가나 민영 보험회사나 어느 쪽도 리스크를 감당해주지 않는 그런 상황은 안정을 해칠 수밖에 없다.

현재까지는 적어도 이런 대부분의 사안에서 국가 정책이 지방자치단체들보다는 훨씬 앞서 있다. 그와 동시에 비록 갈등과 이익분산 등의 문제를 안고 있기는 하지만, 그래도 새로운 거버넌스의 가능성을 엿보게 하는 시스템이 부상하고 있다. 지역 단체들 사이에서도 이제는 연안지역을 그대로 보전할 수는 없다는 인식이 확산되고 있다. 앞으로는 단순히 추정 가능한 리스크뿐만 아니라 그 배경에 깔린 불확실성까지 충분히 감안해서 적어도 반세기의 기간을 두고 연안보전 계획을 수립하는 것이 필요하다. 아주 최근까지만 해도 연안보전 정책이나 대책 수립에서 그런 미래 전망은 결코 찾아볼 수 없었다.

기회를 동반하지 않는 리스크란 없는 법이다. 이 원칙은 다른 분야들에서와 마찬가지로 연안관리의 변천 과정에도 그대로 적용된다. 막연히 현상유지만을 주장할 것이 아니라 연안지역이 지속가능하고 회복성을 가지려면 어떠해야 하는지에 대한 창조적인 논의가 필요하다. 물론 그런 변화를 꾀하는 과정에서 마주하게 될 실제적인 어려움은 충분히 감안해야 한다. 예를 들어, 설령 그 방법이 장기적으로는 지속가능하지 않다고 해도 지금 이 순간 큰 홍수로부터 재산을 지켜내는 일은 반드시 필요하다. 홍수 방지벽을 더 높게 쌓아서 홍수에 대비한 '강력한 방어망'을 구축하는 일이 그런 경우에 해당한다.

보험, 허리케인과 태풍

적응 문제에서 핵심 사안은 보험 부문의 혁신이다. 이런 혁신은 국가와 민간 부문을 서로 이어주게 되는데, 보험회사들의 최후의 보루로서 국가의 역할이 더 막중해지기 때문이다. 그렇지만 다시 한번 강조하건대 여기서 시도되는 혁신은 단순히 기후변화 분야만이 아닌 더 광범위한 분야들에서도 마찬가지로 적용될 수 있다.

우리가 감당하기에 가장 어려운 적응의 문제는 심각한 재난을 불러오는 기상이변에 관한 것이다. 전 세계를 놓고 볼 때 '자연적' 재해의 발생건수는 지난 30년 동안 크게 증가했다. 대부분의 재해는 기상과 관련되어 있기에, 이런 재난 발생빈도의 증가와 기온 상승 사이에 어떤 관련성이 있는지 의심해볼 수 있다. 그런 재해 증가를 나타내는 한 지표는 보험금 지급 청구 자료에서 찾아볼 수 있다.[10] 이런 분석 결과는 특히 지난 10년 동안 자연적 재해가 급증했음을 보여준다. 1970년대 이후 발생한 가장 큰 자연재해 34건이 1988년부터 2006년 사이에 일어났다. 보험회사들은 그런 재해 발생에 어떤 경향성이 있는지를 열심히 조사하고 있는데, 그들로서야 충분히 그럴 법도 하다.

한 연구에 의하면, 1980~2005년에 전 세계적으로 약 1만 6000건의 자연재해가 발생했다고 한다.[11] 그 재해들은 보험금 지급액수의 규모에 따라서 다음과 같이 여섯 개 등급으로 나뉜다.

1. 소규모 재해(1000만 달러 이하 지급)

2. 중규모 재해(1000만~6000만 달러 지급)

3. 중대규모 재해(6000만~2억 달러 지급)

4. 대규모 재해(2억~5억 달러 지급)

5. 최대규모 재해(5억~10억 달러 지급)

6. 극단적 규모의 재해(10억 달러 이상 지급)

낮은 등급의 재해 발생건수는 조사대상 기간 동안 상당히 안정적인 추세를 보였다. 그러나 4~6등급의 재해 발생건수는 가파른 상승을 나타냈다. 이 연구 결과는 모든 등급에서 전체 85퍼센트에 달하는 보험금 지급 요청이 날씨에 관련된 자연재해 때문이라고 밝혔다.

어느 특정한 해에 청구되는 보험금 지급 요청은 주로 그해에 자연재해가 얼마나 많이 발생했는지, 특히 5~6등급 발생건수에 의해서 결정된다. 이제까지 역사상 가장 많은 보험금이 지급되었던 해는 2005년으로, 이 해에는 카트리나, 리타, 윌마^{Wilma}의 3개 허리케인이 엄청난 피해를 초래했다. 보험금 지급액수로 보면 카트리나의 경우에 역사상 최고액이 지불되었으며, 윌마와 리타는 각각 6위와 7위를 기록했다. 1970년부터 1988년 사이에는 연간 보험금 지급액이 100억 달러를 넘었던 해가 단 한 해에 불과했다. 그런데 1989년 이후에는 연간 지급액이 150억 달러 이상이었던 해가 무려 열 번이나 되었다.

보험금 지급 청구는 부유한 나라들에 쏠려 있다. 선진산업국일수록 보험산업이 발달해서 보험 가입이 많기 때문이다. 재해 사망자 통계를 살펴보면 아시아에서 가장 높은 사망률을 기록했는데, 이는 지역 특성상 자연재해의 발생빈도가 높아서가 아니라 대규모 인구 밀집지역이 아시아에 특히 많기 때문이다. 1980년부터 2005년 사이에 아시아 국가들에서 그런 재해로 인한 사망자 수는 무려 80만 명에 이르며, 그중의 90퍼센트 이상이 5등급과 6등급 재해에 의한 것이었다. 북아메리카와 유럽 역시 유사한 자연재해의 비율을 나타냈지만, 보험금 지급액수는 세 배나 더 많았다.

이와 같은 조사 결과가 보험금 청구사례와 재해 발생 피해를 다 보여주는 것은 결코 아니다. 여기에는 개인이 드는 책임보험과 생명보험이 포함되지 않았고 도로나 철도, 기타 공공시설물들에 대한 피해도 빠졌다. 공공시설물은 보험에 드는 사례가 거의 없기 때문이기도 하다. 따라서 자연재해로 인해서 발생한 실제 피해액은 보험회사가 지급하는 액수보다 몇 배나 더 클 것으로 예상된다. 실제로 허리케인 카트리나로 인해서 보험회사들이 지급한 보험금의 총액은 약 490억 달러였던 데 반해서 전체적인 피해 추정액은 약 1440억 달러에 이르렀다. 그 차이는 경제발전이 덜한 나라들에서 훨씬 더 큰 것이 보통인데, 보험 가입이 상대적으로 미약하기 때문이다. 1990년대에 중국에서 발생했던 두 차례 대홍수에서는 피해 추정액이 한 번은 보험지급액보다 30배나 많았고, 다른 한 번은 거의 50배에 이르렀다.

날씨에 관련되는 리스크는 민간 보험업계와 정부 모두에 막대한 문제들을 야기한다. 적응 문제에서 어느 정도 진전을 이루는가는 정부와 보험업계가 서로 얼마나 협력해서 새로운 정책 개발에 적극적으로 나서는가에 달려 있다고 해도 과언이 아니다. 특히 보험회사들이 재해의 규모와 빈도 증가에 대응해서 얼마나 적절한 대안을 내놓느냐가 대단히 중요하다. 만약 그렇지 못하면 정부가 떠안아야 하는 부담은 감당할 수 없을 지경이 된다. 민영 보험업계가 특정한 재해에 대해 보험을 들어주지 않는다고 하는 방안은 정부로서는 도저히 받아들이기 어려운데, 그렇다고 해서 정부가 대신 보험을 받아줄 수도 없다. 따라서 서로의 이해를 잘 따져서 정부와 보험회사가 서로 협력 방안을 찾는 것이 대단히 중요하다.

이 책에서 자주 강조했다시피 기후변화 관련 리스크들은 현재까지 그 규모를 정확하게 추정할 수 없다고 하는 짙은 불확실성에 싸여 있다. 단 한 차례의 사건이 엄청난 피해를 불러올 수도 있다는 것은 누구나 짐작할 수 있다. 그렇지만 그 실제 규모를 예상하기는 대단히 어려운데, 재해 발생의 상황에 따라 얼마든지 바뀔 수 있기 때문이다. 예를 들어, 폭풍우나 허리케인에 의해 발생하는 피해는 비단 그 강도뿐만 아니라 실제로 어떤 경로를 거치느냐에 따라서 피해 규모가 결정되는 것이 보통이다. 어떤 일정 기간을 정해서 보험료를 똑같이 정하기도 어려운 일인데, 피해액은 해마다 크게 달라지기 때문이다.

보험회사의 자본금 규모 또한 상당히 커야만 하는데, 보험금 지급이 많은 해에는 보험회사의 총 지급 가능 금액이 한꺼번에 나갈 수도 있다. 이런 점은 보험업계가 항상 유동자본을 충분히 준비하고 있어야 한다는 것을 의미한다. 보험회사가 재해비용으로 지급하는 보험금의 액수가 그 사건이 발생했던 해에 보험료로 거두어들인 액수보다 최고 100배에 달할 수도 있다. 따라서 보험회사들은 재보험을 통해서 그런 리스크를 분산시킬 방안을 찾게 되는데, 이는 앞으로 자연재해에서 기인하는 리스크가 훨씬 커질 것이라는 일반적인 가정에 반하는 일이다. 더욱이 재보험업계는 일차 보험업계만큼이나 똑같은 리스크를 떠안게 되는데, 이는 리스크에 대한 불확실성이 여전히 높기 때문이다.

불확실성의 영역을 좁히기 위해서는 새로운 사고의 도입이 필요하다. 아주 최근까지도 재해보험은 대체로 리스크 관리의 전통적인 모델에 근거해서 도입되었다. 말하자면 과거 재해 발생에서 추정된 피해액을 기준으로 삼았다. 하지만 카트리나보다 선대 허리케인 앤드류^{Andrew} 발생 이후에는 그런 관행이 더 이상 가능하지 않게 되었다. 앤드류로 인한 피해 정도가 그때까지 허용할 수 있다고 가정했던 규모를 훌쩍 뛰어넘었기 때문이다.

이제는 불확실성의 범위를 크게 좁힐 수 있는 복잡한 재난 모델 개발을 위한 작업이 진행 중이다. 이 작업은 기후변화가 어떻게 진행될지를 예상하기 위해서 개발된 컴퓨터 모델링 기술의 일부를 활용하고 있다. 어느 주어진 강도의 허리케인이 발생한다고 할 때 특정 지역을 지나는 허리케인 이동경로를 1000가지 이상 추정해서 지도로 그린다. 여기서 핵심은 각 경로를 지날 확률을 정밀하게 추정하고, 그래서 적정한 보험료를 책정할 수 있게 하는 그런 컴퓨터 모델을 개발하는 데 있다.

자본시장에 미치는 리스크를 분산시키기 위한 재해채권$^{catastrophe\ bond}$도입 방안도 나왔다. 이 제도는 아주 복잡한 금융 수단으로, 일차 보험사업자들을 위해서 리스크를 약화시키려는 목적이지만, 동시에 이 채권을 사는 사람들에게는 보호막 구실도 한다. 알리안츠^{Allianz}가 2007년 업계 최초로 그런 재해채권을 발행했는데, 캐나다와 미국(캘리포니아는 제외)에서 대규모 지진이 발생하고 영국에서 홍수로 하천범람이 발생해서 대규모 손실이 발생할 경우 그 피해보상을 제공하고자 했다.

재해 발생의 빈도와 강도가 계속해서, 그것도 가파르게 증가한다고 가정할 때, 민영 보험회사들과 정부의 상대적인 역할을 시급히 재검토해야 한다. 허리케인 카트리나로 인해서 미국 연방정부가 단독으로 지불해야 했던 비용은 직접 지원과 세금감면 혜택 등을 합쳐 1000억 달러에 이르렀다. 그만큼의 액수로도 피해 보상은 일부에 그쳤다. (일자리 상실 등과 같은) 이차적 피해는 아예 거론되기도 어려웠다. 국가가 최후의 방패막이 되는 데서 비롯하는 도덕적 해이 문제도 뒤따랐다. 리스크에 취약했던 사람들이 필요할 때마다 정부에 의존했기에(또는 그럴 수 있다고 믿었기에) 사전 대비와 준비가 부족했던 것이다. 재해는 보험으로 그 피해를 보상받을 수 있는 부자들에게만 발생하는 것이 아니라는 점을 주민들에게 일깨워주는 노력도 각별히 필요하다고 하겠다.

정부는 보험업계가 재해와 재난으로 인한 피해 보상을 확대할 수 있게끔 재정적, 조세적 여건을 마련해주어야 한다. 정부가 보험업계의 최후의 보루라는 역할을 포기해서는 결코 안 되겠지만, 그 역할은 좀더 실질적인 범위에 국한해야 한다. 국가가 제공하는 보험은 민간 보험업계가 감당할 수 있는 영역보다 한 차원 더 높은 수준에서 제공되는 것이 이상적이다. 보험업계 역시 재해와 재난이 점점 증가한다고 해서 물러서지 말고 오히려 보험을 확대하는 방안을 지속적으로 찾아나가야 한다.

적응: 개발도상국의 경우

2004년에 허리케인 지니^{Jeanne}가 미국을 덮쳤을 때 많은 시민이 집을 잃었다. 하지만 지니가 그 며칠 전에 카리브 해의 아이티를 휩쓸었을 때는 1500명의 주민이 사망했다. 허리케인이 이 섬나라를 관통하는 30시간 동안 장대비가 멈추지 않았다. 아이티는 가난한 국민들이 나무를 베어 숯으로 만들며 살았기 때문에 국토의 98퍼센트가 헐벗은 나라다. 그 결과 폭우로 산사태가 일어나고 수도와 기타 지역들은 온통 물에 잠겼다. 많은 사람이 순식간에 집을 잃었고 쌀과 과일 농사는 완전히 망쳤으며, 전염병이 창궐했다.

도미니카공화국은 아이티와 함께 히스파니올라 섬을 양분하고 있는 나라다. 아이티만큼 가난하지는 않은 이 나라는 산림훼손이 거의 없는 상태로, 허리케인 지니로 인한 사망자는 25명에 그쳤다. 미국 정부의 지원을 받는 구호기관들이 지난 20여 년 동안 아이티에 많은 나무를 심었지만 효과가 없었다. 주민들이 나무가 미처 자라기도 전에 베어서 숯을 만들었던 것이다. 극도의 가난에 시달리는 주민들에게는 그것이 유일한 생계수단이었기 때문이다.

티몬스 로버츠^{J. Timmons Roberts}와 브래들리 파크스^{Bradley Parks}는 지난 1980년부터 1992년 사이에 가난한 국가들에서 발생했던 기상 관련 재해들을 연구했다.[12] 두 사람은 미국 지질조사국^{Geological Survey}이 개발한 위급상황 데이터베이스^{Emergency Events Database}를 활용했다. 이 데이터베이스에는 같은 기간에 발생했던 1만 2800건의 재해기록이 담겨 있었다. 그들은 이 데이터베이스뿐만 아니라 다른 출처에서 확보한 자료들도 연구에 포함시켜서 그동안 발생했던 재해들의 약 절반이 날씨와 관련이 있다는 사실을 밝혀냈다. 그들은 특히 전체 사고기록 중에서 약 4000건에 대해서는 증거가 확실하고 상세해서 서로 충분히 비교할 만하다고 평가했다.

기상재해에는 사이클론, 가뭄, 홍수, 열파, 허리케인, 조석파$^{tidal\ wave}$, 토네이도, 열대폭풍, 태풍, 겨울폭풍, 우박, 먼지폭풍, 폭우, 뇌우, 한파 등이 있다. 이 목록만 봐도 기후변동이 사람들의 생활에 얼마나 큰 영향을 미칠 수 있는지 쉽게 짐작할 수 있다. 로버츠와 파크스는 이런 기상 관련 사고들 각각에 대해서 사망자와 집을 잃은 사람의 수, 그리고 여타 심각한 피해를 집계했다. 그들은 전체 조사기간에 각 나라별로 그런 재해로 발생했던 피해 정도를 집계하기도 했다. 이러한 조사는 극단적인 기상 관련 사고 발생시 왜 특정 국가나 지역이 훨씬 심각한 피해를 지속적으로 입는지 그 이유를 찾기 위해서였다. 다시 말해서, 그들은 왜 일부 국가들이 다른 국가들에 비해 회복성이 더 뛰어난지를 밝히고자 했다.

그들은 한 나라의 소득 수준과 기상재해를 견디는 능력 사이에는 전반적인 상관관계가 성립한다는 사실을 발견했다. 20세기 마지막 십수년 동안 가장 심각했던 인명 피해는 1984년 아프리카 동부에서 발생했던 한발 때문에 일어났다. 당시 피해는 가난한 세 나라, 에티오피아와 수단, 차드에 집중되었다. 대략 50만 명이 죽었으며, 그보다 훨씬 많은 사람이 영양실조에 시달리고 삶의 터전을 잃었다. 그 기간 동안 기상재해로 집을 잃은 사람들의 전체 숫자는 우리로 하여금 정신을 번쩍 들게 하기에 충분하다. 즉 방글라데시에서 6200만 명, 중국에서 5000만 명이 자신들이 살 곳을 잃었고, 라오스, 인도, 스리랑카, 베트남, 필리핀, 파키스탄 등지에서도 무려 2500만 명 이상이 집을 잃었다.

기상재해의 심각성과 그 결과를 비교하는 가운데 그런 재해에 대한 취약성은 해당 지역과 국가의 경제적, 정치적 취약성과 밀접한 관련이 있다는 명백해졌다. 특히 '밑바닥 10억 명$^{bottom\ billion}$'으로 대표되는 최빈국들에서는 그 비례관계가 더욱 명확했다.(9장 307~312쪽 참조) 피해가 그렇게 커진 데는 무능하고 부패한 정부, 부가가치가 낮은 열대성 작물에 대한 의존, 제멋대로 산림지역까지 파고드는 촌락, 빈약한 교통통신망 등도 한몫했다. 재해에 대한 취약성을 가난 탓으로만 돌려서는 안 된다. 아무리 나라가 가난하다 해도 위와 같은 문제들을 어느 정도 극복할 수만 있다면 재해를 당하고 나서도 회복성이 크게 신장될 수 있기 때문이다.

부자 나라들이 가난한 나라들에게 제공하는 지원은 이제까지의 관행을 그대로 따르는 대신 기후변화 적응에 좀더 초점을 맞추어야 한다. 현재로서는 개발도상국을 지원하기 위해서 대상 국가들의 취약성을 평가하는 데 필요한 자금조차 크게 부족한 형편이다. 앞에서 언급한 적응 기금조차도 아직 조성 중에 있다. 48개 최저개발국에 대해 국가 차원의 적응 계획 수립을 돕기 위해서 조성된 재원은 현재 3300만 달러에 이르는데, 그 3분의 2를 선진개발국들에서 제공했다. 그런데 그 자금을 어떻게 분배해야 하는지는 지금도 해결하기 곤란한 논란거리로 남아 있다. 결과적으로 현재 마련한 재원조차 아직 집행되지 않은 것이다. 기후변화 적응 대책을 이야기하기 전에 면밀한 취약성 평가가 먼저 이루어져야 함은 당연하다. 기후변화로 인한 악영향의 규모와 그 피해 집중 지역에 대해 우리가 제대로 파악하고 있지 못하다면 실제적인 대응 자체가 아예 어렵기 때문이다.

개발도상국들을 더 잘사는 나라로 만드는 데 필요한 여러 제도 개선과 변화들도 기후변화 적응에 중요할 수 있다. 인구 증가는 경제발전이나 기후변화 문제 모두에 큰 영향을 미치는데, 그렇기에 인구 증가율을 낮추려는 국제사회의 노력이 긴요하다고 하겠다. 인구 증가를 억제하는 중요한 수단은 이미 잘 알려져 있다. 여성의 권리를 신장하고 여성들이 제대로 된 노동력으로 활약할 수 있도록 돕는 것이다. 현재까지 적응 계획과 기존의 빈곤 완화 프로그램을 서로 연계하려는 시도는 거의 진전이 없는 형편이다. 카리브 해에 위치한 작은 섬나라들이 그런 부분에 진전을 보이는 최초의 사례가 될 전망이다.

시장에서 널뛰듯 하는 가격변동으로부터 환금작물 재배 중심의 경제를 지켜내기 위한 물가안정 기금 역시 회복성을 높이는 데 도움이 된다. 영국에서의 국지적 홍수 및 해안선 침식 문제와 전 세계의 대형 재해 사이에 엄청난 간극이 존재하는 것은 물론이다. 하지만 이 모두에 고루 적용 가능한 전략이 있다. 바로 정부와 기업, 그리고 정부와 시민단체 간의 협력과 공동 대처다. 이는 상대적으로 가난한 나라들에게도 적절한 대안이다.

세계적으로 재해에 취약한 나라들은 특히 보험산업의 역할을 강화하는 데 관심을 기울일 필요가 있다. 부유한 국가보다 가난한 국가에서 보험산업이 훨씬 낙후된 데에는 분명한 이유가 있지만, 그렇다고 해서 보험의 막중한 역할을 무시해서는 안 된다. 그런 사례를 들어보자. 아프리카 많은 지역에서 생존을 이어가는 가난한 농부들에게는 기후변동이 중대한 위협이 아닐 수 없다. 물론 그런 기후변동은 지구온난화가 진행될수록 더욱 심해진다. 그런데 최근 그런 농부들에게 도움을 주면서 농작물 손실을 방지하기 위한 두 가지 새로운 방안이 나왔다.[13] 그 하나는 인공위성과 컴퓨터 모델을 활용해서 계절적인 강우 변동을 사전에 예보하는 방법으로, 이는 리스크 감소에 크게 기여할 것이다. 한 예로, 농부들이 그런 기상예보에 따라서 예상 강우량에 적합한 농작물 품종을 선택해서 재배하는 길이 열리는 셈이다. 다른 한 방안은 새로운 방식의 보험금 지급제도 도입이다. 지표 기준 기상보험index-based weather insurance이라고 해서 이상기후로 발생하는 농업 손실의 정도를 지방에 따라 각기 다르게 책정하고 이에 맞추어 보험금을 지급하는 방법이다. 이 방안은 농부들을 위한 마이크로 크레

디트(micro-credit, 저소득층의 자활을 돕기 위한 무담보 소액대출—옮긴이) 제도와 연계가 가능하다.

이런 프로그램들이 현재까지는 별개로 운영되고 있지만 이 모두를 하나로 통합하는 것도 가능하다. 그런 시험적인 보험제도가 아프리카 말라위에서 소규모 자작농들을 대상으로 시도되고 있다. 이 제도에 따르면, 앞으로 예상되는 강우 조건에 맞추어 농작물 품종을 선택한 농부들은 농사를 망칠 경우 보험혜택을 받는다. 그 덕분에 농부들은 과감하게 경작지를 넓힐 수 있고, 그러면서 생산량 증대도 기대할 수 있다.

설령 최악의 상황에 처한 가난한 사람들이라도 가진 것이 아무것도 없지는 않은 법이다. 그들 역시 일정 부분 회복성에 도움이 될 재원과 능력을 가지고 있다. 적응 정책은 그런 회복성을 키우는 데 중점을 두어야 한다. 예를 들어, 기후변동에 대처하는 전통적인 방안으로는 농작물의 교차재배, 상호지원을 위한 사회적 네트워크 구성, 단체저축 제도 등이 있다. 기본적으로 이 모든 방안은 정보를 제공하거나 더 강화된 지원 네트워크를 만들어주는 첨단 수단이 뒷받침될 때 더욱 힘을 받을 수 있다.

안데스 산맥 고산지대에 사는 페루와 볼리비아 농부들은 밤하늘의 플레이아데스 성단을 관찰해서 앞으로 수개월 후의 기상조건을 미리 예측했다. 그들은 그 성단에서 가장 빛나는 별을 찾아 그 크기, 처음 나타나는 날짜, 위치 등을 살폈다. 그 별이 맑은 날 여명 직전에 나타나면 많은 비가 올 조짐이어서 풍성한 감자 수확을 기대할 수 있었다. 농부들은 그런 기상 예측에 따라 농작물 선택과 재배 일정을 결정했다. 그런데 과학자들은 그 성단의 가시도가 하늘에 떠 있는 새털구름 양의 많고 적음에 따라 결정된다는 사실을 밝혔다. 새털구름의 양 또한 엘니뇨로 인한 해수 온도 상승과 관련이 있었다. 사실상 농부들은 지난 수백 년 동안 엘니뇨의 상태를 관측하고 있었던 셈이다. 물론 지금이야 현대적 장비를 사용하는 기상예보의 도움을 훨씬 많이 받겠지만 말이다.

이제까지 알려진 재해 사례들로 볼 때 방글라데시는 그 지리적 위치로 인해서 기후변화의 영향을 가장 많이 받는 나라에 속한다. 방글라데시는 지표면의 고도가 낮아서 해수면 상승의 피해를 가장 먼저 입는 나라 중의 하나가 될 수 있다. 해수면이 45센티미터만 상승해도 이 나라의 전체 면적 가운데 10퍼센트 가까이가 물에 잠기고 만다. 심지어 지금까지의 기후변화만 해도 몬순 계절에는 너무나 많은 비가 내려서 빈번히 홍수에 시달린다. 그런가 하면 다른 계절에는 한발에 아주 취약하다.

그렇다고 해서 방글라데시가 선진국들의 지원만을 바라면서 아무런 대책도 준비하지 않고 가만히 있었던 것은 아니다. 그런 외부 지원이 꼭 필요하기는 하지만 방글라데시 나름대로도 예방 차원의 적응을 위해 노력하고 있다. 이 나라는 주요 산업 분야마다 각각 실무그룹을 두는 '국가 적응 실천 프로그램National Adaptation programme for Action'을 수립했다.[14] 이 프로그램에서는 기후변화에 대한 취약성을 분야별로 상세하게 평가했으며, 이에 따라 일련의 대응방안을 제시했다. 물론 그중 몇몇 방안을 시행하기 위해서는 외국의 원조에 기댈 수밖에 없다.

방글라데시는 자국 내에서 가장 가난한 지역에도 둑과 제방을 새로 쌓고, 농업의 관행을 바꾸며, 아시아와 아프리카의 다른 빈곤국들과 정보를 나누려 애쓰고 있다. 방글라데시에서는 현재 홍수방지 종합대책을 폭넓게 시행 중이지만, 앞으로는 홍수 통제 전략이 필요해 보인다. 사이클론에 대비한 조기경보체제는 이미 갖추어져 있지만 더 강화해야 한다. 인공위성과 정보통신기술의 발전은 벵골 만에서의 사이클론 발생을 지속적으로 감시할 수 있는 길을 열어놓았다.

특정한 재해 위협에 노출된 지역에서는 그 지역사회의 회복성을 높이기 위해 많은 노력이 이루어지고 있다. 여기에 지역주민들의 경험과 참여가 반드시 필요함은 물론이다. 예를 들어, 한 연구에서는 가난한 농부, 어부, 일용직 노동자, 외부모 가정 등으로 구성된 취약가구 600호를 파악했다. 각각 남성과 여성 주도의 여러 그룹들이 참여하여 이들 취약가구의 생계수단을 다양화하는 방안을 강구했다. 그렇게 해서 기후변화에 대비하는 한편 새로운 생산설비들을 도입하기도 했다. 이런 노력으로 일련의 참신한 제안들이 나왔는데, 그중 일부는 바로 실행에 옮겨 좋은 성과를 거두기도 했다.

이제 전 세계로 퍼져나간 수상정원floating garden은 방글라데시에서 처음 시도했다. 이는 물 위에 떠서 자라는 수중식물들을 빽빽하게 심은 다음 그 위에서 농작물을 기르는 농법이다. 이 방법은 농사를 지을 토지가 부족할 때 농촌의 생산성을 높이기 위해서 도입할 수 있다. 수상정원 농법은 조성비가 저렴하고 한번 만든 시설물을 영구적으로 사용할 수 있다.

기후변화 억제를 위한 선진산업국들의 노력과 개발도상국들의 노력 사이에 놓인 간극을 좁히기 위해서는 각 나라의 취약성에 대한 전면적인 평가가 무엇보다도 중요하다. 부유한 국가들이 감당해야 하는 취약성에는 가난한 국가들에서 기후변화로 인한 재난이 닥쳤을 때 그것이 전 세계에 미칠 파장까지도 포함된다. 국제사회에서는 이미 이 문제로 인해 긴장감이 한층 높아지고 있다. 이 문제는 뒤에 9장에서 자세히 살펴볼 것이다.

국제협상, 유럽연합, 그리고 탄소시장

2006년 연두교서 연설에서 미국의 부시 대통령은 "미국이 석유에 중독되어 있다"고 인정했다. 누구나 다 아는 사실을 그제야 솔직히 밝힌 셈이었다. 이미 앞에서 논의했듯이 미국에서의 삶은 자동차를 떼어놓고는 생각할 수 없을 정도다. 미국에서 자동차는 "단순히 하나의 기술이거나 교통수단이 아니라 전체 경제를 움직이는 근본적인 결정인자"[1]라고 일컬어진다. 자동차는 세월이 흐르면서 그 영향력이 더욱 견고해졌는데, 이는 비교적 가까운 역사만 돌아봐도 알 수 있다. 1950년대에 (항공 수송을 포함한) 교통 분야에서의 석유 소비량은 미국 전체 소비량의 54퍼센트에 이르렀다. 이 수치는 1980년대에 더욱 높아져서 60퍼센트에 달했으며, 지금은 무려 70퍼센트까지 높아졌다. 오스트레일리아와 캐나다 역시 인구 1인당 온실가스 배출량이 미국만큼 높다. 이들 나라의 1인당 휘발유와 경유 소비량은 영국, 프랑스, 독일보다 두 배 반이나 높고 일본보다는 세 배 정도 높다.

이런 차이는 단지 자동차 주행거리 차이 때문만은 아니다. 이들 나라는 주행거리 1마일당 평균 에너지 사용량도 유럽 국가들보다 두 배 정도 높다. 이런 수치들을 본다면 미국의 온실가스 배출량이 선진산업국들(OECD 회원국) 배출량의 44퍼센트나 차지한다는 사실이 전혀 놀랍지 않다. 미국의 각 주들을 개별 국가로 가정한다면 무려 25개 주가 최다 온실가스 발생국 60위 안에 들 정도다. 텍사스 주 하나만 해도 인구는 프랑스의 3분의 1을 겨우 넘는 수준이지만 프랑스보다 더 많은 온실가스를 배출한다.[2]

　그러나 미국이 인구 1인당 온실가스 배출량 1위 국가는 아니다. 카타르, 아랍에미리트, 쿠웨이트 등이 브루나이와 함께 맨 앞자리에 있고, 그 뒤를 오스트레일리아와 캐나다가 잇고 있다. 미국은 제7위 국가다. 2007년에 1인당 온실가스 배출량은 오스트레일리아가 26톤, 캐나다가 25톤, 미국이 23톤이었다. 물론 인구수를 감안할 때 미국의 배출량이 압도적인 중요성을 갖는 것은 당연하다. 유럽연합EU 15개국의 평균 1인당 배출량은 미국의 절반 정도에 불과하다. 2007년 인구 1인당 온실가스 배출량 순위에서 독일은 12위, 영국 11위, 프랑스는 9위를 차지했다. 1인당 배출량의 변화 추이에서도 커다란 차이를 보였는데, 미국의 경우는 그 수치가 올라가고 있으나 EU 국가들의 평균은 감소했다.

거대 개발도상국가들

인구 1인당 배출량으로 볼 때 개발도상국들의 온실가스 배출량은 부유한 나라들보다 훨씬 낮다. 많은 개발도상국에서 인구의 대부분은 최소한의 온실가스만을 배출할 따름이다. 축적 배출량(산업혁명이 시작된 19세기 초부터의 인구 1인당 총배출량)으로 따진다면 그 수치는 더욱 낮아진다. 일부 국가의 삼림파괴로 인한 온실가스 배출량을 포함시킨다면 그 수치가 상당히 달라질 수 있지만, 그 부분은 전통적인 통계작업에서는 잘 잡히지 않는 것이 보통이다. 인도네시아가 가장 대표적인 예인데, 삼림파괴를 포함한다면 이 나라의 인구 1인당 온실가스 배출량은 세계 6위로 급상승한다.

그런데 개발도상국들의 그런 낮은 온실가스 배출 상황이 이제 급격히 변화하고 있다. 중국, 인도, 브라질 3개국은 국토 면적으로 보나 인구수로 보나 명실공히 세계 대국이다. 이들 나라는 경제성장을 거듭하면서 온실가스 배출량 절대치가 크게 증가하고 있는데, 특히 중국이 그렇다. 중국은 미국과 비교할 때 1인당 배출량은 아직 5분의 1 수준이지만 전체 배출량으로만 따진다면 미국을 능가해서 이제 세계 최고의 오염국가가 되었다. 1990년 이후 중국의 배출량은 무려 73퍼센트나 증가했는데, 이는 그동안 중국이 경이적인 경제성장을 이룩하는 과정에서 에너지원으로 석탄에 지나치게 의존했다는 데서 기인한다. 기후변화에 관한 논쟁에서 가장 자주 인용되는 통계수치의 하나가 중국에서는 매주 하나씩 새로운 석탄화력발전소가 지어진다는 내용이다. 그런데 가장 최근의 자료로는 이제 매주 두 개씩에 가까워진 것으로 나타났다.

중국의 현재 경제개발은 1950년대 마오쩌둥毛澤東 시절에 수립된 정책을 그대로 반영하고 있다. 당시 마오쩌둥 정권은 국제적인 제재로 인해 위협받고 있었으며, 그 결과 중국은 가급적 자급자족의 체제를 선택하지 않을 수 없었다. 1950년대에 마오쩌둥은 모든 에너지원을 중국 내에서 충당해야 한다고 결정했는데, 이는 곧 석탄이 주가 되고 아주 부분적으로만 석유를 쓴다는 의미였다. 그 후에 중국 북동부의 황량한 다칭 산맥 일대에서 대규모 유전이 발견되었고 잇달아 여러 곳에서 그보다 작은 여러 유전들이 발견되었다. 다칭 유전은 얼마 전에 피크를 기록해서 1997년 이후부터는 석유 생산이 감소하고 있다. 중국 다른 지역의 대형 유전들 중에서

그림 8.1 2000~2005년 삼림 면적의 순변화

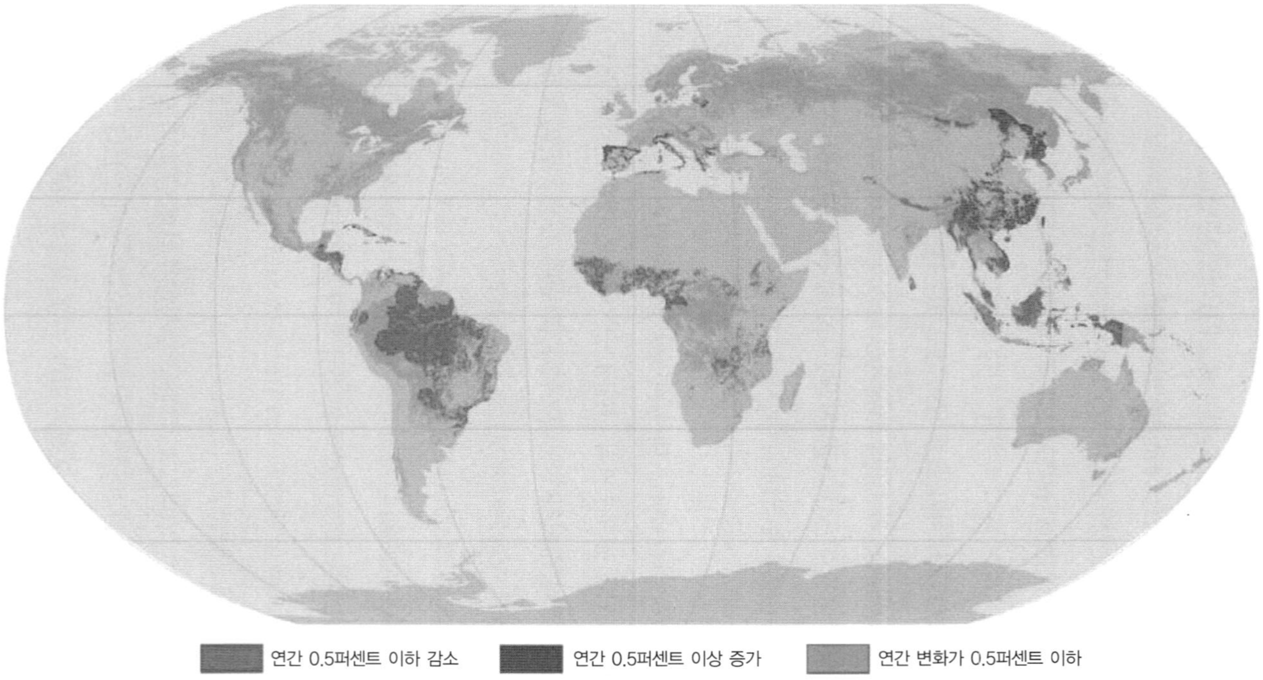

연간 0.5퍼센트 이하 감소 ■ 연간 0.5퍼센트 이상 증가 ■ 연간 변화가 0.5퍼센트 이하

출처: IPCC 2007.

역시 10개소가 피크 오일을 기록하여 석유 생산이 감소하고 있어서 중국의 유일한 선택은 어쩔 수 없이 석탄일 수밖에 없는 실정이다.

당시에는 다른 사회주의 경제권 국가들과 마찬가지로 중국도 중공업을 번영의 핵심으로 삼았다. 그래서 초대형 국영기업들이 우후죽순처럼 생겨났지만, 그 기업들은 하나같이 비효율적이어서 생산성에 비해 엄청난 양의 에너지를 소비했다. 따라서 중국의 지속적인 경제성장을 견인한 것은 그런 대형기업들이 아니라 훨씬 소규모의 제조회사들이었다. 그 결과 비록 온실가스 배출량은 늘어났지만 중국 경제에서의 에너지 효율은 예전보다 높아질 수 있었다. 그러나 이런 추세는 나중에 다시 역전되었는데, 중공업에 대한 새로운 투자 시대가 열렸기 때문이다. 환경적으로 불행한 결과를 초래한 이런 경제성장의 활력은 시장경제의 활성화로 얻어진 것은 아니었다. 국가 소유의 은행들이 전반적인 경제성장으로 자본금이 넘쳐나자, 이를 저금리로 다시 국가 소유의 기업들에게 빌려주는 중국적 현상이 만연했던 것이다.(이런 현상은 2008년 후반 전 세계적으로 금융경색 국면에 접어들면서 정체기를 맞았다.)[3]

인도 역시 1990년대 들어서 경제개혁이 있기까지는 그런 중앙집중식 계획경제 모델의 영향을 받았다. 그 당시까지는, 대체로 그 이유 때문이겠지만 경제성장의 속도가 느렸다. 1994년 인도의 1인당 연간 온실가스 배출량은 약 1.2톤에 머물렀다. 인도 전체 수치로는 당시 전 세계 배출량의 3퍼센트를 차지했다. 그런데 이후 높은 경제성장이 지속되면서 2006년 인도의 1인당 배출량이 3.5톤에 약간 못 미치는 수준까지 이르렀으며, 전세계 배출량에서 차지하는 비율은 10년 전에 비해 무려 50퍼센트나 더 높아졌다.

브라질은 역사적으로 중국이나 인도에 비해 훨씬 경제발전이 앞섰던 나라다. 하지만 이 나라의 현재 1인당 온실가스 배출량 6.2톤은 1970년대 석유위기가 없었다고 가정했을 때의 수치와 비교한다면 크게 낮은 것이 분명하다. 당시 브라질은 석유에 대한 의존도를 낮추기 위해서 바이오연료에 많은 투자를 했던 것 외에도 일련의 수력발전 개발에 착수했다. 브라질은 환경보전의 최전방에 나섰다는 점에서 다른 개발도상국들과는 사뭇 달랐다. 브라질의 전체 에너지 사용에서 재생에너지가 차지하는 비율은 40퍼센트를 충분히 상회하는데, 이는 다른 나라들과 크게 격차를 두는 세계 최고 수준이라고 할 수 있다. 그러나 바이오연료 생산을 둘러싼 의구심과 그런 바이오연료 생산을 위해서 이 나라 일부 지역의 삼림이 파괴되었다는 사실 등으로 인해서 적어도 기후변화에 관해서는 그 기여도를 별로 인정받지 못하고 있다. 브라질은 기후변화로 인해 얼마나 심각한 피해를 받을 수 있을지 잘 알고 있다. 그리고 잇달아 교체된 정권들 역시 이 점을 인식해서 삼림훼손을 줄이고자 노력했다. 이런 지속적인 노력이 없었더라면 오늘날 브라질의 1인당 온실가스 배출량은 연간 12.3톤으로 크게 높아졌을 것이다.

'왜 우리가 무언가를 해야만 하는가? 이것은 당신들 문제가 아닌가!' 극히 최근까지도 이런 생각이 선진국들과의 관계에서 개발도상국 지도자들이 가지는 일반적인 태도였다. 오직 예외가 있다면 브라질과 코스타리카 정도였다. 선진국들이 기후변화라는 위기를 초래했으니 이제 그들이 온실가스 감축의 책임을 다해야 한다고 개발도상국들은 외친다. 온실가스 감축이 경제성장에 지장을 초래하는 나라들의 경우에는 더욱 그렇다.

리우 회의, 교토 의정서, 그 이후

기후변화 완화를 목적으로 하는 국제협상의 역사는 약 15년 전으로 거슬러 올라간다. 그 시작은 미약했으나 이후의 전개는 아주 빨랐다. 기후변화에 관한 정부간 위원회IPCC 자체는 남극 오존층에 구멍이 생기게 한 산업용 화학물질들을 축출하기 위해서 1987년 유엔 주도로 맺은 국제 환경 협약 몬트리올 의정서Montreal Protocol에서 출발했다. 염화불화탄소류CFCs로 알려진 유해 화학물질을 다른 것으로 대체하고자 하는 노력에서 발의되었던 몬트리올 의정서는 처음에는 오존층 파괴의 추세를 역전시키는 데 상당한 기여를 할 것처럼 보였다.

기후변화와 관련해서 현재 세계가 어떤 국면에 놓여 있는지를 평가했던 IPCC 최초의 보고서는 1990년에 나왔는데, 이는 2년 후에 개최된 리우 지구정상회의를 위한 사전준비의 일환이었다. 이 회의에서 유엔기후변화협약UNFCC을 체결했으며, 당시 166개국이 여기에 서명했다.(지금은 188개국으로 늘어났다.) 미국을 비롯한 일부 국가들은 당시 온실가스 규제치를 확정하는 데 강력히 반대했으며, 그로 인해 협약 안에 아무런 달성 목표도 포함할 수 없었다. 모든 참가국은 자국의 온실가스 배출량을 산정해서 매년 보고서로 발간하는 데 동의했다. 또 기후변화의 완화를 위해서 참가국들은 '공동의 차별화된 책임common but differentiated responsibility'를 가진다는 데 합의했다. 모든 참가국이 어느 시점에 이르면 다 책임을 분담해야 하지만, 선진개발국들이 그 의무를 가장 먼저 이행해야 한다는 데 합의가 이루어졌다.

이후 미국의 상당한 발목잡기 노력에도 불구하고 앞으로의 진전을 위해서는 의무적인 온실가스 감축이 필요하다는 데 의견이 모아졌다. 그래서 1995년 회의에서는 선진산업국들이 온실가스 감축 목표를 설정하는

데 동의했다. 당시 미국의 빌 클린턴 대통령도 처음에는 어느 정도 머뭇거렸지만 결국은 이런 입장을 받아들였다. 하지만 미국 의회는 개발도상국들에게 온실가스 감축 의무를 부여하지 않는 그 어떤 협약도 거부한다는 점을 만장일치로 의결했다.

1997년 일본 교토에서 개최된 회의에서는 서로 밀고 당기는 오랜 협상 끝에 선진개발국들이 2008~2012년에 1990년 대비 온실가스 배출량을 평균 5.2퍼센트 감축한다는 안에 합의했다. 이렇게 해서 비록 완전한 합의에는 이르지 못했지만 일정 부분 강제력을 가진 교토 의정서가 체결될 수 있었다. 그나마 이 의정서가 국제법의 효력을 가지려면 전체 산업국가들이 내뿜는 온실가스의 최소 55퍼센트를 배출하는 55개 선진산업국들이 서명해야 했다. 1990년 온실가스 배출량으로 따질 때 전체의 17퍼센트를 차지했던 러시아는 처음에는 교토 의정서에 반대했지만 2004년 말에 이르러 마침내 비준에 동의했다. 이로써 교토 의정서가 정식으로 발효되기에 이르렀는데, 여기에 참가한 국가들의 온실가스 배출량을 합치면 전 세계 온실가스의 61퍼센트에 해당한다.

부시 행정부는 기후변화 회의론에 기울어 있었고 또한 산업계의 강력한 로비에 영향을 받았던 것도 사실이다. 하지만 부시 정권은 개발도상국들에게도 온실가스 감축을 의무화하지 않는다면, 중국 경제가 미국에 비해 확실한 경쟁 우위에 선다는 점을 우려했다. 또한 부시 대통령은 아무리 다른 나라들과 더불어 교토 의정서의 합의를 준수하는 정도라고 해도, 미국이 지구온난화 해결을 위해 적극적인 행보에 나설 경우 국제 경쟁력을 잃게 될 것으로 믿었다. 세계를 주도하는 경제국가로서 미국이 기후변화를 완화하는 데 비용을 지불할 경우—미국은 상당한 정도의 온실가스 감축에 동의해야만 했기에—그 영향은 비단 미국뿐만 아니라 전 세계로 파급될 수도 있었다. 많은 사람들의 눈에는 부시 대통령이 기후변화와의 투쟁에서 해로운 짓만을 일삼는 악한으로 보였겠지만, 사실 아버지 부시는 그 아들보다 한 술 더 떠서 1992년 리우 정상회의에서 "미국적인 생활방식은 절대로 타협할 수 없다"고 선언한 바 있었다.[4]

미국과 오스트레일리아를 제외한 모든 선진산업국과 나머지 대다수 국가들은 교토 의정서에 서명했다.

그런데 러시아로 하여금 교토 의정서에 참여하지 말도록 압력을 행사한 나라가 또한 미국이었다. 블라디미르 푸틴Vladimir Putin 대통령의 경제고문이었던 안드레이 일라리노프Andrei Illarinov는 교토 의정서가 세계 경제를 "국제적인 아우슈비츠처럼"[5] 붕괴시킬 것이라고 공언했다. 그렇지만 당시 러시아는 세계무역기구WTO 가입을 위해서 EU의 지원을 필요로 했다. 물론 기후변화 협상을 주도한 EU도 교토 의정서 자체를 살리기 위해서 러시아의 참가를 절실히 필요로 했다. 결국에 양쪽의 협상이 이루어졌다.

이 협상이 가능했던 부가적인 요인으로는 2000년대 초에 이르러 러시아의 온실가스 배출량이 과거 1990년경보다 훨씬 낮아졌던 데서 찾을 수 있다. 그동안 러시아 경제가 위축되고 일부 초대형 국영기업들이 파산했기 때문이다. EU는 이런 러시아의 상황이 이제 막 정립되기 시작한 탄소배출권 거래를 활성화하는 데 도움이 된다고 보았다. 러시아의 온실가스 배출량 '감축'이 EU 회원국 자신들의 온실가스 감축 목표 달성을 더 용이하게 해줄 수 있다고 생각했던 것이다. 하지만 이는 결국 러시아가 환경에 미칠 악영향을 생각지 않고 자국 내에서 합법적으로 에너지를 무분별하게 쓰게 해주었을 뿐이다.

교토 의정서에서 합의한 온실가스 감축 목표는 지구온난화의 완화에 필요한 수준에는 한참 못 미쳤다. 우선 목표치 자체가 너무 낮았고 그나

마도 온갖 예외 조항이 가득했다. 오스트레일리아를 예로 들어보자. 이 나라는 온실가스 감축이 아니라 오히려 그 배출량을 늘려야 한다고 주장하면서 협상장을 박차고 나섰다. 미국과 마찬가지로 이 나라도 처음에는 오직 자발적인 감축에만 동의했다. 그 후에 오스트레일리아는 자국이 에너지 생산국이며 수송 부문에 대한 의존도가 아주 높기 때문에 특별한 경우에 해당한다고 주장했다. 이 나라는 또한 1990년 이전에 이미 삼림벌목을 대부분 중단했음을 상기시켰다. 오스트레일리아는 결국 협상 과정에서 자신이 요구했던 것을 얻어냈다.(그럼에도 이 나라는 나중에 교토 의정서에서 탈퇴했고, 2008년 새 정권이 들어서고 나서야 다시 비준에 동의했다.)

교토 의정서가 2005년까지 채택되지 못함으로써 대부분의 국가는 의정서가 설정했던 가장 낮은 수준의 목표조차도 달성하는 데 별로 성의를 보이지 않았다. 따라서 현재까지도 교토 의정서의 발효로 이루어진 성과는 거의 없다고 해도 좋을 정도다. EU가 가장 강력하게 온실가스 감축을 주장했지만, 그들이 이룬 성과 역시 크게 미흡했다. 일부 회원국은 자신들이 설정했던 목표 달성을 향해 순항을 계속하고 있지만, 다른 대부분의 나라는 사정이 그렇지 못한 형편이다. 에스파냐의 경우 온실가스 배출량은 1990년 이후 30퍼센트나 증가했다. 미국도 같은 기간 동안 배출량이 13퍼센트 증가했는데, 이는 EU 국가들이 2008~2012년에 어떤 성과를 이룩하더라도 그것을 압도하는 수치다. 그리고 교토 의정서는 개발도상국들에 대해서는 어떤 제약도 두지 않았다. 앞에서 설명했던 것처럼 절대값으로 따질 때 이제는 개발도상국들 역시 전 세계 온실가스 배출에서 상당한 몫을 차지하고 있는데도 말이다.

다분히 비꼬는 표현이겠지만 많은 사람이 교토 협정은 '허풍'으로 끝났다고 지적한다. 의정서 지지자들은 그런 말을 되받아서 몇 가지 우호적인 주장을 제기하기도 한다. 한 예로, 그들은 교토 의정서가 무엇보다도 일종의 학습 과정이었다고 말한다. 2012년 이후에는 전 세계가 더 광범위하고 더 적극적인 온실가스 규제에 나서리라는 것이다. 실제로 이미 그런 협상이 진행 중이다. 2007년 발리 회의가 시작이었다. '공동의 차별화된 책임' 원칙이 세계 공동체의 앞날을 밝게 해준다고 사람들은 말한다.

감축과 통합은 이런 생각에 살을 붙여준다. 2012년 이후를 위한 일련의 새로운 계획도 마련되었다. 그런 예로서, 기후활동네트워크^{Climate Action Network}는 다음과 같은 3단계 방안을 제안했다. 먼저 선진개발국들은 교토 의정서 방식으로 온실가스 감축 목표를 설정해서 시행해야 한다. 개발도상국들은 배출량 기준이 아니라 탄소 강도^{carbon intensity} 기준으로 감축 목표를 설정해야 한다. 탄소 강도란 주어진 경제적 성과를 이룩하는 데 필요한 화석연료의 비율을 의미한다. 그리고 최빈국들에 대해서는 단지 적응에만 신경을 쓰도록 하고 그렇게 할 수 있도록 재정 지원을 해준다는 것이다.[6]

교토 의정서는 또한 청정개발체제^{CDM, Clean Development Mechanism}를 채택하고 있다. CDM은 산업국가들이 교토 의정서의 온실가스 감축 목표 달성을 위해 개발도상국들의 청정에너지 사업을 지원해서 온실가스 감축분을 확보하도록 하는 제도다. 이 제도는 시작이 더뎠는데, 교토 의정서가 정식으로 발효되기까지 실제로 그런 개발도상국 지원에 나선 나라가 별로 없었기 때문이다. 그래도 2007년 중반까지 약 700개의 CDM 사업이 승인되었으며, 그 대부분은 중국, 인도, 브라질, 남아프리카공화국 4개국에 집중되었다.[7] CDM은 겉보기와는 달리 선진산업국과 개발도상국이 모두 혜택을 보는 윈윈 게임이 결코 아니다. 선진국들로선 스스로 온실가스 감축 노력을 하지 않고서도 자신들의 목표를 달성할 수 있기 때문이다. CDM 제도가 만들어진 가장 주요한 요인의 하나는 이른바 '유럽의 절박함'이었다.[8] 현재의 추세대로라면 EU는 자신들이 제안했던 교토 의정서의 목표를 달성하기 어렵다. 그럴 경우 온실가스 저감에 앞장서고 있다는 EU의 주장이 크게 위협받는 것은 자명하다. CDM은 결국 유럽의 체면을 세워주기 위한 방편에 불과하며, 투자자들은 이 사업을 추진하려고 줄을 서 있다. 언제든 신청만 한다면 어떤 사업이라도 승인될 것이 뻔하기 때문이다.

개발도상국이 재생에너지 관련 사업을 시작하는 데 CDM이 실제로 얼마나 도움이 될지는 아직 불확실하다. 아직까지는 기존 온실가스 배출 파이프의 한쪽 끝에 필터를 달아서 임시방편으로 배출을 막는 식의 별로 효과가 크지 않은 사업들이 대부분 선정되었다. CDM을 통해서 얻어졌다고 알려진 온실가스 저감분의 절반가량은 필시 '회계 조작'의 결과이며, 따라서 속 빈 강정일 뿐이라는 말도 떠돈다. 이와 관련하여 한 나라에서 있었던 사례를 들어보자. 이 나라에서는 냉동기용 냉매를 제조하는 과정에서 배출되는 HFC-23이라는 온실가스를 저감하기 위한 사업이 진행되었다. 이 사업에는 약 7000만 달러가 들어갔는데, CDM을 통해서 지불된 보조금은 10억 달러를 상회했다. 결국 온실가스 감축 목표는 달성했지만 더없이 비효율적인 방식이었던 탓에 지겹고도 오랜 기간이 걸렸으며, 그 과정에서 대부분의 사업비는 부정부패로 탕진했다.[9]

CDM의 효율적인 운영 방식에 대해서는 아무도 큰 관심을 기울이지 않는 형편인데, 이는 정치적인 문제가 걸려 있기 때문이다. 환경주의자들은 이 방안이 개발도상국을 직접 지원하는 사실상 유일한 수단이라는 점에서 비판에 소극적이다. 그런가 하면, 바로 앞에서 지적했듯이 EU 입장에서는 자신들의 온실가스 감축 목표를 달성하는 데 요긴한 공제 제도라는 점을 고려하지 않을 수 없다. 개발도상국들, 특히 중국과 같이 이 제도의

그림 8.2 현재 CDM으로 등록된 사업들의 유형별 분류

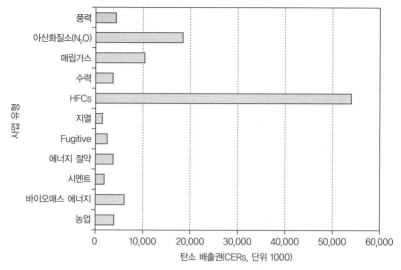

출처: '유럽의 더러운 비밀: 왜 EU의 배출권 거래제는 제대로 작동하지 않는가(Europe's Dirty Secret: Why the EU Emissions Trading Scheme Isn't Working)', *Open Europe*, August 2007, p. 29, graph 5.

실질적인 수혜자가 되는 일부 국가에겐 쉽게 외국의 투자를 끌어오는 수단이 된다. 세계은행의 한 보고서는 CDM이 처음 도입된 이후, 이 제도로 유치한 투자 규모가 590억 달러에 이르렀다고 추정했다. 그런데 이 보고서는 또한 2009년 한 해 동안에만 투자액이 그 정도에 달할 것이며, 2010년이 되면 거의 제로 수준으로 떨어질 것이라고 언급했다. 그 이유는 교토의정서의 만기가 가까워지고 있기 때문이다.[10]

교토 의정서가 2012년에 효력이 만료되기 때문에 2007년 발리에서 새로운 기후변화협약 추진 방안을 찾기 위한 준비 모임이 개최되었다. 이 회의에는 약 1만 2000명의 각국 대표단이 참가했다. 길고 험난한 회의 끝에 라크맛 위토엘라르[Rachmat Witoelar] 의장은 다음과 같이 선언했다. "우리는 마침내 전 세계가 고대하던 성과를 이룩했다. 바로 발리 로드맵[Bali roadmap]이다!"[11] 이 로드맵은 교토 의정서 대체를 위한 새로운 협상 과정을 의미하는데, 2008년 12월 폴란드 포즈난에서 한 차례 더 회의가 열렸으며, 2009년 12월에는 덴마크 코펜하겐 회의가 기다리고 있다.

그렇지만 발리 회의에 대해서 우리가 말할 수 있는 최상의 찬사라고 해야 겨우 협상이 파기되지 않고 유지될 수 있었다는 정도다. 로드맵 역시 희미한 스케치에서 조금 더 나간 정도가 아니겠는가. 발리 회의에서는 단 한 줄의 실질적인 약속도 없었다. 참석자들은 교토 체제에 내재한 문제점을 파악하는 데 실패했으며, 그것이 온실가스 감축에 미칠 수 있었던 최소한의 기여에도 동의하지 못했다. 한 뉴스 해설자는 다음과 같이 탄식했다. "만약 이 회의가 성공작이라고 한다면 도대체 어떤 회의가 실패작이란 말인가."[12] 그가 바로 핵심을 짚었다. 이런 유형의 국제협상은 분명히 긍정적인 측면을 가진다. 모든 인류에게 닥치는 위협을 적시하고 전 세계가 공동으로 대처할 것을 선언하는 자리가 될 수 있다. 어쩌면 그 대응 방법과 절차에 대해서 좀더 확실한 방안이 나올 수도 있다. 그렇지만 이런 좋은 점들에 비해 부정적인 측면의 문제점은 훨씬 더 심각하다. 핵심 당사자들 사이에 분열이 일고 참여자들의 이해가 엇갈리며, 여러 국가와 국가연합체들 사이에서의 인식 차이는 그대로 남는 것이 보통이다. 설령 공동으로 어떤 특정한 실행계획을 마련한다고 해도 그런 일이 실제로 시행되도록 감독하고 감시하는 효과적인 메커니즘은 없는 경우가 대부분이다.

기후변화의 완화를 위해서 교토 의정서 방식으로 접근하는 데 따르는 위험성은 무엇일까? 아마도 이런 국제협상을 통해서 정교하게 잘 짜인 설계도가 나올 수는 있지만, 실제로 집을 짓기는 어렵다는 점이다. 데이비드 빅터는 교토 의정서(와 그 '로드맵')은 다음 네 가지 요소로 인해서 그런 결과를 낳게 된다고 단언했다. 그가 말한 네 가지 요소는 모든 참가국의 참여, 구속력 있는 온실가스 감축 목표 설정, 통합적 탄소 배출권 거래제 도입, 그리고 가난한 국가들의 협력을 이끌어내기 위한 경제적 보상이다.[13]

구속력 있는 온실가스 감축 목표 설정은 국가적 차원이나 국지적 차원에서나 가능한 방안이다. 예외라면 EU 정도겠다. 그런 식의 목표 설정은 원하는 결과를 얻을 때까지 분명하고 명시적인 작동 메커니즘이 있을 때에만 최고의 효과를 기대할 수 있다. 예를 들어, 오존층 파괴 방지를 위한 협약은 그런 장치가 있었기에 목표 달성에 성공할 수 있었다. 그런데 기후변화의 경우에는 온실가스 배출에 영향을 미치는 요소가 수없이 많다. 목표 달성 과정만 놓고 보더라도 수많은 요인이 영향을 미칠 것이다.(기술 발전 분야만 하더라도 그런 기술적 진보가 언제 얼마나 빨리 이루어질지 우리가 미리 알기는 어렵다.) 그런가 하면 정부 역시 그런 과정을 통제하는 데는 한계가 있다. 빅터의 판단은 실질적인 온실가스 감축을 위해서는 교토 의정서 방식만으로 커다란 진전을 이룩하기 어렵다는 것이다. 더욱이 교토 의정서는 에너지 안보 문제를 전혀 고려하지 않은 것도 사실이다.

EU의 역할

EU는 1998년 영국의 카디프와 오스트리아의 비엔나에서 잇달아 정상회담을 열어 기후변화에 대처하기 위한 통합적 전략 수립에 착수했다. 당시 회담의 주 목적은 교토 의정서에 대한 회원국 전체의 입장에서 공동 대응책을 강구하고 각국이 거기에 명시된 온실가스 감축 목표를 달성하도록 지원하는 데 있었다. 기후변화는 2002년부터 2006년까지 이어진 제6차 연구 기본 프로그램(Framework Programme for Research, EU 차원에서 회원국들의 연구개발을 촉진하기 위한 프로그램이다. 유럽 각국의 연구 역량이 분산되는 것을 막기 위해 EU가 종합과 조정 업무를 수행하는 데 주목적이 있다―옮긴이)에서 가장 중요한 연구 목표의 하나였다. EU는 처음부터 단순히 모든 회원국을 결집하는 데 그치지 않고 가난한 나라들을 돕는 일을 자신의 책무로 인식했다. EU는 또한 기후변화 정책이 에너지 관련 정책과 보조를 맞춰나가야 한다고 강조했다.

2007년 1월 유럽위원회는 지구온난화에 맞서 한 단계 더 강화된 전략을 발표했다. 이는 전 세계 평균기온이 산업혁명 이전 수준에서 2퍼센트 이상 더 높아지지 않도록 하기 위한 장기 정책 대안을 지원하기 위한 것이었다. 이 전략의 핵심은 선진산업국들이 2020년까지 1990년 온실가스 배출량 대비 평균 30퍼센트를 감축해야 한다는 데 모아졌다. EU는 우선 20퍼센트를 먼저 감축함으로써 그 선도적인 역할을 다할 것이다. 그리고 다른 산업국들이 동참할 때 그 감축 비율을 30퍼센트로 높일 것이다. 그 때까지 재생에너지 사용 비율은 전체 에너지 사용의 20퍼센트를 차지해야만 하는데, (다소 논란의 소지가 있지만) 그중 최소한 10퍼센트는 자동차에 바이오연료를 쓰도록 해서 달성해야 한다. 현재 EU의 에너지 소비에서 재생에너지 사용 비율이 고작 8.5퍼센트라는 점을 생각하면 대단히 야심찬 목표라 할 수 있다.

EU는 향후 10년 동안 개발도상국들이 자신들의 온실가스 배출을 최대한 억제해야 하며, 2020~2025년부터는 그 절대치를 낮추기 시작해야 한다고 제안한다. 발리 '로드맵'에 나와 있듯이 그런 조치는 지금 당장 시행되어야 하는데, 삼림파괴 중단이 첫 번째 해야 할 일이다. 유럽 배출권 거래제는 EU 회원국들이 자신들의 감축 약속을 지키는 데 아주 중요한 수단이 될 것으로 예상되는데, 여기에 대해서는 뒤에 다시 설명하고자 한다. 유럽위원회는 이 제도를 다른 지역의 배출권 거래제와 묶어서 전 세계적으로 하나의 제도와 기구로 통합하고자 노력하고 있다.

2008년 유럽위원회는 새로운 지침을 제안했는데, 여기서는 EU 회원국들이 달성하리라 기대하는 2020년 목표 수치를 정식으로 제시했다. 이 지침은 재생에너지에 관해서는 각 회원국들의 출발점이 다름을 인정했다. 더욱이 일부 국가는 나머지 국가들에 비해 온실가스 감축을 위해 이제까지 더 많은 노력을 기울였다는 점도 인정했다. GDP와 GDP 성장률의 차이도 고려했다. GDP가 비교적 작고 고도 경제성장이 필요하다고 판단되는 나라들에 대해서는 2005년을 기준으로 해서 온실가스 배출량을 오히려 늘려주기도 했다.

이 계획에 의하면 덴마크, 아일랜드, 룩셈부르크는 2020년 데드라인까지 1990년 대비 온실가스 배출량을 20퍼센트 줄이기로 되어 있다. 영국과 스웨덴은 16퍼센트, 독일과 프랑스는 14퍼센트다. 불가리아는 배출량을 20퍼센트 늘릴 수 있으며, 루마니아 역시 19퍼센트 증가가 가능하다. 새 계획은 그런 온실가스 감축에 드는 비용이 평균적으로 GDP의 0.05퍼센트를 넘지 않을 것으로 추정했다. 물론 많은 복잡한 변수가 있음을 감안할 때 현재 시점에서 어떻게 그런 계산이 가능한지에 대해서는 의심의 여지가 적지 않지만 말이다. 어쨌든 원칙적으로 EU는 이제 길지 않은 기간 동안에 온실가스 감축 목표 20퍼센트를 달성해야 하는 입장에 놓였다.

바이오연료를 10퍼센트 이상 사용해야 한다는 목표만이 전체 EU 회원국들에게 똑같이 적용된다. 그렇지만 이 조항조차도 현재 대부분 바이오연료 때문에 발생하는 환경 문제들을 감안할 때 그대로 두기가 쉽지는 않아 보인다. 무엇보다도 농경지 손실이 큰 문제가 되고 있다. 유럽위원회도 바이오연료 사용에 대해 제기되는 비판을 알고 있지만 앞으로는 그런 환경 피해를 일으키지 않으면서도 바이오연료 생산이 가능하다고 주장한다. 또한 위원회는 그렇게 하기 위해서 실제로 더 강력한 환경 기준을 마련하겠다고 공언했다. 하지만 그렇게 되면 유럽에서 쓰는 바이오연료의 대부분은 외부에서 수입할 수밖에 없을 것이다.

이미 여러 저명한 과학자들과 수많은 NGO들이 바이오연료 사용 확대에 대한 우려를 표명하며 EU의 계획을 비판하고 나섰다. 그들은 바이오연료 사용에 따른 환경 영향을 제대로 평가하기도 전에 할당량부터 미리 정하는 것은 잘못이라고 말한다. 부시 행정부의 과학기술 특보였던 존 베딩턴John Beddington은 미국에서 바이오연료의 수요가 증가하면 국제 식량가격이 상승하면서 전 세계 농업에 "일대 충격"이 가해질 것이라고 주장했다. 더욱이 바이오연료 생산이 더 많은 삼림파괴를 담보로 한다면 그야말로 "멍청하기 짝이 없는 짓"이라는 것이다.[14]

처음에는 프랑스와 독일 등 주요 국가 일부가 자신들에게 할당된 감축 목표에 대해 문제를 제기했다. 한때 니콜라 사르코지Nicolas Sarkozy 프랑스 대통령은 자국에서는 원자력발전이 폭넓게 이루어지고 있어서 이미 온실가스 배출이 대폭 낮아졌기 때문에 감축 목표 설정 자체가 있어서는 안 된다고 주장했다. 여러 나라의 산업계 지도자들도 기후변화에 대한 자기들의 이해관계에 따라서 EU 결정을 비난하기도 했다. 그들은 에너지 비용이 높아지면 유럽계 회사들이 세계시장에서 경쟁력을 잃어 유럽 밖의 지역에서는 사업을 접을 수밖에 없다고 말한다. 독일은 특히 자국의 자동차, 화학, 철강업 등의 경쟁력 상실을 크게 우려했다. 독일에서 일자리 일곱 개 가운데 하나는 어떤 식으로든 자동차 산업과 관련되어 있다.

유럽위원회 집행위원장 조제 마누엘 바로소José Manuel Barroso는 이런 문제 제기에 일리가 있다고 인정했다. 그는 이렇게 말했다. "온실가스 감축에 따르는 비용 때문에 그런 비용을 치르지 않는 나라의 기업들에 비해 경쟁력 면에서 큰 손해를 보는 기업들이 있다는 사실을 우리 모두 잘 안다."[15] 그 결과 제품 생산이 그런 감축 의무를 지지 않는 나라들로 몰린다면, 유럽에서 아무리 까다롭게 규제한다고 해도 아무 소용이 없다. 바로소는 국제공조로 그런 어려움을 타개할 수 있다고 설명했지만, 그런 공조가 어려울 경우에는 EU 차원에서 에너지 산업에 대한 경제적 보상의 방법을 찾아야 할 것이다. 일부에서는 수입품에 대해서 탄소세를 부과하는 방법을 제안했다. 그렇지만 현재 유럽위원회 계획안에서 그런 방안들은 유보되었다.

그런데 전 세계적으로 금융위기가 닥치자 2008년 10월 EU 계획에 반감을 가진 일부 회원국들에서 의무감축 목표 기간을 연기하자는 목소리가 나왔다. 이탈리아와 동유럽 국가들을 포함해 무려 8개국이 여기에 동참했다. 이탈리아 총리 실비오 베를루스코니Silvio Berlusconi는 그 감축 목표가 자국의 산업을 말살시킬 것이라고 말하기도 했다. 베를루스코니와 폴란드 총리 도날트 투스크Donald Tusk는 자신들이 취임하기 이전에 만들어진 계획에 집착할 필요가 없다고 공동으로 선언하기도 했다. 이탈리아와 폴란드 외에 불가리아, 헝가리, 라트비아, 리투아니아, 루마니아, 슬로바키아 정부가 EU의 목표 설정에 반기를 들었다.

계획안에 대한 회원국들의 합의가 모아져야 하는 시한인 2008년 후반에 이르러 프랑스가 유럽위원회 의장국이 되었다. 그런데 사르코지는 과거 자신의 입장을 뒤엎고 회원국들 사이에 합의를 이끌어내고자 최선을 다했고 결국 성공했다. 2008년 9월에 유럽 지도자들은 정상회담을 열어 유럽위원회의 계획을 승인했다. 하지만 치러야 할 대가는 컸다. EU는 탄소 배출권 거래제를 바탕으로 온실가스 감축 목표를 달성하려 했던 희망의 상당 부분을 포기해야 했다. 회원국들의 원만한 합의를 위해서 배출권 거래제의 조건이 크게 약화되었던 것이다. 철강업이나 시멘트 제조업 같은 기간산업들은 탄소 배출권 확보에 드는 비용 지불을 유예받았고, 석탄 화력발전소들의 경우에도 배출권 거래시 탄소 가격에서 큰 할인혜택을 누리게 되었다.

EU는 기후변화 프로그램과 중요한 관련성을 갖는 전략에너지리뷰^{Strategic Energy Review}라는 협의회를 만들었다. 또 각 회원국별로 만들어지는 국가 에너지효율 향상 행동계획^{NEEAP, National Energy Efficiency Action Plan}은 온실가스 감축 목표 달성을 위한 전략 수립에서 중요한 역할을 담당한다. 에너지 절약 지침 ^{Energy Saving Directive}은 각 회원국에게 최종 에너지 사용(energy end-use, 일반 소비자가 가정이나 사무실에서 사용하는 에너지 소비분. 생산에 직접 투여되는 에너지는 별도로 취급한다—옮긴이)에서 2016년까지 9퍼센트 감축을 요구하고 있다. 2007년 하반기에 유럽위원회에 제출된 17개 NEEAP에서 회원국들 대부분은 자국이 그런 9퍼센트 감축 목표보다 더 높은 목표를 채택하고 있다고 언급했다.

이런 대부분의 계획은 공공 부문에서의 저감이 큰 몫을 차지했다. 정부가 직접 영향력을 행사할 수 있다는 점에서 당연하겠지만 말이다. 아일랜드는 2020년까지 공공 부문에서 에너지 사용 감축 33퍼센트를 달성하겠다는 목표를 세웠고, 독일 역시 비슷한 수준의 목표를 설정했다. 아일랜드는 '파워 오브 원^{Power of One}' 캠페인을 대대적으로 벌였는데, 멀티미디어까지 동원한 적극적인 활동으로 일반 시민들이 에너지 절약에 솔선수범하도록 장려했다. 지중해의 섬나라 몰타는 정부 각 부처에 녹색 지도자^{Green Leader}를 임명해서 에너지 효율 증진과 재생에너지 사용을 독려하고 있다. 영국에서는 정부 지원으로 짓는 모든 주택이 지속가능 주택 규준^{Code for Sustainable}

^{Homes}을 따르도록 했다. 이렇게 새로 지어지는 주택은 과거 기준에 따라 지은 주택에 비해 평균 약 26퍼센트의 에너지 절약 효과를 나타낼 것이라고 한다.

EU는 스스로 설정한 과감한 온실가스 감축 목표를 과연 달성할 수 있을까? 많은 의구심이 드는 것이 사실이다. 2000년 EU의 경제적 경쟁력 향상을 위해서 만든 리스본 어젠다(Lisbon Agenda, 2010년까지 경제력에서 미국을 추월하겠다는 것을 골자로 한 EU의 장기 발전전략으로 2000년 3월 리스본에서 EU 15개 국 정상들이 합의했다. 2010년까지 3퍼센트대의 건실한 경제성장과 70퍼센트대의 고용률 유지를 목표로 했으며, 금융과 유통 등 서비스 시장의 단일화 의지도 담겼다―옮긴이)는 기후변화 정책에 관한 한 이제까지 유익한 역할을 해왔다. 경쟁력 향상에 목표를 둔 리스본 어젠다는 전 유럽의 노동시장 혁신, 사회복지 개혁, IT 산업에 대한 투자를 위한 공동 체제를 만들고자 했다. 하지만 EU 는 아직 이런 문제들에 직접 개입할 역량을 갖지는 못한다. 조세제도, 노동시장, 복지정책 같은 국가의 가장 중요한 부문에 대해서는 여전히 각 회원국이 권한을 갖고 있기 때문이다. 이런 상황에서 EU가 할 수 있는 최선의 대안은 '개방적 정책조정 방법'이다. 말하자면 그런 개혁에 나서지 않는 국가들에게 동료 차원에서 다른 국가들이 압력을 가하는 것이다.

리스본 어젠다는 현재까지 부분적으로만 성공을 거두었을 뿐이며, EU 의 움직임은 여전히 예정보다 많이 뒤처져 있다. 우리는 경험을 통해 무언가를 배우기 마련이라면, 누군가가 지적했듯이 "그것이야말로 사회적, 경제적 변화를 추구하는 데 있어서 학술보고서와 고위급 회담, 전문가 증언 등이 할 수 있는 한계를 있는 그대로 진실하게 보여준 사례"[16]인 셈이다. 다른 말로 하면, 지나치게 말만 많았지 행동은 너무 적었다는 뜻이겠다. 이제 우리는 이 책에서 누차 강조한 핵심 주제로 돌아왔다. EU 차원에서 정한 공동의 약속은 각 회원국이 자체적으로 효과적인 대응에 나서는 데 도움이 될 수 있다. 하지만 실제로 얼마나 많은 진전이 이루어지는가 하는 문제는 결국 개별 국가 차원에서의 정책 수립에 달려 있다.

탄소시장의 향방

탄소시장 개설은 교토 의정서에서 이미 정해놓은 일이지만, 다른 기후변화 정책들과 마찬가지로 예전이나 지금이나 정치적인 고려가 많이 개입되는 사안이다. 유럽위원회는 기후변화 의제의 한 부분으로 원래는 EU 전역을 대상으로 탄소세를 부과하는 방안을 원했다. 하지만 그런 바람은 성사되지 못했는데, 여기에는 우리에게 익숙한 충분한 이유가 있다. 재정적 사안과 관련해서 각 회원국의 요구사항을 모두 충족시키기가 애초부터 불가능했기 때문이다. 몇몇 회원국(특히 영국)은 조세 단일화를 수반하는 어떠한 방안에도 거세게 반발했다. 그렇지만 환경 관련 사안은 EU 안에서 다수결 투표로 가부를 결정할 수 있다. 그렇다면 탄소 거래제도 그런 분란 없이 도입할 수 있었던 것 아닌가.

오염을 제한하기 위해서 시장의 힘을 동원한다는 구상은 미국에서 처음 생겨났는데, 아황산가스 배출을 통제하는 데 어느 정도 성공을 거두기도 했다.[17] '산성비'를 일으키는 주범인 아황산가스는 주로 석탄 화력발전소에서 발생했다. 그런데 그런 아황산가스의 배출량을 직접 규제하는 대신에 가스 배출권을 시장에서 사고팔게 하는 제도가 도입되었다. 이 제도의 창안자인 로버트 스태빈스Robert Stavins의 원래 구상은 그런 배출권을 경매로 화력발전소들에 판매해 시장가격이 형성되게 하는 것이었지만, 미국 의회가 이를 막았다. 그렇게 하면 발전사업자들이 많은 돈을 지불해야 하는데, 그들이 연방정부에 납부할 돈을 배출권 확보에 사용할 것이라는 이유 때문이었다.[18] 결국 가스 배출권은 각 발전회사들에 아무런 대가 없이 배분되었으며, 다만 그 최대 배출량만 연간 890만 톤으로 제한했다.

이런 한계에도 불구하고 배출권 거래제는 상당한 아황산가스 배출 저감 효과를 거두었고, 그 제도에 반대했던 산업계 로비단체들의 주장보다 훨씬 적은 비용이 들었다. 로비단체들은 화력발전소들이 연간 100억 달러 이상을 지출해야 할 것이라고 주장했다. 그런데 실제 비용은 겨우 연간 10억 달러에 지나지 않았다. 시장의 힘이 산업계의 핵심 분야에서 아주 효과적인 기술 혁신을 일으키는 데 크게 기여했던 것이다. 따라서 이 제도는 상당한 성공을 거두었고 당시 앨 고어^{Al Gore} 부통령을 비롯한 많은 환경주의자들의 찬사를 받았다. 클린턴 행정부는 이 제도를 이산화탄소 감축을 위해서 어떻게 활용할지에 대한 세부적인 경제적 모델 개발에 착수했다.

국제 탄소시장의 대략적인 윤곽은 교토 의정서에서 제시되었다. 산업 국가들이 '온실가스 감축 단위^{ERU, emissions reduction unit}'를 서로 사고팔 수 있게 하며, 선진국이 개발도상국에게서 그것을 사들이면 자신의 감축 목표 달성에 기여하는 것으로 계산한다는 데 합의가 이루어졌다. 미국은 교토 의정서에 서명하지 않았지만 탄소 거래제 구상에 대해서만큼은 반대하지 않았다. 산업계가 이 제도를 먼저 받아들였다. 영국국영석유회사^{BP}는 2010년까지 2000년 대비 자사의 온실가스 배출을 10퍼센트 감축할 것을 약속하면서 탄소의 국제 거래를 시작했다. BP는 겨우 1년 만에 그 목표를 달성하는 놀라운 성공을 거두었다. 유럽 배출권 거래제^{ETS}는 2005년 초에 시작되었다. ETS는 EU의 이산화탄소 배출량 가운데 거의 절반을 책임지는데, 에너지, 특히 전력 생산을 담당하는 고정 발생원들과 일부 에너지 집중형 사업장을 주 대상으로 한다.

유럽위원회는 처음에 배출권 경매를 구상했다. 하지만 미국에서처럼 산업계의 압력으로 그런 구상은 포기했다. 그 뒤에 유럽위원회와 각 회원국들 간의 협상 과정에서 나온 결과물은 이도저도 아닌 잡탕이었다. 경매는 곧 탄소에 대한 단일가격으로 공개시장이 만들어진다는 의미였다. 그런데 유럽에 도입된 시스템은 각 회원국들에게 자국의 할당량을 스스로 결정할 권한을 부여했다. 이런 할당량 배분은 교토 의정서의 기준을 따르도록 되어 있었지만, 그 자체가 모호했고 더욱이 일부 회원국들에는 정확한 이산화탄소 배출 통계조차 존재하지 않았다. 결국 탄소 배출량 할당은 지나치게 관대하게 이루어질 수밖에 없었는데, 이는 모든 회원국이 서로 가장 유리한 조건을 얻으려고, 또는 최소한 빠져나갈 구멍을 확보하려고 애썼기 때문이다. 시장은 만들어졌지만 매우 혼란스런 결과만 낳게 될 시장이 되고 말았다.

ETS 안에서 많은 돈이 오갔지만, 애초에 의도했던 목적을 이루기에는 지극히 비효율적이었다. 처음 ETS가 시작되었을 때 탄소 가격은 1톤당 무려 31유로까지 치솟았다. 그런데 나중에는 가격이 너무 떨어져서 전체 거래액이 0.001퍼센트까지 줄기도 했다. 각국의 배출량 할당계획에 허점이 있기 때문에 배출권에 상당한 여유가 있다는 것이 알려지면서 시장가치를 완전히 상실했던 것이다. 게다가 몇몇 전력회사는 탄소 배출권 가격을 소비자에게 전가하여 힘 안 들이고 이익을 챙겼다. 애초에 배출권은 무료로 배분되었는데도 말이다.

그래도 ETS는 이산화탄소 감축에 어느 정도 기여했을 것이다. 연구자들은 2005년 이산화탄소 배출량이 이 제도의 도입 이전에 비해서 약 7퍼센트 줄었다고 보고했다.[19] 그렇지만 이런 성과의 상당 부분은 이 제도를 도입하는 과정에서 일부 회원국이 전술적으로 탄소 배출량을 과장했기 때문에 나온 결과였다. 청정개발체제[CDM]는 이제 잘 시행되고 있다. ETS가 없었다면 CDM 역시 가능하지 않았을 것이다. 더욱이 ETS는 탄소 거래 시장이 세계 곳곳에 출현하는 데 기폭제가 되었고, 이 탄소시장들은 유럽의 경험으로부터 교훈을 얻을 수 있었다.

유럽위원회는 1단계 ETS가 '학습 과정'이었다면서, 이제 시장을 더 엄격하게 관리하는 방법을 알았다고 밝혔다. 2008년 1월에 유럽위원회는 기존 제도의 한계를 뛰어넘는 ETS 개선 방안을 내놓았다. 이는 배출량 한도를 각 회원국들이 알아서 정하지 않고 중앙에서 직접 정해주는 안이었다. 이 2단계 ETS로 들어가기에 앞서서는 먼저 국가별 탄소 배출량 할당 계획에 대해 과거보다 훨씬 꼼꼼한 검토가 이루어질 예정이다. 할당량의 60퍼센트 이상은 경매에 붙이며, 이산화탄소 이외의 다른 온실가스들도 거래될 예정이다. 원래 계획에는 없었던 항공 부문에서의 온실가스 배출도 2010년부터는 포함된다. 위원회는 2012년 이후에는 해양 수송 부문과 삼림 부문도 ETS에 포함시키려 한다.

미국에도 탄소시장을 세우기 위한 몇 가지 프로젝트가 있다. 그 가운데 캘리포니아 주에서 개발하고 있는 안이 가장 발전된 형태다. 주지사 아놀드 슈워제네거[Arnold Alois Schwarzenegger]는 2006년 말에 캘리포니아 주법 AB32에 서명했다. 앞서 5장에서 설명했듯이 캘리포니아 주는 2020년까지 온실가스를 25퍼센트, 2050년까지는 80퍼센트 줄이기로 약속했다. 다만 그중 아주 일부만 탄소시장을 통해서 이루어질 것이다. 조지 파타키[George Pataki] 뉴욕 주지사는 여러 주들이 참여하는 탄소 배출권 시장을 제안했는데, 캘리포니아 주도 여기에 동참하기를 원한다는 의사를 표했다. 시카고 기후거래소Chicago Climate Exchange는 자발적으로 만들어진 탄소시장으로, 이미 몇 년 전부터 운영되었다. 이 시장은 다른 대부분의 탄소시장과는 달리 프로젝트 단위가 아닌 할당량 단위로 거래가 이루어진다. 달리 말하면, 미리 합의된 할당량 총량을 정해놓고 그것을 배분하는 식으로 거래가 진행된다.[20] 시카고 기후거래소는 현재 이곳을 통해 많은 투자가 이루어지고 있기에 일단 성공적으로 보인다. 이 시장 개장으로 온실가스 감축이 얼마나 많이 이루어질지를 평가하기는 쉽지 않지만 매우 제한적일 가능성이 높다.

거래량 규모로 본다면 2003년부터 2008년까지 탄소시장은 큰 발전을 이루었다. 세계은행의 탄소금융팀Carbon Finance Unit에 의하면, 2008년 한 해 동안 탄소시장에서 3억 3700만 이산화탄소 환산량이 거래되었다고 한다. 이 수치는 2007년에 비해 두 배나 되는데, 2007년 역시 2006년에 비하면 거래량이 40퍼센트나 증가했다. 세계은행은 2007년 전 세계 탄소시장의 규모가 640억 달러에 이른다고 추정했다.

세계 경제가 침체 국면에 돌입하고 시장에 대한 신뢰가 약화된 현재 상황에서 그런 수치가 그대로 유지될 수 있을지는 단지 추측만이 가능하다. 탄소 배출권 거래 시장은 이제 자리를 잡았다. 다만 개선된 ETS—지금으로서는 세계 최대의 탄소시장—가 얼마나 제 역할을 다할지는 더 지켜봐야 한다. 많은 자금이 탄소 거래 시장에서 움직이고 있다. 다만 아직은 온실가스 배출권이라는 상품을 전달할 수 있는 역량이 어떤 거래시장에서 가장 큰지 여전히 실험받고 있는 상태라고 할 수 있다. 우리는 탄소시장이 스스로의 이익만을 위해서 존재하는 것은 아닌지, 그리고 단지 많은 거래가 이루어지고 있어서 '성공적으로' 보이는 것은 아닌지 예의주시해야 한다. 현재까지 ETS의 경험에서 알 수 있듯이, 설령 그 존재 이유가 이산화탄소 감축에 있다고 해도 과연 얼마나 그런 성과를 거두었는지 평가하기는 쉽지 않다. 비록 탄소시장에 대한 기대가 아주 높다고는 해도 현재로서는 여전히 실험 단계에 머물러 있다는 말이다. 우리는 앞으로 탄소시장이 얼마나 잘 작동할지, 또는 얼마나 빨리 국제시장을 형성하고 범세계적 차원에서 가동할 수 있는지에 대해 잘 알지 못한다.

〈스턴 보고서〉를 집필한 니콜러스 스턴은 최근에 '기후변화에 관한 새로운 방안'을 제안했다.[21] 스턴의 원래 목적은 '2012년 이후'의 국제조약 체결을 위한 협상의 틀을 다듬는 데 있었다. 그래서 대기 중의 온실가스 농도를 450~500ppm CO_2e 선에서 억제하는 것을 목표로 했다. 그는 현재 대기권에 존재하는 온실가스의 수준을 고려한다면 이 목표 달성이 대단히 절박하기에, 어느 주요 국가 또는 국제기구라도 필요한 만큼 온실가스 감축을 이루는 데 소홀해서는 안 된다고 강조했다. "모든 국가는 각자의 몫을 다해야 한다. ……아주 기본적인 사실에 대해서만 서로 인정한다면, 세계 각국의 정부는 함께 힘을 합쳐 정책을 실행해 나가게 될 것이다."[22]

탄소 배출권 거래제는 적어도 비용 면에서는 가장 효율적으로 기후변화 목표를 이룰 수 있는 방법일 것이다. 다만 잘못된 정책으로 시장 왜곡과 인센티브 역효과(perverse incentive, 잘못된 결과를 초래하는 지원금 제도를 의미. 가령 특정 재생에너지 개발에 지나친 지원금이 보장되면 많은 사업자가 개발에 뛰어들어 에너지 생산 효과보다는 환경 파괴, 지가 상승, 에너지 가격 인상 등 부작용을 불러오는 경우가 해당된다—옮긴이), 보호무역주의를 초래하지 않도록 좀더 세심하고 사려 깊은 시장 구성과 운영이 필요하다. 스턴은 모든 선진산업국과 경제성장을 이룬 일부 개발도상국이 동참하는 전 세계적인 온실가스 배출 제한과 탄소 거래제의 정착이 2020년까지는 이루어질 것으로 내다보았다.

스턴이 "모든 국가는 각자의 몫을 다해야 한다"고 강조했을 때, 여기에는 개발도상국들의 책임도 포함된다. 이제 개발도상국들이 대기 중으로 배출하는 온실가스는 전체의 50퍼센트 이상을 차지한다. 물론 거기서 중국이 차지하는 비율이 매우 높기는 하다. 앞으로 획기적인 정책 변화가 없다면 그 비율은 2030년쯤엔 분명 70퍼센트까지 상승할 것이다. 부유한 국가들은 덜 부유한 국가들이 경제개발을 해나가는 과정에서 온실가스 배출량을 늘릴 수밖에 없다는 점을 인정해서 자신들의 배출량을 급격히 줄여나가야 한다. 그렇지만 우리는 2030년 이전에 전 세계 대부분의 국가에서 전체 온실가스 배출량이 줄어드는 모습을 볼 수 있어야 한다. 스턴은 그런 배출량 감소에 필요한 기술 혁신을 이끌어내는 데 탄소시장이 중요한 역할을 할 수 있다고 말한다.

놀랍게도 스턴의 논의에는 정치에 대한 언급이 전혀 없으며, 권력이나 국제관계의 미묘한 속성에 대한 분석도 전혀 없다. 스턴은 마치 전 세계 모든 국가가 기후변화의 심각성을 알기만 한다면 즉각 '범지구적 협상'이 이루어질 것처럼 설명한다. '모든 국가가 각자의 몫을 다해야 한다'는 명제는 옳다. 그렇지만 과연 누가 그런 자기 몫을 '다하는' 국가일까? 스턴은 탄소시장에 무한한 신뢰를 보내고 있지만, 그 탄소시장 역시 먼저 정치적 지지가 선행되어야 하는 것이 아닌가?

이 장에서 논의한 여러 사항들에 대한 전반적인 결론은 다음과 같다. 발리 회의 이후 진행되는 앞으로의 협상에 대해서 특별한 성공을 기대하지 말라. 그 협상들은 지구온난화 억제에 별로 도움이 되지 못할 것이다. 협상의 규모는 전 세계 거의 모든 국가가 다 참여하기에 매우 인상적일 수 있다. 하지만 그 많은 나라의 참여는 곧 최소한의 공통분모 찾기로 흘러갈 수밖에 없다는 뜻이다. 병의 치유가 아닌 진통제 효과에 그치기 십상이라는 것이다. EU 쪽에서의 활동은 아주 제한된 영역 안에서만 의미 있는 결과를 낳을 수 있다. EU는 기후변화 대응 과정에서 선도적 역할을 맡는 데 만족해야 할 것이다. EU 회원국들이 온실가스 감축 목표 달성에 얼마나 성공할지는 아직 불확실하며, 어쩌면 현실은 기대치에 훨씬 미치지 못할 수도 있음을 감안해야 한다. 다른 말로 하면, EU의 경우에도 앞으로의 모든 일은 회원국들 각자의 선택에 달려 있다.

탄소시장에 대해서는 앞으로 좀더 지켜봐야 할 것이다. 두 번째 단계의 ETS가 그 이전보다 한층 나은 성과를 보인다면, 다른 지역의 탄소시장들도 ETS를 본받을 것이다. 그러면 국가적 차원의 탄소시장 도입을 공언한 미국의 새 행정부도 탄소시장의 구성과 운영 면에서 과거 유럽의 실수를 반복하지 않을 수 있다. 범지구적 차원에서의 탄소시장이 열리기까지는 앞으로 오랜 기간을 더 기다려야 한다. 최근의 금융위기는 국제시장이 좀더 효율적인 경제적 거버넌스를 확립해야 한다는 사실을 일깨워주었다. 그런 국제시장이 만들어지기까지 아직 얼마간의 시간이 더 필요하다.

기후변화의 지정학

국제관계와 기후변화에 대한 논의는 보통 다음 두 가지 가운데 하나다. 먼저 온실가스 배출 억제를 위한 국제적 합의를 이끌어내는 방법론으로, 여기에 대해서는 이제까지 많은 노력이 있었다. 다른 한편으로, 기후변화와 지정학의 관련성을 분석하는 연구가 점점 많아지고 있다. 나는 이 두 가지 관심사를 지금보다 훨씬 더 가까이 놓고 함께 논의해야 한다고 본다. 이때 에너지 문제—특히 석유와 이를 둘러싼 갈등들—는 그 두 사안을 이어주는 핵심 쟁점이 된다.

기후변화에 대비한다는 것은 곧 국제협력에 동참한다는 의미일 수 있다. 그렇지만 현실에서는 협력보다 분열을 조장하거나 이해관계에 얽매이는 일이 더 많다.[1] 북극권의 해빙이 좋은 사례다. 북극해가 빙하로 덮여 있었을 때에는 대부분 과학 연구에 국한되기는 했어도 그곳에서 많은 국제협력 사업이 진행되었다. 그런데 북극해를 통과하는 해상 수송의 가능성이 점점 높아지고 새로운 석유, 천연가스, 광물자원 등의 채굴 가능성이 높아지면서 각국의 이해가 서로 엇갈리고, 이에 따라 국제적 긴장감

그림 9.1 북극해 : 기후변화와 지정학이 상호작용하는 대표적인 지역

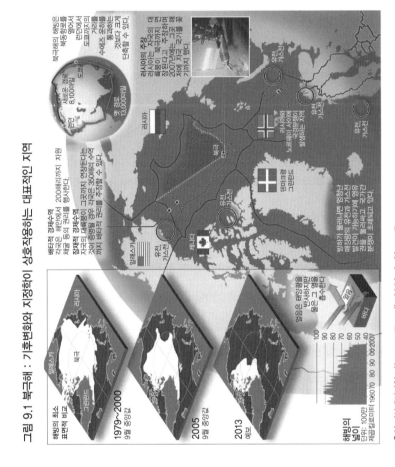

출처: 〈선데이타임스(Sunday Times)〉, 2008. 6. 29, p. 17.

역시 점차 고조되고 있다. 다행히도 아직까지는 잠복해 있지만 말이다.

　기후변화 문제는 특히 에너지 부족 문제와 겹쳐지기라도 하면 국가안보 사안이 되어 군사문제로 비화할 수도 있다. 그러면 국제협력이 파탄으로 이어지면서 분열은 가중된다. 자원을 둘러싼 치열한 다툼과 기존에 존재하던 긴장의 격화 앞에서 온실가스 감축이라는 시급한 목표는 그 희생물로 전락할 수 있다는 말이다. 개별 국가 및 국가연합체의 지도자들은 기후변화를 빌미 삼아 자신들의 분파적인 목적을 달성하려 할 수도 있다. 격렬한 갈등을 초래할 수 있는 몇 가지 다른 가능성을 생각해보자. 한 예로, 정치 지도자들은 기후변화로 야기된 긴장을 내부 권력 투쟁에서 승기를 잡을 기회로 활용할 수 있다. 그런 때 자칫 이주민들이 희생양이 될 수 있다. 세계의 일부 분쟁지역에서는 한 나라가 기후변화의 여파로 힘이 약해질 경우 그 이웃 나라에서 상대방의 약점을 노려 침공을 감행할 수도 있다.

　더 나아가, 수요가 공급을 크게 초과하는 자원을 놓고 무력충돌이 벌어질 가능성도 있다. 이런 상황은 기후변화가 최악의 시나리오로 진행된다면 충분히 그럴 수 있다. 세계 경제가 나락으로 떨어져서 보호무역주의가 횡행하고 그 결과 '재국유화' 사태가 빚어진다면 그런 일이 벌어지지 않는다고 단언하기 어렵다. 다른 한 가능성은 수단을 초토화시켰던 다푸르 사태(아프리카 수단 다푸르 지역에서 수십 년 동안 이어진 민족 간 유혈분쟁. 무장투쟁과 학살 등으로 그동안 수백만 명의 인명피해를 낳았다. 표면적으론 흑인 원주민과 주류 아랍계와의 갈등에서 비롯되었지만, 기후변화로 인한 기근과 빈곤 문제가 근본 원인 중의 하나다—옮긴이)처럼 '생존을 위한 싸움'이 일반화될 수 있다는 점이다. 간신히 연명만 하는 수준에서 생활하는 집단이라면 자신들의 생존수단이 사라지는 것을 지켜보면서 이런저런 형태의 무장한 '보호자'를 끌어들일

수 있다. 이상과 같은 여러 가능성들은 서로 관련 있거나 겹쳐져 일어나기 쉽다.[2]

다푸르 지역에서 일어난 집단학살, 기아, 난민 등의 원인을 꼭 집어 말하기는 쉽지 않지만, 사람들은 이를 '기후변화로 야기된 최초의 전쟁'으로 보기도 한다. 아프리카 중부에 있는 차드 호수가 마르면서 지역 주민들이 대거 수단으로 이주했던 것이 다푸르 사태를 촉발했기 때문이다.[3] 이런 영향력을 고려할 때 우리는 기후변화가 에너지 자원 문제와 맞물리는 상황을 다시 생각하게 된다. 중국은 수단이 가진 풍부한 석유와 광물 자원 때문에 이 나라 문제에 적극적으로 개입했다. 중국은 수단에 무기를 제공하고 정부군을 훈련시켰으며, 수단 정부가 저지른 만행을 규탄하는 유엔과 다른 주요 국가들에 한동안 합류하지 않았다.

오늘날 빚어지는 대부분의 분쟁은 지난 20세기 때와 달리 강대국보다는 약소국에서 일어나고 있다는 이야기가 많이 들린다. 하지만 그런 분쟁은 많은 경우 해당 지역의 핵심 국가나 국가연합체가 주변 국가들과 얼마나 관계를 잘 유지하고 있느냐에 달려 있다. 이른바 '중추국가pivotal nation'란 어떤 지역에서 전반적으로 큰 영향력을 행사하는 나라를 말한다. 이런 중추국가들이 안정되고 경제상황도 좋다면 그 지역 전체에 좋은 영향을 미친다. 반대로, 중추국가들이 어려운 상황에 처해 있다면 주변 지역 전체에 그림자가 드리워지기 마련이다. 그런 중추국가의 예로는 브라질과 멕시코, 남아프리카공화국과 나이지리아, 이집트, 파키스탄, 한국 등이 있다. 물론 중국이나 인도처럼 훨씬 더 큰 나라들에서 중대한 사태가 발생하면 그 영향력은 한층 더 파괴적일 것이다.

미국은 이미 기후변화로 인한 피해들이 배경에 깔리고 그 위에서 에너지 자원을 둘러싼 분쟁이 벌어진다는 관점에서 세계 정세를 바라보기 시작했다. 최근에 나온 공식적인 보고서들에 따르면, 미국의 향후 전략적, 군사적 계획들은 자원 분쟁의 격화에 초점을 맞추었고, 펜타곤(미국 국방부)은 이미 그런 국면에 들어섰다고 보고 있다. 중국이 전 세계로 세력 기반을 확장하려는 의도는 특정 이념 차원이 아니라 자국 경제의 원자재 수요에 대비하기 위해서라고 미국은 주장한다. 중국이 중동과 아프리카 지역에서 영향력을 증대시키고 있는 점에 우리는 특히 주목해야 한다.[4] 러시아가 지정학적 이점을 배경으로 국제사회의 강자로 다시 부상한 것도 2008년 이전 석유, 천연가스, 광물자원의 가격 급등에 힘입은 바 컸다. 이제 사람들의 관심은 자원 희소성에 쏠려 있다. 마이클 클레어Michael Klare는 미국의 생각이 질적으로 바뀌고 있다면서 그렇게 된 계기는 "세계 경제를 주도하는 미국의 능력에 대한 낙관적 믿음이 아니라 중요한 자원들을 미래에도 확보할 수 있을지에 대한 비관적 전망이 크게 작용했기 때문"[5]이라고 설명했다.

그런 관심은 해군력 강화를 위한 투자를 다시 늘리는 것으로 나타났다. 미국 국방부는 자국의 안보를 위해서 전 세계 주요 항로를 순찰할 수 있는 능력을 갖추어야 한다고 강조한다.[6] 전 세계 석유의 약 75퍼센트와 무역상품의 90퍼센트가 해양으로 수송된다. 2009년 예산안에서 미국 정부는 원자력 항공모함, 미사일 방어체계를 갖춘 중무장 구축함, 잠수함, 기타 전투함의 건조를 위한 새로운 투자 계획을 제시했다. 이에 따라 기존의 함대들은 대부분 주요 물자 이동 항로를 중심으로 재배치될 예정이다.

얼마 전만 해도 미군의 해외 주둔기지는 주로 서유럽과 한국, 일본 등에 몰려 있었다. 그런데 몇 해 전부터 미군 부대가 중동부 유럽, 중앙아시아와 서남아시아, 그리고 아프리카 일부 지역으로 옮겨가기 시작했다. 이 지역들에는 미국이 테러 지원국으로 지목한 나라들이 있다. 하지만 또한 전 세계 석유와 천연가스의 4분의 3 이상이 매장된 지역이자 상당량의 우라늄, 구리, 코발트 매장지이기도 하다.[7] 이라크에서 상시 주둔하기로 결정된 군사기지 가운데 적어도 일부는 석유 생산시설의 방어를 목적으로 한다. 물론 반정부세력에 대항해서 경찰과 군대를 훈련시키려는 목적도 있겠지만 말이다.

중국과 러시아는 자신들만의 안보 네트워크를 구축하고 있는데, 이는 미국 주도의 세계에 맞서기 위한 것이다. 앞에서 지적했듯이 수단 다푸르 사태에 개입한 중국은 논란의 여지가 있기는 하지만 그곳에서 유혈사태가 빚어지게 된 데에 어느 정도 책임이 있다. 중국은 또한 북아프리카, 앙골라, 차드, 나이지리아 등에도 관여했다. 중국은 이런 나라들에 무기를 제공하는 주요 국가들 중의 하나다. 중국의 개발전문가와 군사고문단 파견은 종종 미국이 보내는 같은 목적의 인사들과 경쟁관계에 놓인다. 중앙아시아와 동아시아에서 러시아와 중국은 북대서양조약기구NATO에 대응하는 거대한 군사적 동맹관계를 발전시켰는데, 바로 상하이협력기구Shanghai Cooperation Organization다. 여기 가입한 동맹국들은 많은 자원을 가진 국가들에 대한 영향력 강화에 역점을 두었다. 카자흐스탄을 비롯해 키르기스스탄, 타지키스탄, 우즈베키스탄 등이 상하이협력기구 회원국이다.

세계 공동체는 허상인가?

전 세계가 더욱 효율적인 거버넌스의 필요성을 절감하고 있는 바로 이때에 국제기구들의 위상은 지난 몇 년 사이 더 약화되었다. 그동안 유엔은 기후변화에 대처하는 문제에서 중요한 역할을 했는데, 이는 특히 기후변화에 관한 정부간 위원회IPCC를 통해서 이루어졌다. IPCC는 그동안 지구온난화에 대한 국제적 관심을 높이는 데 크게 공헌했다. 하지만 유엔은 스스로 가진 자원이 매우 빈약하다. 그래서 몇몇 국가들이 마음먹기만 하면, 심지어 어느 한 나라가 안전보장이사회에서 거부권을 행사하기라도 하면, 쉽게 마비 상태에 빠질 수 있다. 국제협력의 균형을 잡는 데는 좀더 다극화된 체제가 유익할 수 있다. 하지만 어떤 문제가 발생했을 때 그것을 해결할 수 있는 중재자나 조정자가 없어 더 심각한 분열과 갈등을 초래할 수도 있다.

우리는 어쩌면 국제정치에서 중요한 역할을 담당하는 당사자들 사이에서 일종의 권위주의적 민족주의가 부활하는 모습을 보게 될지도 모르겠다. 그 대표적인 국가로는 중국과 러시아겠지만, 그보다 작기는 해도 석유가 풍부한 나라들 역시 여기에 해당될 수 있다. 부시 행정부의 정책—어느 정도는 그런 기류에 불을 붙였다고 할 수 있는—과 함께 국제사회는 힘과 군사력을 배경으로 재편되었다. 새로운 세기의 도래와 함께 개별 국가 대신 국제기구를 기반으로 하는 새로운 세계 질서의 구축이 예고되고, 전통적 주권 대신 국가들 사이의 협력에 대해 모아졌던 열정과 기대는 이미 사라졌고 그 반대의 세상이 전개되고 있는 것이다.

국제정치에 대해 영향력이 큰 저자 로버트 케이건Robert Kagan은 그런 변화를 논의하면서 '정상으로의 복귀return to normality'라는 표현을 썼다.[8] 그가 가장 최근에 펴낸 책의 제목은 《역사의 복귀와 희망의 끝The Return of History and the End of Dreams》이다. 그가 이 책에서 전하고자 한 희망은 냉전시대의 종식으로, 더 일반적으로는 세계화의 진전으로 나타나는 새로운 종류의 국제질서를 말한다. 이 새로운 국제질서는 민족국가의 쇠퇴, 국제협력의 심화, 이념 갈등의 소멸, 무역과 통신의 자유 신장 등으로 대변된다. EU는 이런 변혁의 선두에 서서 단순히 국제적이 아닌 순수한 의미의 초국가적

^{transnational} 기구로 발돋움할 것처럼 보였다.

"그것은 모두 신기루였다"고 케이건은 말했다.[9] 민족국가의 성격은 예전보다 더 강해졌으며 강대국들 사이의 경쟁도 재개되었다. 주요 국가들은 국제사회에서의 영향력과 위상을 놓고 다투고 있다. 특히 중국과 러시아는 자신들의 힘을 과시하면서 강대국들 간의 경쟁구도로 국제관계를 바라본다. 어떤 경우든 그런 경쟁에는 에너지 문제가 강하게 결부되어 있다. 초강대국의 지위를 되찾으려는 러시아의 야심은 막대한 석유와 천연가스 자원에 기반을 두고 있으며, 중국은 지속적인 경제성장을 뒷받침할 에너지 공급선을 확보하고 싶어 한다.

자유주의와 독재정치 사이의 오랜 갈등이 다시 부상하고 있는데, 이슬람 근본주의와 서구식 근대화 사이의 '더 오래된 싸움'도 그 위에 겹쳐져 있다. 개발도상국들 중의 두 대국, 인도와 브라질은 민주주의 국가다. 그러나 중국과 러시아는 사정이 그렇지 못한데, 이 두 나라는 권위주의적 리더십이 효과적인 경제발전의 조건이자 자신들이 직면해 있는 내부 불안과 분열을 잠재우는 데도 유용하다고 노골적으로 밝힌다. 러시아의 전직 대통령이자 현 총리인 푸틴이 말하는 '주권 민주주의^{sovereign democracy}'는 러시아의 국제적 영향력이 최악이었던 1990년대를 벗어나 다시 예전 수준으로 복귀하려는 과정에서 강력한 지도력에 대한 국민적 지지를 확보하고자 내세운 개념이었다.

케이건은 그 사이에 EU 회원국들이 엄청난 도박을 감행했다고 지적한다. 경제적 상호의존과 국가간 협력 증진이 전통적인 주권을 대체해서 승리를 거둘 수 있다고 자신만만했다는 것이다. 그들은 모범적 사례의 힘이 군대의 힘을 압도할 수 있다는 신념에서 국방예산을 크게 감축했다. 유럽의 지도자들은 EU가 중부유럽과 동유럽 국가들까지 아우르며 점점 늘어나는 회원국들을 통합시켜서 하나의 초국가 체제로 나아가는 견인차가 될 것으로 생각했다. 그렇다면 이 같은 모델이 다른 지역들에서도 성공할 수는 없을까?

잠시 동안은 그런 성공 가능성이 엿보였다. 세계 곳곳에서 지역 연합체들이 생겨나기 시작했던 것이다. 북미자유무역협정NAFTA이 미국, 캐나다, 멕시코를 이어놓았고, 이에 대응해 남아메리카에서는 남미공동시장 메르코수르(MERCOSUR, Merco(시장)와 Sur(남쪽)의 합성어. 1991년 브라질, 아르헨티나, 우루과이, 파라과이 4개국 연합으로 출범했고 현재는 11개 회원국으로 늘어났다—옮긴이)가 모습을 드러냈다. 아시아에서는 여러 나라들이 모여 동남아시아국가연합ASEAN을 결성했다. 하지만 이런 기구들은 느슨한 무역 연합의 수준에 머물러 있었다. 하지만 EU는 도박에서 졌다고 케이건은 결론지었다. 러시아가 전통적인 힘의 논리로 대응하면서 러시아에 인접한 동유럽 국가들에 대한 EU의 영향력을 약화시켰던 것이다. EU는 석유와 천연가스 공급을 러시아에 크게 기대고 있는 형편이어서 부활한 러시아에겐 손쉬운 표적일 수밖에 없었다. 러시아는 EU 회원국들을 분열시키고 일부 국가들과 쌍무적인 에너지 거래를 성사시켰다.

케이건에 의하면, 유엔의 역할 약화와 기타 국제기구들의 쇠락이 최후의 치명타가 되었다. 그는 이를 "국제 공동체의 몰락"이라고 표현했다. 유엔 안전보장이사회는 냉전시대 이후 잠시 동안 설득력을 보여주는가 싶더니 이제 "깊은 혼수상태에 빠져들었다".[10] 이런 상황을 불러온 것은 민주주의 국가들과 독재체제 국가들의 분열이었다. 그리고 이 분열을 촉진한 원동력의 하나가 바로 에너지 자원 쟁탈전이었다.

케이건은 선진개발국과 개발도상국 가운데 민주주의 국가들을 한데 묶는 '민주주의 협조체제Concert of Democracies' 구성을 제안했다. 이 기구는 조정자interventionist의 역할을 맡게 된다. 케이건은 독재국가들의 경우 실제보다 더 강해 보이기 마련이라고 말한다. 과거 19세기와 20세기 초엽 민주주의가 예외적이던 시절과는 달리, 지금은 민주주의가 압도하는 세상에서 중국, 러시아 같은 몇몇 독재국가들이 생존해 있는 상황이다. 따라서 그런 나라들은 정당성의 문제에 직면해 있다. 이는 단순히 무시하고 넘어갈 일이 아니며, 설령 그런다 해도 그리 오래가지는 못할 것이다. 하지만 민주주의 국가들은 자신들이 대표하는 가치와 이념 때문에 영향력을 행사하기를 기대할 수는 없다. 케이건은 한스 모르겐타우(Hans Morgenthau, 독일 출신의 미국 국제정치학자. 국제관계 이론의 개척자로 유명하다—옮긴이)의 말을 인용하면서, 우리는 어느 중대한 시점에 "최후의 막이 내리고 권력투쟁의 정치게임이 더 이상 벌어지지 않는" 그런 세상이 오리라고 꿈꾸어서는 안된다고 결론짓는다.

이런 식의 분석이 얼마나 올바른지는 우리가 앞으로 기후변화와 에너지 안보 문제를 어떻게 잘 해결해나가느냐에 따라 크게 달라질 것이다. 구태의연한 태도를 보이는 강대국들은 제로섬 게임의 관점에서 자원을 취급한다. 현재의 국제 상황에 대한 케이건의 평가가 옳다면 자원 전쟁을 피하기는 아주 어려워 보인다. 갈등이 심각해지면 무력충돌로 발전하기 쉽고, 핵무기를 가진 국가가 끼어든다면 끔찍한 결과도 예상할 수 있다. 유엔은 이런 상황에 관여할 만한 힘을 갖고 있지 못하다. 유엔은 정작 자신이 나서서 해결해야 할 국제적 갈등 국면에서 더욱 무기력해지고 만다.

하지만 다행스럽게도 케이건의 설명은 부분적으로만 옳다. 유엔의 경우를 먼저 생각해보자. 1989년 이후 유엔은 자신의 가장 강력한 지지자들도 동의하는 것처럼 겨우 드문드문 성공을 거두어왔음을 부인하기는 어렵다. 과거 영국의 유엔 상주대표였던 데이비드 하나이David Hannay는 1990년대 초에 유엔이 거둔 작은 성공들을 두고서 "이제 파도 위에 올라탔다"면서 "유엔이 집단안보 체제의 효율적인 한 요소로서 그 숙명을 짊어지고 새로운 진로를 설정해야 할 시점"[11]을 맞았다고 말했다.

그 기간 동안 유엔은 많은 인도주의적 개입을 성공적으로 이끌었다. 또 유엔이 주도한 리우 정상회의를 통해 새롭고 중요한 환경 의제가 만들어졌다. 그런데 1993년 이후부터는 유엔의 활동이 다른 방향으로 진로를 틀기 시작했다. 유엔은 보스니아 내전을 비롯해 세계 여러 분쟁지역에 개입했다가 해결은커녕 오히려 스스로 수렁에 빠져들고 말았다. 유엔 지지자들은 유엔이 신뢰를 잃고 별 볼일 없는 존재로 전락한 데 대해 우려했지만, 비판자들은 그것이야말로 유엔의 진면모라고 쏘아붙였다. 하지만 하나이가 정확하게 보았듯이, 세계 각국은 공통의 문제에 직면할 때면 여전히 유엔을 찾는다. 다른 대안이 없기에 유엔은 '필수불가결한 존재'일 수밖에 없다.[12]

국제 공동체가 '환상'은 아니다. 미국 국무장관 콘돌리자 라이스가 처음 그렇게 말했지만 그 말은 틀렸다. 그리고 이제 그 말을 되풀이하는 케이건도 틀렸다.[13] 우리가 안전보장이사회에만 집중한다면 세계의 상호의존성 진전과 그 확대에 미치는 유엔의 역할에 대해서 우리는 상당히 잘못된 견해를 가지게 된다. 안전보장이사회는 막후 실력자들의 담합 장소라고 해야 맞다. 지금 세계는 과거 어느 때보다 훨씬 더 상호의존적이며, 유엔과 기타 국제기구들은 그런 국제관계를 조성하는 데 중심 역할을 하고 있다. 텔레커뮤니케이션의 예를 들어보자. 이것은 이제 진정으로 범지구적 체계를 갖추었지만, 제대로 작동하려면 개별 국가 안에서 운영되는 얽히고설킨 복잡한 네트워크에 의존하지 않을 수 없다. 그런 체계를 통합하는 데 유엔과 기타 국제기구들이 핵심적인 역할을 하는 것은 당연하다.

통신망을 서로 연결하는 데는 국제적 합의가 반드시 필요하기 때문이다.

심지어 분쟁이 심한 지역에 인도주의적으로 개입하여 보건의료를 제공하는 등의 영역에서 유엔은 늘 중심에 있었고 지금도 그렇다. 분쟁 관리에 관한 한 유엔의 개입은 겉으로 보기보단 중요한 역할을 수행한 경우가 많았고 또 제법 성공적이었다. 보스니아 내전이나 르완다 사태에서처럼 실패한 경우에는 크게 부각되지만, 성공한 경우―초기에 문제를 해결해서 큰 분쟁으로 비화하지 않은 경우―에는 사람들의 관심도 적게 받고 그래서 잘 알려지지도 않는다.

케이건은 우리 세계가 '꿈'을 가졌던 '1989년 이후' 시대 이전으로 되돌아갔다고 말한다. 민족국가들이 힘겨루기를 하던 그때의 전장으로 말이다. 그렇지만 이런 결론은 심각한 논쟁을 불러일으킬 수 있다. 민족국가는 끈질기게 사라지기를 거부해왔다. 그렇다. 나는 이 책에서 줄곧 민족국가가 여전히 큰 영향력을 행사하고 있음을 강조했다. 그렇지만 세계 각국이 자신의 주권sovereignty을 주장하던 상황은 지난 20~30년 동안 엄청나게 변화했다. 이는 단순히 '정상으로의 복귀'가 아니다. 과거 패턴의 재현이 아니라는 말이다. 이제 주권은 이전과 전혀 다른 의미를 가진다. 주권은 분명히 경제적인 차원을 포함하는데, 그 어떤 나라도, 제아무리 큰 나라라고 해도 과거 제2차 세계대전 직후에 그랬던 것처럼 경제를 마음대로 좌지우지할 수는 없게 되었다.

상호의존성은 21세기를 사는 우리 삶의 일부분이며, 이런 상황을 부정하는 나라는 이내 어떤 식으로든 다른 나라들에 굴복하고 말 것이다. 새로운 현실을 외면하려다 부시 행정부가 어떤 결과를 낳았는지를 보면 교훈을 얻을 수 있다. 부시는 케이건이 예상했던 그런 세계를 정확하게 재도입하고자 했다. 무엇보다도 힘이 가장 중요하고, 미국이 그 힘을 마음껏 휘두르는 세상 말이다. 그런 세계관은 기후변화 문제를 가볍게 치부해 버리는 태도와 궤를 같이했다.

이어서 빚어진 미국의 국제협약 거부는 당연히 다른 나라들의 행동에도 영향을 미쳤다. 중국, 러시아, 이란 같은 나라들은 그런 미국의 태도에 반발하면서도 실제로는 미국을 닮아갔다. 하지만 그런 미국의 야심이 어떻게 되었는지를 보라. 세계 최강의 군사력을 가진 미국이 처음에 손쉽게 승리를 거두기는 했지만, 일개 중간 규모 국가인 이라크조차도 제압하지 못하고 있지 않은가. 더욱이 미국은 동맹국의 지원까지 받으면서도 동시에 두 곳에서 전쟁을 벌이기 힘들어 아프가니스탄에서는 기껏해야 제한적인 성공만을 거두었을 따름이다. 미국은 세계 최대의 경제력을 보유하고 있지만 이 나라가 단독으로 행동한다면 전 세계 시장에 미치는 영향력은 극히 제한적이다. 금융위기 사태가 그런 점을 너무나도 분명히 보여주지 않았던가.

우리가 정작 케이건에게서 귀담아들어야 하는 것은 권력 정치가 막을 내리는 일은 없다고 했던 말이다. 강대국들의 경쟁이 국제협력을 저해한다면, 그런 경쟁 관계를 감안하지 않고 기후변화를 멈추기 위한 국제협력의 결과가 어떠할지를 검토하는 일은 사실상 헛된 일이다. 그렇지만 그런 경쟁이 진정 기회를 가져다줄 수도 있지 않을까. 어느 시점에서는 실제로 주고받는 거래가 성사될 수도 있기 때문이다. 이제 선진개발국과 개발도상국 사이의 관계에서 그런 일이 벌어질 수 있는 가능성을 생각해보자.

밑바닥 10억 명
기후변화를 야기하는 온실가스의 대부분은 그동안 선진산업국들이 배출했다. 그런데도 세계의 가장 빈곤한 지역에서 사는 사람들이 그 영향을 가장 심각하게 받았다. 기본적인 사회정의의 입장에서만 생각하더라도 우리는 그런 악영향이 최소화되도록 도울 의무가 있다. 하지만 부유한 나라들이 가난한 나라들을 도와야만 하는 더 이기적인 이유도 있다. 극단적인 빈곤은 실제로 세계의 안정을 해치는 매우 위험한 요소일 수 있다. 그런 빈곤이 부유한 나라들과 지역들에 미치는 리스크의 수준은 설령 지구온난화가 아니더라도 대단히 심각하다. 다른 여러 유해한 요인들도 있지만 빈곤은 인구 성장의 주요한 요인 중 하나다. 인구 압박은 그 나라의 경제가 나아져야 줄어든다.

유엔의 밀레니엄 선언Millenium Declaration은 "우리의 동료인 모든 남녀와 어린이들을 비참하고 비인간적인 극빈 상태에서 해방시키고자 최선을 다할 것"을 서약했다. 그런 밀레니엄 선언의 목표 연도인 2015년까지 약 절반이 지난 현 시점에서 일정 부분 진전이 이루어졌다. 가장 중요한 개선은 절대빈곤 인구가 거의 절반으로 감소했다는 점인데, 이는 우리가 목표 달성을 향해 착실히 나아가고 있는 것처럼 보이게 한다. 교육 기회의 확대, 치사율 높은 질병들의 발병률 감소, 성차별의 개선, 고용과 보건 환경의 개선 등 많은 분야에서 상당한 진전이 있기도 했다.

지정학적 용어로 말한다면, 폴 콜리어(Paul Collier, 영국 옥스퍼드 대학의 경제학 교수이자 저명한 저술가로, 2007년 《밑바닥 10억 명The Bottom Billion》이란 책을 펴냈다─옮긴이)가 지적했듯이 "제3세계가 줄어들었다"[14]는 사실을 깨닫는 일이 중요하다. 지난 반세기 동안 거의 내내 '개발' 문제는 10억 명의 잘사는 사람들과 40억 명의 가난하기 짝이 없는 사람들 사이에 놓인 크나큰 벽이었다. 밀레니엄 선언의 목표 역시 이런 상황을 감안하여 정해졌다. 그런데 이제 전체 50억 인구 가운데 80퍼센트는 개발도상국에 살고 있고, 그중 몇 나라는 경제가 아주 빠르게 발전하고 있다. 이런 나라들에서는 1인당 국민소득도 급증하고 있다. 그들은 1980년대와 1990년대에 연평균 경제성장률 4퍼센트 이상을 기록했다. 21세기 초에는 경제성장률이 4.5퍼센트에 이르기도 했다. 물론 중국이 거둔 성공이 그런 획기적인 성장률 증가에 한몫을 단단히 했지만 말이다.

이런 통계수치는 내가 앞에서 말한 '개발 절박성'의 중요성을 다시 한 번 상기시킨다. 대규모 경제성장은 전 세계 빈곤국들을 가난에서 벗어나게 할 유일한 방안이며 또한 그렇게 되어왔다. 하지만 아직 적어도 10억의 인구—전 세계 약 60개국에 흩어져 있는—가 그런 경제성장의 혜택을 보지 못하고 있다. 이런 나라의 대부분은 아주 작아서 그 인구를 모두 합쳐도 중국이나 인도 한 나라의 인구에도 미치지 못한다. 이 밑바닥 10억 명은 콜리어가 말하듯이 "낙오된 사람들이며 격리된 상태에 있다".[15] 그들의 경제 사정은 전혀 나아지지 못하고 있으며 수입은 오히려 감소하고 있다. 절대수치로 비교했을 때 2000년 그들의 모든 상황은 1970년대보다도 열악하다. 지난 30여 년 동안 그들의 경제성장은 연간 1퍼센트에 머물렀고, 그 정도로는 자신들의 운명을 조금이라도 바꿔놓을 수 없었다. 그들은 가난뿐만 아니라 질병과 무지, 절망 속에서 살아간다.

이들 사회는 나머지 다른 세계에 뒤떨어져 있는데, 콜리어는 그들이 네 가지 '덫'에 걸려 있다고 말한다. 하나는 내전內戰이다. 밑바닥 10억 명이 사는 사회의 70퍼센트 이상이 최근에 내전을 겪었거나 지금도 내전이 진행 중이다. 내전의 빈발은 경제침체를 가져오고 그런 피폐한 경제가 다시 내전의 원인이 된다. 이런 나라들은 어느 5년의 기간 동안 내전을 겪을 가능성이 평균 14퍼센트에 이른다. 경제성장이 1퍼센트 이루어질수록 내전 발발 가능성은 1퍼센트씩 감소한다. 내전은 그 나라 안의 문제로 그치지 않고 대개 이웃 나라에도 영향을 미친다. 심지어 앞에서도 살펴보았듯이 그 지역 전체로 퍼져나갈 수도 있다. 그러면 그 지역의 모든 나라의 경제가 큰 피해를 본다.

또 하나의 덫은 천연자원, 특히 석유와 천연가스다. 세계 최빈곤층이 사는 나라의 약 30퍼센트는 풍부한 자원으로 경제를 지탱하는 국가들이다. 그런 자원이 있는데도 가난한 이유는 이미 잘 알려져 있다. 자원에 의존하는 나라 가운데 '자원의 저주'에서 벗어나는 나라(쿠웨이트와 사우디아라비아 같은)는 극소수이며, 그들은 거의 무한정한 자원이 있어서 그것이 가능했다. 하지만 다른 나라들의 경우에는 자원에서 얻는 수입이 오직 소수의 지배계층만 살찌울 뿐이다. 게다가 그런 자원 수입은 다른 산업에 대한 투자를 감퇴시켜서 그 나라의 수출 경쟁력을 떨어뜨린다. 또한 과거에 그랬듯이 석유와 가스의 가격이 불안정해지고 있는데, 이런 불안정성은 그 나라 경제에도 나쁜 영향을 미친다.

나머지 두 개의 덫은, 첫째는 정상적인 기능을 하지 못하는 나라들이 이웃에 포진해 있는 내륙국의 경우이고, 둘째는 나쁜 거버넌스bad governance를 가지는 나라들이다. 밑바닥 10억 명의 거의 40퍼센트는 나쁜 이웃 나라들에 둘러싸인 내륙국이다. 스위스는 내륙국이면서도 부유할 수 있다는 것을 보여주는 사례다. 하지만 스위스는 친근한 이웃들을 가지고 있고 그들과의 의사소통에도 탁월하다. 우간다, 수단, 소말리아 같은 나라들은 사정이 전혀 다르다. 아프리카에서 나쁜 이웃들에 둘러싸인 나라들은 주변 국가들과 경제 통합이 어렵기에 경제가 내부 지향적이거나 세계시장에서 기이한 패거리들과 어울리게 된다.

국제투명성기구Transparency International가 평가한 부패 순위에서 방글라데시는 차드와 함께 맨 끝자리를 차지한다. 그런데도 꽤 효과적인 경제정책을 시행하여 상당한 경제성장을 이룩했다. 이는 방글라데시가 천연자원을 별로 갖고 있지 않고 아주 긴 해안선을 가졌기 때문이다.(다만 이 나라는 7장에서 살펴보았듯이 지구온난화의 영향으로 해수면 상승의 위험을 안고 있다.) 방글라데시는 부정부패만 별로 없었다면 틀림없이 훨씬 더 빠른 경제성장을 이루었을 것이다.

나쁜 거버넌스는 부패보다도 훨씬 심각한 문제인데, 여러 가지 문제들을 더욱 복잡하게 만들기 때문이다. 심지어 사회분열로 정부 기능이 마비되거나 아예 무정부 상태가 될 수도 있다. 한 연구에서 실패한 국가들을 여러 가지 면에서 동등한 여건을 가진 다른 나라들과 비교한 적이 있다. 그결과 한 실패한 국가가 감당해야 하는 평균 비용은 그렇게 실패한 국가로 낙인이 찍혀 있는 동안 무려 1000억 파운드에 이르는 것으로 나타났다.[16]

정치개혁은 원칙적으로는 언제든 가능하며, 그 성공은 다른 분야의 발전에도 중요한 열쇠가 된다. 세계에서 가장 가난했던 몇몇 나라가 그런 개혁에 성공하기도 했는데, 중국이 가장 중요한 사례다. 1960년대의 중국은 마오쩌둥 주석의 정책 실패로 파멸에 직면해 있었다. 마오의 뒤를 이은 지도자들은 정책 방향을 크게 변화시켰으며, 그 결과 놀라운 경제성장을 이루어 오늘날 세계 사회의 주역이 되었다.

'밑바닥 10억 명'을 이루는 나라들은 세계사의 맨 끝에서 밖으로 떨어져나갈 위험에 처해 있다. 그들은 다른 대부분의 나라가 잘 빠져나갔던 빈곤의 악순환에 갇혀 있다. 윤리적 이유 때문에라도 세계의 나머지 국가들은 그런 지역적 비극이 벌어지는 것을 마냥 지켜볼 수만은 없다. 하지만 기후변화의 맥락에서 생각해볼 때, 왜 부유한 나라들이 그들을 도와주지 않으면 안 되는지 더 중요한 물질적인 이유가 있다. 이 장의 앞부분에서, 그리고 이 책 전체에서 대략적으로 살펴보았듯이, 기후변화로 인해

겪게 된 생존의 어려움과 점점 심각해지는 에너지 희소성 문제는 밑바닥 10억 명을 전 세계로 흩어지게 만드는 동인이 된다. 수단에서 벌어졌던 사태는 세계의 최빈층이 스스로의 삶을 개선해나갈 방도를 찾지 못할 경우 전 세계가 얼마나 큰 희생을 치러야 하는지 극명하게 보여주는 사례가 아닐 수 없다.

석유와 지정학

밑바닥 10억 명의 운명은 국제 테러리즘이 세계무대에서 얼마나 더 활개를 칠 것인가에 큰 영향을 미칠 수 있다. 지독한 가난에 처한 나라들에서는 테러리즘과 국제범죄, 마약, 돈세탁 등의 치명적인 조합이 빈번히 나타난다.

그런 나라들이 산유국이기라도 하면 그들의 역사는 더욱 암울하기 쉽다. 제2차 세계대전 이후 수십 년 동안 세계 정치의 무대에서 석유와 천연가스가 얼마나 중요했는지는 아무리 강조해도 지나치지 않다. 토머스 프리드먼Thomas Friedman은 후세의 역사가들이 우리 시대를 돌아본다면, 석유가 이슬람 세계의 무게중심을 바꿔놓은 일을 가장 중요한 지정학적 동향으로 꼽을 것이라고 말했다.[17] 제2차 세계대전 직후에는 이슬람 세계의 무게중심이 카이로, 이스탄불, 베이루트, 카사블랑카, 다마스쿠스 등처럼 점진적인 현대화의 희망이 엿보이던, 나름대로 코스모폴리탄적인 도시들에 있었다. 당시에는 많은 이슬람 국가들이 비교적 자유로웠고 터키처럼 종교와 정치를 분리할 필요성에 대해 폭넓은 논의가 있었다.

그런데 석유의 중요성이 커지고 걸프 만 국가들과 사우디아라비아가 석유 생산을 주도하면서부터 이슬람 교리를 보수적으로 해석하려는 기운이 한층 강해졌다. 사우디아라비아는 메카와 메디나에 있는 이슬람교 최고의 성전 두 개를 지키고 있는 나라다. '사막의 이슬람^{Desert Islam}'으로 불리던 그들의 호전적이고 반동적인 성향은 애초에 가난 때문에 생겨났다. 그랬던 그들이 이제 전례 없는 부를 소유하게 되었다. 사우디아라비아의 왕족은 반세기 동안 이어온 미국과의 협약 덕분에 왕권을 유지할 수 있었고, 그 결과 보수주의가 번성했다.

'석유는 자유의 적'이라는 말처럼 겉으로 보기에 불합리한 논리가 현실에서는 합당할 수 있을까? 너무 단순화시키지 않더라도 그 솔직한 대답은 분명 '그렇다'이며, 그 이유는 이미 잘 알려져 있다. 프리드먼이 말하는 '석유 정치학 제1법칙'은 여러 가지 주목할 만한 사례들을 함께 엮어 잘 설명해준다.[18] 프리드먼은 바레인이라는 작은 왕국이 완고한 걸프 만 국가들 사이에서 자유로운 의원 선거를 실시하는 데 주목했다. 이 나라에서는 여성이 투표를 할 수 있고 선거에도 입후보할 수 있다. 이는 석유가 발견된 나라 가운데 최초의 사례다.(바레인에서는 70여 년 전에 처음 석유가 발견되었고 최근에는 더 많이 발견되었다.) 그런데 바레인은 석유가 고갈되기 시작한 첫 번째 나라이기도 하다. 이 나라 지도자들은 자국 경제를 다양화하는 방법에 대해서 생각하기 시작했는데, 그 결과 정치개혁에 착수하게 되었다.

프리드먼은 유가의 등락과 정치적 변화 사이의 관계를 체계적으로 검토했다. 그가 제안한 '법칙'은 유가가 올라갈수록 산유국들이 독재로 흐를 가능성도 더 높아진다는 것이다. 정치 지도자들은 그 나라로 유입되는 막대한 돈으로 국민의 지지를 살 수 있기에 반대파의 의견을 쉽게 무시해버린다. 더 나아가 세계의 나머지 국가들이 무엇을 생각하는지에도 별로 관심이 없다. 석유 부국들은 석유 판매대금을 세금이 쓰여야 할 곳에 사용한다. 그럼으로써 국가의 책무를 요구하는 납세자들로부터 오는 압력을 회피하는 것이다.

석유 대금을 가진 지배계층은 내부 결속을 다지며 서로를 비호한다. 그 돈은 경찰조직과 안보 및 감시 체계를 잘 갖추는 데도 쓰인다. 마이클 로스Michael Ross는 이슬람 세계에서 여성의 예속은 단지 이슬람 보수주의 때문만은 아니라고 주장한다. 석유 대금이 사회를 지배하고 있기 때문이기도 하다는 것이다. 석유 부국들은 경제 다양화의 필요성을 거의 느끼지 못하기 때문에 여성이 비농업 분야의 일자리에 취업하기 어렵고, 출생률도 높을 수밖에 없다.[19] 국가 수입의 상당 부분을 석유와 천연가스 수출로 채우는 나라들이 전 세계에 23개국에 이른다. 그 나라들 가운데 실질적으로 민주주의를 이룬 나라는 하나도 없다.

러시아는 그중 가장 중요한 나라에 속한다. 현재 러시아는 석유, 천연가스, 광물자원 등의 수입을 거의 독점하는 소수 지배층에게 권력이 집중되어 있다. 그런데 EU와 러시아 사이의 서로 공생하면서도 긴장이 흐르는 관계가 최근 언론의 논평거리로 자주 등장한다. EU는 가스의 40퍼센트 이상과 석유의 30퍼센트, 석탄의 25퍼센트를 러시아에서 공급받는다. EU와 러시아의 관계 정상화 필요성이 줄곧 제기되고 있는데도 여전히 현실은 그렇지 못하다. 기후변화의 관점에서 볼 때, EU와 러시아 사이에 이루어질 논의의 핵심 관심사는 러시아의 석유와 천연가스 산업을 유럽 투자자들에게, 그리고 이후에는 다른 나라들에게도 재개방하는 문제다.

러시아에서 에너지 생산 및 사용 과정에서 발생하는 에너지 손실을 줄이려면 대규모 신규투자가 필요하다. 러시아에서 매년 태워 없애버리는 천연가스의 양은 대략 러시아가 유럽으로 수출하는 전체 가스량의 4분의 1에 달한다고 한다.[20] 가스관과 송유관에서의 유출도 에너지 낭비를 한층 증대시킨다. 그동안 러시아는 온실가스 배출을 통제해야 할 동기가 별로 없다면서 교토 회의에서 아무런 의무도 지지 않는 데 성공했다. 최근에 러시아는 에너지 유출을 줄이겠다고 약속했는데, 이는 국제사회의 지지와 격려를 받을 만한 일이지만, 소비자들 입장에서는 에너지 가격이 상승하는 결과를 불러올 것이다. 어쨌거나 여기에서 기후변화에 대한 고려는 전혀 없었다. 높은 석유 가격을 등에 업고 러시아는 국제관계에서 강경노선을 채택했다.

푸틴이 주창하는 주권 민주주의 개념은 보통 사람들이 이해하는 민주주의와는 전혀 관계가 없고, 러시아가 강대국으로 행세할 권리와 능력이 있음을 천명하는 주권의 의미만 중요할 따름이다. EU가 과거 동유럽에 속했던 회원국들에게 자국의 에너지 공급원을 다변화하고 총원가를 소비자 가격에 반영하도록 독려한 것은 잘한 일이지만(하지만 EU 지도자들은 러시아가 어느 날 갑자기 우크라이나에게 그렇게 하도록 압력을 가했을 때에는 반대하고 나섰었다), 그 영향은 현재까지 미미한 형편이다. 단 유일한 예외는 체코인데, 이 나라는 독일까지 이어지는 송유관을 건설했고 노르웨이와 장기적인 가스 공급계약을 체결했다.

이제까지의 논의는 우리가 앞으로 어떻게 해야 하며, 산업국가들이 얼마나 석유에 대한 의존도를 줄이고 탄소 배출을 감축해야 하는지를 깨닫게 해준다. 잘 알려진 '석유의 저주'는 단순히 한 국가 차원이 아니라 세계 전체에도 그대로 적용되는데, 지속적인 석유 유통의 필요성이 현재의 지정학적 구도에서 그야말로 커다란 역할을 하기 때문이다. 산업국가들이 석유와 천연가스에 대한 절대적인 의존을 한꺼번에 떨쳐버릴 수 있다면, 자기 자신들뿐만 아니라 어떤 의미에서는 산유국들에게도 큰 도움이 될 것이다. 그렇게 되면 역사상 가장 획기적인 국제관계 재정비의 사례가 될 것이기 때문이다.

우리는 선진국들이 에너지를 자체 수급하는 날이 오리라고 예상하기는 어렵다. 대부분의 경우 그것은 실현 가능하지도 않고 바람직하지도 않다. 상호의존—예를 들어, 재생에너지 기술로 공급받는 전기를 사용해서 대규모 스마트 에너지 그리드를 구축하는 방식—은 우리 생활의 한 부분으로 계속될 것이며, 이는 자원을 공유한다는 차원에서 분명 긍정적인 면이 있다. 그럴 경우 상당한 에너지 자가 공급 능력을 갖춤으로써 선진국들은 기존의 에너지 국제유통 시스템이 무너지더라도 자국을 보호할 수 있는 여지는 지금보다 훨씬 더 커진다.

미국과 중국

부시 행정부가 들어섰던 유해한 기간이 지나고 이어 미국인들의 방만한 생활습관에서 비롯한 경제위기가 끝나가면서, 많은 사람들은 미국이 국제사회에서 이전보다 몸을 낮춰야 한다고 생각했다. 미국 중심의 '단극 체제'는 순식간에 지나가는 것처럼 보였다. 세계 제국의 중심으로 자처하던 미국은 갑자기 세계의 부랑자 신세로 전락하고 말았다.

나머지 세계 공동체는 미국을 기후변화 문제에 뒤처진 나라로 보는 데 너무 익숙해졌다. 그래서 앞으로 미국이 환경 문제에서 지도자 역할을 하는 날이 오더라도 미국을 바라보는 시각이 바뀌기는 쉽지 않을 것이다. 하지만 오바마 대통령의 선거 승리로 미국은 다시 일신할 수 있는 역량을 보여주었다. 그런 능력은 정치에서도 물론 필요하겠지만 경제에서는 훨씬 더 중요하다. 미국은 인터넷이라는 거대한 기술 혁신을 이루어낸 주역이었다. 마찬가지로 미국이 재생에너지 기술에서도 그런 혁신을 만들어 낼 수 있는 존재라는 것은 분명한 사실이다.

세계는 미국의 현명한 리더십을 필요로 한다. 그 리더십이 20세기의 오랜 기간 전 세계에 지대한 영향을 미쳤던 윌슨 대통령(T. W. Wilson, 제1차 세계대전 중 비밀외교의 폐지와 민족자결주의를 제창, '14개조 평화원칙'을 발표했고 국제연맹 창설에 공헌하여 노벨평화상을 받는 등 미국의 평화적인 외교의 길을 열었다—옮긴이)의 전통에 바탕을 둔 것이라면 말이다. 우리는 미국과 유럽 사이에 새로운 화해의 길을 예견할 수 있다. 물론 '서양'의 재탄생 시도로 비쳐서는 안 될 일이다. 기후변화에 대한 대응이 그런 화해를 촉진하는 한 수단이 될 수 있음은 물론이다. 유럽위원회가 선호하는 형식적이고 관료적인 접근 방법이 미국의 리더십에서 다시 반복되지는 않을 것 같다. 나는 앞에서 미국 국민이 다른 나라 국민들보다 기후변화의 위험에 대한 인식이 부족하기는 해도 그 문제를 다루는 데 있어서 한층 낙관적인 태도를 보였다는 설문조사 결과를 인용한 바 있다.(5장 참조) 미국인들의 창의력과 낙관주의는, 곧잘 안이하다는 오해를 받기는 해도, 전 세계 사람들에게 큰 도움이 될 수 있다.

청정개발체제CDM를 개편해야 하는 일은 반드시 필요하다.(8장 참조) 하지만 더 중요한 일은 개발도상국들과의 경제적 통합을 촉진하는 일이다. 이 두 가지 과정은 조금 다른 문제인데, 개발도상국에 기술을 이전한다고 해서 반드시 이전받는 국가의 경쟁력이 높아지는 것은 아니기 때문이다. 우리는 단순한 기술이전의 관행에서 탈피하여, 그런 기술이전과 함께 투자가 이루어져 기술을 널리 보급하고 활용하는 방안을 찾아야 한다. 그런 방안으로는 개발도상국에 기술교육을 제공하고 연구개발 역량을 키울 수 있도록 지원하는 일 등을 들 수 있다. 이것이 성공하려면 정상적인 특허권 보호를 완화할 필요도 있다. 또 가능하다면 단순히 하이테크high-tech 기기와 제품을 개발도상국에 수출하는 데 그치지 말고, 하이테크와 로테크

low-tech—말하자면 지역의 특화된 기술—가 조화를 이루도록 서로 연결해 주는 노력이 있어야 한다. 앞의 7장에서 나는 기후변화 적응과 관련된 사례들을 제시했는데, 같은 사례가 기후변화 완화 대책에서도 그대로 적용될 수 있다.

이 주제의 두 번째 방안에 관해서는 CDM 방식과는 다른 접근방법을 채용하는 것이 현명하다. 우리는 온실가스 감축 효과를 가지면서도 개발도상국들의 이해관계와 맞아떨어지는 정책 대안을 찾아야 한다는 말이다. 이에 적합한 예로는, 중국에 최신의 차세대 천연가스 기술을 제공하는 사업을 생각해볼 수 있다. 그러면 온실가스 배출을 크게 줄일 수 있는데다가 국지적 오염 문제 해결에도 도움이 될 수 있다.

온실가스를 대규모로 배출하는 나라는 아주 일부에 지나지 않는다. 기후변화 완화에 국한한다면 대형 오염국가 몇 나라에 비해 나머지 대부분의 나라는 그 배출량을 무시해도 좋을 정도다. 기후변화와 관련된 선구적 기술 혁신에 나설 수 있는 충분한 능력을 지닌 나라도 아주 일부뿐이다. 그러므로 이런 나라들로부터 나머지 다른 나라들로 지식 이전과 투자가 이루어질 때는 이를 관장하는 규약들이 범세계적인 협약보다 더 중요할 것이다.

위와 같은 상황을 잘 활용하기 위해서는 교토 의정서나 발리 로드맵 때와는 상당히 다른 관점이 필요하다. 개별 국가들과 국가 및 지역 연합들끼리 맺는 협정이나 협력관계에 기반을 둔 접근방식이 더욱 합리적이라는 것이다. 이런 방식은 궁극적으로는 더욱 범세계적인 협약을 강화시키는 역할도 할 수 있다. 교토 의정서는 이미 국가들을 여러 집단으로 나누어 각기 다른 온실가스 감축 의무를 부여한 바 있었다.[21] 한 저자는 다음과 같이 지적했다. "교토 의정서는 범지구적 협정이라기보다 일련의 서로 다른 지역별 접근법이라는 사실이 점점 분명해지고 있다."[22]

세계무역기구[WTO]의 경험이 비슷한 예가 될 수 있다. WTO 체제에서는 도하 라운드(Doha Round, 도하 개발 어젠다) 협상안에 대해서 회원국들의 합의가 불가능하다는 것이 이미 밝혀졌다. 그러나 지역적, 쌍무적 협약들을 통해서 무역협상에는 상당한 진전을 이루었다. 현재 그런 협약들은 200개이상이 체결된 상태다. 많은 연구들은 그런 협상 방식이 WTO의 다자간 무역협정 체결의 전반적인 목표를 달성하는 데 기여하는 바가 크다는 것을 보여주었다. 겉보기에는 그런 개별 협상이 오히려 다자간 무역협정에 저해가 되는 듯 보이는데도 말이다. 지역 협약은 참여 국가들로 하여금 범세계적 합의로 이루어낸 것 이상을 달성하게 했다. 이런 협약들은 뒤이어 WTO 차원에서도 진전을 이루는 길을 열어주었다.

G8(세계에서 가장 영향력이 큰 선진 7개국＋러시아) 회담은 중요한 역할을 다하기에는 너무나 말만 횡횡하는 모임이 되었다. 2008년 7월에 개최된 회담에서 G8 국가들은 기후변화 목표에 대한 합의를 이끌어내는 방안에 대해서 논의했다. 각국 정상들은 2050년까지 온실가스 배출을 전 지구적으로 50퍼센트 감축하기 위한 계획을 발표했다. 미국도 최초로 그런 목표를 달성하겠다고 공개적으로 약속했다. 공동선언문은 '대폭 감축의 필요성'이 있다고 했지만, 그 목표 달성을 위한 수단에 대해서는 전혀 언급이 없었다. G8 회담에 초대되어 자신들의 견해를 밝힌 주요 개발도상국 지도자들은 회담에서 나온 안들이 실제로 도움이 되기에는 너무 막연하다고 지적했다. G8 국가들과 8개 개발도상국 대표들로 구성된 모임이 교토 의정서를 대체하기 위한 방안을 찾기 위해서 2007년 초부터 회담을 갖고 있지만 어떤 확실한 결과도 내지 못하고 있다. 중국의 후진타오[胡錦濤] 주석은 어떤 형식의 구속력 있는 온실가스 감축 목표도 받아들이지 않겠다고 공

언했다. 중국의 인구 1인당 온실가스 배출량이 상대적으로 낮고 또 "현재 중국의 핵심 과제는 경제를 발전시켜서 인민의 삶을 더 나아지게 만드는 데 있기"[23] 때문이라고 그는 설명했다.

주요 오염국가들로 이루어진 국제기구가 시급히 만들어져야 한다. 우리 가 EU를 하나의 국가로 간주한다면, 이제까지 배출된 온실가스의 70퍼센 트는 단 6개국에 그 책임이 있다. 그런 나라들은 주기적으로 모임을 가져 야 한다. 산업혁명 이후로 보면 주요 오염국가 20개국이 온실가스의 88퍼 센트를 배출했다. 이들 나라도 하루속히 모임을 가져야 한다. 각국은 온 실가스 통제를 위한 노력에 어떻게 기여할 것인지 각자의 입장을 내놓아 야 한다. 이는 다른 국제적 노력과는 별도로 이루어질 수 있다.

온실가스 감축의 전반적인 진행상황을 감시하고 감독하는 기구도 필요 하며, 그 책임자는 교대로 선출해야 한다. 이 기구는 각국이 내놓은 계획 안을 검토해서, 각국의 온실가스 배출량에 따라 공평한 책임 분담이 이루 어졌는지를 판단할 것이다. 아울러 이 기구는 국가별로, 그리고 전체적으 로 온실가스 감축의 진전 상황을 조사하며, 개발도상국들의 참여 여부도 점검하는 역할을 한다.

산업국가들은 무엇보다 경제적 통합을 위한 제반 노력에 책임을 다해 야 한다. 경제적 통합이 얼마나 중요한지는 아무리 강조해도 지나치지 않 다. 그것을 이행하는 프로그램이 해당 국가나 지역에 경제적 이익을 가져 다준다는 것을 입증할 수만 있다면 세계 정치 무대에서 중대한 지렛대 역 할을 해줄 것이다. 그것은 기술적인 프로그램이자 동시에 사회적인 프로 그램일 수 있다. 그런 프로그램이 산업국가들 사이에서 이루어질 경우 내 실 있는 경쟁과 협력의 기반이 될 수 있다. 그런 프로그램은 개발과 기후 변화 정책을 서로 양립할 수 없는 것으로 인식하는 개발도상국들의 교착 상태를 타개하는 데도 도움이 된다.

　기술 혁신을 통해서든 여타 수단에 의해서든, 에너지 효율 증진이 얼마나 큰 경제적 이익을 가져다주는지 보여주는 일도 아주 중요하다. 그렇게 해서 얻는 이익은 에너지 안보와 기후변화 사이에 중요한 연결고리를 만들 수 있다. 이익을 취한다는 차원에서는 같은 방향을 지향하기 때문이다. 에너지 효율 증진이 경쟁력을 높여준다면 개발도상국들의 태도에 상당한 영향을 미칠 것이다. 온실가스 감축과 경쟁력 향상이 한데 어우러지는 영역을 확장하는 데 도움이 되는 방안이라면 그 어떤 것도 유용하다. 마찬가지 논리가 기업들에게 적용될 수 있다. 기업들은 갈수록 환경 문제에 많은 관심을 기울이고 있는데, 이제 경영자들이 그 중요성을 깨달았기 때문이다. 진보적인 환경정책이 자신들의 경쟁력을 높이는 데 도움이 된다는 것을 잘 보여준 기업들에게 더 많은 기대를 가져도 좋을 것이다. 그들의 성공 사례가 세계 도처의 기업 관행에 영향을 미칠 것이기 때문이다. 유사한 논리가 정부 기관들에게도 적용될 수 있는데, 그들이 환경정책에서 좋은 성과를 이루어낼 경우 그 영향은 다른 부문에까지 미치기 때문이다.

　단지 경제적, 기술적 이득뿐만 아니라 사회적 차원의 이득도 마찬가지로 중요하다. 특히 정치적 통합이 강조되는 영역에서 더욱 그렇다. 보건 분야 등에서 사회정책을 개선하는 과제도 중요하다. 취약성 평가는 선진산업국이든 개발도상국이든 행동에 나서게 하는 데 큰 역할을 할 수 있다. 여기서 취약성이란 단지 기후변화에 대한 것뿐만 아니라 기후변화로 인해 더욱 가중될 수 있는 위협들에 대한 취약성도 포함한다. 통합으로 분명한 이득을 챙길 수 있는 분야라면 어디에서나 협력은 중요한 관심거리가 되기 마련이다.

미국과 중국은 분명히 서로 협력해야 할 필요성이 있다. 기후변화와 에너지 안보 문제에 관한 한 세계의 미래는 두 나라의 손에 달려 있기 때문이다. 미국과 중국이 서로 경쟁하는 사이가 되면, 자원 다툼이 세계정치를 뒤흔들고 기후변화가 가속화하는 상황을 더욱 악화시킬 수 있다. 하지만 그로 인해 초래될 결과가 그 어느 쪽에게도 이익이 되지 않는다는 사실을 깨닫는 데 특별한 예지력이 필요한 것도 아니다. 온실가스 감축 문제에 부정적이던 중국 지도자들도 이제는 자국이 서구 국가들의 과거 발전 경로를 그대로 답습해서는 안 된다는 사실을 분명히 알았을 것이다. 다시 말해서 중국은 대기 중으로 엄청난 오염물질을 내뿜으면서 먼저 경제개발을 이룩하고 나중에 그 피해를 복구하면 된다고 생각해서는 안 된다는 말이다. 중국 정부는 강제력을 갖는 온실가스 감축 목표 설정을 거부하기는 했지만, 2006년에 중국이 발표한 '기후변화 계획'은 상당히 포괄적이며 선진국들과 비슷한 일정에 따라 단계적으로 주요 연료를 재생에너지원으로 교체하겠다고 밝히고 있다. 예를 들어, 그 계획은 2020년까지 재생에너지를 통한 전력 생산 비율을 16퍼센트까지 점진적으로 개선하겠다는 내용이 담겼다.

중국 정부가 그동안 펴낸 일련의 보고서는 자국이 기후변화가 불러올 악영향에 취약하다는 점을 분명히 보여주며, 이제는 그 사실을 공식적으로도 인정하는 분위기다. 중국에서는 수백만 명의 인구가 큰 하천들에 의존하며 생활한다. 그런데 이들 하천의 물 공급원인 빙하가 20퍼센트 이상 감소했다. 이는 중국이 에너지 생산의 상당 부분을 해결해주리라 기대하고 투자했던 수력발전소들의 가동을 위협하는 변화임에 분명하다. 중국의 기후가 기본적으로 대단히 변덕스럽다는 점을 감안할 때 일부 지역에서는 극단적인 기상상황이 생길 수도 있다. 그런 미래상을 미리 보여주기라도 하듯이 2007년 겨울에는 비정상적으로 많은 눈이 내려 이 나라의 많은 지역을 일거에 마비시키기도 했다.

미국과 중국이 에너지 및 기후변화 문제와 관련해서 진지하게 협력할 수 있을지는 상당히 의문스럽다. 하지만 그런 선례가 없지는 않다.[24] 과거 냉전시대에 두 적국, 미국과 소련 사이에서 서로에게 유익한 협상을 할 기회는 전혀 없어 보였다. 그런데 조지프 리버먼 Joseph Lieberman 상원의원은 그런 협력이 이루어진 적이 있으며 어느 정도 성공도 거두었다고 밝혔다.[25] 두 적대국이 전략무기 감축회담을 처음 시작할 때 양측은 서로에 대해 지독한 불신감을 감추지 않았다. 하지만 결과적으로는 효율적인 의견교환이 이루어져서 구체적인 군비축소 합의를 이끌어냈다. 리버먼은 냉전시대의 군비 경쟁과 현재 에너지 자원을 놓고 벌이는 경쟁 사이에는 유사점이 많다고 지적한다.

마이클 클레어는 미국과 중국이 협력하는 시발점으로 양국 정상이 참여하는 에너지 정상회담을 매년 개최하자고 제안했다. 이런 회담은 냉전이 깊어질 즈음에 열렸던 미·소 정상회담을 모델로 삼을 수 있다. 미·중 정상회담의 주목적은 자원 확보 경쟁에서 생길 수 있는 갈등의 소지를 최소화하고, 저탄소 기술 육성을 기반으로 한 미래 에너지 계획을 함께 수립해나가는 데 있다. 처음 회동에서는 양국의 공무원, 과학자, 기업가가 함께 공동위원회와 실무그룹을 구성하는 등 쌍무적 협의의 토대를 마련하는 작업에 착수해야 할 것이다. 사실 이 두 나라는 에너지 회담의 성사를 위한 기초적인 '양해각서'를 이미 2004년에 체결한 바 있다.

2008년 10월에는 중국 최대의 국영기업 차이나모바일 China Mobile을 포함해서 세 개의 중국 기업이 주요 서구 기업들이 후원하는 비영리 목적의 기후그룹(Climate Group, 기후변화에만 중점을 두는 세계 최초의 비영리조직으로 2004년 만들어졌다. 영국에 본사를 두었고, 현재 약 50개 기업과 정부기관이 회원으로 참여하고 있다―옮긴이)에 가입했다. 나머지 두 개의 중국 기업은 세계 제3위의 태양 에너지 제조업체 선테크Suntech와 개인 기업 브로드에어컨Broad Air Conditioning이 다. 기후그룹에 참여한 서구 기업에는 BP, 나이키, 테스코, 영국위성방송 BSkyB 등이 있었다. 차이나모바일은 2020년까지 자신들의 기업 활동에 들 어가는 에너지의 약 40퍼센트 감축을 목표로 정했다. 다른 중국 기업들도 기후그룹 참여를 고려하고 있는데, 이 그룹의 목표는 세계에서 가장 큰 규모의 기업 100개 이상을 회원으로 두는 것이다.

미국과 중국은 정상적인 특허권의 권리를 유예해주는 특별 협정 체결 등 기술 개발을 위해 전방위적으로 협력할 수 있다. 탄소 회수 및 저장 기 술CCS이 그중 가장 중요한 부분일 수 있는데, 양국 모두 에너지 소비에서 석탄이 차지하는 비율이 아주 높기 때문이다. 미국과 중국은 이미 전 세 계 석탄 소비의 대략 절반을 차지하고 있다. 물론 그런 쌍무적 관계 수립 이 다른 나라들과의 관계를 해쳐서는 안 되며, 특히 EU와의 관계에서 더 욱 그렇다. EU와 중국은 이미 기후변화 협력관계를 맺고 있으며, 그것은 중국으로의 기술이전 촉진을 목적으로 한다.

마지막으로, 전 세계의 열대우림 손실을 막으려면 지역적, 쌍무적 정책 개발이 대단히 중요하다. 일부에서 추산한 바에 따르면, 지난 두 세기 동 안 배출된 온실가스의 약 25퍼센트는 토지 이용 변화에서 기인하는데, 그 중 삼림파괴가 현재까지 가장 큰 몫을 차지한다. 현재 남아 있는 삼림은 약 638기가톤의 탄소를 포함하는데, 그중 280기가톤이 바이오매스에 해 당한다. 사람들은 흔히 '삼림파괴'를 일률적인 행위로만 여겨 그 해결책 도 단순하다고 생각하는데, 사실은 그렇지 않다. 우리는 지독히 가난한 사회와 그렇지 않은 사회를 구분해서 접근해야 한다. 가난한 사회에서는 숲의 나무를 베어내는 일이 절대 빈곤으로 인한 어쩔 수 없는 선택이다. 하지만 대규모 삼림파괴가 자행되는 나라들의 사정은 꼭 그렇지만은 않다. 예를 들어, 브라질과 인도네시아는 중국의 발전 속도에는 미치지 못해도 매우 빠른 속도로 경제개발이 진행되고 있다. 그런데 이런 경우에는 보통 개발 그 자체가 삼림파괴를 불러온다. 경제발전으로 목재와 그 관련 부산물에 대한 수요가 커지기 때문이다.

삼림파괴를 막기 위해서는 어느 한 가지 대책이 아니라, 지역적 특성에 맞게 각기 차이를 둔 다양한 전략이 필요하다. 보조금 지원이나 온실가스 배출권 제도는 아주 대규모가 아닌 한 생존의 경계에서 살아가는 사람들에게는 별로 도움이 안 된다. 그보다는 일자리를 늘리고, 여성의 교육기회를 확대해 점차 가족수를 줄이는 등의 노력이 훨씬 더 중요할 수 있다.

삼림파괴를 줄이는 일은, 그것도 아주 신속하게 줄이는 일은 광범위한 국제협력이 필요한 분야 가운데 하나다.[26] 그렇지만 다시 한번 강조하지만, 핵심 국가들이 어떻게 하느냐가 무엇보다 중요하다. 브라질이나 인도네시아 같은 나라들은 공동으로 세계의 나머지 국가들을 향해 제안서를 내놓아야 한다. 브라질 정부는 2015년까지 자국 내 아마존 지역에서 삼림파괴를 완전히 중단하는 것을 목표로 하는 종합계획 수립을 약속했다. 그런 야심찬 계획은 다른 나라들과 협력할 때 훨씬 잘 실행에 옮길 수 있다. 문제의 규모로 볼 때 어느 한 나라의 국가 계획으로는 다 해결하기 어려운 것이 사실이기 때문이다.

통상적인 국제협약의 관례를 넘어서서 생각할 때 나는 다자간 상호주의multilateralism가 사멸했다고 말하고 싶지는 않다. 오히려 다자주의는 되살아나고 있다. 다자주의는 반드시 세계 공동체 모두가 단일대오를 이루어야 한다고 말하지 않는다. 설령 그럴 수 있다고 해도 그런 경우는 극히 적을 것이다. 다자주의는 몇 개 국가 또는 그 이상의 국가들이 협력하는 경우라면 어떤 형태이든 무방하다. 국가들이 '의지의 동맹(coalitions of the willing, '뜻이 맞는 국가들의 연합'이라는 뜻으로 이라크 전쟁 과정에서 미국의 부시 정권이 내세운 안전보장 전략의 중심 개념—옮긴이)'을 이루어 행동해야 한다는 딕 체니 미국 전 부통령의 말은 이라크 전쟁 기간에 나온 주장인 탓에 사람들에게 나쁜 인상을 남겼다. '의지의 동맹'이란 표현은 유엔과 기타 국제협상장에서 다수 의견을 무시하고 어느 한쪽의 일방적인 의사—전후 맥락을 감안할 때 비이성적인 신념은 아니었다고 해도—를 따르도록 강요할 때 널리 인용된다. 하지만 전 세계 대부분의 나라가 승인하고 용인하는 행동을 위한 것이라면 의지의 동맹을 이루지 말아야 할 이유는 없다. 물론 몇몇 국가가 앞장서서 그런 행동을 이끌어나가야겠지만 말이다.

후기

가끔씩 비교하는 경우가 있기는 하지만, 현대 산업문명은 과거에 사라진 그 어떤 문명과도 다르다. 로마나 옛 중국처럼 가장 발전했던 문명일지라도 모두 지역 문명에 불과했다. 말하자면 이들 문명은 세계의 특정 지역에서만 영향력을 행사할 수 있었다. 이들은 수력이나 풍력 같은 에너지를 이용하기도 했지만 상대적으로 미미한 수준에 머물렀다. 이들이 자연세계에 미쳤던 충격은 상당했지만 그래봐야 주로 경관을 일부 바꿔놓은 정도였다.

오늘날의 문명은 범위 면에서 진정으로 지구적이다. 현대 문명은 무생물 에너지원을 공급받지 않고는 존재할 수조차 없다. 좋든 싫든 현대 산업은 이전에 존재했던 모든 것을 뛰어넘는 어마어마한 '힘'을 세상에 풀어놓았다. 이때의 힘은 무생물적인 힘을 뜻하지만, 또한 인간 조직의 힘이기도 하다. 개인들의 삶을 지탱하는 복잡한 사회적, 경제적, 정치적 시스템 말이다. 힘은 좋은 면도 있고 나쁜 면도 있다. 계몽주의 사상가들은 그런 힘의 본성을 긍정적으로 보았다. 그래서 카를 마르크스^{Karl Marx}도 이런 명언을 남겼다. "인간은 자신이 해결할 수 있는 문제만을 가진다." 하지만 산업 발전의 초기 시절부터 어떤 이들은 새로 등장한 힘을 파괴적이고 그

창시자인 인간의 통제를 벗어날 수 있는 위협적인 존재로 여겼다.

낙관론자와 비관론자 사이의 그런 논쟁은 지금까지 이어지고 있다. 우리 문명은 자기파괴적이다. 이 점은 의심의 여지도 없다. 게다가 범세계적 문명이라는 점을 감안하면 그야말로 끔찍한 결과가 빚어질 수도 있다. 세계 종말의 날은 더 이상 종교적 관념도 아니고 신의 최후의 심판일도 아니다. 그저 우리 사회와 우리 경제의 눈앞에 닥친 하나의 가능성이다. 제대로 통제하지 못한다면 기후변화 하나만으로도 인류는 엄청난 고통을 겪을 것이다. 우리가 일구어놓은 너무나 많은 것들이 의지하고 있는 에너지원이 고갈된다고 해도 그 결과는 마찬가지다. 어쩌면 대량 살상무기가 동원되는 대규모 충돌 가능성도 현존한다. 앞에서 이미 살펴보았듯이 이 모든 문제가 서로 얽혀 있다.

많은 사람이 겁을 집어먹는 것도 당연하다. 과거로 돌아가자! 더 단순한 세계로 돌아가자! 이런 구호도 온전히 이해가 가고 어떤 맥락에서는 실제로 해볼 만한 일이기도 하다. 하지만 전반적인 '과거 회귀'는 있을 수 없다. 지금과 같은 엄청난 문제를 야기시켰던 바로 그 인간의 힘을, 과학과 기술을 통해 더욱 확장시키는 것이 문제를 해결하는 유일한 방법이다. 2050년에 이르면 지상에는 약 90억의 인구가 살게 된다. 그 이후에는 세계 인구가 안정되리라 희망하는데, 특히 경제개발에서 가장 뒤처졌던 나라들이 경제적, 사회적 발전을 이루어낸다면 그렇게 될 것이다. 우리는 그 90억 인구가 평안하게 살아갈 방법을 찾아야 한다.

전체 인류의 입장에서 우리 스스로가 풀어놓았던 바로 그 힘을 제어할 수 있는 희망은 어떤 것이 남아 있을까? 대답하기 쉽지 않은 질문이다. 거기에는 너무나 많은 변수와 미지수―그렇다. 아직 알 수 없는 미지의 것들―가 놓여 있기 때문이다. 나는 이른바 낙관론자들의 견해에 온전히 동조하지는 않는다. 그들은 오늘날 우리가 직면해 있는 리스크들이 과장되었다고 하는데, 나는 그 말이 틀렸다고 보기 때문이다. 하지만 나는 리스크와 기회는 늘 함께 있다는 관점에서 그들 편에 서고자 한다. 우리가 모두 힘을 합쳐 당당히 맞설 수만 있다면, 가장 큰 리스크가 있는 곳에 가장 큰 기회도 있는 법이다.

우리의 운명은 상당 부분 정치 지도자들의 손에 달려 있다. 그런데도 정치에 대한 냉소가 이제 몸에 배다시피 했다. 하지만 정치 영역에는 아직 스스로를 소생시킬 잠재력이 남아 있다. 개별 국가 차원에서나 국제적인 차원에서나 정치적 역량을 제대로 발휘하는 일은 오늘날 우리가 직면한 갖가지 딜레마를 해결하는 데 필수적이다. 앞에서 줄곧 언급했듯이 미국과 중국 두 나라는 우리에게 성공 가능성을 열어주거나 반대로 파괴할 수 있는 그런 능력을 가지고 있다. 물론 아무리 특별한 경우라도 그런 쌍무적 협력은 나름의 한계를 가지기 마련이다. 전 세계 모든 국가가 다 참여해야만 하는, 다자간 협력을 요구하는 문제가 있다면 기후변화가 바로 그런 문제다. 각국의 국내 정책에서는 '어떻게'가 '무엇을'보다 더 중요하다. 목표 설정만으론 큰 변화를 기대하기 어렵다. 하지만 여러 가지 형태의 국제협력은 그렇게 할 수 있다. 과학적 발견의 공유, 기술이전, 국가와 국가 사이에서의 직접 원조, 기타 수많은 협력 활동들이야말로 우리를 앞으로 나아가게 하는 원천이다.

오늘날 존재하는 갖가지 분열과 권력투쟁에도 불구하고 기후변화에 공동으로 대처하는 일은 협력적인 세상을 구축하는 발판이 될 수 있다. 그것이 어쩌면 범지구적 거버넌스를 담당하는 유엔을 비롯한 국제기구들을 다시 소생시키는 방법일 수도 있다. 나는 이런 가능성에 대해서 조심스러운데, 부분적으로는 내가 앞서 이야기했던 밴드웨건 효과를 경계하기 때문이다. 즉 누군가가 기후변화를 빌미 삼아 어떻게 해서든 자신이 원하는 바를 이루려고 할지 모른다는 뜻이다. 하지만 사정이야 어쨌든 그런 국제 기구의 활성화는 가능한 일이며, 그렇게 할 수 있다면 전 세계 모든 사회에 그야말로 지대한 영향을 미칠 것이다.

앞으로 몇 년 동안 EU가 온실가스 배출을 대략 어느 정도나 감축할 수 있는가에 많은 것이 달려 있다. EU는 어떤 의미에서는 미국보다 좀더 우월한 입장에서 시작했다. 일부 회원국이 이미 온실가스 감축에서 상당한 진전을 이루었기 때문이다. 이런 나라들이 EU 안에서나 나머지 세계에 대해서 앞으로 어떻게 나아가야 할지를 제대로 보여주고 있다고 하겠다. EU는 이제 4억 9500만의 인구를 가졌다. 따라서 어떤 경우든 EU의 영향력은 클 수밖에 없다. 앞에서 나는 야심에 찬 EU의 발목을 잡고 있는 난관들에 대해 지적했다. EU의 지정학적 영향력은 다음 두 가지 문제에 많은 것이 달려 있다. 그 하나는 러시아와의 관계를 어떤 식으로 정리하느냐 하는 점이다. 다른 하나는 리스본 조약(일명 유럽연합 개정조약. 2004년 합의된 유럽헌법조약이 프랑스와 네덜란드의 국민투표에서 부결되어 무산된 이후 이를 대체하기 위해 만든 조약이다. 유럽연합의 내부 통합을 공고히 하고 정치공동체로 나아가기 위한 일종의 '미니 헌법' 성격을 가진다—옮긴이)이 없더라도 세계무대에서 한목소리를 낼 수 있을 만큼 충분한 지도자적 역량을 갖출 수 있느냐 하는 점이다.

선진산업국들 안에서도 수많은 정치 투쟁이 있기 마련이며, 때로는 승리하고 때로는 지기도 하는 법이다. 미국은 온실가스의 최대 배출국이자 석유에 대한 엄청난 식욕을 가진 나라라는 점에서 다시 한번 가장 중요한 위치에 서게 되었다. 전체 생활 구조가 이동성을 바탕으로 만들어졌고, 에너지를 마음껏 쓰는 것을 '자연적 권리'로 여기는 미국 사회에 일대 전환을 꾀하는 일은 그야말로 어마어마한 과제가 아닐 수 없다. 하지만 그것이 겉보기처럼 전혀 희망이 없는 일은 아니다. 미국 안의 여러 주와 도시, 그리고 기관들은 이미 변화의 압박을 받고 있을 뿐만 아니라 한편으론 적극적으로 사회 변화를 꾀하고 있다.

미국 자동차업계의 흔들리는 위상은 그 자체로 과거와의 단절을 요구하는 압력이 얼마나 큰지를 보여주는 지표가 된다. 자동차 제조사들이야말로 자신들의 문제를 스스로 야기한 장본인들이다. 그들은 부시 정권 시절 연방정부에 대해 적극적으로 로비를 펼쳐 진보적인 환경정책 입안을 막았다. 그들은 백악관에서 우군을 확보할 수 있었다. 그들의 이익 확보 전략은 세계적 동향을 무시하고 마구 생산해댄 연료 다소비 차량에 기반을 두었다. 이제는 그들이 생산한 수많은 SUV 차량이 적차장에 꼬리에 꼬리를 물고 늘어서 있다.

세계 각국의 모든 정부는 국민의 지지를 잃지 않으면서도 기후변화와 에너지 정책을 조화롭게 추진해나가야 하는 깊은 딜레마를 마주하고 있다. 특히나 경제위기로 상황은 더욱 어렵다. 일반 대중의 지지는 앞에서 논의했던 여러 가지 이유로 인해 올라갔다가도 어느 순간 사라지는 법이다. 정부가 어려움을 잘 헤쳐나가려면, 지금 행동이 필요하다는 인식을 널리 확산시킴과 동시에 다양한 전략을 적절히 활용할 수 있어야 한다. 일상생활의 습관과 관행이 앞을 가로막겠지만, 가장 심각한 문제는 리스크가 실제로 존재하며 또 점점 다가오고 있다는 점을 사람들에게 일깨우기가 쉽지 않다는 것이다.

기술 혁신은 우리가 쓸 수 있는 최선의 카드 가운데 하나다. 우리가 화석연료에 대한 의존에서 벗어나고자 기술 개발에 힘쓸수록 확보 가능한 기술의 다양성은 점점 더 커질 것이다. 설령 그런 기술 진보가 없더라도 온실가스 감축을 위해서 우리가 할 수 있는 일은 많다. 기술의 영역은, 우리에게 위험을 안겨주었던 힘의 폭발적인 도약이 역으로 그 위험을 맞상대할 수 있게 해주는 원천이 된다는 논리가 성립하는 가장 중요한 분야다. 새로운 암흑시대? 새로운 계몽시대? 어쩌면 그 둘의 혼란스런 혼합? 우리 앞에는 어떤 길이 놓여 있을까? 아마도 세 번째일 가능성이 가장 크다. 그 경우에 우리 모두는 균형추가 계몽시대 쪽으로 기울기를 희망해야 할 것이다.

옮긴이의 글

기후변화 문제는 더 이상 우리에게 낯선 문제가 아니다. 언론보도를 통해서 북극의 빙하가 녹고 있고, 남태평양상의 초미니 국가 투발루가 물에 잠기고 있으며, 초강력 허리케인이 카리브 해를 휩쓸고 있다는 등 연일 무시무시한 경고들이 쏟아지기 때문만은 아니다. 바로 우리 주변에서도 지구온난화와 그로부터 야기되는 기후변화, 기상변화의 징후들을 얼마든지 목격할 수 있지 않은가?

우선 10~20년 전에 비해 겨울이 한결 따뜻해졌다. 서울에서 동네 빙상장이 사라지고 한강물이 좀처럼 얼지 않는 것은 도시화와 산업화, 그리고 한강종합개발로 인한 한강의 호수화 때문이라고 애써 변명할 수 있다고 해도, 사과의 주산지가 대구 등지에서 점점 북상하고 있으며 전국 어디에서나 한겨울 산행에서도 눈을 찾아보기 어렵게 된 것은 분명 지구온난화 때문이다. 그런가 하면 여름 장마가 점점 길어지고 그 시작과 끝 시점이 모호해졌다든지, 지난 두어 해 동안 태풍이 사라졌다든지, 또는 가을 가뭄이 전례 없이 오랫동안 지속된다든지 하는 점 등도 지구온난화가 불러온 기후변화의 영향이 분명하다고 하겠다.

그런데 과학자들이 기후변화에 대해서 경고하는 이유는 사실 다른 데 있다. 지구의 평균기온이 상승함으로써 해수면 상승을 초래해 전 세계 인구밀집지역의 상당 부분이 물에 잠기고, 홍수와 가뭄이 되풀이되어 식량생산에 막대한 피해가 예상되며, 열대성 질병이 온대지방에까지 퍼짐으로써 인류가 새로운 전염병에 시달릴 수 있다는 등의 무시무시한 일들이 앞으로 전개될 수 있다는 우려가 그것이다. 우리나라에서도 최근 초대형 허리케인에 버금가는 슈퍼태풍 발생 가능성이 제기되기도 했다. 바야흐로 지구온난화와 기후변화는 21세기 인류 앞에 닥친 최대의 위협이 되고 있는 것이다.

이런 대재난을 막을 수 있는 방법은 과연 무엇일까? 누구나 알고 있듯이 석탄, 석유, 천연가스 등 화석연료 사용을 줄여서 이산화탄소를 비롯한 온실가스 배출을 억제하는 것이다. 그렇게 화석연료 사용 절감을 꾀하는 방법으로는 에너지 효율이 높은 승용차를 구입하고(물론 가급적 대중교통 수단을 이용하는 것이 더 나은 방법이다), 건물의 단열효과를 높여서 냉난방에 소요되는 비용을 줄이며, 신재생에너지 사용을 확대하는 등 다양한 방법이 있다. 사실 이제는 매스컴의 영향으로 심지어 초등학생들도 이 정도는 다 안다고 할 수 있다.

하지만 어떤 대안을 안다는 것과 그것을 실행에 옮기는 일은 전혀 다른 문제다. 지구온난화와 기후변화가 그처럼 심각한 문제라고 한다면 왜 세계 최대의 온실가스 배출국가 미국은 교토 의정서에 서명하기를 극력 거부하는 것일까? 왜 국제사회는 기후변화 억제 노력에 관해 제각기 다른 목소리를 내면서 범지구적 행동에 나서지 못하고 머뭇거리고만 있을까? 실제로 2009년 12월 덴마크 코펜하겐에서 개최되는, 교토 의정서 체제 이후의 새로운 국제협약을 모색하는 회의도 그 전망이 아주 어둡다.

이런 국제적인 동향뿐만이 아니겠다. 우리나라에서도 이명박 정부가

들어서면서 기후변화 적극 대응에 대한 목소리가 한결 높아졌는데, 특히 정권 차원에서 전폭적인 관심을 쏟고 있는 녹색성장의 구호야말로 기후 변화 문제도 해결하고 동시에 산업발전과 일자리 창출 문제까지 해결할 수 있는 최선의 방안으로 자리매김하고 있다. 그런데 그런 녹색성장이 구 호에만 그치고 아직은 실질적인 정책으로 연결되지 못하고 있다는 지적 도 심심치 않게 나온다. 인터넷에는 녹색성장을 위해 집행된 정부예산의 상당 부분이 제대로 된 효과를 내기보다는 낭비성, 선심성, 소모성 행사 와 공무원들의 보고서 작성에 들어가고 있다는 소문이 떠돌기도 한다.

국제적으로나 국내적으로나 지구온난화와 기후변화에 대한 심각한 우 려의 목소리가 들리는데도 문제 해결을 위한 노력이 이렇게 지지부진한 까닭은 대체 무엇일까? 분명 우리가 그 원인을 제대로 알아야만 비로소 기후변화에 대한 올바른 해결책도 찾을 수 있을 것이다.

우리나라에서도 그동안 기후변화에 관해서 적지 않은 책들이 발간되었 다. 하지만 이제까지 우리가 봐왔던 책들은 주로 지구온난화와 기후변화 의 원인과 앞으로의 전망을 둘러싸고 과학계에서 벌어지는 논란을 다루 었거나,[1] 기후변화 억제를 위해서 전 세계적으로 진행되고 있는 동향을

---

1 가브리엘 워커 · 데이비드 킹 지음, 양병찬 옮김, 《핫 토픽: 기후변화, 생존과 대응전략》, 조윤커 뮤니케이션, 2008.
  로이 W. 스펜서 지음, 이순희 옮김, 《기후 커넥션: 지구온난화에 관한 어느 기후 과학자의 불편 한 고백》, 비아북, 2008.
  마크 라이너스 지음, 이한중 옮김, 《6도의 악몽》, 세종서적, 2008.
  비외른 롬보르 지음, 김기웅 옮김, 《쿨잇: 회의적 환경주의자의 지구온난화 충격 보고》, 살림, 2008.
  슈테판 람슈토르프 · 한스 요아힘 셸른후버 지음, 한윤진 옮김, 《미친 기후를 이해하는 짧지만 충분한 보고서》, 도솔, 2007.
  존 휴턴 지음, 이민부 · 최영은 옮김, 《지구온난화》, 한울아카데미, 2007.

소개하는 정도가 대부분이었다.[2] 간혹 기후변화 대응을 위한 과학적, 기술적 방안을 비롯한 정책 대안을 검토하는 책들이 나오기도 했지만,[3] 지나치게 전문적인 경우가 많아서 해당 분야 전문가가 아니라면 쉽게 접근하기가 어려웠다. 출판계의 이런 동향은 비단 우리나라뿐만 아니라 다른 나라들에서도 별반 다르지 않다.

《제3의 길The Third Way》로 유명한 앤서니 기든스Anthony Giddens는 이 책에서 기존의 기후변화 관련 도서들과는 전혀 다른 접근방식을 보여준다. 다시 말해서, 왜 우리가 인류의 미래를 위협하는 기후변화 문제에 대해 그토록 무관심한지, 설령 그렇지 않다고 해도 그나마 시도되고 있는 각종 대책과 정책은 왜 그토록 비효율적인지, 왜 미국을 비롯한 일부 국가들은 교토의정서에 그토록 비협조적인지 그 원인부터 밝히고 있는 것이다. 이 책이 지니는 가장 큰 미덕은 바로 여기에 있다.

이 책에서 기든스가 제시하는 주된 관점은 기후변화에 대한 대응은 그것이 국내적인 사안이든 국제적인 사안이든 언제나 '정치적 문제' 내지는 '정치적 행위'로 취급되어야 한다는 것이다.(그래서 이 책의 원제목도 'The Politics of Climate Change'이다.) 그렇게 정치적 관점에서 사안들을 들여다볼

프레드 싱거 · 데니스 에이버리 지음, 김민정 옮김, 《지구온난화에 속지 마라: 과학과 역사를 통해 파헤친 1,500년 기후 변동주기론》, 동아시아, 2009.
프레드 피어스 지음, 김혜원 옮김, 《데드라인에 선 기후: 과학자들은 왜 기후변화의 티핑 포인트를 두려워하는가》, 에코리브르, 2009.
2 박광영, 《지구촌 대재앙과 생존전략: 지구온난화와 기후변화》, 해맞이, 2009.
야마모토 료이치 지음, 김은하 옮김, 《지구온난화 충격 리포트》, 미디어월, 2007.
토머스 L. 프리드먼 지음, 이영민 · 최정임 옮김, 《코드 그린: 뜨겁고 평평하고 붐비는 세계》, 21세기북스, 2008.
폴 먹거 지음, 조성만 옮김, 《녹색은 적색이다: 지구온난화, 유전자 변형 농산물 그리고 마르크스주의》, 책갈피, 2007.
3 김임순, 《저탄소 녹색성장: 기후변화를 중심으로》, 북스힐, 2009.
문하영, 《기후변화의 경제학》, 매일경제신문사, 2007.

때에야 비로소 앞에서 제시한 '왜'라는 문제들의 본질을 이해하고 설명할 수 있다. 이런 이해의 바탕 위에서 기후변화에 대한 제대로 된 대책 마련도, 그런 대책을 시행할 수 있는 합리적 방안도 더 쉽게 찾아질 수 있는 것이다.

물론 이 책에서 기든스가 말하는 '정치'의 의미는 우리가 보통 이해하는 '정부 관료와 정치인 등에 의한 지배와 통치 행위'에 국한되지 않는다. 오히려 '사회의 모든 대립을 조정하고 통일적인 질서를 유지시키는 작용으로서의 정치'를 의미하며, 이런 정치는 비단 국내적으로뿐만 아니라 국제적으로도 적용된다는 것이 기든스의 관점이다.

기든스는 당면한 기후변화 문제의 본질이 '위험의 실체가 지금 당장 우리 눈앞에 보이는 것이 아니기 때문에, 설령 그 리스크가 제아무리 크다고 해도 사람들이 굳이 비용과 불편을 감수하면서까지 그 예방책과 대응책을 준비하기가 쉽지 않다'는 데 있다고 설명한다. 따라서 정부와 정치가의 책임은 그런 점을 국민들에게 잘 설득시켜서 동참을 이끌어내는 것인데, 이 책은 바로 그러기 위한 다각적인 관점과 방안을 소개하고 있다.

그런 방안의 하나로 기든스는 먼저 기후변화 문제가 에너지 안보 문제와 얼마나 긴밀하게 관련되어 있는지를 설명한다. 이제까지 우리는 이 두 문제를 종종 별개로 사안으로 간주하곤 했지만 결코 그렇지 않다는 것이다. 그 이유가 에너지 고갈에 있든 에너지 가격 인상에 있든 에너지, 특히 화석연료를 아껴야 하는 것은 비단 우리 세대뿐만 아니라 우리 후속세대들을 위해서도 반드시 필요한 일이다. 그런데 그처럼 화석연료 절약에 매진하는 일은 곧 기후변화 억제를 위한 가장 바람직한 일이 아닌가?

기든스는 기후변화에 대한 대응과 에너지 안보를 확보하는 일이 동전의 양면과 같다고 누누이 강조한다. 그리고 그 연장선상에서 국내적으로는 에너지 대책에 더 매진할 것을 권고하고, 국제적으로는 세계 최대의 에너지 사용국이자 온실가스 발생국인 미국과 중국의 더 적극적인 동참을 주문한다.

우리는 흔히 녹색운동이 가장 합리적인 기후변화 대응책이며, 또한 효과적인 정책이라면 시장의 힘을 믿어야 한다고 생각하는 것이 보통이다. 그런데 이 책에서 기든스는 기존의 녹색운동이 기후변화 대응에는 별로 성공적이지 못하다고 냉정하게 지적한다. 그리고 더 성공적인 기후변화 대응을 위해서는 국가가 주도하는 제대로 된 정책과 종합계획이 중요하다고 강조한다. 요컨대 기후변화 문제처럼 장기적이고 종합적인 대응이 필요한 사안의 경우에는 공권력의 주체인 국가가 나서는 것이 정책 수행의 효과를 극대화할 수 있다는 것이다. 이런 과감한 지적은 기든스가 아니면 쉽게 할 수 없는 주장이라고 해도 좋을 것이다.

이 책에서 기든스는 지방정부와 중앙정부 차원에서, 그리고 국제기구와 국제협상 차원에서 기후변화 대응과 억제를 위해서 시행할 수 있는 방법들을 구체적으로 설명하는 데 가장 많은 지면을 할애했다. 그가 소개하는 대안과 정책들에는 신재생에너지 개발과 에너지 절감 기술을 포함하는 과학기술 분야로부터 탄소세로 대표되는 조세제도와 시장의 힘을 최대한 활용하고자 하는 온실가스 거래시장 등 금융과 재정 분야, 그리고 선진국과 개발도상국 사이의 협력 강화를 위한 수단으로서의 청정개발체제CDM에 대한 새로운 제안 등에 이르기까지 현재 논의되고 있는 거의 모든 분야와 대안을 포함하고 있다. 이런 의미에서 이 책은 기후변화 대응을 위해 우리 각자와 우리 사회 및 정부가 과연 무엇을 해야 할지 고민하는 정치가, 공무원, 기자, 전문가, 기업인, 환경단체 회원 등에게 그야말로 가장 적합한 지침서가 아닐까 한다.

주

서문

1 이를테면 Robert Henson, *The Rough Guide to Climate Change* (London: Rough Guides, 2008); Andrew Dessler and Edward Parson, *The Science and Politics of Climate Change* (Cambridge: Cambridge University Press, 2006); David King and Gabrielle Walker, *The Hot Topic* (London: Bloomsbury, 2008); Elizabeth Kolbert, *Field Notes from a Catastrophe* (London: Bloomsbury, 2006) 참조.

1 기후변화의 위험성

1 Scott Borgerson, 'Arctic Meltdown', *Foreign Affairs*, March/April, 2008.

2 Intergovernmental Panel on Climate Change (IPCC), Fourth Assessment Report, 3 vols. and summary (Cambridge, Cambridge University Press, 2007).

3 IPCC Working Group 2, *Climate Change Impacts, Adaptation and Vulnerability* (Cambridge: Cambridge University Press, 2007).

4 S. Fred Singer and Dennis T. Avery, *Unstoppable Global Warming* (New York: Rowman and Littlefield, 2007).

5 Ibid., p. xi.

6 Patrick J. Michaels, *Meltdown* (Washington, DC: Cato Institute, 2004).

7 Bjørn Lomborg, *The Skeptical Environmentalist* (Cambridge: Cambridge University Press, 2001) 참조. 또한 과학자 Richard Lindzen의 글도 참조할 것. 이를테면 'Climate of Fear', *Wall Street Journal*, 12 April 2006; 'There is no "Consensus" on

Global Warming', *Wall Street Journal*, 26 June 2006; 'Debunking the Myth', *Business Today* 43 (2006). 롬보르의 주장에 대한 비판적인 주장들은 www.lomborg-errors.dk 에서 찾아볼 수 있다.

8 Bjørn Lomborg, *Cool It* (New York: Alfred A. Knopf, 2007), p. ix.

9 Christopher Booker and Richard North, *Scared to Death* (London: Continuum, 2007), p. 454. 최근에 새로 추가된 회의론자의 주장을 보려면 Nigel Lawson, *An Appeal to Reason* (London: Duckwoth, 2008) 참조. 니겔의 결론은 이렇다. "우리는 새로운 비합리의 시대로 들어선 것 같다. 이 시대는 대단히 불안정한 데다 경제에도 유해 하다는 점에서 우리에게 위협이 된다. 무엇보다도 우리가 이 지구를 구해야 하는 이유가 바로 여기에 있다"(p. 2). 니겔만큼 유려한 문체는 아니지만 Colin Robinson, *Climate Change Policy* (London: Institute of Economic Affairs, 2008)에서도 비슷한 생각을 찾아볼 수 있다.

10 Booker and North, *Scared to Death*, p. 388.

11 또한 James Lovelock, *The Revenge of Gaia* (London: Penguin, 2007) 참조.

12 David King and Gabrielle Walker, *The Hot Topic* (London: Bloomsbury, 2008), p. 80.

13 Michael Glantz, *Currents of Change* (Cambridge: Cambridge University Press, 1996) 참조. 지난 수십 년 동안 엘니뇨 발생 2년 전에 그것을 예보할 수 있는 새로운 기상 예측 기술이 발전되어 많은 나라들이 사전에 충분한 준비를 갖출 수 있게 되었다.

14 James Hansen et al, 'Target atmospheric CO_2, where should humanity aim?', NASA/Goddard Institute for Space Studies, New York, 2007. 홈페이지에서 찾아볼 수 있다.

15 King and Walker, *The Hot Topic*, ch. 5. 또한 John D. Cox, *Climate Crash* (Washington, DC: Joseph Henry, 2005)도 참조.

16 Fred Pearce, *The Last Generation* (London: Eden, 2007), p. 26.

17 Jared Diamond, *Collapse* (London: Allen Lane, 2005).

18 Ibid., p.107. Joseph Tainter의 초기 중요한 저작들도 참조할 것. *The Collapse of Complex Societies* (Cambridge: Cambridge University Press, 1988).

19 Diamond, *Collapse*, p. 119.

20 Joel Levy, *The Doomsday Book* (London: Vision, 2005) 참조.

21 Martin Rees, *Our Final Century* (London: Arrow, 2004).

22 Bill McGuire, *Surviving Armageddon* (Oxford: Oxford University Press, 2005), p. 16.

23 Ibid., pp. 27-32.

24 Frank Furedi, *Invitation to Terror* (London: Continuum, 2007), p. 112. 리스크에 관

심 있는 독자라면 이 주제를 다룬 대표적인 두 권의 책을 보는 것이 좋은데, 둘 다 읽어볼 가치가 있다. 첫 번째는 울리히 벡(Ulrich Beck)의 《위험사회(Risk Society)》로 사회학 분야의 고전이다. 이 책에서는 리스크를 우리가 회피해야 하는 부정적인 관점에서 주로 다루었다. 두 번째 책은 피터 번스타인(Peter Bernstein)의 《리스크: 위험, 기회, 미래가 공존하는(Against the Gods)》으로 리스크 및 리스크 관리의 역동적이고 긍정적인 측면에 대해 쓴 책이다. 울리히 벡의 최근 견해는 *World at Risk* (Cambridge: Polity, 2008)에서 볼 수 있다.

25 Dan Gardner, *Risk: The Science and Politics of Fear* (London: Virgin, 2008), p. 302.

26 Ibid., p. 3.

27 Ibid., pp. 188-95.

28 Barbara Combs and Paul Slovic, 'Newspaper Coverage of Causes of Death', *Journalism Quarterly* 56 (1979) 참조.

29 Gardner, *Risk*, pp. 166-70.

30 주 21 참조.

31 주 16 참조.

2 자원 고갈인가, 자원 감소인가?

1 Richard Heinberg, *The Party's Over* (Gabriola Island: New Society Publishers, 2003), p. 31.

2 Paul Middleton, *A Brief Guide to the End of Oil* (London: Robinson, 2007), ch. 3.

3 David Strahan, *The Last Oil Shock* (London: Murray, 2007), p. 40.

4 David Howell and Carole Nakhle, *Out of the Energy Labyrinth* (London: Tauris, 2007), pp. 88-92.

5 International Energy Agency, *World Energy Outlook 2007* (Paris: OECD/IEA, 2007).

6 Stephen Leeb, *The Coming Economic Collapse* (New York: Warner, 2007), p. 1.

7 이를테면 Kenneth Deffeyes, *Hubbert's Peak: The Impending World Oil Shortage* (Princeton: Princeton University Press, 2001); Paul Roberts, *The End of Oil* (London: Bloomsbury, 2004); Michael T. Klare, *Resource Wars* (New York: Holt, 2002); Matthew R. Simmons, *Twilight in the Desert* (New York: Wiley, 2005); Strahan, *The Last Oil Shock* 참조. 스트래핸의 책 제목은 1장에서 인용했던 프레드 피어스의 지구온난화에 관한 책을 저절로 떠올리게 한다.

8 Strahan, *The Last Oil Shock*, p. 60.

9 Carola Hoyos and Javier Blas, 'Investment is the Key to Meeting Oil Needs', *Financial Times*, 29 October 2008.

10 David Victor et al., *Natural Gas and Geopolitics* (Cambridge: Cambridge University Press, 2006).

11 Julian Darley, *High Noon for Natural Gas* (White River Junction: Chelsea Green, 2004).

12 Ibid., p. 5.

13 David Strahan, 'Lump Sums', *Guardian*, 5 March 2008.

14 Dieter Helm, *The New Energy Paradigm* (Oxford: Oxford University Press, 2007), p. 19 에서 인용.

15 Ibid., p. 21.

16 러시아 전 대통령 블라디미르 푸틴의 연설문, Edward Lucas, *The New Cold War* (London: Bloomsbury, 2008), p. 212에서 인용.

17 Adele Airoldi, *The European Union and the Arctic* (Copenhagen: Nordic Council of Ministers, 2008).

18 Strahan, *The Last Oil Shock*, p. 180.

19 2008년 1월 11일 〈타임스〉 홈페이지에 보고되어 있다.

20 Leeb, *The Coming Economic Collapse*, p. 77.

3 녹색운동과 그 이후

1 Nicholas Stern, *The Economics of Climate Change* (Cambridge: Cambridge University Press, 2007), p. xviii. 여기의 인용은 실제로 리뷰(Review)에서 조금씩 다른 여러 형식으로 언급되고 있다.

2 William Morris, *News from Nowhere* (London: Longmans, p. 280.

3 Ralph Waldo Emerson, *Nature—Conduct of Life* (New York: Read, 2006). 초판은 1836에 출판되었다.

4 Bradford Torrey, *The Writings of Henry David Thoreau: Journal*, vol. 14 (Boston: Houghton Mifflin and Company), p. 205.

5 Janet Biehl and Peter Staudenmaier, *Ecofascism* (Edinburgh: AK Press, 1995). 또한 Franz-Joseph Bruggemeier et al., *How Green Were the Nazis?* (Ohio: Ohio Universty Press, 2005) 참조.

6 Robert Goodin, *Green Political Theory* (Cambridge: Polity, 1992), p. 30에서 인용.

7 Ibid., pp. 50ff.

8 William Rees, 'Ecological Footprints and Appropriated Carrying Capacity', *Environment and Urbanisation* 4 (1992).

9 이를테면 Ted Mosquin and Stan Rowe, 'A Manifesto for Earth', *Biodiversity* 5 (2004) 참조.

10 Peter Bernstein, *Against the Gods* (New York: Wiley, 1996).

11 Cass R. Sunstein, *Laws of Fear* (New York: Cambridge University Press, 2005), p. 4.

12 Ibid., p. 18.

13 Donella H. Meadows et al., *Limits to Growth: A Report for the Club of Rome's Project on the Predicament of Mankind* (New York: New American Library, 1972). 또한 Donella H. Meadows et al., *Limits to Growth—The 30-Year Update* (London: Macmillan, 2004)와 같은 저자들의 다른 많은 저작들도 참조.

14 World Commission on Environment and Development, *Our Common Future* (Oxford: Oxford University Press, 1987).

15 Ibid., p. 326.

16 Richard North; 'Sustainable Development: A Concept with a Future?' Liberales Institute Occasional Paper (2005), p. 6.

17 William Baue, 'Rio+10 Series', *Sustainability Investment News*, 23 August 2002. 사이먼 드레스너(Simon Dresner)는 이 문제에 대해 강한 어조로 이렇게 말했다. "[지속가능한 개발]은 인간의 자연 지배에 대한 포스트모던적 비관론에 인간 사회의 개혁 가능성에 대한 계몽주의적 낙관론이 합쳐진 개념이다." *The Principles of Sustainability* (London: Earthscan, 2002), p. 164.

18 W. M. Lafferty and J. Meadowcroft, *Implementing Sustainable Development* (Oxford: Oxford University Press, 2000), p. 19.

19 Wilfred Beckerman, 'The Chimera of "Sustainable Development"', *Electronic Journal of Sustainable Development* 1 (2008).

20 Daniel Esty et al., *The Environmental Sustainability Index* (Davos: Global Leaders of Tomorrow Environmental Task Force, 2001).

21 Aubrey Meyer가 주도하는 Global Commons Institute의 홈페이지에서 좀더 자세한 배경 정보들을 제공한다.

22 Avner Offer, *The Challenge of Affluence* (Oxford: Oxford University Press, 2006) 참조.

23 Both quotes from John Talberth and Clifford Cobb, *The Genuine Progress Indicator 2006* (Oakland: Redefining Progress, 2006), p. 1.

24 Offner, *The Challenge of Affluence*, p. 19.

25 Sustainable Society Index, 2008. 이 수치는 지속가능한 사회재단(Sustainable Society Foundation) 홈페이지에서 찾아볼 수 있다.

26 John Dryzek, *The Politics of the Earth* (Oxford: Oxford University Press, 1997), p. 145.

27 Arthur Mol and David Sonnenfeld, *Ecological Modernisation Around the World* (London: Cass, 2000) 참조.

4 주요 환경 선진국들의 현황

1 Marcel Wissenburg, *Green Liberalism* (London: UCL Press, 1998), p. 7 참조.

2 David Shearman and Joseph Wayne Smith, *The Climate Change Challenge and the Failure of Democracy* (London: Praeger, 2007), p. 133.

3 Robyn Eckersley, *The Green State* (Cambridge, MA: MIT Press, 2004), ch. 4 and passim.

4 Yale Center for Environmental Law and Policy and Center for International Earth Science Information Network, Columbia University: 2008 Environmental Performance Index.

5 Germanwatch, *Climate Change Performance Index* (Bonn, 2008), pp. 4-5. 산업국가들에서의 기후변화 정책들을 가장 잘 정리한 문헌으로는 Hugh Compston and Ian Bailey, *Turning Down the Heat* (London: Palgrave Macmillan, 2008) 참조.

6 Semida Silveira, 'Sustainability in the Energy Sector—the Swedish Experience', 2006. 스웨덴 에너지국에서 찾아볼 수 있다.

7 Paul Harris, *Europe and Global Climate Change* (London: Elgar, 2007).

8 Axel Michaelowa, 'German Climate Policy Between Global Leadership and Muddling Through', in Compston, *Turning Down the Heat* 참조.

9 Federal Ministry for the Environment, *Nature Conservation and Nuclear Safety: Investments for a climate-friendly Germany* (Synthesis Report, Potsdam, July 2008). 홈페이지에서 찾아볼 수 있다.

10 이 뒤에 나오는 통계자료를 제공해준 올래프 코리에게 감사를 전한다.

11 좀더 종합적인 분석은 Irene Lorenzoni, Tim O'Riordan and Nick Pidgeon, 'Hot Air

and Cold Feet', in Compston, *Turning Down the Heat* 참조.

12 Hilary Benn: 'Climate Change Bill: Update Following Passage Through the Lords', DEFRA (2 June 2008).

13 이보다 훨씬 비판적인 견해는 Paul Brown, *Voodoo Economics and the Doomed Nuclear Renaissance* (London: Friends of the Earth, 2008) 참조.

14 Ruth Sutherland: 'Comment', *Observer* (25 May 2008), p. 3에서 인용.

15 'Heathrow expansion', 영국 지속가능개발위원회(Sustainable Development Commission) 홈페이지에서 찾아볼 수 있다.

16 Ian Jack, 'When It Comes to Railways, the Government is on the Wrong Track', *Guardian* (14 June 2008), p. 34에서 인용.

17 Michael Pitt, *Learning Lessons from the 2007 Floods* (London: Cabinet Office, 2008).

18 James Randerson, 'Cut in Coal Brings UK Emissions Down by 2 per cent', *Guardian* (28 May 2008).

19 Committee on Climate Change, *Building a Low-Carbon Economy* (London, 2008). 홈페이지에서 찾아볼 수 있다.

5 다시 국가 주도의 시대로?

1 John Dryzek, 'Ecology and Discursive Democracy', in Martin O'Connor, *Is Capitalism Sustainable?* (New York: Guilford Press, 1994), pp. 176-7.

2 Evan Durbin, *Problems of Economic Planning* (London: Routledge, 1949), p. 41.

3 Friedrich von Hayek, *The Constitution of Liberty* (Chicago: University of Chicago Press, 1960).

4 이를테면 David Orrell, *The Future of Everything* (New York: Thunders Mouth Press, 2006) 참조. 환경예측에 대한 비판은 Orrin Pilkey and Linda Pilkey Jarvis, *Useless Arithmetic* (New York: Columbia University Press, 2007)을 참조할 것.

5 Jaco Quist and Philip Vergragt, 'Backcasting for Industrial Transformations', in Klaus Jacob et al., *Governance for Industrial Transformation* (Berlin: Environmental Policy Research Centre, 2003), pp. 423-5. 다른 여러 사례들에 대한 논의도 여기에서 찾아볼 수 있다.

6 Cynthia Mitchell and Stuart White, 'Forecasting and Backasting for Sustainable Urban Water Futures', *Water* 30 (2003).

7 R. Bord et al., 'Public Perceptions of Global Warming', *Climate Research* 11 (1998).

8 Ipsos MORI, 'Public Attitudes to Climate Change 2008'. 입소스 모리(Ipsos MORI) 홈페이지에서 찾아볼 수 있다.

9 Irene Lorenzoni and Nick Pidgeon, *Defining the Dangers of Climate Change and Individual Behaviour* (Norwich: Centre for Environmental Risk, University of East Anglia, 2006).

10 Martin Patchen, *Public Attitudes and Behaviour About Climate Change* (Purdue University Outreach Publication, 2006), p. 16에서 인용. 또한 Sheldon Ungar, 'Knowledge, Ignorance and the Popular Culture', *Public Understanding of Science* 9 (2000); and John Sterman, 'Risk Communication on Climate', *Science* 322 (2008)도 참조.

11 Patchen, *Public Attitudes*, p. 16.

12 Pew Research Center for the People and the Press, *Little Consensus on Global Warming* (2006). 퓨인터넷(Pew Internet) 홈페이지에서 찾아볼 수 있다.

13 HSBC, 'International Survey of Public Attitudes Towards Climate Change'. HSBC 홈페이지에 보고되어 있다.

14 Patchen, *Public Attitudes*, p. 14.

15 Department for Environment, Food and Rural Affairs, *A Framework for Pro-Environmental Behaviours* (London: HMSO, 2008).

16 Ron Pernick and Clint Wilder, *The Clean Tech Revolution* (New York: Collins, 2007), pp. 263-73.

17 Ithiel de Sola Pool, *The Social Uses of the Telephone* (Cambridge, MA: MIT Press, 1977) 참조.

18 Richard Florida, *The Rise of the Creative Class* (New York: Basic Books, 2004), pp. 34-5.

19 Malcolm Gladwell, *The Tipping Point* (London: Little, Brown, 2000).

20 이런 일부 관행들에 대한 논의는 Richard Thaler and Cass Sunstein의 저작들을 찾아볼 것(이들이 바로 사전예방 원칙을 날려버린 바로 그 저작들이다). *Nudge* (New Haven: Yale University Press, 2008).

21 이 부분에서는 사라 프랠의 연구에서 큰 도움을 받았다. *Branching Out, Digging In* (Washington, DC: Georgetown University Press, 2006). 나는 휴 컴스턴(Hugh Compston)의 책을 통해 프랠의 연구를 접했다. 또한 Sarah Pralle, 'Agenda-setting and Climate Change', in Hugh Compston, *The Politics of Climate Policy*, special

book issue of *Environmental Politics*, forthcoming, 2009 참조. 나처럼 그녀도 존 킹 던의 책 *Agendas, Alternatives and Public Policies* (New York: Longman, 1995)를 많이 참고했다.

22 Kingdon, *Agendas*.

23 D. Wood and A. Velditz, 'Issue Definition, Information Processing and the Politics of Global Warming', *American Journal of Political Science* 51 (2007).

24 Helen Clayton et al., Report of the First Inquiry of the All Parliamentary Climate Change Group: *Is a Cross-Party Consensus on Climate Change Possible—or Desirable?* (London: HMSO, 2006), p. 3.

25 Ibid., p. 13에서 인용.

26 Robin Eckersley, *The Green State* (Cambridge, MA: MIT Press, 2004), pp. 243-5. 하 지만 에커슬리는 내가 인정하지 않는 사전예방 원칙을 받아들인다. 나는 아래 목록 을 인용하면서 문장을 약간씩 바꿨는데, 거기 담긴 기본 생각에는 변함이 없다고 본다.

27 Edelman Trust Barometer 2008 (London: Edelman, 2008).

28 그런 의도는 1990년대 후반으로까지 거슬러 올라가는데 Peter Newell, *Climate for Change* (Cambridge: Cambridge University Press, 2000), ch. 5을 참조할 것. 98쪽에 서 인용.

29 Ibid., p. 104에서 인용.

30 Peter Senge, *The Necessary Revolution* (London: Brealey, 2008), p. 77에서 인용.

31 Ibid., p. 77에서 인용.

32 Christine MacDonald, *Green Inc* (London: Lyons Press, 2008).

33 Senge, *The Necessary Revolution*, ch. 13.

34 이 회사의 '2020년 지속가능 전략 체제(2020 Strategic Framework for Sustainability)' 는 회사 홈페이지에서 찾아볼 수 있다.

35 씨티그룹 홈페이지에서 찾아볼 수 있다.

36 2007년 5월 8일 이 회사 CEO 찰스 프린스(Charles Prince)가 언론을 통해 발표한 500억 달러 프로그램을 씨티그룹 홈페이지에서 인용했다.

37 Senge, *The Necessary Revolution*, ch. 5.

38 Tommy Linstroth and Ryan Bell, *Local Action* (Burlington: University of Vermont Press, 2007), ch. 3.

6 기술과 세금제도

1 Jeremy Rifkin, *The Hydrogen Economy* (New York: Tarcher, 2002).

2 Ibid., p. 9.

3 수소와 기타 재생에너지원들에 대한 신랄한 개관은 James Lovelock, *The Revenge of Gaia* (London: Perseus, 2007) 참조.

4 IPCC, Mitigation. Contribution of Working Group III to the Fourth Assessment Report (Cambridge: Cambridge University Press, 2007), p. 269.

5 (No author): 'Going underground', *New Scientist* (11 October 2008).

6 Ron Pernick and Clint Wilder, *The Clean Tech Revolution* (New York: HarperCollins, 2007).

7 'Dig Deep', *The Economist* (June 21 2008).

8 Wallace Broecker and Robert Kunzig, *Fixing Climate* (New York: Hill & Wang, 2008).

9 Paul Hawken et al, *Natural Capitalism* (London: Little, Brown, 1999).

10 Robert Socolow and Stephen Pacala, 'Stabilization Wedges', *Science* 305 (2004), pp. 968-72.

11 Christopher Freeman, *The Economics of Hope* (New York: Pinter, 1992).

12 Nicholas Stern, *The Economics of Climate Change* (Cambridge: Cambridge University Press, 2007), ch. 16.

13 Bethany McLean and Peter Elkind, *The Smartest Guys in the Room* (New York: Penguin, 2003) 참조.

14 John Scott and Gareth Evans, 'Electricity Networks', in Dieter Helm (ed.), *The New Energy Paradigm* (Oxford: Oxford University Press, 2007).

15 Stern, *The Economics of Climate Change*, p. 403.

16 Ibid., p. 402.

17 Amory B. Lovins et al., 'A Roadmap for Natural Capitalism', *Harvard Business Review* 77 (May/June 1999), pp. 78-81.

18 Scott and Evans, 'Electricity Networks', pp. 51-62.

19 Swanbarton Limited, *Status of Electrical Energy Storage Systems* (London: Department of Trade and Industry, 2004).

20 European Commission, *European Union Technology Platform Smartgrids* (Luxembourg: Office of Official Publications, 2006).

21 UNEP, *Green Jobs* (Washington, DC: Worldwatch Institute, 2008).

22 Green New Deal Group, *A Green New Deal* (London: New Economics Foundation, 2008).

23 Michael Shellenberger and Ted Nordhaus, *The Death of Environmentalism*, 2005, p. 26; available at http://thebreakthrough.org/images/Death_of_Environmentalism.pdf. 이 두 사람도 내가 서문에서 인용했던 "악몽을 꾼다"는 표현을 똑같이 써먹고 있다. 두 사람은 후속작인 *Break Through* (Boston: Houghton Mifflin, 2007)에서 그 문장이 자신들의 이전 책에서 가장 많이 인용되었다고 했는데, 정말이지 그 말이 마음에 꽂힌다.

24 Van Jones, *The Green Economy* (Centre for American Progress, September 2008).

25 Robert Pollin et al., *Green Recovery* (Center for American Progress, September 2008).

26 Mikael Skou Andersen et al., *An Evaluation of the Impact of Green Taxes in the Nordic Countries (Copenhagen: TemaNord, 2000).* 또한 *Runar Brannlund and Ing-Marie Gren, Green taxes, Economic Theory and Empirical Evidence from Scandinavia* (Cheltenham: Elgar, 1999)도 참조.

27 Gilbert Metcalf, *A Green Employment Tax Swap* (Washington: The Brookings Institution, 2007).

28 Paul Ekins and Simon Dresner, *Green Taxes and Charges* (York: Rowntree Foundation, 2004).

29 Ibid., p. 14.

30 David Fleming, *Energy and the Common Purpose* (London: Lean Economy Connection, 2006).

31 Richard Starkey and Kevin Anderson, *Investigating Domestic Tradable Quotas* (Norwich: Tyndall Centre, 2005).

32 Mayer Hillman and Tina Fawcett, *How We Can Save the Planet* (London: Penguin, 2004).

33 Simon Roberts and Joshua Thumin, *A Rough guide to Individual Carbon Trading* (London: Centre for Sustainable Energy, 2006), p. 3.

34 Roberts and Thumin, *A Rough Guide*, p. 31.

35 John Urry, *Mobilities* (Cambridge: Polity, 2007) 참조.

36 Tom Vanderbilt, *Traffic* (London: Allen Lane, 2008).

37 Jean Gimpel, *The Medieval Machine* (New York: Penguin, 1977).

38 J. Kunstler, *The Long Emergency* (London: Atlantic, 2006), p. 270.

39 나는 이런 전망 분석에 대해 앞에서 제시했던 John Urry's *Mobilities*에 크게 신세를 졌다.

40 John Tiffin and Chris Kissling, *Transport Communications* (London: Kogan Page, 2007), p. 204.

7 적응의 정치학

1 European Commission: *Adapting to Climate Change in Europe* (Brussels: Commission of the European Communities, 2007).

2 Gwyn Prins and Steve Raynor, *The Wrong Trousers* (Oxford: James Martin Institute, 2007), pp. 33-4.

3 European Commission, *Adapting to Climate Change in Europe*. Green paper of the European Commission, Brussels, 2007.

4 David Crichton, 'Insurance and Climate Change'. 2005년 2월 9일 휴스턴에서 개최된 Extreme Events and Coastal Cities라는 제목의 기후변화에 관한 컨퍼런스에서 발표된 논문,《논문집》, p. 17.

5 Tim O'Riordan et al., 'Designing Sustainable Coastal Futures', *21st Century Society* 3 (2008).

6 Crichton, 'Insurance and Climate Change'.

7 Sue Roaf et al., *Adapting Buildings and Cities for Climate Change* (Oxford: Elsevier, 2005).

8 DEFRA, 'Making Space for Water' 참조. www.defra.gov.uk/environ/fcd/policy/strategy.htm에서 찾아볼 수 있다.

9 O'Riordan et al., 'Designing Sustainable Coastal Futures', pp. 152-5.

10 Helmut Kesting, *Hedging Climate Change* (Munich: Allianz Economic Research, 2007).

11 Ibid., p. 202.

12 J. Timmons Roberts and Bradley C. Parks, *A Climate of Injustice* (Cambridge, MA: MIT, 2007).

13 Daniel Osgood et al., 'Integrating Seasonal Forecasts and Insurance for Adaptation Among Subsistence Farmers' (Washington, DC: World Bank Policy Research Working Paper, 2008).

14 UNDP Human Development Report, *Risk, Vulnerability and Adaptation in Bangladesh*

(Bangladesh Centre for Advanced Studies, 2007).

8 국제협상, 유럽연합, 그리고 탄소시장

1 Ian Rutledge, *Addicted to Oil* (London: Tauris, 2006), p. 121에서 인용.

2 Bill McGuire, *Surviving Armageddon* (Oxford: Oxford University Press, 2005), p. 54.

3 'A Ravenous dragon', *The Economist*, 15 March 2008, pp. 17-18.

4 Rutledge, *Addicted to Oil*, p. 10에서 인용.

5 John Carey: 'Russia's Path to Kyoto', *Business Week* (1 October 2004).

6 Aubrey Meyer, *Contraction and Convergence* (Bristol: Green Books, 2001).

7 Robert Henson, *The Rough Guide to Climate Change* (London: Rough Guides, 2008), pp. 292-3.

8 David G Victor, 'Fragmented Carbon Markets and Reluctant Nations', in Joseph E. Aldy and Robert N. Stavins, *Architectures for Agreement* (Cambridge: Cambridge University Press, 2007), p. 148.

9 Victor, 'Fragmented Carbon Markets', p. 149.

10 Reported in 'A moment of Truth', *The Economist* (17 May 2008), pp. 77-8.

11 Rachmat Witoelar: 'Address to Closing Plenary', UN Climate Change Conference, Bali, 2007. 홈페이지에서 찾아볼 수 있다.

12 Oliver Tickell 'The "Bali Roadmap"', in *Was Bali a Success? Open Democracy* (online), 18 December 2007.

13 이 부분에 대한 놀라운 분석은 David G Victor, 'Fragmented Carbon Markets' 참조.

14 James Randerson: 'Top Scientists Warn Against Rush to Biofuel', *Guardian* (25 March 2008)에서 인용.

15 'EU Emissions Trading Scheme', EurActiv.com (February 2008), p. 3에서 인용.

16 Anne Mettler, *From Why to How* (Brussels: Lisbon Council, 2008), p. 1.

17 Donald MacKenzie, *Making Things the Same* (Edinburgh: School of Social and Political Studies, 2008); and 'Constructing Emissions Markets', in *Material Markets* (Oxford: Oxford University Press, 2009), ch. 7 참조. 이후 제시하는 논의의 아주 많은 부분을 여기에서 인용했다.

18 Denny Ellerman et al., *Markets for Clean Air* (Cambridge: Cambridge University Press, 2000).

19 Danny Ellerman and Barbara Buchner, *Over-allocation or Abatement*, Report no 141 (Cambridge, MA: MIT Joint Program on the Science and Policy of Global Change, 2006).

20 탄소시장에 대한 유효한 개관은 Ricardo Bayon et al., *Voluntary Carbon Markets* (London: Earthscan, 2008) 참조.

21 Nicholas Stern, 'Key Elements of a Global Deal on Climate Change', 2008. 런던정 치경제대학 홈페이지에서 찾아볼 수 있다.

22 Ibid., p. 10.

9 기후변화의 지정학

1 Peter Halden, *The Geopolitics of Climate Change* (Stockholm: Swedish Defence Research agency, 2007).

2 Ibid., pp. 150-8.

3 Gerard Prunier, *Dafur, the Ambiguous Genocide* (London: Hurst, 2005) 참조.

4 US Department of Defense, *Military Power of the People's Republic of China* (Washington, DC: Office of the Secretary of Defense, 2006).

5 Michael Klare, 'The New Geopolitics of Energy', *The Nation* (19 May 2008), p. 3. 또한 같은 저자의 *Rising Powers, Shrinking Planet* (New York: Holt, 2008)도 참조.

6 Department of the Navy, *A Cooperative Strategy for 21st Century Seapower* (Washington, DC: Department of the Navy, 2007).

7 Klare, 'The New Geopolitics of Energy'.

8 Robert Kagan, *The Return of History and the End of Dreams* (London: Atlantic, 2008).

9 Ibid., p. 3.

10 Ibid., p. 77.

11 David Hannay, *New world Disorder* (London: Tauris, 2008), p. 75.

12 Ibid., p. 300.

13 콘돌리자 라이스가 콜린 파월(Colin Powell)의 후임으로 미국 국무장관에 올랐을 때, 그녀는 부시 행정부의 외교정책은 "허황된 국제 공동체의 관점에서가 아니라 국 가 이익의 확고한 수호라는 관점에서 추진되어야 한다"고 말했다. Louis Klarevas, 'Political Realism', *Harvard International Review* 26 (2004), p. 2에서 인용.

14 Paul Collier, *The Bottom Billion* (Oxford: Oxford University Press, 2007), p. 3.

15 Ibid., p. 3.

16 Ibid., pp. 74-5.

17 Thomas Friedman, *Hot, Flat and Crowded* (London: Allen Lane, 2008), pp. 82-110.

18 Ibid., pp. 94-5.

19 Michael Ross, 'Oil, Islam and Women', *American Political Science Review* 43 (2008).

20 Pavel Baev et al., *Pipelines, Politics and Power* (London: Centre for European Reform, 2008).

21 Carlo Carraro, 'Incentives and Institutions', in Joseph E. Aldy and Robert N. Stavins, *Architectures for Agreement* (Cambridge: Cambridge University Press, 2007), pp. 164-5.

22 C. Egenhofer et al., ibid., p. 165에서 인용.

23 Phil Waugh: 'Deal on Climate Change at Risk', *Evening Standard* (9 July 2008), p. 27.

24 Klare, *Rising Powers*, pp. 244-61.

25 Remarks of Senator Joseph Lieberman to the Council on Foreign Relations: 'China/US Energy Policies: A Choice of Cooperation or Collision', Washington, DC (2 December 2005); Klare, *Rising Powers*, p. 245에서 인용.

26 Charlotte Streck et al., *Climate Change and Forests* (London: Chatham House, 2008) 참조.

참고문헌

'A Moment of Truth': *The Economist*, 15 May 2008.

Airoldi, Adele: *The European Union and the Arctic*. Copenhagen: Nordic Council of Ministers, 2008.

Andersen, M. S., Dengsøe, N. and Pedersen, A. B.: *An Evaluation of the Impact of Green Taxes in the Nordic Countries*. Copenhagen: Nordic Council of Ministers, 2001.

'A Ravenous Dragon': *The Economist*, 13 March 2008.

Baev, Pavel, et al.: *Pipelines, Politics and Power: The Future of EU.Russia Energy Relations*. London: Centre for European Reform, 2008.

Baue, William: 'Rio+10 Series'. *Sustainability Investment News*, 23 August 2002. www. socialfunds.com/news/article.cgi/913.html.

Bayon, Ricardo, Amanda Hawn and Katherine Hamilton: *Voluntary Carbon Markets*. London: Earthscan, 2007.

Beck, Ulrich: *Risk Society*. London: Sage, 1992.

Beckerman, Wilfred: 'The Chimera of "Sustainable Development"'. *Electronic Journal of Sustainable Development* 1, 2008.

Benn, Hilary: 'Climate Change Bill: Update Following Passage Through the Lords'. DEFRA, 2 June 2008.

Bernstein, Peter L.: *Against the Gods*. New York: Wiley, 1996.

Biehl, Janet and Peter Staudenmaier: *Ecofascism*. Edinburgh: AK Press, 1995.

Bobbitt, Philip: *Terror and Consent*. New York: Knopf, 2008.

Booker, Christopher and Richard North: *Scared to Death*. London: Continuum, 2007.

Bord, R. et al.: 'Public Perceptions of Global Warming'. *Climate Research* 11, 1998.

Borgerson, Scott G.: 'Arctic Meltdown'. *Foreign Affairs* 87/2, March/April 2008, pp 63-77.

Brannlund, Runar and Ing-Marie Gren: *Green Taxes, Economic Theory and Empirical Evidence from Scandanavia.* Cheltenham: Edward Elgar, 1999.

British Antarctic Survey: 'Climate Change—Our View'. December 2007. www.antarctica.ac.uk//bas_research/our_views/climate_change.php.

Broecker, Wallace and Robert Kunzig: *Fixing Climate.* New York: Hill & Wang, 2008.

Brown, Paul: *Voodoo Economics and the Doomed Nuclear Renaissance.* London: Friends of the Earth, 2008.

Bruggemeier, Franz-Josef, Mark Cioc and Thomas Zeller (eds): *How Green Were the Nazis?* Ohio: Ohio University Press, 2005.

Capoor, Karan and Philippe Ambrosi: *State and Trends of the Carbon Market.* Washington, DC: The World Bank, 2007.

Carey, John: 'Russia's Path to Kyoto'. *Business Week*, 1 October 2004.

Carraro, Carlo: 'Incentives and Institutions', in Joseph E. Aldy and Robert N. Stavins, *Architectures for Agreement.* Cambridge: Cambridge University Press, 2007.

Clayton, Helen et al.: *Report of the First Inquiry of the All-Parliamentary Climate Change Group: Is a Cross-Party Consensus on Climate Change Possible—or Desirable?* London: HMSO, 2006.

Collier, Paul: *The Bottom Billion.* Oxford: Oxford University Press, 2007.

Combs, Barbara and Paul Slovic: 'Newspaper Coverage of Causes of Death'. *Journalism Quarterly* 56, Winter 1979.

Commission on Growth and Development: *The Growth Report.* Washington, DC: World Bank, 2008.

Compston, Hugh and Ian Bailey (eds): *Turning Down the Heat: The Politics of Climate Policy in Affluent Democracies.* London: Palgrave Macmillan, 2008.

Cox, John D.: *Climate Crash.* Washington, DC: Joseph Henry Press, 2005.

Crichton, David: 'Insurance and Climate Change'. Paper presented at conference on *Climate Change, Extreme Events and Coastal Cities: Houston and London.* Houston, 9 February 2005.

Darley, Julian: *High Noon for Natural Gas.* White River Junction: Chelsea Green, 2004.

Deffeyes, Kenneth: *Hubbert's Peak: The Impending World Oil Shortage.* Princeton:

Princeton University Press, 2001.

Department for Environment: Food and Rural Affairs: *A Framework for Pro-Environmental Behaviours*. London: HMSO, 2008.

Department of the Navy: *A Cooperative Strategy for 21st Century Seapower*. Washington, DC: Department of the Navy, 2007.

de Sola Pool, Ithiel (ed.): *The Social Uses of the Telephone*. Cambridge, MA: MIT Press, 1977.

Dessler, Andrew and Edward Parson, *The Science and Politics of Climate Change*. Cambridge: Cambridge University Press, 2006.

Diamond, Jared: *Collapse: How Societies Choose or Fail to Survive*. London: Allen Lane, 2005.

'Dig Deep': *The Economist*, 19 June 2008.

Dresner, Simon: *The Principles of Sustainability*. London: Earthscan, 2002.

Dryzek, John: 'Ecology and Discursive Democracy', in Martin O'Connor, *Is Capitalism Sustainable?* New York: Guilford Press, 1994, pp. 176-7.

Dryzek, John: *The Politics of the Earth*. Oxford: Oxford University Press, 1997.

Durbin, Evan: *Problems of Economic Planning*. London: Routledge, 1949.

Eckersley, Robyn: *The Green State*. Cambridge, MA: MIT Press, 2004.

Edelman Trust Barometer. London: Edelman, 2008.

Ekins, Paul and Simon Dresner: *Green Taxes and Charges*. York: Rowntree Foundation, 2004.

Element Energy: *The Growth Potential for Microgeneration in England, Wales and Scotland*. Cambridge: Element Energy, 2008.

Ellerman, A. Denny and Barbara Buchner: *Over-Allocation or Abatement?* Report No. 141. Cambridge, MA: MIT Joint Program on the Science and Policy of Global Change, 2006.

Ellerman, A. Denny et al.: *Markets for Clean Air*. Cambridge: Cambridge University Press, 2000.

Emerson, Ralph Waldo: *Nature—Conduct of Life*. New York: Read Books, 2006.

Esty, Daniel C. et al.: *Environmental Sustainability Index*. Davos: Global Leaders of Tomorrow Environment Task Force, 2001.

'EU emissions trading scheme'. www.euractiv.com/. February 2008.

European Commission, Directorate-General for Research: *European Technology Platform Smartgrids*. Luxembourg: Office of Official Publications of the European Communities, 2006.

European Commission: *Adapting to Climate Change in Europe—Options for EU Action*. Green Paper from the Commission to the Council, the European Parliament, the European Economic and Social Committee and the Committee of the Regions. Brussels: Commission of the European Communities, 2007.

European Environment Agency: *Greenhouse Gas Emission Trends and Projections in Europe*. Copenhagen: EEA, 2006.

European Union: *Climate Change and International Security*. Paper from the High Representative and the European Commission to the European Council. S113/08, March 2008. www.consilium.europa.eu/ueDocs/cms_Data/docs/pressData/en/reports/99387.pdf.

Fleming, David: *Energy and the Common Purpose*. London: Lean Economy Connection, 2006.

Florida, Richard: *The Rise of the Creative Class*. New York: Basic Books, 2004.

Freeman, Christopher: *The Economics of Hope*. New York: Pinter, 1992.

Furedi, Frank: *Invitation to Terror*. London: Continuum, 2007.

Thomas Friedman: *Hot, Flat and Crowded*. London: Allen Lane, 2008.

Gardner, Dan: *Risk: The Science and Politics of Fear*. London: Virgin, 2008.

Germanwatch: *Climate Change Performance Index*. Bonn, 2007.

Germanwatch: *Climate Change Performance Index*. Bonn, 2008.

Giddens, Anthony: *Europe in the Global Age*. Cambridge, Polity, 2006.

Giddens, Anthony: *The Third Way*. Cambridge, Polity, 1998.

Gimpel, Jean: *Medieval Machine*. New York: Penguin, 1977.

Gladwell, Malcolm: *The Tipping Point*. London: Little, Brown, 2000.

Glantz, Michael H.: *Currents of Change*. Cambridge: Cambridge University Press, 1996.

Goodin, Robert: *Green Political Theory*. Cambridge: Polity, 1992.

Gore, Al: *Earth in the Balance*. New York: Plume, 1993.

Halden, Peter: *The Geopolitics of Climate Change*. Stockholm: Swedish Defence Research Agency, 2007.

Hannay, David: *New World Disorder*. London: Tauris, 2008.

Harris, Paul G. (ed.): *Europe and Global Climate Change*. Cheltenham: Edward Elgar, 2007.

Hawken, Paul et al.: *Natural Capitalism*. London: Little, Brown, 1999.

von Hayek, Friedrich: *The Constitution of Liberty*. Chicago: University of Chicago Press, 1960.

Heinberg, Richard: *The Party's Over*. Gabriola Island, British Columbia: New Society Publishers, 2003.

Helm, Dieter (ed.): *The New Energy Paradigm*. Oxford: Oxford University Press, 2007.

Helm, Dieter: 'Sins of Emission'. *Wall Street Journal*, 13 March 2008.

Henson, Robert: *The Rough Guide to Climate Change*. London: Rough Guides, 2008.

Hillman, Mayer with Tina Fawcett: *How We Can Save the Planet*. London: Penguin, 2004.

Howell, David and Carole Nakhle: *Out of the Energy Labyrinth*. London: Tauris, 2007.

Hoyos, Carola and Javier Blas, 'Investment is the Key to Meeting Oil Needs'. *Financial Times*, 29 October 2008.

HSBC: *International Climate Confidence Index*. London: HSBC Holdings, 2007.

Hughes, James: *Evidence to the Canadian Standing Committee on Environment and Sustainable Development*. Ottawa, 11 February 2008.

Intergovernmental Panel on Climate Change: *Climate Change 2007: Mitigation*. Contribution of Working Group III to the Fourth Assessment Report of the Intergovernmental Panel on Climate Change. Cambridge: Cambridge University Press, 2007.

Intergovernmental Panel on Climate Change: *Climate Change 2007: Synthesis Report*. Contribution of Working Groups I, II and III to the Fourth Assessment Report of the Intergovernmental Panel on Climate Change. Geneva: IPCC, 2007.

International Energy Agency: *World Energy Outlook*. Paris: OECD/IEA, 2007.

Ipsos MORI: *Public Attitudes to Climate Change, 2008*. London: Ipsos MORI, 2008.

Jack, Ian: 'When It Comes to Railways, the Government is on the Wrong Track'. *Guardian*, 14 June 2008.

Jones, Van: *The Green Economy*. Centre for American Progress, September 2008.

Kagan, Robert: *The Return of History and the End of Dreams*. London: Atlantic, 2008.

Kesting, Helmut: *Hedging Climate Change*. Munich: Allianz Dresdner Economic Research, 2007.

King, David and Gabrielle Walker: *The Hot Topic*. London: Bloomsbury, 2008.

Kingdon, John: *Agendas, Alternatives and Public Policies*. New York: Longman, 1995.

Klare, Michael T.: 'The New Geopolitics of Energy'. *The Nation*, 19 May 2008.

Klare, Michael T.: *Resource Wars: The New Landscape of Global Conflict*. New York: Henry Holt, 2002.

Klare, Michael T.: *Rising Powers, Shrinking Planet*. New York: Holt, 2008.

Klarevas, Louis: 'Political realism'. *Harvard International Review* 26, 2004.

Knight, Frank: *Risk, Uncertainty and Profit*. New York: Century Press, 1964.

Kolbert, Elizabeth. *Field Notes from a Catastrophe*. London: Bloomsbury, 2006.

Kunstler, James Howard: *The Long Emergency*. London: Atlantic, 2006.

Lafferty, William M. and James Meadowcroft (eds.): *Implementing Sustainable Development*. Oxford: Oxford University Press, 2000.

Lawson, Nigel: 'The REAL inconvenient truth'. *Daily Mail*, 5 April 2008.

Lawson, Nigel: *An Appeal to Reason*. London: Duckworth, 2008.

Leeb, Stephen: *The Coming Economic Collapse*. New York: Warner, 2007.

Levy, Joel: *The Doomsday Book*. London: Vision, 2005.

Lifton, Robert Jay: *Indefensible Weapons*. New York: Basic Books, 1982.

Lindzen, Richard: 'Climate of Fear'. *Wall Street Journal*, 12 April 2006.

Lindzen, Richard: 'Debunking the Myth'. *Business Today* 43, 2006, pp. 66-7.

Lindzen, Richard: 'Taking Greenhouse Warming Seriously'. *Energy & Environment* 18/7-8, 2007, pp. 937-50.

Lindzen, Richard: 'There Is No "Consensus" on Global Warming'. *Wall Street Journal*, June 26, 2006.

Linstroth, Tommy and Ryan Bell: *Local Action*. Burlington, Vermont: University of Vermont Press, 2007.

Lomborg, Bjørn: *Cool It*. New York: Alfred A. Knopf, 2007.

Lomborg, Bjørn: *The Skeptical Environmentalist*. Cambridge: Cambridge University Press, 2001.

Lorenzoni, Irene and Nick Pidgeon: *Defining the Dangers of Climate Change and Individual Behaviour*. Norwich: Centre for Environmental Risk, University of East Anglia, 2006.

Lorenzoni, Irene, Tim O'Riordan and Nick Pidgeon: 'Hot Air and Cold Feet', in Hugh

Compston and Ian Bailey (eds), *Turning Down the Heat: The Politics of Climate Policy in Affluent Democracies*. London: Palgrave Macmillan, 2008.

Lovelock, James: *The Revenge of Gaia*. London: Penguin, 2007.

Lovins, Amory B.: 'Energy Strategy: The Road Not Taken'. *Foreign Affairs* 55, October 1976.

Lovins, Amory B. et al,: 'A Roadmap for Natural Capitalism'. *Harvard Business Review* 77, May/June 1999.

Lucas, Edward: *The New Cold War*. London: Bloomsbury, 2008.

MacDonald, Christine: *Green Inc*. London: Lyons Press, 2008.

MacKenzie, Donald: 'Making Things the Same'. www.sps.ed.ac.uk/__data/assets/pdf_file/0018/4860/bottom_line.pdf, February 2008.

MacKenzie, Donald: *Material Markets*. Oxford: Oxford University Press, 2009.

McGuire, Bill: *Surviving Armageddon*. Oxford: Oxford University Press, 2005.

McLean, Bethany and Peter Elkind: *The Smartest Guys in the Room*. New York: Penguin, 2003.

Meadows, Donella H. at al.: *Limits to Growth: A Report for the Club of Rome's Project on the Predicament of Mankind*. New York: New American Library, 1972.

Meadows, Donella H. et al.: *Limits to Growth—The 30-Year Update*. London: Macmillan, 2004.

Metcalf, Gilbert: *A Green Employment Tax Swap*. Washington, DC: The Brookings Institution, June 2007.

Mettler, Anne: *From Why to How*. Brussels: Lisbon Council, 2008.

Meyer, Aubrey: *Contraction and Convergence*. Bristol: Green Books, 2001.

Michaelowa, Axel: 'German Climate Policy Between Global Leadership and Muddling Through', in Hugh Compston and Ian Bailey (eds), *Turning Down the Heat: The Politics of Climate Policy in Affluent Democracies*. London: Palgrave Macmillan, 2008.

Michaels, Patrick J.: *Meltdown*. Washington, DC: Cato Institute, 2004.

Middleton, Paul: *A Brief Guide to the End of Oil*. London: Robinson Publishing, 2007.

Mitchell, Cynthia and Stuart White: 'Forecasting and Backcasting for Sustainable Urban Water Futures'. *Water* 30, August 2003, pp. 25-8.

Mol, Arthur P. J. and David A. Sonnenfeld (eds): *Ecological Modernisation around the*

World. London: Cass, 2000.

Morris, William: *News from Nowhere*, or, *An Epoch of Rest*. London: Longmans, Green & Co., 1918.

Mosquin, Ted and J. Stan Rowe: 'A Manifesto for Earth'. *Biodiversity* 5/1, 2004, pp. 3-9.

Myers, Norman: 'Environmental Unknowns'. *Science* 269, 21 July 1995.

Newell, Peter: *Climate for Change*. Cambridge: Cambridge University Press, 2000.

North, Richard: 'Sustainable Development: A Concept with a Future?' Occasional Paper. Potsdam: Liberales Institute, 2005.

Offer, Avner: The Challenge of Affluence. Oxford: Oxford University Press, 2006.

O'Riordan, Tim et al.: 'Designing Sustainable Coastal Futures'. *Twenty-First Century Society* 3, 2008.

Orrell, David: *The Future of Everything*. New York: Thunders Mouth Press, 2006.

Osgood, Daniel et al.: *Integrating Seasonal Forecasts and Insurance for Adaptation Among Subsistence Farmers*. Washington, DC: World Bank Development Research Group, 2008.

Patchen, Martin: *Public Attitudes and Behaviour about Climate Change*. West Lafayette: Purdue Climate Change Research Center, Purdue University, 2006.

Pearce, Fred: *The Last Generation*. London: Eden Project Books, 2007.

Pernick, Ron and Clint Wilder: *The Clean Tech Revolution*. New York: HarperCollins, 2007.

The Pew Research Center for the People and the Press: *Little Consensus on Global Warming*, 12 July 2006.

Pilkey, Orrin and Linda Pilkey Jarvis: *Useless Arithmetic*. New York: Columbia University Press, 2007.

Pitt, Michael: *Learning Lessons from the 2007 Floods*. London: Cabinet Office, 2008.

Pollin, Robert et al: *Green Recovery*. Center for American Progress, September 2008.

Pralle, Sarah: *Branching Out, Digging In*. Washington, DC: Georgetown University Press, 2006.

Pralle, Sarah: 'Agenda-setting and Climate Change', in Hugh Compston, *The Politics of Climate Policy*, special book issue of *Environmental Politics*, forthcoming, 2009.

Prins, Gwyn and Steve Rayner: *The Wrong Trousers*. Oxford: James Martin Institute for Science and Civilization, University of Oxford, 2007.

Prunier, Gerard: *Dafur, the Ambiguous Genocide*. London: Hurst, 2005.

Quist, Jaco and Philip Vergragt: 'Backcasting for industrial transformations and system innovations towards sustainability', in Klaus Jacob et al. (eds), *Governance for Industrial Transformation*. Proceedings of the 2003 Berlin Conference on the Human Dimensions of Global Environmental Change. Berlin: Environmental Policy Research Centre, 2004.

Rahman, A. Atiq et al.: *Risks, Vulnerability and Adaptation in Bangladesh*. UNDP Human Development Report Office Occasional Paper. Dhaka: Bangladesh Centre for Advanced Studies, 2007.

Randerson, James and Nicholas Watt: 'Top Scientists Warn Against Rush to Biofuel'. *Guardian*, 25 March 2008.

Randerson, James: 'Cut in Coal Brings UK Emissions Down by 2 per cent'. *Guardian*, 28 May 2008.

Rees, Martin: *Our Final Century*. London: Arrow, 2004.

Rees, William: 'Ecological Footprints and Appropriated Carrying Capacity: What Urban Economics Leaves Out'. *Environment and Urbanisation* 4, 1992.

Rifkin, Jeremy: *The Hydrogen Economy*. New York: Tarcher, 2003.

Roaf, Sue, David Crichton and Fergus Nicol: *Adapting Buildings and Cities for Climate Change*. Oxford: Elsevier, 2005.

Roberts, J. Timmons and Bradley C. Parks: *A Climate of Injustice*. Cambridge, MA: MIT, 2007.

Roberts, Paul: *The End of Oil*. London: Bloomsbury, 2004.

Roberts, Simon: A Rough Guide to Individual Carbon Trading. London: Centre for Sustainable Energy, 2006.

Robinson, Colin: *Climate Change Policy*. London: Institute of Economic Affairs, 2008.

Robinson, J.: 'Future Subjunctive'. *Futures* 35, 2003.

Ross, Michael: 'Oil, Islam and Women'. *American Political Science Review* 43, 2008.

Rutledge, Ian: *Addicted to Oil*. London: Tauris, 2006.

Charlotte Streck et al.: *Climate Change and Forests*. London: Chatham House, 2008.

Sanborn, F. B. (ed.): *The Writings of Henry David Thoreau: Familiar Letters*, vol. 6. Boston: Houghton Mifflin, 1906.

Scott, John and Gareth Evans: 'Electricity Networks', in Deiter Helm (ed.), *The New*

Energy Paradigm. Oxford: Oxford University Press, 2007.

Senge, Peter: *The Necessary Revolution.* London: Brealey, 2008.

Shearman, David and Joseph Wayne Smith: *The Climate Change Challenge and the Failure of Democracy.* London: Praeger, 2007.

Simmons, Matthew R.: *Twilight in the Desert.* New York: Wiley, 2005.

Singer, S. Fred and Dennis T. Avery: *Unstoppable Global Warming.* New York: Rowman & Littlefield, 2007.

Smith, Julian: 'Renewable Energy: Power Beneath Our Feet'. *New Scientist*, 8 October 2008.

Socolow, Robert and Stephen Pacala: 'Stabilization Wedges'. *Science* 305, 2004.

Starkey, Richard and Kevin Anderson: *Domestic Tradable Quotas.* Norwich: Tyndall Centre, 2005.

Stern, Nicholas: *The Economics of Climate Change.* Cambridge: Cambridge University Press, 2007.

Strahan, David: 'Lump sums'. *Guardian*, 5 March 2008.

Strahan, David: *The Last Oil Shock.* London: John Murray, 2007.

Sunderland, Ruth: 'Carrots As Well As Sticks Will Help Us to Swallow Green Taxes'. *Observer*, 25 May 2008.

Sunstein, Cass R.: *Laws of Fear.* New York: Cambridge University Press, 2005.

Swanbarton Limited: *Status of Electrical Energy Storage Systems.* London: Department of Trade and Industry, 2004.

Tainter, Joseph: *The Collapse of Complex Societies.* Cambridge: Cambridge University Press, 1988.

Talberth, John and Clifford Cobb: *The Genuine Progress Indicator.* Oakland: Redefining Progess, 2006.

Thaler, Richard H. and Cass R. Sunstein: *Nudge.* New Haven: Yale University Press, 2008.

Tickell, Oliver: 'The "Bali Roadmap"', in *Was Bali a Success?* openDemocracy (online), 18 December 2007.

Tiffin, John and Chris Kissling: *Transport Communications.* London: Kogan Page, 2007.

Torrey, Bradford (ed.): *The Writings of Henry David Thoreau: Journal*, vol. 14. Boston: Houghton Mifflin, 1906.

Urry, John: *Mobilities.* Cambridge: Polity, 2007.

Urry, John and Dennis: Kingsley: *After the Car*. Cambridge: Polity, 2009.

US Department of Defense: Annual Report to Congress: *Military Power of the People's Republic of China, 2006*. Washington, DC: Office of the Secretary of Defense, 2006.

Vanderbilt, Tom: *Traffic*. London: Allen Lane, 2008.

Victor, David G.: *Collapse of the Kyoto Protocol and the Struggle to Slow Global Warming*. Princeton: Princeton University Press, 2001.

Victor, David G.: 'Fragmented Carbon Markets and Reluctant Nations', in Joseph E. Aldy and Robert N. Stavins (eds), *Architectures for Agreement*. Cambridge: Cambridge University Press, 2007.

Victor, David G., Amy M. Jaffe and Mark H. Hayes (eds): *Natural Gas and Geopolitics*. Cambridge: Cambridge University Press, 2006.

Waugh, Phil: 'Deal on Climate Change at Risk'. *Evening Standard*, 9 July 2008.

von Weizsacker, Ernst, Amory B. Lovins and L. Hunter Lovins: *Factor Four: Doubling Wealth—Having Resource Use*. London: Earthscan, 1997.

Wissenburg, Marcel: *Green Liberalism*. London: UCL Press, 1998.

Witoelar, Rachmat: 'Address to Closing Plenary'. UN Climate Change Conference, Bali, 2007, available online.

Wood, D. and A. Velditz: 'Issue Definition, Information Processing and the Politics of Global Warming'. *American Journal of Political Science* 51, 2007.

World Commission on Environment and Development: *Our Common Future*. Oxford: Oxford University Press, 1987.

Yale Center for Environmental Law and Policy and Center for International Earth Science Information Network, Columbia University: *Environmental Performance Index*. New Haven: Yale Center for Environmental Law and Policy, 2009.

Young, Stephen C. (ed.): *The Emergence of Ecological Modernisation*. London: Routledge, 2000.

찾아보기